1

AN TOILEÁNACH

An tOileánach

Tomás Ó Criomhthain

Seán Ó Coileáin
Eagarthóir

CLÓ TALBÓID

Arna fhoilsiú ag –

Cló Talbóid
Bóthar Bhaile an Aird, Baile Uailcín
Baile Átha Cliath 12

© *2002 Niamh Ní Chríomhthain – Ó Laoithe*

Approved Quality
System

The paper used in this book comes from Managed Forests in Northern Europe. For every tree felled, at least one new tree is planted

Dearadh agus clúdach:	*Mark Loughran, Identikit*
Pictiúirí:	*Ida Mary Streeter, bean chéile Robin Flower*
Portráidí, lch. 331 agus clúdach:	*Seán O'Sullivan, RHA*
Pictiúr clúdaigh:	*Imagefile*
Pictiúr brollaigh:	*C.W. von Sydow, le caoinchead Roinn Bhéaloideas Éireann, Coláiste na hOllscoile, Baile Átha Cliath*
Clóbhualadh:	*Criterion Press Ltd.*

0 1 2 3 4 5 6 7 8 9

TÍOLACADH

do

John V. Kelleher

cara, oide múinte, agus máistir léinn

Tomás Ó Criomhthain
(C.W. von Sydow a thóg an pictiúr).

CLÁR

19

Bás an gharsúin ba shine a bhí agam; Ag iascach phollóg;
Iníon an Dálaigh Mhóir, a bhíodh á luachtaint liom féin,
marbh thiar sa Chloich; An tórramh agus an tsochraid;
Tigh nua déanta agam dom féin; Na boltaí capair agus
práis in Inis na Bró; Beirt pháistí agam á bhreith chuin
siúil ag an mbruitíneach; An bhean uasal agus mac liom á
bhá; An óspairt a dh'imigh ar an mac ab fhearr a bhí ag
Diarmaid: gan aon mhaith ina dhiaidh sin ann nó gur
cailleadh é.

20

Bliain ghorta; Min agus plúr na déirce; An seanachaptaein
agus a sheanachonablach árthaigh; Fear an Rí agus Rí an
Bhlascaoid; An chuma gur shroich an seanaphota loinge
chuin cinn fé dheireadh; Ag ceannach banbh sa Daingean;
An déirc teipithe

21

An tórramh i nDún Chaoin: deoch, tobac agus pípeanna;
An fear a thit anuas don chathaoir ar an mbeirt bhan; 'Is
fearr mar sin féin iad ná iad do chromadh ar amhrán'; An
tarna mac ag Diarmaid leath as a mheabhair: é á thabhairt
ar óispidéal an Daingin agus abhaile arís; É ag éaló
istoíche agus gan fáil ar maidin air; É a ghabháil timpeall
leis an bhfarraige agus á chur i Rinn an Chaisleáin.

Pictiúirí

Ida Mary Streeter, ealaíontóir oilte, a dhein na líníochtaí pinn seo den Oileán. Tháinig sí go dtí an An Blascaod Mór lena fear céile Robin Flower sa bhliain 1911. Táimid faoi chomaoin mhór ag a gclannsan, Síle, Jean agus Patrick Flower as ucht cead a thabhairt dúinn na líníochtaí seo a fhoilsiú.

Seán O'Sullivan, RHA (1906–64), portráidí, a dhein an dá phortráid de Thomás Ó Criomhthain.

ix

BUÍOCHAS

Cé go bhfuil buíochas ar leith ar gach duine dá bhfuil ainmnithe anso agam, is é an Dr. Seán Ua Súilleabháin is mó ar fad go bhfuilim fé chomaoin aige: thug sé gach cabhair agus comhairle tríd síos dom, agus d'fhág tarrac agam ar an eolas fairsing atá aige ar chanúintí na Mumhan trí chéile. Tá mo bhuíochas, chomh maith, ar gach éinne eile d'fhoireann Roinn na Nua-Ghaeilge i gColáiste Ollscoile Chorcaí ón gCeann Roinne, an tOllamh Breandán Ó Conchúir anuas, go háirithe ar an nDr. Roibeárd Ó hÚrdail agus ar Liam Ó Murchú go mbíodh ceisteanna agam á chaitheamh chúthu ó am go ham. Léigh an Dr. Éamonn Ó hÓgáin an saothar ar fad, sa chlóscríbhinn agus sa phrofa, agus shábháil ar roinnt mhaith dearúd cló é agus ar dhearúid nách iad.

Is fadó riamh a ghaibh an tOllamh Séamus Caomhánach tríd an dtéacs liom agus is mó rud a bhain le saol agus teanga an leabhair a chuir sé ar mo shúile dhom. Bhíodh fáilte romham i gcónaí ag Seán Mhaidhc Léan Ó Guithín agus ag a dheartháir Muiris sa tigh beag acu ag Bun an Bhóthair i nDún Chaoin mar ar chuireadar fúthu tar éis teacht amach as an Oileán dóibh; de shliocht an Rí iad, agus thugadar a ndúchas mín maorga leo. Bhí cuimhne an Oileáin chomh soiléir sin os comhair a n-aigne acu gurb fhéidir leo gach gort agus stocán ann a bhreacadh ar léarscáil agus glaoch as a n-ainm orthu. Deineadh úsáid den tsaothar san acu, mar a chuireadar ar fáil do Phádraig Tyers é, nuair a bhí mapa an Bhlascaoid á réiteach. Mo bhuíochas orthu triúr. Níorbh annamh ceisteanna á chur ar an nDr. Pádraig Ua Maoileoin, go bhfuil mianach an Oileáin ann féin agus go bhfuil cuid mhaith de dhua na heagarthóireachta fachta cheana aige; níor thúisce an cheist curtha ná an freagra casta. Agus ní hiad san amháin go mbínn ag iascach orthu ach ar mhórán eile chomh maith leo; ritheann beirt láithreach liom: Cáit 'Bab' Feirtéar, Baile na hAbha, agus Tomás Ó Murchú, Baile Loiscthe, an té a thug isteach ar Ghaeilge na Gaeltachta an chéad uair me.

Is iad Eoghan Ó hAnluain agus Muiris Mac Conghail a roghnaigh agus a sholáthraigh na pictiúirí, chun go mbeadh a dhiongbháil de chóiriú ealaíne déanta ar phríomhshaothar Thomáis Uí Chriomhthain: is le hEoghan an cuntas orthu (lch.ix). Táthar go buíoch díobh siúd a chuir na léaráidí ar fáil: den Ollamh Pádraig A. Breatnach agus den Dr. Clíona de Bhaldraithe-Marsh gur leo na portráidí a tharraing Seán Ó Súilleabháin de Thomás; de Patrick Flower, mac do Bhláithín agus dá bhean chéile Ida Mary Streeter, a cheadaigh úsáid a dhéanamh den tarraingeoireacht a bhí déanta ag a mháthair san Oileán.

Fuaireas cóip chlóscríofa ón Ollamh Brian Ó Cuív dá bhfuil den mbunscríbhinn sa Leabharlann Náisiúnta agus ba mhór an áis dom í a bheith agam. Fuaireas, mar an gcéanna, miocrascannán den lámhscríbhinn chéanna (G1020) ón Leabharlann Náisiúnta agus cóip fótastait den chuid eile ó Leabharlann an Daingin; ina theannta san cuireadh gach cóir orm nuair a d'oir dom an scríbhinn féin a iniúchadh. Gabhaim buíochas leis an dá institiúid, go háirithe le Gearóid Ó Laighin agus le Caitlín Bean de Brún gur leo is mó a bhí mo phlé iontu. Chuir Muiris Mac Conghail ar mo shúile dom gur fhág an Seabhac leathanaigh áirithe den athscríobh a bhí déanta ag Brian Ó Ceallaigh ar shaothar Thomáis ag na clódóirí nuair a bhí a eagrán féin á réiteach aige; ina measc bhí leathanaigh áirithe as an gcéad chaibideal go bhfuil tábhacht ar leith leo toisc an bhunscríbhinn a bheith caillte. Táim in amhras ná maireann den méid sin de scríobh Bhriain anois ach an chóip a chuir Muiris á dhéanamh de na blianta fada ó shin, cóip a chuir sé ar fáil go flaithiúil fonnmhar dom. Is mór é mo bheann, chomh maith, ar na heagarthóirí a chuaigh romham gur mhinic me ag dul i gcomhairle leo sna leabhair, go mórmhór leis an Seabhac.

Tá daoine eile fós ann go raibh baint leis an saothar acu: an tAthair Liam Léadar a thug cóip den chéad eagrán isteach im láimh dom an chéad lá, breis agus daichead blian ó shin, go bhfuilim fé dhraíocht ó shin aige; C.P. Hyland a bhronn orm an chóip den chéad chur amach a bhí mar leabhar teagaisc ag Éamonn Ó Donnchadha tráth; an tOllamh Seán Ó Tuama a bhíodh á theagasc sa Choláiste lem linn féin; Marion Ní Shúilliobháin a thug go dtí Cathair Uíbh Ráthaigh me agus isteach go Dairbhre go bhfeicfinn cé na Coise, Gleann Laoim agus 'an gníomh go léir do bhí déanta ar chliathán an chnoic' ann (lch. 211). Bhíodar súd ann a chuir misneach orm nuair is mó a theastaigh sé; orthu san, luaim an Dr. Seán Ó Mórdha, an Dr. Stiofán Ó hAnnracháin, an tOllamh Máirtín Ó Murchú agus, go háirithe, mo bhean, Carmel. Chabhraíodar so ar fad liom, ar shlí amháin nó ar shlí eile, i gcaitheamh na mblian: an tOllamh Risteard Breatnach, an tOllamh Pádraig de Brún, an tOllamh Pádraig Ó Riain, an tOllamh Gearóid Ó Crualaoich, an tOllamh Pádraig Ó Macháin, an tOllamh Nollaig Mac Congáil, an Dr. Diarmaid Ó Sé agus an Dr. Gearóid Ó Laoi. Faighim pardún acu súd nách cuimhin liom a gcabhair a fháil ach gur cuimhin leo féin í a thabhairt, agus an ceart acu, gan amhras.

Siobhán Ní Dhonghaile agus Maude Vernon gur thit an clóscríobh mar chúram orthu, agus é sin a dhéanamh níos mó ná aon uair amháin; má bhí deireadh na foighne caite acu fadó leis, agus níor thógtha orthu é, níor chuireadar in úil riamh dom é. Mark Loughran gur leis gach aon ní a bhaineann le dearadh agus leagan amach, agus gan dul thairis sna cúrsaí sin.

Má bhí Seán Ua Súilleabháin ag ceann amháin den scéal agam, mar ba cheart a bheith, caithfidh Ursula Ní Dhálaigh a bheith ag an gceann eile. Sin í a thug orm an obair seo a bhí ar siúl le fada agam a chríochnú suas ar deireadh, cé go mb'fhearr léi féin go minic, déarfainn, agus an suaitheadh a lean é, ná bacfadh sí riamh leis mar ghnó. Sin í, leis, a dheimhnigh go mbeadh crot agus cuma ar an leabhar. Agus, cé ná raibh sí gan comhairle mo leasa a chur orm ó am go ham, thug sí breith mo bhéil féin dom san eagarthóireacht, thar ceann an Chomhlucht Oideachais, sa tslí ná fuil éinne agam go bhféadfainn an milleán a chur air ach orm féin amháin.

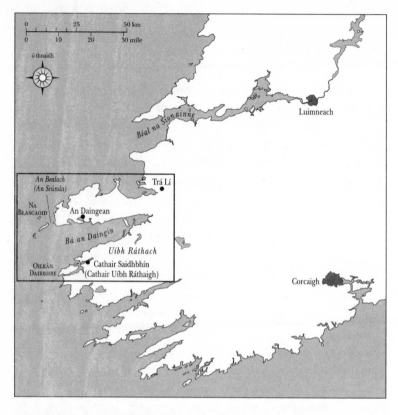

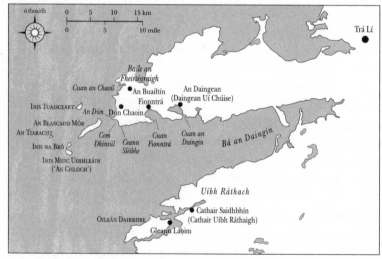

Dúthaigh Thomáis

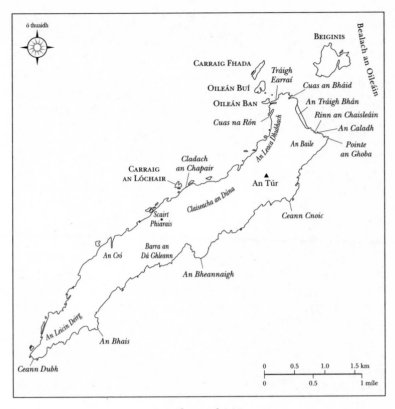

An Blascaod Mór

RÉAMHRÁ

G ach a bhfuil sa tsaothar so, *An tOileánach*, geall leis, féadfaimid talamh slán a dhéanamh de gurb é Tomás Ó Criomhthain[1] a chum agus, rud is fearr ná san fós, is é féin a bhreac, agus teacht ar an mbreacadh san againn i gcónaí.[2]

I dtús na bliana 1923 a tosnaíodh amach air, Tomás á chur ina bhlúire is ina bhlúire go dtí Brian Ó Ceallaigh tríd an bpost, go dtí mí Meithimh na bliana dár gcionn nuair a stad sé de bheith á chur chuige; bhí bliain go leith arís ann go dtí gur thóg an Seabhac mar chúram air féin an saothar a thabhairt chun críche tar éis an cúrsa a chur i gcomhairle na beirte eile. 4.2.1923 an chéad dáta a bhuaileann linn sa lámhscríbhinn, é breactha ag Brian Ó Ceallaigh ar bharra an leathanaigh go dtosnaíonn an cuntas ar 'An Scoil' (lch.13). (Ba nós le Brian i gcónaí dáta a chur leis an bpáipéar *foolscap* sara gcuireadh sé go dtí Tomás é, nó ar é a fháil thar n-ais lán do.) Tá bunscríbhinn na coda roimis sin (dhá leathanach déag d'abhar lámhscríofa, is cosúil, ag freagairt don chéad chabideal mar atá sa

---

[1] *(Mh)a(c) Criomhthainn [>Crithin] an ceart, ach Ó Criomhthain ab fhearr le Tomás a thabhairt air féin i gcónaí riamh. Déarfá gur maith luath a bhí tosnaithe ar an gceapadóireacht aige!*

[2] *An chuid is mó ar fad den saothar le fáil in LS. G.1020 sa Leabharlann Náisiúnta. Caibideal a 24 i measc Cnósach Cuimhne Thomáis Uí Chriomhthain i Leabharlann an Daingin.*

leabhar) ar iarraidh anois agus gan dáta den tsaghas san againn leis, ach ní mór ná gur féidir talamh slán a dhéanamh de go raibh an ceart ag an Seabhac nuair adúirt sé gur i mí Eanair 1923, an t-am céanna díreach go raibh *Allagar na hInise* á chríochnú suas aige, a thosnaigh Tomás ar scéal a bheatha a scríobh[3].

Ar an saothar ar fad a thógaint le chéile, níl ach an beagán go bhféadfadh an t-amhras is lú a bheith ina thaoibh: caibideal a haon agus a bhfuil in Aguisíní 1–4. Caibideal a haon ar dtúis ná raibh ag an Seabhac féin de ach an t-athscríobh a bhí déanta ag Brian Ó Ceallaigh air, agus gan an méid sin féin ar fad inniu againn; sa chéad eagrán amháin atá fáil ar an gcuid eile anois, agus is maith ann é. Is cosúil Brian a bheith tosnaithe ar a eagrán féin a chóiriú, agus gan é ábalta i gceart air, an fear bocht. Is maith a thuig Tomás go mbeadh gá le cabhair aige, agus ní hannamh é ag míniú brí na bhfocal do. Mar mhaithe le Brian an ghluais sa chéad áit i gcásanna mar seo: *gulaí (faoileann óg)*, 14; *ina ghlab ('sé sin, folamh)*, 31; *lí na lé (faic)*, 70; *an t-alfraits (rógaire)*, 74; *vód (dubh)* 80; *piardóg (craw fish* [sic]), 227. San athchóiriú so ar an gcéad chaibideal aige, an méid atá againn óna láimh de, tá slí fágtha idir na línte ag Brian fé mar a bheadh sé ag súil le duine éigin a theacht á cheartú. Ach ní fhágann san ná go bhfuil nithe aige ann nách fuirist a thabhairt le scríobh Thomáis á chur i gcás gurb é a bhí os a chomhair amach aige, ós dócha gurb é. Ba dhóigh leat uaireanta gur de réir na fuaime ar fad a bhí sé ag dul: *ar a mincí* atá aige le haghaidh *ar an mbainne cí'*, abair, litriú ná samhlófá go deo le Tomás go raibh taithí ab fhearr ná san ar litriú na leabhar agus ar dhéanamh na bhfocal aige. Bearnaí go minic sa scríobh pinn aige mar a raibh dulta de na focail a thuiscint an chéad uair, dar leat; é tagtha le peann luaidhe á líonadh tamall éigin níos déanaí (agus an Seabhac tagtha ina dhiaidh aniar ar chuid

---

[3] *Féach an cuntas luachmhar ag an Seabhac ar conas mar a bhí aige féin, ag Brian agus ag Tomás le chéile: 'Tomás Ó Criomhthain, iascaire agus ughdar,'* Bonaventura, *Summer 1937, 24–31. An aiste seo curtha i gcló thar n-ais in* Breandán Ó Conaire, eag., Tomás an Bhlascaoid (*Cló Iar-Chonnachta Teo., 1992*), 198–205.

mhaith acu á leasú). Conas ná beidís tabhartha leis níos fearr ar dtúis aige más ón scríobh a bhí sé á dtógaint, agus an lámh bhreá shoiléir a bhí ag Tomás? Ach ansan arís conas eile a fhéadfadh sé a bheith ag feidhmiú? Ba lánait le duine, abair, é a thógaint a bhfuil sa chaibideal so ó bhéalaithris Thomáis le linn do a bheith istigh san Oileán 1917-8 (féach lgh. 319-20 thíos) agus Tomás a leanúint go cruinn dá scéal cheithre bliana go leith nó mar sin tar éis don bhfear eile imeacht uaidh don uair dhéanach. Rud eile dhe, scéal nó scéalta dá mhalairt a bhíodh ar bun ag Tomás nó gur iarradh air dul siar ar scéal a bheatha agus gan cuntas an aon lae a bhac níos mó; scóp eile ar fad a bheadh feasta fé ag gabháil don saothar leanúnach agus gan é crapaithe ag an gclog mar a bhíodh.[4] Ach pé ní mar gheall ar an gcur le chéile (agus níl aon bhaol ná gurbh é an fear thiar an t-údar bunaidh), deineadh dánaíocht bhreise ar an dteanga sa chaibideal so, cuid Bhriain agus cuid an tSeabhaic araon di, chun gur fearr a bheadh sí ag teacht leis an úsáid a bhíonn ag Tomás de ghnáth. Agus ní lániontaoibh fós an chéad chaibideal so ná go mbeadh nithe ann, idir theanga agus abhar, nách le Tomás go cruinn iad, cé go mba dhóigh liom gurbh iad an beagán iad. Agus is é an scéal céanna é ag a bhfuil sna hAguisíní: é a bheith as ionad ó thosach ach gur caitheadh ionad éigin a sholáthar do, mar nárbh fhéidir a rá ná gur bhain sé le habhar, más go cliathánach féin é.

Maidir leis an gcuid sin atá díbeartha go dtí deireadh an leabhair, níor mhiste trácht ar dtúis thar a bhfuil in Aguisíní 1-4. Nuair a chítear ansan i dteannta a chéile iad is fearr a tuigtear cad tá iontu: blúirí seanaimsireachta gur chuathas á lorg ar an údar tar éis do a bheith réidh lena scéal cheana, dar leis. Dá mb'é Aguisín 1 féin é, a bhí mar thríú caibideal ag an mbeirt eagarthóirí roimis seo, is léir nách in imeacht an scéil is cóir é a sholáthar. Muna mbeadh aon ní

---

[4] *Iarracht déanta cheana agam ar an gcuma gur cuireadh* An tOileánach *agus* Allagar na hInise *le chéile agus ar nithe eile a bhaineann leo a phlé san aiste* 'Tomás Ó Criomhthain, Brian Ó Ceallaigh agus an Seabhac,' *in Seán Ó Mórdha, eag.,* Scríobh 4 *(An Clóchomhar 1979), 159-187. Le fáil arís in Breandán Ó Conaire, eag., op. cit., 233-65.*

eile, is fearr a ritheann caibideal a dó is a trí le chéile anois gan é seo
a theacht sa tslí orthu; ní hiontas san agus gurbh é socrú Thomáis
féin ar dtúis é nó gur cuireadh isteach air, agus gurb é an leanbh
go bhfuil cead cainte aige sa chuid tosaigh seo agus nách é an
t-antraipeolaí seanduine a thugann an cuntas ar na tithe i bhfad siar
dúinn ar ball. Rud eile atá air, gan teacht a bheith anois ar na
breiseanna so ach sa leabhar amháin agus amhras teangan a bheith
go minic orthu, cé ná beadh aon amhras eile rómhór.

Ach ní lúide ár mbrath ná ár mbeann ar an Seabhac i
gcaitheamh na mblian an méid sin eagarthóireachta a bheith déanta
aige, ná go deimhin gach cóiriú agus comaoin eile dár chuir sé ar an
leabhar, cé ná beadh glacadh againn inniu lena lán de. Go deimhin
féin, muna mbeadh i gceist ach an saothar liteartha, neamhspleách
ar an té a cheap agus ar an údarás a bhí aige len é a cheapadh, ba
dheacair a áiteamh gurbh fhearr de leabhar é seo ná an chéad
cheann úd 1929. Agus, gan an éifeacht liteartha a bheadh leis an dá
cheann a bhac, ní hí an bhrí chéanna ar fad atá leis an saothar go
dtugaimid *An tOileánach* air agus atá le scríobh Thomáis. Cuid mhór
thábhachtach de stair na Gaeilge agus de stair an Stáit, agus dá raibh
de dhóchas as a chéile acu, is ea *An tOileánach*. Is as a fáisceadh sinn;
is ann a chuireamair aithne orainn féin ar chuma ná déanfaimid arís
go deo mar go bhfuil an ré sin na húire i leataoibh agus nách féidir
an saol ná an aisling a chur ar bun arís an athuair.

Is é an Seabhac a mhúnlaigh agus a bhaist *An tOileánach* dúinn,
agus is air is mó atá buíochas an tsaothair a bheith againn agus ainm
an údair a bheith in airde muna mbeadh éinne amháin eile, Brian
uasal Ó Ceallaigh. San eagrán so féin, glactar leis an socrú atá déanta
ag an Seabhac ar an abhar a roinnt ina chaibidil: ní hamháin go
bhfuil sé chomh maith lena mhalairt, agus gur seacht bhfearr é ná na
hiarrachtaí fánacha atá tabhartha ag Tomás anso is ansúd ar é a
réiteach as a chéile, ach gur áis tagartha agus chompáraide don
léitheoir chomh maith é an roinnt chéanna a bheith déanta againn
araon, a bheag nó a mhór. Tharlódh nithe a bheith i dtosach nó i
ndeireadh an chaibidil anso ná beadh ag an Seabhac, ach bun na
lámhscríbhinne a bheith leo gan amhras, chomh maith lena mbeadh

de dheifir eile idir an dá eagrán, ach is é fáth is mó atá le gan iad a
bheith ag teacht le chéile caibideal a trí ag an Seabhac a bheith
curtha chun siúil siar agamsa sa tslí ná fuil na huimhreacha ag
freagairt dá chéile ó chaibideal a dó amach: a 3 go dtí 24 anso is iad
a 4 go dtí 25 sa chéad (agus sa dara) eagrán iad. Leis an Seabhac féin
na teidil agus formhór mór na bhfotheideal atá aige, agus ón uair
gurb ea níor bacadh anso leo ach san áit go rabhadar sa bhunscríobh.

An Seabhac a thug air chomh maith clabhsúr eile a chur ar an
saothar. Bhí críochnaithe ar dtúis aige 'Márta a 3, 1926,' mar atá i
ndeireadh caibidil a 23, agus é 'Márta a trí' i gceart le linn do an dáta
a bhreacadh, ní foláir, an saothar i leataoibh mar a mheas sé. Bhí an
ceart ar fad ag an Seabhac gan a bheith sásta é a chríochnú suas mar
seo, mar gurb é an caibideal is laige sa leabhar ar fad é, cé go mbeadh
sé ar an gceann is suimiúla maidir le heolas, gan ina lán de ach nótaí
scartha scáinte, agus cuma sciotaithe dá réir air, go háirithe ag dridim
chun deiridh do. (Féach, mar shampla, an chuma go bhfuil saoiste an
Bhuird, na cuairteoirí agus bás na hiníne curtha trí chéile aige, lgh.
318–9; ní hiontas an Seabhac d'athscríobh na coda so chun ná beadh
ach scéal na hiníne amháin ann.) B'fhearr i bhfad an dara hiarracht,
agus níor mhiste do Thomás a chur mar *envoi* leis 'B'fhéidir ná fuil
eireaball gearra anois air!', comhartha ná raibh sé cloíte ar fad fós, cé
go raibh dhá bhliain go leith go maith ann ó stad sé cheana de. Tá
cuid mhaith den athrá sa chaibideal san féin, ach go dtugann a
mhaorgacht meoin agus friotail slán é. Meán Fhómhair a 27, 1928, a
chuir sé an séala déanach air, agus d'fhág fén Seabhac as san amach é.

Ní mór ná go n-éiríonn le Tomás deighilt ghlan a dhéanamh
idir aimsir an scéil a bhí á insint aige agus aimsir an scéil sin a insint.
Deighilt í seo nár ghá dho a choiméad san *Allagar* mar gurbh ionann
lá na heachtra agus lá a scríte. Filleann sé ar phátrún an *Allagair* in
áit amháin, fén dteideal *Cuntas lae; an bhean mhoch*, mar seo:

> *Deir siad ná téann an bhean so go bhfuilim chuin tagairt di ar*
> *aon leabaidh, agus ní deacair liom san do chreidiúint. Ar maidin*
> *inné do bhí sí amuigh ar ghliocú an ghealúin, a bó curtha ar an*
> *ngort aici ...*

Ón uair nár measadh baint a bheith le habhar an scéil aige, cuireadh an méid sin siar go deireadh mar Aguisín chomh maith (345–6).

An dara sampla mar sin is i gcaibideal a cúig atá sé. Tá Tomás Maol tar éis a bheith ag cur síos ar 'an long gail is an t-arm' agus conas mar a chuir na mná an ruaig ar na 'fearaibh dubha'; an dara huair a thánadar á lorg níor thugadar de chíos ná de cháin leo ach 'dhá sheanamhiúil . . . ná raibh beo dhóibh ach an dá shúil agus an croiceann' (a oiread san míola a bheith sa chroiceann, dar ndóigh). Láithreach ina dhiaidh sin atá an cuntas ar chléireach an phinsin a theacht, 'agus beirt do chléirigh an bhainc lena chois.' '*Cuntas lae*' an teideal atá aige air seo, leis, agus is é mar a thosnaíonn sé: 'Ó tharlaigh an lá so ina lá grinn insan Oileán so, ní hobair dom é a fhágaint ar lár'. Cuid éigin de:

> *Aon tseó ach iad so do bhí curtha isteach ar an bpinsean caoch ag rith ag baint na leapacha amach, agus ag síneadh siar iontu, agus ag ligeant orthu a bheith i ndeireadh na feide roimis an gcléireach! Bhí cuid acu ina bhfearaibh fada láidir ar bharra an chaladh an uair seo, agus ní raibh aga acu éadach ná bróg do bhaint díobh. (lch. 53)*

An fear sa leabaidh agus gan 'le feiscint do ach leathorlach dá shróin, bhí sé comh galarach comh dearóil sin'. Na 'crúba' ag gobadh amach ag bun na leapan; na cléirigh agus muintir an Oileáin féin fuar marbh ag gáirí. Beirt a bhí ag lorg an phinsin i dtigh eile 'ar aon leabaidh amháin'.

> *Chuaigh an cléireach ina radharc ach ní raibh pioc dá gcuntanós le feiscint, ná aon dul air, le creatha fuachta. Fear agus bean an tí ab iad iad. Ach bhí crúba an fhir le feiscint, mar bhí na bróga salach ó bheith amuigh fean an lae roimis sin.*
>
> *Do ghlaoigh sé ar an bhfear eile.*
>
> 'There is two of them here,' *ar seisean.* 'By dad, they have the bed of honour here, too,' *ar seisean.*

Bhí leathuair a' chloig caite sarar stad scartaíl gháirí
agena raibh istigh. Níl aon duine acu ó shin ná go bhfeacadar
na crúba orthu.

'Faith, they might have the horns, too, under the
clothes,' *arsa fear an tseóigh seo do bhí orthu.*

Ní hiontas conas mar 'tá an tír ag imeacht: na daoine seo
atá comh láidir le capall ag bualadh bob ar an Rialtas. (lch.54)

Is léir baint a bheith ag an dá ní le chéile, laochas na
seanaimsire agus meatacht an ama i láthair, agus is d'aon ghnó glan
atá Tomás á síneadh suas le chéile. Cé nách ionann aimsir dóibh agus
nách ionann meon, sin é go cruinn go bhfreagraíd dá chéile agus
nárbh fhéidir iad a scaradh.

Cé nách 'cuntas lae' i gceart aige é, tá aon áit amháin eile sa
leabhar go dtagann an dá aimsir le chéile go hoiriúnach, is é sin
nuair atá sé ag cur síos ar a phósadh. Tar éis do gach cuntas eile a
bhreacadh ar conas mar a d'fhág sé slán ag muintir na Cloiche (mar
is nós leis a thabhairt ar Inis Mhic Uibhleáin)[5] den uair dhéanach,
mar gurb é a mhalairt de shaol a bhí i ndán do, deir sé go hobann,
ag tagairt don gcleamhnas a bhí déanta ina chomhair:

(Tá mo dheirfiúr Máire do dhein an margadh so caillte curtha
inné an ceathrú lá do mhí na Nollag 1923, in aos a cheithre
fichid di. Gur' i bhFlaithis Dé dhá hanam.) Seachtain ón lá so
do bhí beirt againn pósta, Tomás Ó Criomhthain agus Máire Ní
Chatháin, an tseachtain dheireanach d'Inid, 1878. (lch.187)

Níor ghá labhairt ar idirthéacsú chun go dtuigfí an chuma go dtéann
cumha na cainte seo fén dtuairisc aige ar an saol agus ar an
gcomhluadar atá imithe go deo, iad ar fad i dteannta a chéile — an
cailín seo gan ainm gan seasamh na Cloiche agus an dá Mháire,

---

[5] *Chomh fada leis an ainm seo, Inis (Mh)ic Uibhleáin (Inisicíleáin adeirtear, agus*
an phríomhbhéim ar an siolla deiridh), féach Seán Ó Cinnéide, 'Logainmneacha,'
in Aogán Ó Muircheartaigh, eag., Oidhreacht an Bhlascaoid *(Coiscéim, 1989),*
128–142; idem, Feasta, *Deireadh Fómhair 1979, Márta 1980, Feabhra 1983.*

Máire a dheirfiúr agus Máire a bhean, agus gach éinne eile maidir leo. Nó cad a bheir d'Inid 1878 teacht chun a chuimhne Nollaig 1923, sochraid an lae roimis sin a bheith á lua aige le pósadh cúig bliana is daichead roimis sin arís? Pé rud é, níl an dá ní ná an dá thráth chomh fada ó chéile agus a thaibhseoidís a bheith: is deimhnitheach gur mó de ghaol le chéile acu ná de bhearna aimsire ná abhair eatarthu.

An cheard a bhí foghlamtha ag gabháil don chéad shaothar aige, níor mhiste leis í a chur chun tairbhe uair eile laistigh de fhráma aimsire agus inste scéal a bheatha. An *vignette* seo aige dá uncail Liam is den dá choileach, tá sé chomh cruinn, chomh fuinte lena mhacasamhailt san *Allagar*, ach é bheith tugtha fé réir na coda eile anso agus tagairt thar n-ais aige ar ball do níos faide anonn sa tsaothar (lch.254–5).

> *Ar chur mo chinn amach ar maidin dom, do chonac an fear agus cliabh fholamh thiar ar a dhrom, agus é gan cor as i lár an bhóthair. Do bhuaileas isteach, agus do chaitheas tamall istigh, agus do chuireas mo cheann amach aríst, agus do bhí fear na cléibhe fós gan cor do chur do.*
>
> *Bhí an fear tamall uam, agus dúrt liom féin go mbeadh fios cruinn agam cérbh é féin. Ach cé bheadh ann ná m'uncail Liam, gan aon ghotha air ach gotha an amadáin. Ar fhéachaint timpeall dom, cad do chífinn ná dhá choileach, agus gan iontu ach an dé.*
>
> *'Ní foláir liom,' arsa mise leis, 'nó is ag féachaint ar an dá choileach san ataoi.'*
>
> *'Táim ag féachaint orthu le ana-thamall, agus tá mo chuid feamnaí imithe uam mar gheall orthu,' arsa Liam.*
>
> *'Ach, is dócha nách mór an gnó don bhfeamnaigh agat,' arsa mise leis, 'tráth is go bhfuil dhá choileach 'od choimeád uaithi.'*
>
> *'Ní raghainn siar go brách nó go mbeadh fhios agam ciocu do gheobhadh an lá!' ar seisean.*
>
> *Do bhí ceann acu marbh an uair seo, agus do bhuail Liam siar, agus do bhuaileas féin isteach abhaile. Níor throm suain dom,*

féachaint an mbeadh aon mhoill thiar ar Liam, ach níorbh fhada
go bhfeaca ag teacht é, agus do bhíos roimis insan áit chéanna.
'Ó, an diabhal ribe do bhí romham di!' ar seisean. (lch.156).

Cuimhním ar an rud adúirt Seán Ó Ríordáin mar gheall ar scéal
áirithe ag Amhlaoibh Ó Luínse: 'Déithe a labhrann mar sin!'

MODH EAGARTHÓIREACHTA

Formhór mór dá bhfuil anso, más ea, is ó láimh Thomáis féin atá sé
againn, rud a fhágann údarás nách beag aige. Géilleadh don údarás
san i gcónaí, oiread agus ab fhéidir a dhéanamh. Mar le habhar de,
níor fágadh siolla dá chuid cainte ar lár (maran le dearúd é). Chomh
fada leis an bhfoirm nó leis an bhfocal de, fágadh sa chló céanna é go
raibh sé aige, gan aon chló eile a bhualadh anuas air ach an uair
fhánach nuair a bhíothas in amhras ar aon bhun cóir a bheith leis, agus
an uair sin féin tugadh leagan na lámhscríbhinne lena chois ar eagla
an dearúid. Is minic a tuigeadh dúinn tar éis aga agus aimsire a bheith
tabhartha le pointe éigin a phlé gurbh fhearr ligint do a shlí féin a
bheith aige. Mar shampla, ar an gcéad leathanach féin tá an chaint seo:
Ceathrar deirféar agam, agus gach nduine acu ag cur a ghoblaigh féin im béal.
Mheasas ar dtúis nárbh iontaoibh an chaint seo, *ghoblaigh* seachas
goblaigh a bheith ann, go mór mór ón uair gur le Brian Ó Ceallaigh
agus nách le Tomás scríobh na coda so den scéal. Ach ar dhridiúint
amach a thuilleadh dúinn, tagaimid orthu so, agus deimhniú ó láimh
an údair againn orthu an uair seo: *Bhí seanamhná isteach agus amach ar
thuairisc na coise, a oideas féin age gach nduine acu* (lch.88); agus, arís, ag
tagairt don seisear ógbhan a tháinig air sa phortach, *pé duine go raibh
mo shúilse air san am san níorbh ar éinne don seisear é* (lch.257). Sa tslí gur
léir dúinn ar deireadh gur le *duine* na gramadaí a théann an aidiacht
shealbhach i ngach cás agus nách leis an gciall mar ba dhóigh le duine
ar an gcéad fhéachaint. B'é b'iontach leat a chruinne a bhí sé, geall le
bheith róchruinn, nách mór. Scaoileadh leis, dar ndóigh.

Sampla eile mar sin an chaint *'Siad an dá phunt do bhí á bharra
agam an dá chéad phuint do dhíolas as cheann an tí* (lch.257). B'ait linn
an dá chéad phuint sin; *an chéad dá phunt* ba chirte ann, déarfá. Ach tá

an dá céad [sic] athach sa chnuasach *Fionn agus Lorcán*[6] agus is caint í
a théann i bhfad siar de réir dealraimh: féach *in dá cét-aitchi in
Merugud Uilix*, mar shampla.[7] Agus chun an leagan cainte a thabhairt
anuas agus a bhuanú a thuilleadh tá *an dá chéad mhaide* ag Amhlaoibh
Ó Luínse i gceann de na scéalta Fianaíochta aige.[8] *An dá chéad phunt*
gur beartaíodh ar deireadh anso air ach *phuint* na lámhscríbhinne a
bheith lena chois mar eolas don té gur mhaith leis caint Thomáis a
shuíomh thar n-ais agus údar maith eile a bheith léi aige.

Fáth eile a bhíonn leis an mbuntéacs a lua de bhreis ar an
eagarthóireacht a bheadh déanta air, a dheacracht a bhíonn sé
uaireanta an bhunfhoirm a thabhairt amach fé bhun earraíocht a
bhaint as cló foghrúil ar fad: e.g. san áit gur *rainne/roinne/ruinne* atá
sa ls. agus gan de sheift litrithe ag an eagarthóir ach *ramhainne*, agus
gan é sin féin caighdeánach ar fad. Agus níorbh fhusa puinn *n* caol
anál/anáile (*inneál/(a)innáile* etc. a bhíonn aige féin) a thabhairt
amach gan an focal a chur ó aithint ar an léitheoir.

Cé go mbeadh lorg a láimhe féin ar an gcuid is mó de, ní
hionann san is a rá ná go mbeifí in amhras uaireanta ar chuaigh clásal
éigin leis an abairt roimis nó ina dhiaidh, agus ná beadh le déanamh
ach é a shocrú isteach leis an gciall a bainfí as a chuid cainte. Agus is
minic an chomhréir casta tútach go maith ina dhiaidh sin is uile. Is é
An Chaora Odhar (lgh.105–7) is mó gur chuaigh díom aon lámh chóir
a dhéanamh air, sa tslí gur maith a chreidfinn, dá aiteacht mar a
thaibhseodh sé ar shlí eile, peann luaidhe agus páipéar a bheith ina
phóca aige an lá san a tháinig an file ar an gcnoc air, agus é a
bhreacadh an amhráin uaidh *mar 'ligeadh seisean as a bhéal*. *Ní insa*

---

[6] *Foclóir do cuireadh le* Fionn 7 Lorcán, 7rl. . . *Seosamh Laoide do chuir le chéile*
(*Connradh na Gaedhilge, Baile Átha Cliath, 1913*), 82, s.v. dá. *Míniú éagsúil
dá chuid féin ag an Laoideach le* céad *a bheith lom ina thosach gur deacair
géilleadh dó.*

[7] *Robert T. Meyer, ed.,* Merugud Uilix Maic Leirtis (*Dublin Institute for Advanced
Studies, 1958*), 5.140.

[8] *Donncha A. Ó Cróinín, 'Sé Scéal Fianaíochta',* Béaloideas 37–38 (*1969–70*),
92; *cf.* na trí chéad ruchair, *ibid.*, 98.

teangain seo do bhíos ag scríobh mar ná rabhas oilte uirthi insan am san, ach
tuairim i mBéarla . . . Do bhreacas síos mar 'fhéadas, ar shlí do thug
sruthmheabhair dom ar an amhrán agus, rud eile, má raghadh focal ar
iarraidh féin uam, ní raibh an ceannródaí rófhada uam . . . . Ach ní bheadh
teacht aige ar an gceannródaí a chuirfeadh i dtuiscint do é, mar a shíl
sé, nuair a gheobhadh sé go dtí an t-amhrán arís, agus b'fhéidir gurb
in é fé ndeár a bhacaí atá sé, gan aige riamh ach 'sruthmheabhair' air.
[9] Is fuinte i bhfad *Caisleán Uí Néill* aige, an t-aon amhrán amháin eile
atá curtha sa leabhar aige, ceann go raibh cuimhne bhuan i gcónaí
aige air.[10]

Chomh fada le litriú na bhfocal de, is mó an aird a tugadh ar an
bhfoirm a thabhairt chun solais ná ar an gcuma go gcuireann sé in úil
í: uaireanta is de réir foghair a théann sé; uaireanta eile is iarracht ar
litriú na haimsire sin é mar a bhí tugtha leis ós na leabhair aige; go
minic is litriú éigin annspianta dá chuid féin é ná fónann go rómhaith
d'aon taobh acu. (Ní mór an bhreis atá ag *aom* ar *am*, mar leis an
défhoghar a thabhairt amach, abair, ach go gcuirfeadh sé duine amú,
b'fhéidir; dá chomhartha san féin, abair , tá *taom* agus *laom* (= *lom*) leis
an *ao* chéanna aige, cé nach í an éifeacht chéanna atá leis sa dá chás.)
Is é a chuireamair romhainn san eagrán so foirm an údair agus litriú an
Chaighdeáin a bheith ann, ach an litriú a bheith ábalta ar an bhfoirm
a thabhairt leis. Ba mhaith linn, leis, teacht a bheith ag an léitheoir ar
an bhfocal gan mórán duaidh agus, dá bhrí sin, an litriú a bheith ag
Niall Ó Dónaill, *Foclóir Gaeilge-Béarla,* mar mhalairt: ní móide, abair, go

---

[9] *Cuir leis sin an méid seo atá ráite ag Seán Ó Criomhthain mar gheall ar an athair*
a bheith ag cumadh filíochta agus é ag obair: 'Bhíodh an páipéar bán . . . an-
luachmhar dó le cur síos ina phóca agus a phionsail thíos ina theannta, agus nuair
a théadh sé don tráigh nó nuair a théadh sé ar an gcnoc ag gabháil don mhóin is
mó a dheineadh sé an fhilíocht. Shuíodh sé ar an turtóg, d'óladh sé a ghal agus
scríobhadh sé síos na ceathrúna'. Pádraig Tyers, eag. Leoithne Aniar *(Baile an*
Fheirtéaraigh, 1982), 104. B'in i bhfad i ndiaidh do Sheán Ó Duinnshléibhe a
chailliúint, dar ndóigh.

[10] *Féach an leagan sa pháipéar* An Sguab, *Lughnasa 1924, 162. Seán Ó*
Criomhthain 'a thóg síos ó sheanduine ann,' an t-athair gan amhras.

nglacfaí le *úr=bhur* ná *ca'il=cá bhfuil* muna mbeadh san (*cail* atá ag NÓD chun a bheith cruinn ar fad air). Ba dhóigh liom ná cuirfeadh na malairtí seo puinn daoine amú: *clodach*, gin. *clodaigh=cladach*, gin. *cladaigh*, *dana(s)=dona(s)*, *la(i)t=lo(i)t*, *obh=ubh*, *oscaill=ascaill*, *saitheach= soitheach*, *solann=salann*, *sochas=seachas*, *tort=tart*, *darú=dorú*, *dairithe=doruithe*, *easántas=easaontas*. Is de dhúchas na teangan na nithe seo agus cuirid le blas an tsaothair gan baint dá chiall.

Níor chuathas i bhfad ó ghnáthdheilbh an fhocail aon uair chun an rud a bhí aige féin a thabhairt amach. 'Neosaidh an chiall agus an comhthéacs go tapaidh gur mar a chéile iad so: *gireán=gearán*, *mineál=muineál*, *inead=ionad*, *iomall=imeall*, *iofrann=ifreann*, *deáramh=dealramh*, *feirm=foirm*, *rodaire=ridire*, *'rúnach=oiriúnach*, *baoch(as)=buíoch(as)*, *b'ladh=boladh*, *cantráth=contráth*, *fiainise=fianaise*, *finneoga=fuinneoga*, *larnamháireach=lá arna mhárach*, *coithrim*, *cúirim*, *tóirrimh*, *doiris* (sa ghinideach dóibh go léir)=*cothraim*, *cúraim*, *tórraimh*, *dorais*, *tarrac=tarraingt*, *thairrig=tharraing*, *tairrigthe* (*tairice* aige féin)=*tarraingthe*, *cirriú=ciorrú*. Cé go mb'fhéidir go mb'ait le duine an *-rr-* caol láir sna samplaí déanacha, cuimhnigh gur réiteach don tsúil agus don tuiscint an scríobh so chomh maith len é a bheith ag léiriú ar an ní a bhí sa bhuntéacs.

Ní raibh leigheas an uair fhánach air ach a bheith bunoscionn leis an bhfoclóir: tar éis a raibh ráite ag an Rathileach ina thaoibh[11], abair, measadh gur mhór an trua gan *cóthra* a scaoileadh in áit *cófra* NÓD. Ar an gcuma chéanna, deineadh rogha de *i le* seachas *i leith* (263,286).

Leathan don chonsan tar éis *-e-* sa bhfocal *bertha* ná raibh aon tslí eile ar é a thabhairt amach. Mar an gcéanna le *vest* (ina *vest*/dá *vest*, *drom/tosaí a vest*, gan díochlaonadh aige), agus is mar sin a chloisinn ó Shéamus Caomhánach, leis, é, cé go bhfuil *veist* chomh maith ann. Ní hiontas go mbeadh sé i bponc ag litriú na haidiachta i gcás *mallacht duine bhoicht* (56), *bolg an fhir bhoicht* (125), *ar an mnaoi bhoicht* (129), *as cionn an pheacaigh bhoicht* (287), toisc a dheacracht atá sé an consan leathan leathdheiridh agus an consan caol deiridh a chur in úil le chéile: *bhocht* a bhíonn ansan aige, nách measa puinn é ná litriú

---

[11] *Celtica* i/2 (1950), 353.

an lae inniu ach gan glacadh a bheith leis[12]. Mar an gcéanna le *sciuird* (63,183 etc.), gur *sciurd* atá aige ina chomhair ag déanamh rogha den *r* leathan ar an *d* caol. Tugadh nithe mar sin chun Caighdeáin.

Ní bhíonn aon chol leis an raidhse aige, agus ní hannamh dhá leagan nó trí den bhfocal nó den bhfoirm aige. Tá *ráibéard* (46), *ráibéardach* (45), agus *rúibéardach* (132, 139) aige, cuirim i gcás, agus gnó maith aige díobh go léir. Tá *leordhóthain* (144) agus *leabhair-dhóthain* (130, 179) aige, agus deimhniú ar an dara ceann againn ós na *Réilthíní Óir* (s.v. *leabhair*). Tá *faoileann* agus *faoileán* (38,39), *phrioc an mheach* agus *phioc an mheach* (69), *cheithre mbuidéil* agus *cheithre buidéil* (157), díreach i ndiaidh a chéile aige. Tá *'dir*, *'deir*, *ideir* leis an aon réamhfhocal amháin agus *inis*, *'nis*, *ins*, leis an aon bhriathar amháin aige. Leithéidí *feiscint/fiscint*, *le beith/le bheith*, *an bhean dhubh/an bhean dubh* (e.g. 170), ar fuaid an bhaill. Níl aon áireamh ar a bhfuil d'insintí ar an bhfocal *neomat*, agus tá an comhaireamh trí chéile casta go maith aige.

Níor leanadh uaireanta é nuair ba chóir a dhéanamh, adéarfadh duine eile. Cé gur *clíobhán*, *clíothán*, *scíothán* a chuireann an litriú aige féin in úil, agus brí na canúna leis an litriú san (an défhoghar áirithe a dhul go dtí guta fada simplí roimis an mbéim), *cliabhán*, *cliathán*, *sciathán* atá curtha síos anso dóibh. San áit gur *nár bheil liom*, *gur dóil le* atá aige, an réamhfhocal *le* a bhíonn á leanúint de ghnáth tar éis ceangal den bhfocal roimis,[13] *nár bhe'* [=*bheag*] *liom*, *gur dóigh le* atá curtha ag freagairt dóibh. Tá *'fhiosa* mar an gcéanna, tosach an réamhfhocail *ag* tar éis dul ann sa chás so: má bhíonn an réamhfocal á leanúint an *-a* a bhaint, mar ná beadh sé le clos ar aon tslí, agus é a fhágaint ann muna mbíonn, e.g. *tá 'fhios agam*, ach *tá 'fhiosa* leis féin. Fo-uair is *cuir* seachas *cur* a bhíonn san ainm briathartha aige, ach is í foirm an Chaighdeáin atá curtha sa téacs in airde agus an ceann eile féna bun thíos: e.g. *méar do chur* [<*chuir*] *id shúil, agus comhra do chur*

[12] *Fadhb litrithe riamh anall ab ea í seo: féach John Strachan, 'Contributions to the history of Middle Irish declension',* Philological Society Transactions, *1905, 4.*

[13] *A leithéid seo tabhartha fé ndeara ag Carl Marstrander ar an mBlascaod le linn a choidrimh ar Thomás:* Dictionary of the Irish Language, *D, 99.4–8.*

[< *chuir*] *air leis* tugtha chun Caighdeáin mar sin. Agus más iontaoibh an litriú aige, -*r*- caol idirghuthach a bhí aige i gcás *ní reabhas*, *do reop*; arís, *ní rabhas*, *do rop* gur deineadh rogha díobh le cur sa phríomhthéacs. Admhaím gur deacair do dhuine é féin a shásamh sna cúrsaí seo gan an dara duine a bhac.

Cé go bhfuil eolas ar an gcanúint le baint as, níor cheart a mheas gur den gcanúint gach a bhfuil anso. Ach oiread le haon chur isteach eile, níor chuathas níos déine ar an gcanúint a léiriú ná mar a ligfeadh fianaise na lámhscríbhinne dúinn a dhéanamh. San áit gur *tímcheall/timcheall* atá aige, mar shampla, *timpeall* a cuireadh síos do, de réir ghnáthnós litrithe an lae inniu, cé gur dócha gur *tíompall* adéarfadh sé, ach gan deimhniú na cainte a bheith againn uaidh ar an méid sin agus nár bacadh le haon chaint eile puinn. Leithéid *coimeád* ar an gcuma chéanna: cé go mbeadh tuairim againn gur *cimeád* adéarfadh sé, ní á rá atá sé ach á scríobh, agus ní mór an tosach a thabhairt don scríobh ar an gcaint dá chionn san. Ná ní go rómhaith a ligfeadh litriú mar *aríos(t)* dúinn *araís(t)* na canúna a dhéanamh de, agus níor deineadh, ach *arís(t)* a chur síos ina chomhair. Samplaí fánacha iad san, dar ndóigh, ach is é an ceacht céanna é. Téacs is ea é ar nós aon téacs eile, agus cé nár ceileadh na tréithe canúnacha atá ann (ach mar atá ráite), níor deineadh iad a sholáthar nuair nárbh ann dóibh ó thosach, ach oiread agus a ceileadh nó a soláthraíodh aon ní eile. Is mairg a raghadh thairis sin, agus an té a raghadh is ag dul ar amhras a chaitheadh sé a bheith go minic, agus fobhréag aige á chur ar Thomás gan baochas do bheirt acu. Mar dá fheabhas iad na cainteoirí de sheanmhuintir an Oileáin go mbeadh teacht ag duine fé láthair orthu, cuimhnigh go raibh leathchéad bliain go rábach ag Tomás orthu, agus b'fhéidir níos mó ná san nuair a cuirtear san áireamh gur 'gamhain seanabhó' ab ea agus é go minic istigh ós na botháin i dteannta na beirte críonna ag éisteacht le seanchas Thomáis Mhaoil, nó in aonacht leis an bhfile Ó Duinnshléibhe sa phortach ar chuma ná bíodh éinne eile. Agus pé locht a bheadh ag Tomás air bhí a oiread céanna de chion, agus ní foláir nó d'aithin an file a dhuine muinteartha chomh maith. Bhraithfeá ar chuma éigin gur lean an tseanchríonnacht, idir chúrsaí cainte agus eile, as a óige é, go raibh sé mar a bheadh tamall caite sna púcaí aige, agus b'fhéidir gur mar gheall air sin é; ina theannta san, dúil thar meon sna leabhair, sa léitheoireacht agus sna 'huaisle' aige, gach éinne acu mar a thagadh, iad ag soláthar do agus é sin dóibh. Ach is é crích an scéil é, má braitear éiginnteacht áirithe anso idir chanúint agus caighdeán, gur éiginnteacht í a shíolraíonn ón mbunscríobh agus ón gcomhréiteach gur tháinig an t-údar féin an chéad lá air, mar nár mhór do a dhéanamh.

A ceart a thabhairt don gcaint, mar sin, ach gurb í caint na lámhscríbhinne sa chéad áit í. Is caint í, leis, nách fuirist léamh uirthi i gcónaí: an litriú *baoighte/baighte* aige, cuirim i gcás, ní léir cé acu *baoite* nó *baighte* na haimsire seo é, marab amhlaidh gur chuige an éagsúlacht litrithe an dá cheann a chur in úil. (Ar *baoite* amháin a socraíodh sa deireadh; sin é amháin a bhí san Oileán, dar le Seán Mhaidhc Léan, ach arís ca bhfios cad eile a bheadh ina theannta ann tráth?) Ar an gcuma chéanna measadh gur móide *dobhrón(ach)* ná *dobrón(ach)* a bheith laistiar de litriú mar *dubh-bhrón(ach)*. Ná ní féidir a bheith láidir air gur défhoghar a bheadh de ghnáth aige leis an *daidh-/daídh-* sin a bhíonn go minic leis an ainmfhocal agus leis an aidiacht aige (e.g. *daídh-mhíannach, daidh-chúmtha, daidh dhéanta, daidhmhéinneach, daidhmhaiseach* agus mar sin de), ach gur *deigh-*seachas *dea-* atá curtha ag freagairt do sa téacs so tríd síos. (Bhí *deighbhlasta, deighbhaile*, abair, ag Seán Mhaidhc Léan, ach *dea-* is mó a bheadh aige.) Agus nuair a bhuailimid trasna ar na focail *chnoceamair/chonnaceamair* agus *chnoceadar* aige, an *chonaiceamair* nó *chonacamair, chonaiceadar* nó *chonacadar* is cóir a thuiscint leo? Den gconsan leathan láir a deineadh rogha, cé ná raibh aon rogha orthu le ceart mar go bhfuil údarás leo araon. Ba mhó rud mar sin nárbh fhéidir talamh slán a dhéanamh de. Sampla fánach: an fhoirm *ceidim* (= *creidim*) aige, an den fhoghraíocht í nó an malairt í dáiríribh? Deir an Dr. Éamonn Ó hÓgáin liom go raibh *ceidim*, leis, ag Seosamh Ó Dálaigh i nDún Chaoin, agus is suimiúil an ní é an fhoirm chéanna a bheith le fáil in *Cnósach Focal ó Bhaile Bhúirne*, achar maith ó bhaile. Nó an focal *taimhilt* (ls. *taibhilt*) atá fé dhó aige (77, 152), cé gur *taimilt* (*mheabhrach/chéille*) is mó atá anois ann, ach go bhfuil *samhailt* chomh maith ann sa bhrí chéanna, is é sin, léas nó splinc. Fós tá *taimhilt*, leis,

mar cheannfhocal sna *Réilthíní Óir*, saothar go raibh an-bhaint ag
Tomás leis, más fíor (321–2, thíos); dar liom gur *tav'il't'* adéarfadh sé
leis, mar adéarfaí *rav'i* (e.g. *paiste mór raibhe*).

Muna mbeadh an focal nó an fhoirm in aon chor aige féin, níor
ghá go mbeadh aon chol leis an iasacht aige. Níl amhras ná gur
teastabháil (a bhíonn sa *Seanchas*, leis, go minic) a caithfear a bhaint as
an litriú *tast(e)amháil* aige, agus gurb in é atá á chur in úil aige, cé nách
eol dom a bheith ráite riamh thiar ag éinne ach *teastáil*. Agus chomh
fada le *bunchíos* a bheith mar ainm ar an bpinsean aige, téarma dlí ab
ea é sin gur chuaigh den Aimhirgíneach féin é a réiteach nó gur chuir
sé fé bhráid Eoin Mhic Néill é,[14] agus n'fheadar ná go mbeadh sé
pléite le Tomás, leis, aige féin nó ag an Rathileach. Ná ní chreidfinn
go deo go mbeadh an focal *proinnteach* sa chaint aige (níor thug sé leis
i gceart é, pé údar a bhí aige leis, mar gur *an fróinn-teach* atá curtha
síos aige), ná aon ghnó mór aige de, ná de *lóinsiún*, an focal ná an ní,
ach oiread leis, gan duine éigin lasmuigh á bhronnadh air. Agus níor
mhór an mhoill air féin dul i mbun na ceapadóireachta, má oirfeadh
do: is dócha gurb é féin a chum an focal *maraitheoir* ar *destroyer*, ná ní
heol dom an focal *sornaire*(301), go bhfuil an bhrí *surveyor* aige leis, is
cosúil, ag éinne eile, pé áit go dtáinig sé air, mar is deacair a
chreidiúint gur focal a bhí riamh ann é, cé go bhfuil cuma dhúchasach
go maith air. (An féidir gurb amhlaidh a bhí sé tagtha trasna ar an
bhfocal *sorn*, 'range', focal a bhí nua go maith sa Ghaeilge ag an am,
gan é a thuiscint i gceart, agus an focal *sornaire*, 'ranger' a bheith
déanta aige de?!) Agus cé ná déanfaimis a oiread san iontais do
chanúiní mar *bád tobair/pléisiúir/gail/gluaisteáin, craobh ó chuallacht
stróinséartha, Bord na gCeantar gCúng* nó *feidhmeannach ón mBord*
céanna, fós tá blas na hiasachta agus an dúchais in aonacht orthu,
comhartha gur theanga bheo bhríomhar ab ea i gcónaí í a bhí ábalta
ar nithe lasmuigh dhi a ghabháil mar a theastaigh. Nuair adeir sé go

---

[14] *Sa réamhrá aige leis an dara eagrán (1925) de* Sgéalaigheacht
Chéitinn/Stories from Keating's History of Ireland, *deir Bergin 'I have to
thank Dr. Eoin Mac Neill for a note on the terms* buin-chíos *and* aird-chíos . . .'
(*Féach, chomh maith, an nóta aige le scéal 23, línte 180, 181.*)

raibh *leabaidh shocair insa chúinne* (lch. 2) an ag aithris ar *settle bed* an Bhéarla atá sé? Agus nuair adeir sé fós *ní raibh éinne eile chuin an bhille do chur siar ach mise amháin* (lch.235), is é sin le rá chun diúltú don ní a bhí molta a dhéanamh, is léir gur ag cuimhneamh ar ghnóthaí na pairliminte atá sé (agus níor chóir gurbh ait linn san agus Dáil dá gcuid féin istigh san Oileán acu!), agus an scéal san á thagairt do photaí a tharrac aige go deisbhéalach. Sa tslí nách mó de bhuanú ná de chruthú teangan aige é, agus nach lú d'ealaíontóir ná d'fhear inste scéal a mhuintire é féin. Níl aon amhras ná gurb é féin a bhaist na *Sgállóga* ar na Scealaga, agus gan aon ghá leis, déarfá, muna mbeadh an crans. Ní ainm í *an Talamh Úr* atá i mbéal na ndaoine ach oiread, ná ní móide gur *guailleáin* a bhí cloiste riamh aige ach *gealarsaí*. Agus ba dhóigh leat go raibh *cigire* riamh ann ar an slí go gcuireann sé síos ar gach duine acu mar a thagann.

Réim eile teangan aige is ea í seo, agus muna mbeadh sí bunoscionn ar fad leis an ngnáthchaint ní hí an ghnáthchaint ar fad í ach chomh beag. Ina theannta san, mar atá léirithe ag Máiréad Nic Craith,[15] bhí mórchuid léite aige, i nGaeilge is i mBéarla, agus tá cuid de na leabhair sin (*Séadna, Niamh, Fionn agus Lorcán*) luaite anso aige. Ceist eile is ea é, dar ndóigh, cad é an bhaint a bhí ag aon cheann acu lena scéal féin, agus is cosúil gur beag é ar deireadh. Ní heol dom ach an t-aon tagairt chruinn amháin a bheith aige d'abhar aon leabhair acu: *Cormac Ua Conaill* an Athar Pádraig Ó Duinnín (103)[16]. Mheabhródh an chaint *níor throm suain dom* (156) *Caoineadh Airt Uí Laoghaire* do dhuine, agus d'fhéadfadh sí a bheith aige ón leabhar nó ón aithris bhéil. Nó b'fhéidir gur i *Fionn agus Lorcán*, mar a bhfuil sí cheithre huaire, a fuair sé í.[17] Nó b'fhéidir eile fós í a

---

[15] *Máiréad Nic Craith*, An tOileánach Léannta *(An Clóchomhar, 1988)*.

[16] Cormac Ua Conaill *leis an Athair Pádraig Ua Duinnín, An Dara hEagar (Connradh na Gaedhilge i mBaile Átha Cliath, 1902). Mar le Murchadh Liath a theacht fé bhráid Chormaic, féach ibid., lgh. 1–2, 75–6.*

[17] Fionn 7 Lorcán, 7rl. . . . *Conchubhar Ó Muimhneacháin do chnuasaigh (Connradh na Gaedhilge, Baile Átha Cliath, 1903), 46, 47, 48, 55;* cf. Foclóir . . . le Fionn 7 Lorcán *(n.6 thuas), 115,* s.v. suan.

bheith aige féin gan spleáchas d'aon cheann acu mar a bhí sí, de dhealramh, ag Donncha agus ag Pádraig Ó Buachalla i Múscraí.[18] Sa tslí dhuit nách féidir a mhaíomh go raibh teora na gnáthchainte leis an dteanga Ghaeilge a bhí aige agus nár cheart a bheith ag iarraidh an teora san a chur anois léi, fiú dá bhféadfaí san sa tslánchruinne. Agus ba dheacra ná san fén dtráth so teora a chur leis an ní ba ghnáthchaint ag Tomás agus cad nárbh ea. Más den leabhar agus den litearthacht roinnt dá bhfuil aige, cuimhnigh gur leabhar agus gur litríocht é seo, leis, agus go mbeimís á éamais muna mbeadh a raibh de leabhartha is de lucht léinn a casadh ina threo. Bhí an tabhairt suas ón dá thaobh air, agus níor chóir taobh na hoiliúna a chur i leataoibh fiú sa chás go bhféadfaí a dhéanamh.

An chanúin cháiliúil sin aige, *do bin nua agam-sa é,* mar is béas leis é a litriú (is é sin le rá, 'b'é an dála céanna agamsa é'), gur chuaigh dá lán í a réiteach, glactar le míniú Mháire Mhac an tSaoi uirthi gur mar *nó* is ceart an *nua* san a léamh[19] agus, dá réir sin, is é atá curtha sa téacs *dob in nó agamsa é* agus béim ar an *in*, ní fóláir, más cruinn don iarracht so. Fadhb eile mar sin, cé ná beadh sí chomh diamhair ar fad, is ea an chaint *ba bh'iontuisceana dhúinn* (lch.55;cf.267,285) atá curtha síos mar sin agam, á mheas go bhfuil an chopail fé dhó ina thosach mar atá in áiteanna eile aige le *ba*

---

[18] *Foclóir neamhfhoilsithe Dhonncha Uí Bhuachalla san Acadamh Ríoga:* is trom suain do = tá sé 'na throm suain; *Pádraig Ua Buachalla d'aistrigh* Eachtra Phinocchio *(Oifig Díolta Foilseacháin Rialtais, an dara cló 1938): Ba ghearr gur throm suain do (lch.235), mar is cirte é a léamh,* agus deimhniú lámhscríofa *ón údar againn ar an méid sin. Is suimiúil an ní é* suain a bheith acu so beirt mar atá ag Tomás, nuair is suan *atá sna samplaí a luadh i nóta 16 roimis seo. An dá ní i* Madra na nOcht gCos, Seosamh Laoide do chuir in eagar *(Connradh na Gaedhilge, Baile Átha Cliath, 1907): amhras caite, ar lch. 122 sa leabhar san, ar an ní a bhí ar lch. 31 ann.*

[19] *Máire Mhac an tSaoi, 'Ponc Eagarthóireachta Réitithe?',* Feasta, *Deireadh Fómhair 1988, 79. Tá mo bhuíochas ar Liam P. Ó Murchú as an aiste seo a chur ar mo shúile dom agus as an bponc a phlé liom.*

bh'fhearr (lch.311).[20] Agus ós ag tagairt do san é, tá *níosa bhfearr*, leis, aige, chomh maith le *níosa mó* agus *níosa measa*, an t-urú in ionad an tséimhithe go mbeadh coinne ag duine leis, b'fhéidir.[21]

Is beag uair a chuathas i gcoinnibh an údair mar le foirm de, agus cé gurbh ait liom léithéidí *déineann, déineadh, déintí* d'fháil lasmuigh den véarsaíocht nó den seanrá nó den teagasc críostaí féin (e.g. *do ghnó féin déin a dhuine / is ná bac mo ghnó ná mise; ná déin goid/drúis* etc.) agus gur *deineann* etc. is mó a bhíonn aige, fágadh aige iad toisc glacadh a bheith leis an malartú tríd síos nuair a meastar bun a bheith leis; agus bhí an uair seo, ní foláir, bun na cainte féin leis, cé gur caint í ná bíonn le clos anois ó mhuintir an Oileáin féin.[22] (Ar a shon gur cruinne *din* ná *dein* ó thaobh foghair de, agus gur ó (*do-*)*rin(ne)* a shíolraigh an guta go stairiúil, is ar *dein* a beartaíodh toisc breis cur amach a bheith ag an gcoitiantacht air.)

Fágadh nithe eile ann go bhféadfaí a bheith in amhras an iad a bheadh de ghnáth aige: e.g. *do* a bheith mar mhír choibhneasta leis an mbriathar aige, fiú san aimsir láithreach agus san aimsir fháistineach (e.g. *do bhíonn, do bheidh* chomh maith le *do bhí, do bhíodh*), agus é a bheith mar mhír leis an ainm briathartha chomh maith aige (e.g. *do thabhairt, do dhéanamh*). Fós níorbh fhéidir a rá ná

---

[20] Ba bhun tuisgeanna dhúinn *atá ag Tomás agus leanann an Seabhac é (lch. 65).* B'iontuisceana *atá ag Pádraig Ua Maoileoin (lch. 63); cf.* gurb ion-tuisgeana dhi, *Seanchas ón Oileán Tiar,* 23.

[21] *Tá* níosa mhó *agus* níosa mó *aige i* Seanchas ón Oileán Tiar, *15, 29, 157, agus* níosa bhfearr *(litrithe* níosa bhfeár*), ibid. 234.*

[22] *Tá an méid seo ag Máire Francach, nó an 'cailín uasal ó thír na Fraince', go raibh tamall tabhartha san Oileán agus a ceacht ó Thomás aici:*

d'in'əm' *(deinim)* «je fais». *Régulier dans le parler, à part le degré vocalique du thème du futur. A côté du thème de présent et de prétérit* d'in'- *on a un thème* d'e:n', *(ná déin)* «ne le fais pas!» *; et aux impersonnels : à l'imparfait :* d'e:n't'i: *à côté de* d'in't'i*; (deintí) ; de même au prétérit :* je:n'əs *ou* jin'əs *(dheineas), impers.* d'in'əx *ou* d'e:n'əx *(dineadh).*

(M.L. Sjoestedt-Jonval, Description d'un parler Irlandais de Kerry *(Paris, 1938), 145).*

go mbeidís seo sa chaint aige (cé ná beadh, ba dhóigh liom, chomh minic agus a thagaimid trasna anso orthu) agus, muna mbeadh féin, ní foláir a cheart a thabhairt don scríobh agus don ní a thuig Tomás leis an ngnó a bhí ar bun aige. Níor chuathas ina choinne ach maidir leis an aon ní amháin, is é sin nár ceadaíodh *do dúrt, do dúirt* etc.; ceartú thar fóir mar mhaithe leis an scríobh an *do* san, dar linn, agus níor leanadh de, ach *adúrt, adúirt* a chur ann mar mhalairt. An chéad uair a bhuaileann *do dúirt* linn (nó *do dúbhairt* mar atá aige féin), fachtar *do chonnairc* ar an leathanach céanna leis (98), foirm a bhí bainte glan amach as an litríocht aige mar ná féadfadh sí a bheith aige ar aon tslí eile; tugadh chun canúna agus chun Caighdeáin í, seachas í a fhágaint ann ina haonar go heisceachtúil mar sin. Pointe beag eile mar sin: *maran raibh/mbeadh, saran raibh/mbeadh* a bhíonn aige uaireanta in áit *mara, sara*. An fáth atá leis sin, mo thuairim, gan an *-n* a bheith le clos i gcás *an raibh, an mbeadh* agus é á sholáthar thar n-ais aige sa scríobh, go héagórach an uair seo, mar mheasaim.[23]

Ná ní hiad so amháin dob ait le duine: tá, mar shampla, *an tigh móir* trí huaire i ndiaidh a chéile aige san aon áit amháin: *Téanam isteach insa tigh móir sin thall*; *Craobh ó chuallacht stróinséartha dob ea an tigh móir seo*; *An uair a fhágamair an tigh móir*: lgh. 78–9. Ón uair, go háirithe, go bhfuil sé léirithe aige go bhfuil sé lánábalta ar idirdhealú a dhéanamh idir *r* caol agus *r* leathan i lár agus i ndeireadh an fhocail, ní féidir a mheas gur dearúd litrithe aige é, agus ní foláir

---

[23] *Ach sa nóta atá aige ar an leagan cainte* sul an raibh *sa scéal* An Bhreasaíl *le Pádraig Feirtéar a bhí á chur in eagar aige* (Lia Fáil *iii (1930) 133), deir Séamus Ó Caomhánaigh [Caomhánach]:* 'sul an raibh, *cloistear é seo comh maith le* sul a raibh'. *Cé gur mór m'urraim do, ní ghéillim ar fad do. Tamall níosa shia síos sa scéal céanna (136), tá* an raibh *san áit gur chóir a* raibh (an raibh *de chuaillíbh fáisgithe i mbeart). Fáth eile leis an amhras gur ar éigean a bheadh* sul *sa chanúint in aon chor.*

míniú éigin stairiúil a lorg air.[24] Fáth eile ná beifí ró-ullamh chun é a cheartú gur siar a caithfear gabháil go minic ag triall ar réiteach in ionad bheith ag teacht aniar i gcónaí go dtí an cúpla seanchainteoir a mhaireann d'iarsma mhuintir an Oileáin, cé gur maith ann iad san, leis, gan amhras, agus gur mór é mo bhuíochas orthu. An *gach nduine* sin aige, abair, is ó *leis gach nduine* nó a leithéid a shíolraíonn sé, ní foláir, ach an réamhfhocal a mhíneodh an t-urú a bheith i leataoibh anois. An té gurbh ait leis *caoire* sa tabharthach aige (*me do chur siar ón gcaoire*, 84; *do thug sé oiread ar an gcaoire mhairbh leis an gcaoire bheo dho*, 144; *as an gcaoire*, 159), gheobhaidh sé a thuilleadh samplaí de i *Scéalaíocht Amhlaoibh Í Luínse* (*leis a' gcaoiri*, 235, 291; *smut don chaoiri*, 248), in *Dánfhocail* Thomáis Í Rathile (*greadóg don chaoire*, 48 § 239) agus in *Pairlement Chloinne Tomáis* (*ar chaoirigh*, l.1514 in eagrán Nicholas Williams).[25]

Rá coitianta aige is ea *Beannacht Dé le hanman na marbh/do mharbh* (49, 73, 167; cf.17), agus is léir gur canúin sheanabhunaithe ab ea í[26].

---

[24] *Féach, abair, an líne seo as 'Caoineadh ar Uaithne Ó Lochlainn' ón seachtú céad déag atá curtha in eagar ag Liam P. Ó Murchú,* Éigse *xxvii (1993), 74: 'Is triall ó thigh bhig go tigh mhuar sibh.' Mar leis an 'bhig' sin, tagrann an t-eagarthóir don méid adeir M.A. O'Brien,* Celtica *ii (1954), 348: 'Neuter s-stems resemble ā-stems in the Genitive and Dative singular. Consequently we find in the later Classical language that teach and magh, though treated throughout as masculine, can, at any rate in the Dative singular, take the feminine forms of the adjective'. Dar le Mac Uí Mhurchú gurb é an consan s- a bheith ina dhiaidh a choisceann ar 'mhuar' caolú.*

Ag tagairt don tabharthach sa tigh mhóir, go bhfuil deimhniú na meadarachta air in áit eile, deir Gearóid Ó Murchú (Duanaire Finn, *III, 50): 'Dr. Bergin has pointed out to me that the fem. Declension of "teagh" was allowed in the classical schools (See IGT, II, 164)'. Tá an caolú imithe chomh fada leis an dtuiseal ainmneach anso.*

[25] *Féach an plé atá déanta air seo ag an nDr. Seán Ua Súilleabháin san aiste aige ar Ghaeilge na Mumhan in Kim McCone, et al.,* Stair na Gaeilge *(Maigh Nuad, 1994), 495 §3.13.*

[26] *Féach, leis, abair,* Foclóir do Shéadna *(Baile Átha Cliath, Muintir na Leabhar Gaedhilge, 1908), 11, s.v. anam; anaman atá ansan, an guta cúnta tugtha amach.*

Mar seo ba chuimhin leis an Ollamh Risteard Breatnach an tAimhirgíneach a mhíniú an *anman* san ó bhéal. Sa tSean-Ghaeilge faighimid an dá ainmfhocal so: (i) *ainim(m)* nó *anaim(m)* bain., gin. *anm(a)e*: as san a tháinig *anam*, fir. nó bain.; (ii) *ainm(m)* neod., gin. *anm(a)e*: as san a tháinig *ainm* fir. nó bain. Toisc gurbh ionann foirmeacha na bhfocal san i dtuisil áirithe, níorbh aon iontas é dá raghadh ceann acu fén gceann eile, agus gurb é a bheadh againn sa chaint *le hanman na marbh* an tuiseal cuspóireach iolra (ag leanúint an réamhfhocail) den bhfocal *ainm* le ceart.[27]

Ar an dtaobh eile den scéal, ní féidir go dtéann an chaint *mise á chomáint chuin margaidh* (76), seachas *'om chomáint*, sa chéill *I being sent off to market*, chomh fada san siar.[28]

Is mó rud mar sin go bhféadfadh cur agus cúiteamh a bheith air, agus go mbeidh chomh maith, ach ní dár gcúram é sin i láthair na huaire ach fianaise na teanga a chur ar fáil, feadh ár gcumais, agus gan claonadh seanchasa a dhéanamh ar an scéal ar aon tslí eile ach chomh beag.

Leanadh, oiread agus ab fhéidir, de litriú caighdeánach na haimsire seo mar atá ráite cheana. Cé nárbh áil linn an fhoirm a chur as a riocht, níor theastaigh, ach oiread, an litriú a bheith chomh mór as an slí is go raghadh an focal ó aithint ar an léitheoir nó go dtógfadh sé i bhfad air aon mheabhair a bhaint as, agus gur mheasa ná riamh an scéal ansan aige. Is mar mhaithe leis an gcuspóir déanach so nár bacadh leis an meititéis a theaspáint. Dá chomhartha san, tá leasuithe mar seo déanta ós íseal: *barcach, bardach, bordán, borlach, buirneacha, progóid > brocach, bradach, bradán, brollach, broinneacha, purgóid; turcle > trucaile; curnáilt, churnaig > cruinneáilt, chruinnigh; dird, dhirdeas, diordam > drid, dhrideas, drideam.* Ar an gcuma chéanna *deartháir, deirfiúr* seachas *dreathair, dreifiúr*.

---

[27] *Cuntas é seo a bhreacas ón Ollamh Breatnach i mí Bealtaine na bliana 1978; gura maith an mhaise do féin agus don údar a bhí aige é.*

[28] *Féach arís a bhfuil ráite mar gheall air seo ag an Ollamh Breatnach,* Scottish Gaelic Studies *xiv/2 (1986), 142–3.*

Ní ceadaítear an guta cúnta i gcorp an fhocail féin (e.g. *cairib* > *cairb, lorag* > *lorg, seinim* > *seinm, colapa* > *colpa, fonnamhar* > *fonnmhar*), ach deintear leis an réimír agus sa chomhfhocal: e.g. *anabhreá, seanabhó, feillebhinn, steillebheathaidh, ollaphiast, gannachúis, collaphoc, corradhuine, camabhóthar, lomachasóg, coslomanochta, fionnarua*. Deintear an guta báite a sholáthar de ghnáth nuair a theastaíonn, *a* nó *ag* leis an ainm briathartha, cuirim i gcás: *go dtí mise a theacht suas, ná fós an lá ag teacht*. Samplaí níos casta ná san is ea leithéidí *chun é a bhailithe, chuin í a mharaithe, chuin í a fholmhaithe (chuin é a bhailiú/chuin a bhailithe, chuin í a mharú/chuin a maraithe, chuin í a fholmhú/chuin a folmhaithe* a bheith imithe ina chéile)[29], ach is é an scéal céanna é mar le mír na hainme briathartha a chur san áit ná raibh sí. Fachtar leor leis an gcamóg tar éis *mar* sa chéill *like, as* (e.g. *mar 'bheadh, mar 'ghaibh sé isteach*) agus i gcás *'fhios(a)*.

San áit gur litriú mar *annchumtha, anndlithe, anntréan, seannrá* a bhíonn aige, fágtar aige é, mar go bhfuil a bhrí féin leis, gan amhras, 'sé sin chun an défhoghar a chur i dtuiscint. Tá, fiú amháin, *sa tseannaimsir* aige tar éis do rothag cainte a thabhairt ag cur síos 'ar characháin na Féinne,' (lch. 119), agus dar liom gur le réim ard na scéalaíochta a ghabhann an *tseannaimsir* anso fé mar a ghabhann roinnt eile dá bhfuil roimis sa sliocht céanna. Ach sa bhfocal aonair ligint don gcarn consan an guta fada nó an défhoghar roimis a theaspáint mar a oireann de réir litriú an Chaighdeáin: e.g. *pi(u)nt, punt, cuntas, iontas, lantán, ba(i)nc, spuncáin, coinlíocht, ins(int)* etc. (Guta gearra is ea uaireanta é nuair is iasacht déanach ón mBéarla an focal: e.g. *puinteanna, (bád) na tinte,* ach *suncáil* fada; cf. *lumpaí* gearra as a thosach, ach *lampa, crampa, stumpa, simplí* le guta fada nó défhoghar.) Faid mar an gcéanna le tuiscint sa chéad shiolla iontu so: *milseáin, soilse; scornaigh, bairneach, mairnéalach, ornáideach, forneart* (ach gur guta gearra atá sa chéad shiolla in *cearnóg* toisc an guta cúnta a bheith i bhfolach sa charn ann = k'ar∂'no:g); *eirleach, orlach,*

---

[29] *Féach a bhfuil ráite ag an nDr. Roibeard Ó hÚrdail ina thaoibh seo san aiste aige, 'Maritime matters in the making of seamen and fishermen in Cape Clear',* Journal of the Cork Historical and Archaeological Society, *105 (2000), 119–20, n.38.*

urlár; *airde, aoirde* (maidir leis an ndeifir eatarthu so cf. *seolta móra in airde* agus *in aoirde póilín* nó *aoirde crainn báid*), *ceard, ceird(e), bord, buird, burdáil, seirdíní, ordóg* (níl *ardóg* aige a bhíonn anois coitianta mar mhalairt air). Tuigtear an guta fada nó an défhoghar as -*m*, -*ll*, -*ng*, -*nn*, -*rr* a bheith i ndeireadh an tsiolla: e.g. *feam, (leis an) bhfim, poll, long, fonn, barr/fearr/gearr* (ach *barra/fearra/gearra* a bheith chomh maith ann, dar ndóigh, agus an dá fhoirm curtha síos anso mar a fuaireamair romhainn iad). Cuirtear an síneadh isteach roimh -*rs* nuair a oireann, mar nár léir é bheith ann ar aon tslí eile: e.g. *dóirse, tháirsi, thársu* a bhíonn aige (seachas *doirse, thairsti, tharstu*), *túirseach* (agus an guta fada curtha isteach aige féin á theaspáint nách *tuirseach* adéarfadh sé leis).

Ní deintear aon idirdhealú idir *de* agus *do* sa réamhfhocal simplí, ach *do* a chur síos dóibh araon ag leanúint de nós an údair; *do/dho*, a bhíonn aige don bhforainm réamhfhoclach firinscneach, chomh maith, agus againne, leis, dá réir sin, gan aon chomhartha béime: cé go mb'fhéidir go n-oirfeadh síneadh droim ar ais (*dò*), bheadh aiteas litrithe nár theastaigh á leanúint sin. Agus, gan amhras, ní heol do Thomás leithéidí *i mo* ná *i do* neamhstairiúil na seilbhe ach *im, id* i gcónaí, muna mbeadh guta á leanúint agus gur *it* a bheadh in áit *id*. Ar an gcuma chéanna leis an ainm briathartha: *'om, 'od* roimis an gconsan, seachas *do mo, do do* an Chaighdeáin, *'ot* le guta. *D(h)á/á* sa tríú pearsa, de réir mar a bheadh aige. *'Ár* agus *'úr* sa chéad agus sa dara pearsa iolra leis an ainm briathartha; *ár* agus *úr* chun na seilbhe amháin.

An réamhfhocal *ag* is mar *age* (neamhaiceanta) a bhíonn sé le clos roimh chonsan,[30] agus is mar sin atá sé anso (e.g. *age triúr againne, age Peaidí, age pobal agus ag aonach*), agus is iad na foirmeacha a ghabhann sé leis an aidiacht shealbhach *agem, aged, agena* etc. ach *ages na*, scríte ar leithligh mar sin, leis an uimhir iolra don alt. *Agem athair, agena thuilleadh acu, agena dtithe féin* dá réir sin; *agena máthair* ach *ag an athair*.

---

[30] *An forás stairiúil léirithe ag T.F. O'Rahilly,* Irish Dialects Past and Present *(eagrán leasaithe, Dublin Institute for Advanced Studies, 1972) agus ag M.A. O'Brien,* Celtica *iii (1956), 175–7.*

An nós céanna a leantar leis na réamhfhocail eile a chríochnaíonn ar ghuta: an aidiacht shealbhach (agus an forainm coibhneasta: e.g. *agena bhfuil/raibh*) ceangailte agus an t-alt scaoilte, ach amháin i gcás *(in)sa(n)/(in)sa* mar a bhfuil a mhalairt de nós seanbhunaithe. A leithéidí seo abair: *féna chosa, féna ndéin,* ach *fé na cheithre cinn do sheolta*; *go dtím mháthair, go dtína bhéal,* ach *go dtíos na tíortha thar lear.* Ní bhíonn *(i)nár* go deo aige ach *'ár* de shíor, e.g. *'ár dtighna.*

Mar is eol don saol, tá na foirmeacha den bhforainm réamhfhoclach a leanann *fé* tar éis dul i bhfeidhm ar *chuin* (an t-aon fhoirm amháin den réamhfhocal ann féin a bhíonn ag Tomás), ach amháin i gcás *chuige,* sa tslí gur *chúm, chút, chúithi,* etc., a bhíonn aige in ionad *chugam, chugat, chuici* an Chaighdeáin. Mar mhalairt air sin, agus ag treisiú leis, is minic *chúm* aige san áit go mbeadh coinne agat le *fúm*: e.g., *ár gceann chúinn, a béal chúithi, siúl chúinn, fuadar chúthu, fogha chúthu, ag magadh chúthu, ag gáirí chúinn, dhá chathaoir chúthu, gur chos mhaide do bheadh chúm.* Fágadh mar sin aige an scéal, dar ndóigh.

Tá sé chomh láidir céanna ar an idirdhealú idir *mé* agus *me, tú* agus *tu,* agus atá sé idir *sé/é, sí/í, siad/iad,* a leanann an pátrún céanna úsáide go cruinn. (Tá *mi* fo-uair aige in áit *me,* agus cuireadh comhartha leis san áit go bhfuil sé sa téacs.)[31] Bíonn *duinn* uaireanta aige mar mhalairt ar *dúinn* agus fágadh aige an dá cheann, cé ná fuil aon deifir san úsáid is féidir a dhéanamh den dá fhoirm.[32]

As chionn, as chomhair, etc., de ghnáth aige in ionad *os cionn, os comhair,* leis an ngnáthshéimhiú a leanann an réamhfhocal *as* sa chanúint (agus sin é a tuigeadh do a bheith ann, leis, ní foláir). *Sa/Insa,* gan séimhiú á leanúint, a bhíonn mar uimhir iolra den réamhfhocal *i* i dteannta an ailt: e.g. *sa coillte, sa pócaí, sa potaí, insa cluasa.* Nuair is *ina* (litriú ná bíonn go deo ag Tomás) a chiallaíonn *na* aige, *ina* a cuireadh sa téacs; níorbh fhiú linn an litriú eile d'fhágaint

---

[31] *Féach Diarmuid Ó Sé, 'The forms of the personal pronouns in Gaelic dialects',* Éigse *xxix (1996), 19–50, go háirithe ó lch. 41 amach.*

[32] *Féach Liam Ó Murchú, 'Na forainmneacha réamhfhoclacha i nGaeilge Chorca Dhuibhne' in Pádraig de Brún, et al.,* Folia Gadelica *(Cork University Press, 1983), 160–169 (161).*

ann, mar is fuirist don eolach é a sholáthar thar n-ais agus gan é a bhaint barrathuisle as an aineolach.

Leis an bhfoirm ghearra (mar a thabharfaidh mé uirthi) den aidiacht bhriathartha is mar seo a deineadh nuair is ar chonsan guthach (*-b*, *-d*, *-g*) a bhíothas ag tógaint: *tóca* > *tógtha*, *tuca* > *tugtha*, *réapadh* > *réabtha*, *dínnce* > *dingthe*, etc. Leis an bhfoirm fhada is é mar atá déanta: *bocaighthe* > *bogthaithe*, *fácaighthe* > *fágthaithe*, *diúcaighthe* > *diúgthaithe*, *guitaighthe* > *goidtithe*, *raitaighthe* > *raidtithe*, *leacaighthe* > *leagthaithe*, *tacaighthe* > *tagthaithe*, *sciopaighthe* > *sciobthaithe*, *stataighthe* > *stadtaithe* etc. Ach nuair is *-p*, *-t*, *-c* a bhí sa phréamh fágadh lom mar sin iad: leithéidí *clipithe*, *stopaithe*, *laitithe*, *titithe*, *fáiscithe*, *p(r)iocaithe*, *taoscaithe*, *stracaithe*. *Caite*, *ite*, *leata* etc. gan treisiú.

Leathan do *t-*/*f-* an fhoirchinn sa bhriathar saor de ghnáth aige, fiú nuair is le consan caol a cuirtear é, agus sin é gur deineadh nós de tríd síos: e.g. *go gcaitar* (3), *cuirtaí* (10), *tuigfar* (16), *ficfaí* (20). Ach tá *déintí* fé dhó aige (123) agus níor cuireadh isteach air toisc a éagsúlacht a bhí sé cheana. Ar an gcuma chéanna sa dara pearsa uatha, Modh Coinníollach: *chuirfá* (89), *(ná) ficfá* (111), *chífá* (167).

Is annamh go deo gan *-r* i ndeireadh na míre aige san aimsir chaite leis na briathra go ngabhann sé leo; go deimhin, ní cuimhin liom ach an t-aon áit amháin ná fuil sé aige: *n'fhéad sé an chrúb do bhogadh* (lch.30) seachas *níor fhéad* go mbeadh coinne agat leis uaidh. Agus is é an scéal céanna aige leis an gcopail é: *níorbh*, *nárbh* etc. seachas *níobh*, *nábh* i gconaí.[33] Athrú ab ea é sin ná raibh tagtha chun cinn lena linn, de réir dealraimh, mar ná beadh aon cheilt aige air dá mbeadh.

Agus ag trácht thar nuaíocht de, tabharfar fé ndeara an aidiacht bunoscionn leis an ainmfhocal uaireanta sa díochlaonadh aige: e.g. *radhairc thuathalach shalach*, *pantalóga tútach láidir*, *daoine maithe gaolach caradúil*, *comharthaí amadántúil*, *do chuid allagair thuathalach*,

---

[33] *Mar leis an nós nua a theacht chun cinn, féach Diarmuid Ó Sé, 'The copula and preverbal particles in West Kerry Irish,' Celtica xix (1987), 98–110 (100) agus idem, Gaeilge Chorca Dhuibhne (Institiúid Teangeolaíochta Éireann, 2000), 323 et seqq.*

chuin an ghnímh éachtach[34]. Ach níorbh aon ní nua le ceart é sin mar is eol dúinn é a bheith mar nós ar an míntír i bhfad roimh aimsir Thomáis.[35] Measadh nár mhar a chéile ar fad *Long na hÍle Bhuí* (má thug Brian Ó Ceallaigh leis i gceart é), ach go bhfuil mar a bheadh comhfhocal déanta dhe agus gur séimhiú buan dá réir sin é.[36]

Ach cad is gá a bheith leis? An saothar féin an ní, agus tiocfaidh an léitheoir isteach go tapaidh ar an gcaint agus ar an gcur chuige. Ná níor cheart go gcuirfeadh seoraí beaga mar iad so aon mhoill air: *a d'réir* (143,157,273), *do dh'réir* (70), *dá d(h)'réir* (97,132,191), *don d'réir sin* (222); *a d'fhonn* (106,199); *i dtiontaoibh le* (80,131)[37]; *m'ionann san agus/is* (96,130,308); *dá bar(b)* seachas *dá mba* agus *fén mar* seachas *fé mar* tríd síos.

Aon ní amháin eile. San áit gur *críoch* atá i gcorp an leabhair aige, *crích* atá curtha ina áit, mar gurb í an fhoirm sin amháin atá sa chaint. Ach fágadh *críoch* aige (323,329) nuair is go daingean diongbhálta atá sé ag fágaint slán ag a shaothar.[38] Agus is é an dála céanna agamsa anois é.

A chríoch, Feabhra a 26, 2002
Seán Ó Coileáin

---

[34] *Cf.* Gaeilge Chorca Dhuibhne, *145, 147: 'Seachaint an tuisil ghinidigh uatha [den aidiacht]', 'Seachaint na foirme iolra [den aidiacht].'*

[35] *Féach, abair, Tomás de Bhaldraithe, eag.,* Cín Lae Amhlaoibh *(Clóchomhar, 1970), 121.*

[36] *Féach an plé ar* Sacraimínt na hOla Dhéanaighe *in Éigse iii (1943), 310, san áit go bhfuil údair áirithe, ón Athair Peadar anuas, luaite mar dheimhniú ar D na haidiachta a bheith séimh.*

[37] *Míniú ar an bhfoirm seo ag R.A. Breatnach,* Éigse *vi/4 (1952), 338–9, n.5.*

[38] *Tagraíodh cheana (lch.xxi) don dáta 'Márta a 3, 1926' a bheith le hiarracht amháin díobh so aige agus don úsáid dobhriathartha a bhíonn aige den chanúin 'Márta a trí' sa téacs féin (e.g. Do bhí sé Márta a trí, i.e. 'Bhí sé go seóigh ar fad'). In aiste a foilsíodh tar éis a bháis, rianaíonn Dáithí Ó hUaithne an chaint seo siar go dtí an Sean-Ghaeilge:* Ériu *xlii (1991), 139.*

LIOSTA LEABHAR

Céitinn, Seosamh, *Tomás Oileánach* (An Clóchomhar Tta., 1992).

de Mórdha, Mícheál, eag., *Bláithín: Flower* (An Sagart, 1998).

Flower, Robin, *The Western Island or The Great Blasket*, with illustrations by Ida M. Flower (Clarendon Press, Oxford, 1944).

Mac Clúin, Seóirse, *Réilthíní Óir*, I, II (Comhlucht Oideachais na h-Éireann, 1922).

Mac Conghail, Muiris, *The Blaskets: a Kerry Island Library* (Country House, 1987).

Nic Craith, Máiréad, *An tOileánach Léannta* (An Clóchomhar Tta., 1988).

Ní Chéilleachair, Máire, eag., *Tomás Ó Criomhthain 1855–1937* (An Sagart, 1998).

Ó Conaire, Breandán, eag., *Tomás an Bhlascaoid* (Cló Iar-Chonnachta Teo., 1992).

Ó Criomhthain, Tomás, *Allagar na hInise*, An Seabhac, eag. (Muinntir C.S. Ó Fallamhain, Teo., i gcomhar le hOifig an tSoláthair, 1928).

Idem, *Allagar na hInise*, Pádraig Ua Maoileoin, eag. (Oifig an tSoláthair, 1977).

Idem, *Allagar II*, Pádraig Ua Maoileoin, eag. (Coiscéim, 1999).

Idem, *An t-Oileánach*, An Seabhac, eag. (Muinntir C.S. Ó Fallamhain, Teo., i gComhar le hOifig an tSoláthair, 1929).

Idem, *An tOileánach*, Pádraig Ua Maoileoin, eag. (Cló Talbot, 1973).

Idem, *Dinnsheanchas na mBlascaodaí*, [An Seabhac, eag.] (Oifig Díolta Foillseacháin Rialtais, 1935).

Idem, *Dinnseanchas na mBlascaodaí*, Caoilfhionn Nic Pháidín, eag. (Cois Life, 1999).

Idem, *Seanchas ón Oileán Tiar*, Robin Flower a sgríobh, Séamus Ó Duilearga, eag. (Comhlucht Oideachais na hÉireann, Tta., do An Cumann le Béaloideas Éireann, 1956).

Idem, *Bloghanna ón mBlascaod*, Breandán Ó Conaire, eag. (Coiscéim, 1997).

Ó Criomhthain, Seán agus Tomás, *Cleití Gé ón mBlascaod Mór*, Pádraig Ó Fiannachta, eag. (An Sagart, 1997).

Ó Crohan, Tomás, *The Islandman*, Robin Flower, trans. (Chatto & Windus, 1934).

Ó Dubhshláine, Micheál, *Óigbhean uasal ó phríomhchathair Éireann* (Conradh na Gaeilge, 1992).

Ó Luineacháin, Dáithí, *Cnuasach Focal ón gCom* (Coiscéim, 1995).

Ó Lúing, Seán, *Celtic Studies in Europe and other essays* (Geography Publications, 1990).

Ó Muircheartaigh, Aogán, eag., *Oidhreacht an Bhlascaoid* (Coiscéim, 1989).

Ó hÓgáin, Éamonn, *Díolaim Focal (A) ó Chorca Dhuibhne* (Acadamh Ríoga na hÉireann, 1984).

Ó Sé, Diarmuid, *Gaeilge Chorca Dhuibhne* (Institiúid Teangeolaíochta Éireann, 2000).

Sjoestedt, M.L., *Phonétique d'un parler irlandais de Kerry*, (Paris, 1931).

Sjoestedt-Jonval, M.L., *Description d'un parler irlandais de Kerry* (Paris, 1938).

Tyers, Pádraig, eag., *Leoithne Aniar* (Cló Dhuibhne, 1982).

I *

Is cuimhin liom me a bheith ar bhrollach mo mháthar. Cheithre bliana do bhíos sarar baineadh do dheol me. Is me dríodar an chrúiscín, deireadh an áil. Sin é an réasún gur fágadh comh fada ar na cíní me.

Bhíos im peata ina theannta san. Ceathrar deirféar agam, agus gach nduine acu ag cur a ghoblaigh féin im béal. Bhíos mar 'bheadh gearrcach éin acu: Máire Dhónaill, Cáit Dhónaill, Eibhlín Dhónaill agus Nóra Dhónaill, Pádraig Dhónaill agus Tomás Dhónaill. Tá Máire fós beo insan Oileán so. Tá beirt eile acu beo i Meirice. Tá Pádraig beo. Cailleadh Cáit agus an pinsean[1] ráithe aici. Sin iad an t-ál do bhí againn ann. Bhíodar so ar fad mór le linn mise do bheith im báb, insa tslí nárbh iontas dom a bheith im peata eatarthu. Ní raibh mórshúil chuige liom san am gur bhuaileas chúthu.

Fear ná raibh ard dob ea m'athair, teann téagartha. Bhí mo mháthair in aoirde póilín go rábach; í scafánta lúfar láidir fionnaghléigeal. Ach le linn mise do bheith ar a brollach aici ní raibh an scamhard ar an mbainne cí' agus, rud eile, me fhéin im ghamhain seanabhó agus deacair a thógaint.

---

* *Nóta ag an Seabhac ina thosach: 'Nuair a fuaireas-sa an chuid tosaigh don scríbhinn seo, bhí athscríobh déanta ar chuid do ag Brian Ó Ceallaigh, agus ní raibh an chéad scríbhinn ar fáil.'*

[1] *Ls. pinsiún*

I

Tar éis an tsaoil, bhí siotalacha breátha ag an rógaire báis á bhreith leis, agus é ag tabhairt deireadh domhsa. Is dócha gurb amhlaidh nárbh fhiú leis me a aistriú. Bhíos ag dul i gcruacht, agus ag imeacht dom féin faid ba mhaith liom dul, ach bhíodh faire amuigh orm sara raghainn ar bhruach na mara. Cóta do ghlas na caorach orm, caipín cniotálta. Cineál agam á dh'fháil: obh circe, blúire ime, blúire éisc, bairneach agus miogáin[2] — blúire do gach ní ó fharraige agus thalamh.

Tigh beag caol gur mhaireamair ann; luachair ón gcnoc air. Is minic do bhí nead circe in airde ina dhrom agus dosaon obh inti. Bhí leabaidh shocair insa chúinne ann, agus dhá leabaidh i dtóin an tí. Bhíodh dhá bhó ann, dhá mhuic; na cearca agus a gcuid obh istigh, agus asal — agus an méid seo againn féin. Bhí cúl an tí le muintir, 'sé sin, bhí a dhoras ó thuaidh agus doras na coda eile go léir ó dheas.

Bhí tigh eile as ár gcoinne amach agus a dhoras linn. Bhíodh lucht an dá thí ag caint lena chéile gach lá. Bhíodh bean an tí sin gach uile nóimeat isteach agus amach chúinne; is ana-mhinic do bhíodh rud éigin 'o bharra na dturas aici. Aithiseoir beag gliobach buí mídheas gan toirt dob ea í, scéalach bothánach. Is minic adeireadh sí lem mháthair ná tógfadh Éire gamhain seanabhó, agus is dócha ná raibh gamhain riamh age bó chríonna ná óg ba thruaillithe ná í féin.

Is gairid go rabhas ag eascar go maith agus go raibh an cóta glas ag fáil gearra dhom. Me i mblianta na tuisceana an uair seo. Is gairid go rabhas ag dul in aitheantas ar an seanachailligh agus go rabhas ag tabhairt gachara seo dhi. Bhíodh dream an dá thí gach Domhnach 'ár dtighna agus an Choróin Pháirteach agem athair ar siúl. Deireadh bean an tí amuigh ansan lem mháthair:

'Fágfair an cóta glas air nó go mbeir ag lorg mná dho. Nách maith atá sé ag fás, bail ó Dhia air!' adeireadh sí, agus cleithire do dheargán úr thiar ina bolg aici.

---

[2] = *miongáin*

M'athair

Ó Dhún Chaoin treabhchas m'athar; phós sé insan Oileán so. Ó Pharóiste Fionntrá treabhchas mo mháthar. Do bhíodar araon toilteanach le chéile. Ní raibh an galar orthu do bhíonn ar a thuilleadh acu go gcaitar maide do thabhairt do chuid mhaith acu.

Do chuireadar chúthu i mbothán bhocht ag dul i leith sealgaireacht na farraige, agus do bhí píosa talún acu, agus iad araon go dianmhaith chuin earraíocht do bhaint as mhuir agus thalamh. Ní raibh aon asal insan Oileán so an t-am so ach cléibheanna ar dhrom gach fir agus mná, 'sé sin, aon bhean nár pheata í nó rógaire gurbh fhearr léi gorta ná obair.

Sealgaire iontach dob ea m'athair, agus an-fhear oibre. Saor cloiche agus captaein báid dob ea é, agus fear cliste chuin gach gnótha. Is mó gnó do dheineadh sé do dhaoinibh eile, mar ná raibh ina bhformhór san am úd ach mar 'bheadh scata asal ar pháirc.

Ana-bhliain éisc dob ea an bhliain seo agus an cóta glas ormsa, agus gan me róshaor ar bhreacshúil do thabhairt ar bhrollach mo mháthar. Dar liom gur cheart dom a bheith ag siolpaireacht na gcíní fós; is dócha nách mó ná bliain do bhíos fágtha iad an uair seo.

Bhí m'athair ag dul ag iascach an mhaidean so. Bhí cruach bhreá mhóna acu isteach insa mbliain, agus tuairisc acu go raibh sí ar fad goidtithe ó inné roimis sin. Dúirt sé lem mháthair saothar éigin do dhéanamh ar chuid don mhóin do thabhairt abhaile — go raibh an lá breá.

Do bhuail sí a cliabh ar a drom, agus do bhí sé cléibheanna insa bhaile aici sarar mhúscail an peata as a shuan. Dob éigean dom mháthair staonadh don mhóin, agus cluas do thabhairt don pheata do bhí tar éis múscailt as a chodladh. Cuireadh an cóta glas orm, tugadh gráinseáil le n-ithe dhom, agus an uair ba cheart dom a bheith sásta ní rabhas.

Do chuir mo mháthair an chliabh i bhfearas chuin tabhairt fén gcnoc arís, ach do bhíos ag faire ina diaidh, agus dob éigean di me a scaoileadh in aonacht léi, leis an sórt lamhancáin siúil do bhí agam. Ní rófhada do bhíos an t-am go bhfuaireas cortha, agus dob éigean di me a bhualadh isteach 'on chléibh agus me a thabhairt léi i gcoinnibh an chnoic. Chuir sí cúpla mallacht im dhiaidh, rud nár locht uirthi.

An uair do líon sí an chliabh don mhóin, do bhagair sí orm a bheith ag bogadh liom síos le fánaidh, ach ba dhúire ag teacht me ná ag dul. Is cuimhin liom go maith gur chuir sí barra na coise fúm, agus gur thóg ó thalamh me, agus chuir achar breá ó bhaile me, agus dúirt:

'Beagán rí ná rath' ort!' ar sise; 'maran breá atá an lá loitithe agat orm.'

Dob éigean di me a thabhairt léi ar a brollach abhaile, agus an chliabh comh lán agus do bhí sí riamh.

Do chaith sí isteach ar an urlár me, agus dúirt le Máire me a chur isteach fé bhéal cléibhe, agus ligeant dom maireachtaint nó bás d'fháil. Dá mhéid na crosa do dheineas, do thug sí fiche cliabh mhóna léi an lá san. Bhí an chruach mhór mhóna age baile fé Dhomhnach aici. Do bhí chúig mhíle éisc agem athair an tseachtain sin. Bhíodh mo mháthair ag insint na nithe seo don seanachailligh bhéal doiris.

LONG NA HÍLE BHUÍ

Bliain ghátair[3] dob ea an bhliain do bhuail an long so i gclodach insa taobh thuaidh don Oileán so. Deineadh mionrabh don loing, agus d'imigh an íle ina lumpaí ar snámh ar fuaid na mara. Íle dhaor dob ea í, agus is suarach do bheadh age duine bocht di an uair do bheadh leathphaca do mhin bháin aige. Ní raibh min bhuí ann an uair seo.

Bhí garda cósta i nDún Chaoin an uair seo, agus gnó dhíobh ann, mar do bhíodh loingeasa á chur i dtír go tiubh, toisc gan cur amach do bheith ar aon ghléiseanna eile chuin a dtiomáint ach seolta. Ar chlos dos na fir ghorma — sin é an ainm do bhíodh orthu insa cheantar — go raibh an long bháite insan Oileán so, agus fios cad do bhí inti, ní raibh codladh lae ná oíche orthu ach ag rith isteach gach am, mar do bhí bád greanta acu féin go deighfhearais, agus iad féin go deigheolach. Do chlipeadar san an croí ages na

---

[3] *Ls. gátair*

hoileánaigh, a d'iarraidh na n-ailpeanna do chur i bpoill in áiteanna
ná raibh sé i gcumas cait ná madra dul go dtí iad. Tar éis an tsaoil,
do mhair na daoine go maith an bhliain sin insan Oileán, dá
fheabhas do dhein na fir ghorma a ndícheall. Thugadar cuid mhór
do trasna Bhá an Daingin, agus do dhíoladh thall é gach oíche, cé
gur thug na fir ghorma cion a gcíosa leo, leis, do.

Tháinig an bád isteach lá acu, agus ní raibh inti ach ceathrar.
Bhí bád an Oileáin tagthaithe díreach rompu, agus sé ailp mhóra
inti. Do thóg na fir gharda isteach ina mbád féin gan mhoill iad, agus
is iad do bhí go sásta. Bhí óigbhean ar an gcaladh, agus stocán mór
cloiche aici siar. Do chuaigh isteach go bád a hathar, agus níor
bhraith na fir ghorma faic nó go raibh an stocán curtha síos thríd an
mbád aici agus an fharraige mhór thríthi aníos.

B'eo amach na fir ghorma. B'eo amach na hailpeanna don íle
bhuí ar snámh arís. Do shábháil na mná arís iad. Do chaith fir an Rí
a mbád do tharrac aníos agus paiste stáin do chur uirthi, agus an uair
do fuaireadar deisithe í do chuireadar a dhá láimh ar an dtigh
abhaile. Is dóigh liom[4] nách mór an turasóireacht do thugadar as san
amach faid do bhí an *putty* ar siúl.

<hr />

Tamall ina dhiaidh seo, do bhí fearaibh sa chnoc, agus do
chonacadar caora titithe síos i gclodach. Do chuadar síos ag triall
uirthi chuin í a thabhairt leo ach, súilfhéachaint dár thug duine acu,
chonaic sé bolta práis fé chab lice. Do bhog é agus do bhain. Bhí
cheithre troithe ar faid ann. Bhí an clodach lán don sórt san, 'dir
phrás agus umha. N'fheadair éinne cad do shábháil an bheirt seo an
lá so don sórt so mianaigh, mar is insa chlodach so do briseadh an
long, agus do bhí cliathacha móra istigh insan áit seo fós di, lán dos
na boltaí luachmhara so. Níl aon fhios cad do dhein na hoileánaigh
dos na boltaí luachmhara so. Drochbhlianta dob ea iad agus, mara
mbeadh an long so a bhualadh, ní bheadh duine beo ann, adeireadh
na seandaoine. Chloisinnse go maith an chailleach bhéal doiris á rá

<hr />

[4] *Ls. Is dóil liom*

go minic gurb é Dia do chuir i measc na mbochtán í. Do mhaireadar go maith cúpla bliain dá deascaibh, an uair do bhí an ceantar lasmuigh ag siollagar, agus ganntar a ndóthain ag breith orthu.

An uair do thugadh m'athair abhaile i bpaca leis ualach dos na boltaí seo, níorbh fhéidir liomsa ceann acu do chur ina sheasamh.

———

An lá a cuireadh an bríste orm, do chailleas mo mheabhair nách mór. Ní raibh aon stad agam le déanamh ach mar 'bheadh coileán cú. Cheapas nár ghá dhom faic a dh'ithe, agus níor dheineas, ach ag rith amach agus isteach, anonn agus anall. Bhíodh duine éigin ag faire im dhiaidh.

'Sea, turas dár thugas go dtí an tine, d'fhéach mo mháthair orm, agus do chonaic sí an bríste glas fliuch báite.

'T'anam gléigeal!' ar sise; 'cad a fhliuch do bhríste? Bíodh geall gurb é do mhún do dheinis ann!'

Dúrt léi gurbh é, agus go ndúrt le Nóra na cnaipí do scaoileadh dhom agus nár dhein. Is dócha gurbh í sin an chéad bhréag adúrt riamh, mar ná dúrt le Nóra bhocht é, cé gur thug mo mháthair ana-bhurdáil di nár dhein sí é. Is mór an trua an té do bhíonn á dhaoradh insan éagóir, ach féach gur luath do ceapadh an rógaireacht domhsa. Do ghaibh m'athair chuin an bhríste arís, mar is é a dhein ar dtúis é, agus do shocraigh go cliste é, go raibh sé oiriúnach chuin gach gnótha as san amach gan aon dua.

Ocht mbliana, adúirt mo mháthair, do bhíos an lá san. Larnamháireach, b'eo liom ar fuaid an bhaile, agus Eibhlín in aonacht liom, ó thigh go tigh. Nós é sin do bhí an uair sin ann: an uair do bheadh ball nua nó culaith nua ar gharsún, dul is gach tigh. Bheadh pingin is dhá phingin le cur id phóca is gach tigh. Ar theacht dúinn, bhí trí scillinge[5] insa phóca ghlas. Dom athair do thugas iad, ar a shon gur mheasa dhom mo mháthair ná é, mar is í is mó do fuair dom dhua. Ach toisc m'athar do bheith ag ól an tobac, bhí na pinginí oiriúnach aige.

———

[5] Ls. scilline

Na muca mara

Ní rófhada go raibh tón an bhríste ghlais briste agam, agus mo léine thríd siar. Dúirt mo mháthair go gcaithfeadh sí paiste do chur air sara raghadh sí a chodladh. Do dhein, leis, agus do fuaireas uaithi slán ar maidin é, agus d'fhógair orm aire do thabhairt do, agus gan é a bhriseadh arís go luath, nó go mbeadh stráiméad don slait[6] le fáil agam[7].

Bhí an lá ana-bhreá san am go raibh obh circe thiar agam, cupa bainne, agus pé rud do bhí agam leo — prátaí, is dócha. Níor chaitheas an méid sin i gan fhios don seanachailligh bhéal doiris. Ach do bhí a caint ag athrú an uair do chonaic sí go rabhas ag dul i gcruacht agus in anamúlacht.

'A ghrá ghil,' adeireadh sí, 'teannaigh leis; déanfaidh san fear maith fós!'

Ní raibh sí fíor sa méid sin, leis, mar ní dúirt éinne ó shin go raibh aon ghaol agam le hOscar. Is ar mhaithe léi féin do bhíodh sí ag crónán, ar nós an chait, mar do thugadh m'athair gach sórt seilge chuin an tí leis, ach ní raibh fear na caillí oilte chuin na nithe seo; lútálaí cnoic is gort dob ea é. Leis sin, do bhuaileadh greim suaimhneasach do shíor léi 'ár dtighna.

Bhíos ag léimeadh as mo chorp ar an urlár an uair seo; mórtas orm; mo bhríste glas fáiscithe suas orm; mo bholg lán go smeig. Agus, pé duine go raibh cíos, cás ná cathú air an t-am so do lá, is ormsa ná raibh pioc do.

I mbéal eadartha, scaoileadh chuin na Trá Báine me agus Máire in aonacht liom. Ar dhul ar an dtráigh dom, bhíos ag rith as mo chorp. Súilfhéachaint dár thug Máire, chonaic sí an Gob aneas an ráth dos na muca mara, agus níor stadadar nó gur thánadar as ár gcoinne amach ar bholg na trá, seolta móra in airde acu, agus iad comh dlúth ar a chéile agus do bheadh aon iasc eile. Chonaic Máire go minic roimis sin ina gceann is ina gceann iad, ach ní fheacaigh sí

---

[6] *Ls. slat*

[7] *Ls. Do fuaireas uaithi slán ar maidin é [anso arís don tarna huair].*

riamh an ráth mhór so. Do cheap sí go dtiocfaidís isteach ar an dtráigh, agus do tháinig eagla uirthi. Do chuir sí mise ar a drom gur bhaineamair an tigh amach.

Le linn sinn do bheith age baile, d'fhógair mo mháthair go raibh na báid ag teacht, agus go raibh cuid acu ag teacht timpeall ar na muca mara, a d'iarraidh iad do chur isteach ar an dtráigh. Trí báid mhóra shaighne do bhí insan Oileán an uair sin, agus seacht cinn i nDún Chaoin. Bhí gach ceann don méid sin bád láithreach[8] na muca mara an t-am so, báid an Oileáin a d'iarraidh iad do chur ar an dtráigh, agus muintir Dhún Chaoin ag magadh fúthu gan cor astu. Fé dheireadh, do chuaigh ceann suas ar an dtráigh, tirim glan. Do thairrig fear maith éigin a cuid fola agus, an uair do fuair an chuid eile b'ladh na fola, as go brách leo fé dhéin na fola suas tirim glan ar an dtráigh.

Nuair do chonaic báid Dhún Chaoin an saibhreas tirim istigh agus lucht na trá ag tarrac a gcuid fola, b'eo isteach iad chuin lán na mbád do thabhairt leo abhaile acu, ach ní ligfeadh an dream istigh ceann leo acu. Níor rófhada go raibh fuil ar dhaoine ann chomh maith is a bhí ar na muca, gur chuir na hoileánaigh thríd an dtráigh amach iad, gearrtha goirtithe. Bhí aon bhád amháin ó Dhún Chaoin nár chorraigh cos ná lámh leo. Do thug muintir an Oileáin an mhuc dob fhearr a bhí ar an dtráigh dóibh sin, agus do chuaigh na sé mbáid eile abhaile gan a mblaiseadh, agus cuid acu ná raibh ábalta air.

Obair an domhain do bhí ar iad a thabhairt abhaile; iad do chur ar solann. Ach is beag an leisce do bhí orthu, mar san am úd is fada go bhfaighfá ceann acu ar mhuic tí. Bhí aghaidh m'athar dearg lena chuid fola féin agus fuil na muc. Ach níor chuaigh sé as m'aithne, mar bhíos cabanta an uair seo.

Bhínn ag magadh fén seanachailligh an uair do thagadh sí agus cliabh mhór dos na muca thiar ar a geidirne, agus gur dhóigh leat gur amach as cheann dos na muca do tháinig sí féin is an chliabh, bhí sí comh lán san d'fhuil. Ach bhí céim creidiúna tairrigthe aici, mar is beag nár mhairbh sí captaein báid ó Dhún Chaoin le buille 'shluasaid.

---

[8] = i láthair; cf. Seanchas ón Oileán Tiar, 4, 25.

Ní raibh easpa muicfheola lá agus bliain orthu tar éis an lae úd, agus ní bheadh ná dhá bhliain mara mbeadh ar bhain leo do ghaolta is gach áit lasmuigh go rabhadar. Ní raibh aon dul age cuimhne an lae úd scarúint liom, dá mairfinn dhá chéad bliain: gach nduine do bhí le feiscint dearg le fuil in inead do bheith bán nó buí. Rud eile, a ghiorracht do chuas féin do bheith marbh roim mhuic nó banbh ar an dtráigh, agus Máire im theannta ba bhaolach, dá mbéarfadh an cogadh beag agus na muca orainn ann. Is againne do chaith an chailleach a cuid bídh tar éis an lae.

Le linn me a bheith ana-bheag, do chloisinn trácht thar Loing na Cruithneachtan. Sampla eile is ea í ar an rud a thagadh le hanaithe na farraige agus a dheineadh maitheas dúinne, tar éis olc daoine eile a bheith déanta thar fóir.[9]

An bhliain do bhuail an t-árthach so ar an dTráigh Bháin, ní cuimhin liomsa san, mar ná rabhas ann ná súil go mbeinn. Ach tá eolas agam ar a himeacht, agus ar an méid do shábháil sí ón mbás sa Drochshaol, agus cuntas beacht agam ar conas mar 'imigh sí, agus mar 'chaill sí féin a criú agus í buailte ar an dtráigh, agus nár féadadh aon duine amháin do shaoradh acu. 'Sí an bhean bhéal doiris agus mo mháthair gur thógas-sa mo cheacht uathu, mar bhíodh a gcomhrá i dteannta a chéile go minic.

Ní raibh luid seolta ar an loing seo ach aon ghiobal amháin do bhí ar an gcrann tosaigh. B'éigean do[10] í a scaoileadh fén dTráigh Bháin. Do bhuail sí i bhfad amach, toisc í a bheith ládálta. Do chuir na fearaibh do bhí ar bord ailp adhmaid ar cheann téide, ach níorbh fhéidir leo teacht i dtír. Dúirt na daoine ná feacadar riamh aon lá stoirmeach ba mhó ná é; bhí an ghaoth thríd an dtráigh amach. Tar éis an tsaoil, do tháinig bloc ón loing isteach in áit éigin don dtráigh. Do thairrig an dream istigh agus na fearaibh amuigh ar an dtéid,

----

[9] 'Le linn . . . . thar fóir.' Níl fáil ar an alt so ach sa leabhar amháin, i.e. eagrán an tSeabhaic.

[10] i.e. don gcaptaein, ní foláir

ach, mo léir, do bhris an téad, agus b'eo leis na fearaibh thríd an anaithe ó dheas. Níorbh fhearrdede na hoileánaigh ó shin an radharc san.

Do scoilt an long tamall ina dhiaidh sin, ach má chaill sí fearaibh féin, do mhair na mílte dá deascaibh an bhliain ba mheasa don Drochshaol. Do shábháil na hoileánaigh na mílte mála don chruithneacht[11], do dhein a ndóthain agus dóthain ar bhain leo ar feadh i bhfad. Ní bheadh éinne beo insan Oileán so mara mbeadh í, agus níor chuaigh sé gan rá ón gcailligh ná gurbh é Dia do chuir chuin na mbocht í.

Ní raibh Eibhlín ach seachtain ar an saol so an uair a bhuail an long; maireann sí insa Talamh Úr fós. Trí bliana atá an pinsean agena comhaois insa tír seo. Fágann san trí bliana déag agus trí fichid í. Bhí mo mháthair ar an dtráigh, cé gur sé lá do bhí ó leabaidh an luí sheoil aici. Bhí Pádraig, mo dheartháir, comh cruaidh is go raibh sé féin, leis, ann, ach is mó an díobháil do dhein sé ann ná do mhaitheas, mar ná raibh ciall a dhóthain aige gan súil do bheith ina dhiaidh. Bhí mórán rudaí ag teacht isteach, agus mórán eile ná tagadh toisc na gaoithe do bheith amach.

Bhí an chruithneacht ag bogadh, leis, aisti, comh luath agus do scoilt sí. 'Sé mo thuairim ná raibh aon mhála ina timpeall, gur caite síos inti do bhí sí, mar 'bheadh gual nó salann, mar is ar an mbarra taoide is mó do dheinidís lámh ar í a bhailiú. Is fada Éireann do sheasaimh roinnt ag teacht aisti dhi — chuin caoi do thabhairt dóibh chuin í a shábhailt, adeireadh na daoine lena chéile. Bhí orthu í a ní in uisce chuin an sáile do bhaint aisti, agus í a chur le gréin ansan, agus as san i gcóngar don tine. N'fheadair éinne cad do chuaigh thar sáile amach di go dtíos na daoine muinteartha. Cuirtaí ag beiriú í nó go mbíodh sí leachta; ansan bhíodh sí ina praisigh ramhar. Baighreán a thugadh na daoine air. Pé rud eile do bhuaileadh leo, ba mhaith an chabhair chuin maireachtaint é.[12]

---

[11] *Ls. 'de'n chruithneacht' curtha ag an Seabhac san áit ná raibh ach 'dhi' ag Brian Ó Ceallaigh.*

[12] *'N'fheadair éinne . . . muinteartha' ina dhiaidh seo arís i scríobh Bhriain.*

Chloisinn an tseanachailleach á rá go minic lem mháthair gurbh é an chuid is fearr dá saol do chaith sí féin riamh é, an fhaid do sheasaimh sí dhi. Bhí cír dhúbalta aici, agus an dá chorrán ag meilt in aonacht aici. Bhí sé ráite go mbíodh sí ag athchogaint ar nós na bó.

———

Le linn an bhríste ghlais a bheith orm, agus me ag imeacht dom féin, do bhínn ag dul fé bhráid na mbád gach tráthnóna. Is é sórt éisc do bhíodh ann an uair sin ná seirdíní, agus do bhídís lán do chnámha. Tá ana-chosúlacht acu so le scadáin. Ní bhíodh aon mholadh ages na hiascairí orthu: iasc mion, agus do théadh cuid mhór díobh chuin puint; agus, rud eile, lobhaidís na líonta. Do ghlaoigh m'athair isteach 'on bhád orm tráthnóna, faid do bhí an t-iasc á chaitheamh amach, agus do chuir sé ar an dtaobh thiar do me i ndeireadh an bháid. Bhíos ag gliúmáil ansan, agus níorbh fhada go bhfeaca dorú agus smut do sheirdín ar a dhubhán. Cad deire liom ná gur chaith amach an baoite! Do chonaic m'athair me á dhéanamh, ach níor chuir sé suim ann, mar cheap sé ná beadh aon iasc comh fada isteach do bhéarfadh ar an mbaoite.

Níorbh fhada gur rug breac air, agus do bhí an dorú casta ar mo chosa. D'ardaigh an breac amach 'on pholl me. Do scread a raibh ar an gcaladh ar m'athair, ach, an uair do chas sé siar, chonaic sé an peata ar snámh do féin. Do chuir sé an gatha ceangailte insa bhríste ghlas, thiar in ard mo thóna; do thug isteach me go deireadh an bháid; do thairrig sé an dorú, agus do bhí a dhóthain cúirim air an breac do thabhairt isteach — eascú mhór ghroí go raibh sé troithe inti. Is é eagla is mó a bhí ormsa go maródh mo mháthair me i dtaobh mo bhríste do bheith fliuch. Bhí na mná óga ag scartaíl gháirí chúm, ach ná raibh aon choinlíocht ionam chuin aon mhustar a bheith ag baint liom — fairceallacha d'óigmhná an uair sin, amach go dtína mboilg ag folmhú na mbád, agus iad comh teann, comh[13] téagartha le haon chailíní do bhí riamh in Éirinn.

---

[13] *As so síos go dtí deireadh an chaibidil bunaithe ar eagrán an tSeabhaic, toisc gan fáil a bheith ar bhunscríobh Thomáis ná ar athscríobh Bhriain.*

Ar theacht abhaile dhom, agus me ar láimh age Nóra nó go rabhamair in aice an tí, do chuireas stailc suas ansan, agus dúrt le Nóra ná raghainn a thuilleadh, mar go maródh mo mháthair me. Bhí an bhean eile ag bladaireacht liom, á rá ná déanfadh. B'é toil an tsaoil gur tháinig m'athair orainn, agus cliabh éisc air.

'Cad tá ansan uait, a Nóra? Ná tabharfá é sin abhaile leat agus é fuar fliuch?'

'Ní raghadh sé liom,' ar sise; 'tá eagla air roime mham.'

'Ó, téanam leat, a Thomáis, a bhuachaill. Mise fé ndeara thu a bheith fliuch, mar is me a ghlaoigh ort,' arsa m'athair.

Rug sé ar láimh orm, agus do bhogas leis chuin siúil. An uair do chuas isteach, ní raibh oiread mire ná cleas ag baint liom agus ba ghnáth liom. D'aithin mo mham go raibh rud éigin sa treis agam. Chuir sí im shuí in aice na tine me, mar do cheap sí gur rud éigin eile do bhí orm, ach is gairid go raibh leac na tine fliuch báite agam. Tháinig m'athair isteach.

'Ar bhainis a chuid éadaigh do san fós, agus é fliuch báite air?' ar seisean.

Bhí an eascú aige á tharrac ina dhiaidh. Do thug isteach í, agus do bhí faid an tinteáin inti.

'Dhera, anb amhlaidh do chuaigh sé i bhfarraige?'

'Ná ficeann tú an breac breá mór san marbh aige? Agus, ós é an chéad bhreac aige é, tá sé go maith aige,' arsa m'athair.

D'inis sé an scéal ar fad ansan di, agus do fuair sé saor me. Caitheadh díom anuas a raibh in airde orm, agus do cuireadh éadach tirim orm. Níor thaitn an bríste liom a fuaireas, mar ceann do bhí caite uaim dob ea é, agus paistí air. Ní té, leis, do chuir sí chúm, ach muga leitean agus bainne, tar éis mo chuid snámha dhom.

2

An scoil

Tháinig lá ana-bhreá. Lá Domhnaigh dob ea é. Do thug rud éigin bád mór ó Dhún Chaoin isteach; ní raibh aon chur amach ar naomhóga an uair sin, ná is fada ina dhiaidh go raibh. An uair do shroich an bád an caladh, dúirt na daoine go raibh bean uasal inti, ach b'í bean í ná máistreás scoile. Ar chlos an scéil sin dhomsa, níor chuir sé puinn suilt orm, mar is sid é an t-am díreach do bhíos ag tosnú ar bheith ag imeacht ag slatfhiach dom féin ó thráigh go cnoc, agus gan éinne ag faire im dhiaidh an uair seo, mar bhíos im chleithire fir, dar leo, slat bheag agam agus dubhán ceangailte ina barra. Bhíodh fiche donnán bainte amach as phoill age gach garsún againn — seilg neamaitheach, ach bhíodh peataí faoileann againn agus bhíodh na donnáin an-áisiúil dóibh.

'Sea, Dé Luain, tar éis bídh na maidine do bheith caite, ní raibh fear an bhríste ghlais le fáil. Bhí na gearrachailí[1] ullamh chuin scoile ach ní raibh an feáire le fáil. Cuireadh Máire amach ar mo thuairisc, ach thug sí cuntas chuin mo mháthar go rabhas ag lorg dhonnán, agus beirt in aonacht liom, Seán Mháraod agus Micil Pheig.

'Bíodh an lá inniu leis, agus go raibh m'anamsa age Dia amáireach má shleamhnaíonn sé i gan fhios[2] domsa!' ar sise.

---

[1] *Ls. giorachailí [an bhéim ar an dara siolla]*
[2] *Ls. gannas [an bhéim ar an gcéad shiolla]*

Thána go dtím ghulaí (faoileann óg); do thugas mo chuid donnán di.

An uair do chuas isteach ní rabhas comh mórtaiseach is do bhínn laethanta eile: do bhraitheas an líon déanta agem mháthair dom agus, rud eile, bhí an chaillichín bhéal doiris istigh romham chuin go mbeadh sí ag féachaint ar an mburdáil do gheobhainn, mar do bhínnse ag magadh go láidir chúithi an t-am so, ach bhí mo mháthairse róghlic di.

An uair do tháinig na cailíní abhaile ó scoil, bhí mo mháthair ag cur ceisteanna orthu cad é an sórt mná í, macánta nó mallaithe. Dúirt gach nduine acu gur bhean bhreá mhacánta í, nár thug sí buille ná stráiméad dóibh. Sin é an uair do chuir mo mháthair an scéal im láthairse.

'Féach an teallaire seo ag imeacht i rith an lae ó mhaidean, agus é i gcontúirt dul ar bhior a chinn síos i bpoll éigin ag soláthar éisc dá ghulaí, ach bíodh 'fhios ag an mbuachaill a bheith ullamh ar maidin agus bheith in aonacht libh suas, le cúnamh Dé,' ar sise.

'B'fhéidir,' arsa Cáit, 'go mbeadh an cleas céanna déanta amáireach aige leat, ón uair nár chuiris aon eagla air.' B'í ceann ba chabanta dos na deirféaracha í, agus ba lú go raibh cion agamsa uirthi.

'Ó, beidh sé seo ina bhuachaill mhaith amáireach, a Cháit; bíonn gach tosnú lag,' arsa mo mháthair.

Bhíomair go síoch grách lena chéile nó go raibh aimsir codlata ann, iad san ag trácht thar an scoil agus ag insint dom mháthair an ainm do bhí ar an máistreás. Ach chuaigh dóibh an ainm do thabhairt leo, gach nduine acu a d'iarraidh na hainme do thabhairt leo ar a ndícheall ar feadh i bhfad don oíche, nó gur chuadar chuin cocaíochta lena chéile, insa tslí an méid seóigh do bhí acu san ormsa i dtosach na hoíche go raibh sé agam orthu an t-am so. Fé dheireadh, do thug Máire an ainm léi — b'í an ceann ba shine acu í, leis — Neans Ní Dhonnchú. Ainm chrosta ar a leithéidí dob ea í, leis, mar nár chualadar a leithéid d'ainm riamh san Oileán so. B'eo gach nduine ag prapáil chuin dul a chodladh.

An mhaidean so bhí gach nduine chuin a bheith ina phost féin, agus do bhí an bia ullamh cuíosach moch, mar ní fhanann tráigh le headartha. Bhí Pádraig an uair seo i gcoinlíocht go maith; dob é an tarna duine don ál ba shine é, ach bhí Máire roimis. Bhí m'athair ag soláthar téadán agus corráin ar fuaid an tí do féin agus do Phádraig; bhí Máire, leis, le beith in aonacht leo agus mo mháthair. Lá rabharta dob ea é, agus aimsir feamnaí duibhe do bhaint chuin leasaithe. Bhí Cáit le beith mar bhean tí, Eibhlín agus Nóra agus mise chuin scoile — sin mar 'bhíomair socair nó riartha insa lá san.

Corcán prátaí do bhí beirithe, agus iasc agus braon bainne leo. Do phramsálamair siar lán ár mboilg acu, críonna agus óg. I dtaobh trácht thar thé, ní raibh éinne insan Oileán san am so a chonaic riamh citeal, ná i bhfad ina dhiaidh.

An adharc séidte, b'eo amach lucht na trá, b'eo amach lucht na scoile; Cáit istigh agus í go seanachríonna ann.

'Bí macánta ar scoil, a Thomáis, a bhuachaill,' arsa mo mháthair liomsa, agus níor fhág sí aon smuga ar mo shróin leis an éadach le linn imeacht chuin na trá dhi. Deich mbliana do bhíos an lá so ag dul ar scoil dom, adúirt mo mháthair, timpeall sa mbliain 1866.[3]

Ar dhul isteach dom go tigh na scoile, do bhíos go hanamúil agus go cruaidh agus me ar láimh age Nóra. Do cheap Nóra bhocht go ndéanfainn seó dhi, ach níor dheineas. Bhí an mháistreás age béal an doiris agus do shín sí úll breá chúm, agus do bhí ionadh orm an uair do chuas isteach ná feaca aon úll ag éinne eile. Ach ní raibh sí chuin úill do thabhairt gach lá dhúinn, cé gur cheapas-sa an uair seo go raibh. Úll sealbhaithe dob ea é seo le tabhairt do gach scoláire an chéad lá, ach dob é seo an chéad lá agamsa agus an réasún go bhfuaireas é.

Níor mhór an fharaireacht do dheineas istigh nó go raibh m'úll meilte agam, ach níor mhór an aimsir do chaitheas á dhéanamh san, mar do bhí an muileann meilte go maith agam an uair úd, rud ná fuil inniu agam le rá leis. Níor rófhada gur scaoileas an radharc do bhí im shúile mórdtimpeall an tí. Chonac leabhair agus páipéir thall agus abhus ina mbuilc bheaga, clár dubh ar crochadh leis ar an bhfalla ann, agus marcanna bána thall agus abhus breacaithe air mar 'bheidís déanta le cailc. Iontas na gile do bhí 'om bualadh cad é an

---

[3] *1846 sa téacs (i láimh an údair): 1866 san imeall (i láimh Bhriain Uí Cheallaigh?)*

bonn do bhí leo so nó go bhfeaca an mháistreás ag glaoch ar na cailíní ba mhó chuin an chláir dhuibh, cipín ina láimh aici ag teaspáint na marcanna so dhóibh, agus do tuigeadh dom go raibh sórt éigin ráiméis chainte aici á labhairt leo. Do phriocas Peats Mhicí do bhí le hais[4] liom ar an stól — 'sé seo an Peats Mhicí céanna atá ina Rí orainn inniu agus le fada, agus is é an postaire atá againn é ina theannta san. Thugas cogar do cad é an sórt brilléise cainte do bhí ar siúl ag an máistreás leis na cailíní timpeall an chláir dhuibh.

'M'anam 'on fiabhal, ná feadar,' ar seisean, 'ach gur dóigh liom gur caint í ná tuigfar anso go deo,' arsa an Rí liom. Do cheapas gurb é an t-ocras do chuirfeadh chuin báis ar scoil me ach, ambasa, nách amhlaidh do bhí, mar nár rófhada ar fad gur labhair an mháistreás: '*playtime*', ar sise. Bhain an focal so leathadh as mo shúile mar n'fheadar cad é an sórt brí do bhí leis. Chonac láithreach an méid gramaisc do bhí istigh ag preabadh ina seasamh agus ag bualadh amach an doras. B'éigeant do Nóra breith ar láimh ormsa sarar bhogas don stól. Do bhain gach nduine againn a thigh féin amach.

Bhí dorn prátaí fuarbheirithe romhainne. Buaileadh cois na tine iad. Iasc againn leo — gabhair bhuí, agus is iasc ana-mhilis is ea iad. Bhí mo mháthair agus gríscín bairneach ón dtráigh aici, mar do bhíodar tagthaithe ón dtráigh faid do bhíomairna ar scoil. Bhí na bairnigh rósta aici ar an dtine, ceann á chaitheamh chúinne aici[5] mar 'bheadh cearc na sicíní.

Ní mór an chaint do bhí age triúr againne á dhéanamh, ach ag meilt gach sóirt acu so siar nó go rabhamair i mbuille do bheith sásta. Sin é an uair do chuir mo mháthair caint ormsa i dtaobh na scoile, mar do bhí eagla uirthi go dtachtfadh an ghreamataíl me an uair do bheinn ag freagairt.

' 'Sea, a Thomáis, a bhuachaill, nách breá a bheith ar scoil!' ar sise. 'Conas a thaitn an bhean uasal leat?'

'A Mhuire, an t-úll mór groí do thug sí dho!' arsa Nóra. Ní rabhas baoch do Nóra nár lig dom féin í a fhreagairt.

---

[4] Ls. *leathais [sic nó 'leathis' passim — an bhéim ar an gcéad shiolla]*

[5] Ls. *ceann aici á chaitheamh chughain-ne aici*

'An bhfuairis, a Thomáis?'

'Fuaireas, a mham, ach bhain sí seo smut as, agus Eibhlín smut eile.'

'Ach bhí an t-úll ana-mhór; bhí do dhóthain ann 'ár ndiaidh,' arsa Eibhlín.

'Seo libh aríst, a chroí,' arsa mo mham linn.

Thugamair tamall eile ar scoil agus do bhíodh an Rí le hais liom féin ar an stól, agus ba bhreá sochma an balcaire garsúna é, agus do lean sé dho. Comhaois dob ea sinn. Bhíodh sé ag síneadh a mhéire go minic chun garsúin eile do bhíodh crosta; duine acu ag scréachaigh; beirt uair eile dólámhach ag gabháil dá chéile; smuga mór buí ar sileadh anuas as shróin balcaire eile thall agus abhus. Níor mhaith leis an Rí na radhairc seo, agus do bhíodh sé i gcónaí á dteaspáint domsa. Féach an mianach do bhíonn ginte as a óige i nduine gur gnáthach leis gan scarúint leis. B'in nó ag an Rí é: níor mhaith leis na radhairc thuathalach shalach so d'fheiscint ar scoil i dtúis a óige agus a laighead suim do chuireadh an chuid eile go léir iontu. Níorbh ionadh, mar sin, an uair do ghaibh na húdair timpeall, agus gur mhaith leo ainm Rí do bheith insa Bhlascaod, gur dheineadar amach an té do bhí ábalta chuin na hainme do ghlacadh agus d'iompar.

Níorbh fhada liom an lá fós ar scoil, agus ba luath liom an uair adúirt an mháistreás 'home now' ('abhaile anois'). Chuaigh cuid acu i ngreim sa doras le feac chuin bóthair. Canta do chíste do bhí romhainne agus braon bainne leis. Bhíodh iasc le hanman na marbh i gcónaí beirithe, ach bhíodh col againn leis go minic, mar bhí Pádraig agus oiread seilge aige lem athair an uair seo, agus raidhrse agus flúirse insa bhothán againn, tine iontach, anlann ár ndóthain chuin gach sórt bídh do thagadh trasna orainn do shlogadh siar go faobhrúil. Ar an dTráigh Bháin ansan linn an chuid eile don lá.

Amáireach b'í an scoil ár gcúram ar fad, mar bhí rabharta na feamnaí imithe. Do chonac a cuid éadaigh nua ar mo mháthair, agus dob ait liom san. Do rith sí anall chúm agus do rug sí ar láimh orm; do chroith mo chuid éadaigh agus do thug póg dom.

'Bí id bhuachaill mhaith anois,' ar sise, 'nó go dtiocfadsa abhaile; tabharfadsa milseáin ón nDaingean chút. Dein rud ar

Mháire agus ar Cháit agus téire a chodladh ina dteannta.' Chromas ar ghol, ach níor leanas rófhada air.

Do bhuaileas amach chuin scoile in aonacht le Nóra agus Eibhlín. D'fhan Máire agus Cáit i bhfeighil an tí toisc mo mháthar a bheith ag dul as baile. Ar dhul isteach dúinn, bhí an ghramaisc ar fad istigh, cé ná raibh mo pháirtí féin tagthaithe fós, an té dob ansa liom. Bhí leabhair bheaga á thabhairt amach an lá so; clár dubh agus rudaí stróinséartha á chur air agus na seanarudaí á lat; rudaí móra eile thall agus abhus ar crochadh leis an bhfalla. Bhí mo shúil ar gach ceann acu.

Bhí breithniú déanta ar gach ní acu so agam an uair do bhuail an Rí isteach, agus ba gheal liom é. Bhí a shlí féin roimis agus do bhain amach í le hais liom, agus ar an slí go bhfeaca ag póiceáil é a d'iarraidh a bheith le hais liom do thuigeas go raibh oiread do ghean aige orm agus do bhí agam air.

'Táim déanach,' ar seisean liomsa i gcogar.

'Anois do tháinig a bhformhór isteach,' arsa mise leis.

Ba dhóigh leat go raibh trí bliana aoise aige ormsa toisc an fuadar fónta do bheith fé, ach ní raibh ach trí ráithe. Do sméid an mháistreás orainn go dtí an clár dubh; do theaspáin sí dhúinn na leitreacha do bhí air sé huaire.

Aoine an lá so, agus an uair do bhí an lá istigh agus sinn chuin dul abhaile dúirt sí linn gan teacht go Luan. Dob ana-mhaith le cuid mhaith acu an rabhadh san d'fháil, ach níor chuir sé sceitimíní móra ormsa, mar b'fhearr liom teacht; is dócha nách le dúil sa léann é, ach gur bhreá liom a bheith i dtreo an pháirtí do bhí im threo, 'sé sin an Rí.

Ní raibh mo mháthair le teacht ón nDaingean go Domhnach, agus do cheap Máire agus Cáit ná raghainn in aonacht leo a chodladh bán ná dearg, agus do bhíodar ag briadaireacht liom agus ag dul chuin tláithínteacht liom; sara raibh am codlata chuige ann, do thiteas im mheig ar ghlúin m'athar, agus dúirt san leo me a thabhairt a chodladh leo, agus do bhí san déanta gan mhoill.

Is é an coileach do dhúisigh ar maidin me agus an t-eadartha ann. Toisc nár chuireas codladh na hoíche amú orthu, bhí gach nduine acu im chúram: ní rabhas gan friotháladh ó gach nduine acu. Ní rabhas im ghliogaire comh mór agus do cheapadar dom; dar ndóigh, bhí na fiacla anois agam, agus me ábalta ar gach ní do mheilt leo, agus me insa tslí nár cheap éinne dhom a bheith insan aois do bhí agam. Comhartha leis sin gur stop an chailleach bhéal doiris ó bheith ag rá faic liom. Chaith sí uaithi 'an peata' agus 'gamhain seanabhó' agus rudaí mar seo adeireadh sí lem mháthair im thaobhsa, ar a shon go dtabharfadh duine an leabhar an bhó gur léi í fhéin go raibh sí caogad blian.

Mo mháthair ón nDaingean

Lá Domhnaigh do tháinig mo mháthair abhaile ón mbaile mór. Bhí mála bán agus mála garbh aici. Bhí a lán rudaí iontu, ach ní raibh blaiseadh do thé ná do shiúicre ina measc, ná aon chur amach orthu insan am súd. Me féin do thug an mála bán abhaile liom, agus níor bhe' liom d'ualach é, cé gur balcaisí chuin na gcailíní ba mhó a bhí ann, agus do bhí an chailleach liath romham istigh chuin go mbeadh scéalta nua ó bhean an Daingin aici.

Caipín go raibh dhá adhairc air do thóg sí amach ar dtúis, agus do bhuail ar mo cheann é.

'Dar Muire,' arsa m'athair, 'tá sé ina phóilín dhéanta agat!' ar seisean, agus do chrom a raibh istigh ar scartaíl gháirí.

'B'fhéidir go mbeadh post éigin fós aige,' ar sise; 'tá sé óg agus rud le foghlaim lena linn, agus coimeádadh sé an scoil nó go bpriocfaidh sé a mbeidh inti.' Is maith is cuimhin liom fós an chaint sin, mar d'athraigh ainnise an tsaoil an port san.

Bhí úlla agus milseáin agus cácaí, builíní, tobac chuin m'athar, feidhre bróg chuin Pádraig, éadaí bána chuin na n-iníon, agus a thuilleadh rudaí, leis. Do fuair an bhean liath blaiseadh do gach sórt, mar rud gránna go raibh miagnas[6] ag baint léi dob ea í.

Ar scoil gach lá ansan sinn, ach Pádraig do bhí mór groí agus é ag sealgaireacht in aonacht lem athair. Níor mhór an t-achar do chaith Máire, leis, ar scoil mar bhí sí ina mnaoi san am so. Bhí ceathrar againn ag déanamh go maith, sinn féin ag múineadh a chéile.

---

[6] = miangas

19

BÁD ALEX

An lá so, tar éis sinn do ligeant amach ó scoil i lár an lae, chonacamair a raibh do dhaoine ar an mbaile ar bharra an chaladh, agus do bhí iontas ar an máistreás agus orainn ar fad cad do bhí ar siúl. Thug garsún súil 'deir é agus Ceann Sléibhe, agus d'fhéach sé géar.

'A Mhuire, féach na báid i gcorp na scríbe agus na farraige,' ar seisean. Tugadh suas na báid — ná ficfaí éinne dá raibh iontu go deo arís.

Do bhí bád an Oileáin ceangailte as bhád na raice agus í á tarrac, agus an fharraige ag gabháil lastuas dóibh. Do shroicheadar an caladh fé dheireadh, mar do bhí an taoide leo, agus cabhair mhór aici á thabhairt dóibh.

Bád mór groí ab ea bád na raice, an captaein inti agus beirt eile fhear, agus corránach timpeall sé déag do bhlianaibh agus gan ann ach an phuth nó an dé. Tógadh amach as an mbád ar an dtalamh é, agus d'éag gan mhoill. Tá sé curtha i Rinn an Chaisleáin, 'sé sin mar a raibh caisleán Phiarais Feirtéar an uair do bhí sé i gceannas.

Níorbh fhéidir le comhacht na háite ar fad an bád raice do shábháil, agus do thug an mhuir mhór léi aríst í. Bhí m'athair inti, agus mar chaptaein féin uirthi. Alex ainm an chaptaein, fear mór groí. Tá an ainm seo beo fós insa Bhlascaod, agus beidh a thuilleadh achair, mar is comhaois[7] don bhád mórán do rugadh san Oileán an bhliain sin. Fuaireadar fáltas as iad do shábháil, agus an chuid acu do thug óstaíocht dóibh díoladh go maith iad. Toireasc do thug m'athair aisti ní fadó do scar sí linn.

PÓSADH MHÁIRE

Bhí mo dheirfiúr Máire ina scafaire do mhnaoi acfainneach an uair seo agus, toisc triúir eile do bheith ann, do bheartaíodar ar í a chur uathu amach i dtigh éigin eile. 'Sé an taoiseach dob fhearr do bhí insan Oileán an uair sin ná Peaidí Mháirtín. Bhí deich cinn do bha

---

[7] *Ls. cómhaois*

bainne aige ar feadh i bhfad, ach n'fheacasa riamh an méid sin ba aige, mar bhí beirt mhac leis pósta i dtithe amuigh, agus cuid don dtalamh tugtha aige dhóibh, agus ba gan amhras, ach chúig cinn do bhí an uair seo aige, agus an mac dob óige ina theannta istigh gan pósadh fós, Máirtín Óg.

Socraíodh cleamhnas 'deir Mháire agus Mháirtín, mar bean deigheolais chuin gnótha agus ábalta ar é a dhéanamh do bhí uathu, agus dob í sin Máire gan bhréag, agus ní ar shon í a bheith mar dheirfír agamsa é. Níor loirgeadh aon airgead ar m'athair mar do bhí 'fhios acu ná raibh sé ann; saothar maith do dheineadar sinn a choimeád suas i saol ná raibh rómhaith.

Bhí Máirtín, a athair agus a mháthair sa tigh an uair seo, ceathrar, Máire, an uair a phósadar. Bliain do mhair Máirtín tar éis pósta, agus b'éigeant dom dheirfiúr Máire casadh abhaile ar a muintir féin arís, mar chuaigh dearthair do Mháirtín isteach go dtí an mbeirt aosta, gan fonn orthu faic do thabhairt do bhean Mháirtín, cé go raibh leanbh mic ina dhiaidh. D'fhág Máire an leanbh againne agus do bhain sí amach Meirice. Trí bliana a thug sí thall. An uair a chas sí, chuir sí chuin na dlí iad agus bhain sí amach cuid an athar don mhac.

Níorbh fhada ina dhiaidh seo gur glaodh abhaile ar mháistreás na scoile am na hInide chuin pósta. D'fhág san an scoil dúnta ar feadh tamaill nó gur tháinig srangaire do mháistir, Roibeard Gabha. Ní raibh so róchneasta leis an ngramaisc scoláirí do bhí roimis. Níor thaitn sé leis an bpáirtí do bhí agamsa, 'sé sin an Rí. Bhí cuma fhiain air. Deireadh an Rí liomsa i gcogar gurb ón Rúis do tháinig sé. Pus mór air, bolgshúile, sleamhain buí stranfhiaclach, tor anuas as a shróin mar 'bheadh meigeall gabhair. Ní hé an tor san ball ba mheasa dho, mar do bhí finneacht ann, agus é ag clúdach na coda dho do bhí annchumtha.

AN MHÁISTREÁS PÓSTA

Do phós sí i sráidbhaile i bParóiste an Fheirtéaraigh. Gabha dubh dob ea an fear, agus do bhí an sagart paróiste baoch do, is dócha. Fuair sí scoil ar an mbaile sin agus do chaith sí a saol ann nó go raibh pinsean as an scoil aici agus a pinsean as a haois, táille an ghabha as a cheird agus pinsean as a aois. Bhí airgead a ndóthain acu, ach táid san uaigh le cúpla bliain, tar éis a gceithre fichid blian gach nduine acu. Críoch leis an chéad mhúinteoir scoile do tháinig go dtí an Blascaod.

Níorbh fhada go raibh fead á dhéanamh fé Roibeard age garsún agus gáire age giairsigh agus, a mhic ó, pantalóga móra groí ag dul go dtí an scoil insan am úd. D'aithin Roibeard go maith ná féadfadh sé an bheart do dhéanamh ina measc agus níor thug sé againn ach trí mhí; d'fhág ansan sinn.

AOINE AN CHÉASTA

Ar chaitheamh mo ghráinseáil bheag bhídh maidean[8] an lae seo dhom, bhíodh súil abhus agus súil thall agam. Ghaibh mo mháthair an doras isteach agus bior iarainn ina láimh aici, smut do ghraidhp báid. Níor shuigh sí, agus do chrom sí ar bheith ag lorg rud éigin eile, ach sa lorgaireacht di is mála do thug sí léi. Bhíos féin ag faire mar 'bheadh cat ar luich, mar do thuigeas gur fuadar trá do bhí chúithi.

' 'Sea,' ar sise, 'an bhfuil éinne agaibh gur mhaith leis dul 'on tráigh, ó tá an lá breá?' Is nós atá riamh ann dul 'on tráigh agus anlann ón dtráigh do bheith Aoine an Chéasta age gach nduine a bheadh ina chumas.

'A Mhuire, a mham, beadsa in aonacht leat,' arsa mise, ag preabadh ón mbord, cé nách é mo dhóthain do bhí ite agam.

'Níl a bhac ort ach, mo chroí thu, ith do dhóthain; fanfadsa leat,' ar sise.

'Raghadsa, leis, ann,' arsa Nóra

'Beadsa, leis, le húr gcois,' arsa Eibhlín.

'Níl a bhac oraibh,' ar sise, 'mar do dhein an saol go maith oraibh é an scoil do bheith dúnta,' arsa mo mháthair.

Bhí m'athair agus Peaidí ag rómhar sa ghort, Cáit i mbun an tí, Máire thall sa Stáit. Ach bhí an naíonán ar chomraí Cháit an uair seo,

[8] Ls. air mhaidean

agus d'fhógair mo mháthair uirthi gan é a thabhairt ar chamán ná ar liathróid nó go sroichfeadh sí féin abhaile.

Do bhuaileamair amach an doras. Thugamair ár n-aghaidh chuin na trá, agus má bhí éinne againn Márta a trí is mise é, bhí a oiread san scóip orm chuin a bheith ag lapadáil insa tsáile lem bríste glas.

Ar shroistint na trá dhúinn ní raibh aon stocán ná go raibh bean, leanbh agus páiste ag baint bhairneach, cnuasach agus miogáin, agus gach sórt do bhuaileadh leo. Bhí tráigh mhór rabharta ann, agus do bhí oileán laistiar go dtugaid siad Oileán Ban air, agus níorbh fhéidir dul air ach le ana-thráigh, agus bhíodh bairnigh agus cnuasach ana-shaibhir ann, toisc gan an priocadh do bheith air.

Bhí góilín doimhin á dheighilt ón áit istigh, ach níor mhór an t-uisce do bhí ann an uair seo. Níorbh fhada go bhfeaca mo mháthair ag cruinneáilt a cuid éadaigh lena chéile agus á tharrac aniar 'deir a dhá cois. Ní raibh náire ormsa cosa agus colpaí mo mháthar do bheith le feiscint ag an saol, mar nár chearnóg ná alpachán í ach fainge fionn gléigeal ó bhaitheas go sáil. Is oth liom nár chuaigh an chuid ba mhó dhíom léi, ach is dócha gur dhein sé dochar dom me a bheith im ghamhain seanabhó mar do bhí an chuid eile don ál go hálainn.

Bhí súil ina diaidh agam féachaint cad é an fuadar do bhí chúithi, ach do ghlaoigh sí láithreach ar na mná do bhí in aice léi chuin dul ar an oileán. D'fhreagair ceathrar í go tapaidh: an chailleach bhéal doiris, deirfiúr m'athar do bhí pósta age fear go raibh Kerry (Ciarraí) mar ainm air, Siobhán Bhán agus Ventry (Fionntrá). Do chuaigh an t-uisce thar glúine orthu, ach do tháinig scabhait[9] ar an gcailligh agus ar m'aintín do thug a dtriopall in airde. Agus ba mhaith an mhaise é ó Ventry: do chuir sí crúca im aintín agus do thugadar in airde iad. Thabharfadh aon duine an leabhar gur in aon bholg amháin do bhí an chailleach agus m'aintín — comhghné, comhaoirde agus comhimeacht — agus gurbh ionann athair dóibh comh maith.

Do bhíos féin ag pusaíl ghoil i dtaobh a fhaid do bhí mo mháthair as m'amharc. Is amhlaidh do bhíodh Nóra 'om ghríosadh chuin a dhéanta, ach bhíodh Eibhlín ag cur staonadh orm. Bhíodh Nóra i gcónaí insa mhullaigh orm, agus sinn araon ana-mhíchéatach

lena chéile, ach do thuigeas cad é an fáth do bhí leis sin an uair do
thána chuin coinlíochta, agus do bhíodh an chailleach, leis, go minic
á chur i dtuiscint dom, mar nárbh fhearr léi ár bpaidear go minic
againn ná an toirmeasc. Bhí Nóra chúig bhliana ina peata
romhamsa; ní raibh aon tsúil liomsa acu an t-am gur bhuaileas
chúthu, ach an uair do chonacadar mise do cuireadh Nóra as
pheataíocht, agus dob in é an fáth ná raibh an gradam age Nóra
dhom sochas an chuid eile.

Níor rófhada gur scread bean thall agus abhus go raibh an
góilín líonta ar na mná do bhí ar an oileán agus ná raibh duine acu
le feiscint. B'eo leis gach nduine ag teacht i radharc an ghóilín, ach
do bhí suas le aoirde fir d'uisce ann an uair seo, agus is in é an uair
díreach do bhíodar ag teacht 'ár radharc, agus na málaí lán age gach
bean acu. B'éigeant dóibh fanúint mar a raibh acu. Dúirt a raibh
timpeall gurbh é a stáitse go maidean é, ach bhíos gan mheabhair ar
chloisint sin dom.

B'eo le cuid dosna cailíní do bhí insa tráigh ag tabhairt tuairisc
don muintir do bhí insa goirt go raibh lán ar na mná do bhí ar
Oileán Ban. Thug na fearaibh a n-aghaidh ar an dtráigh, ach is ar an
dtigh do thug m'athair a aghaidh ag triall ar dhréimire, mar do
chualaigh sé gur lena leithéid a tugadh mná cheana as. Ní raibh sé
rófhada an t-am go bhfeaca chúm é agus dréimire ar a ghualainn
aige go raibh fiche troigh ann. Do chuireadar i dtreo é chuin dul
trasna an ghóilín, ach bhí sé róthrom chuin é a chur san áit cheart.

B'éigeant dom athair bocht dul 'on tsnámh agus breith ar
cheann an dréimire agus é a chur i moirtís insa chloich. Is í mo
mháthair an chéad bhean do chuaigh trasna ar an ndréimire agus
Ventry, agus do thánadar go rábach, agus do chuaigh an triúr ina
ndiaidh air. Bhí beirt ar thaobh agus duine ar thaobh eile, agus toisc
gan é a bheith cothrom d'iompaigh an dréimire, agus do buaileadh
síos 'on pholl iad. Bhíos féin go haerach an uair do bhí mo mháthair
agam, agus me ag seinm Dhónaill na Gréine, ach níorbh fhada do
bhí an port san agam, mar b'éigeant dom athair preabadh 'on
tsnámh aríst, a dheirfiúr do chur i dtír ar an dtaobh so agus crúca eile
do chur i Siobhán Bhán, agus do bhí an chailleach bhéal doiris ag dul

síos an t-am gur rug sé ar stuaic uirthi. Ní raibh ionamsa ach an dé san am gur tháinig m'athair i dtír. Ba dhóbair go mbáfadh an chailleach é a d'iarraidh í a thabhairt chuin cinn, mar do bhí lán a haprúin do bhairnigh aici!

3

Ní raibh ’deir sinn féin agus an tigh bhéil doiris ach an buaile, gan ar gach tigh acu ach aon doras amháin, buaile thíos acu san agus buaile thuas againne, aghaidh an dá dhoiris ar a chéile. Dá bar mhaith leis an gcailligh é, do loiscfeadh sí mo mháthair i mbéal a doiris féin leis an uisce te, gan a doras féin d’fhágaint, agus do dhéanfadh mo mháthair léi-se an rud céanna. Is minic adúirt mo mháthair liomsa fanúint glan don mnaoi liath, mar ná raibh aon deighmhianach inti, agus gurb í féin do bhí ag ceannach na síochána uaithi i gcónaí, rud dob fhíor di.

’Sí mo mháthair do dheineadh gach ní dhi, mar ná raibh aon tslacht inti féin agus, dar ndóigh, ní lú a bhí ná insa bhfear do bhí aici, mar is é m’athair d’fháisceadh gach uile ní dho: an ramhann, an úim, an díon ar an dtigh agus gach sórt; n’fheaca riamh fear ba dhaille ná é.

Tomás Maol do tugtaí air, mar ná raibh oiread cnaipe do dhá chluais air; agus do bhí oiread meabhrach ina cheann insa tslí dá mbeadh tabhairt suas air go mbeadh an chraobh in Éirinn go rábach aige. Is minic do chuireadh mo mháthair mise go dtí é, féachaint cathain do bheadh an lá saoire seo agus an lá saoire úd ann, agus má bheadh aon tsórt á ithe acu do thiocfadh [an] bheirt ’deir me agus an doras chuin go gcaithfinn é a ghlacadh. Ní raibh bothán bocht riamh dob fhéile ná é, agus ó tharlaigh go bhfuil a raibh lem linnse ann ar shlua na marbh, agus mise beo, go dtuga Dia áit is fearr dóibh ná an bothán bocht dealamh úd, agus dúinn go léir; níor bhuail daonna acu riamh buille ar éinne againn.

Mac agus iníon do bhí acu — n'fheadarsa an raibh a thuilleadh riamh ann. Glibire beag ar nós a máthar dob ea an iníon, agus lómaire[1] beag gan anam dob ea an mac agus, ar nós an athar, gan aon chlisteacht ann. Níor réitigh an fharraige riamh leis: ní tapúla do bheadh sé insa bhád ná a bheadh an tonn taoscach air. D'fhág san é gan aon tseilg do thabhairt riamh ón bhfarraige leis, agus do bhíodh sé ina bhuachaill aimsire go minic. Bliain do bhí age Peaidí seo againne air, adeireadh sé féin; maireann Peaidí fós, ach tá seisean san uaigh le ráithe, cheithre fichid blian glan acu.

Ní raibh aon duine óg ná aosta insan Oileán so ná go raibh 'fhios age Tomás Maol cad dob aois do, agus insa paróistí lasmuigh comh maith: an lá, an bhliain agus an uair a' chloig. Deireadh na daoine ná raibh a leithéid do shíofróir insa cheantar, agus gan A ná B aige in aon teangain. Is minic adeireadh sé liomsa go raibh bollóga na Nollag beirithe an t-am go rabhas féin ann: gurbh é Lá San Tomás a thagann trí lá roim Nollaig a fuair mo mháthair ar an dTráigh Bháin me, adeireadh sé.

'Ach an mó bliain anois é?' adeireadh an bhean liath leis.

Is air ná bíodh an teip. 'Cheithre bliana déag [chuin] na Nollag so chúinn,' adeireadh sé.

As san amach, bhíodh an chailleach ana-bhladartha liom, mar do dhein mo thigh féin postaire 'deir an dá thigh díom. Is mó go mór do thugainn as mo thigh féin liom ná a thugainn ann. 'Sea, ní á mhaíomh san atáim; b'fhéidir nár mhó dá mbeadh an raidhrse insa tigh eile.

Lá Domhnaigh is ea an lá so, gach giairseach agus teallaire garsúin ag tabhairt a n-aghaidh fén dTráigh Bháin, liathróid agus camán age gach nduine. Prátaí agus ní arán do bhíodh caite age gach n-aon. An uair do fuaireas ullamh me féin, agus me réidh le pé rud do bhí ar siúl, mo bhalcaisí fáiscithe suas orm, briste nua glan glas do ghlas na caorach, mo chaipín póilín agus dhá bhais air, mo cheann

---

[1] *Ls. lúmaire*

sáite síos i méis uisce agam agus m'aghaidh go glan scriosta — ní hí mo mháthair do bhíodh ag baint an smuga an uair seo dhíom, mar do bhíos im chleithire fir, a mhic ó! — b'eo liom fén dtráigh. Mo chamán agam: sáfach aitinn go raibh cor cam ann. Bhí Nóra agus Eibhlín in aonacht liom, agus níor stadamair don ráib sin nó gur chuamair isteach i gcorp na tiomána, gan bróg ná stoca ar chois aon duine dá raibh ar an dtráigh. Ní bheireadh aon lá cruaidh ar na hógaibh ach an lá so an bháire gach Domhnach.

Chonaic duine éigin bád ag teacht ó Dhún Chaoin fé lántseol, ach an uair do bhí sí ag déanamh ar an gcaladh d'fhág gach nduine againn an tráigh agus do chuamair fé dhéin an bháid. Bhí bean ina deireadh, máistreás nua, deirfiúr don chéad cheann — Cáit Ní Dhonnchú, cailín breá dathúil. Chuaigh don tsagart máistir d'fháil. Ní raibh sí seo rite ar fad, cé nár dheacair dóibh rith an t-am úd.

Scoil Dé Luain, gan amhras, agus b'eo le gach nduine ina phost féin. Ar mh'fhallaing,[2] gur bhain an Rí amach a áit féin in aice liom. Ós deich mbliana do bhíos ag dul ar scoil an chéad lá dhom, 1866, d'fhág san an t-am so mise cheithre bliana déag d'aois, 'sé sin 1870. Bhí leabhair bheaga nua aici seo á thabhairt amach. Bhí an clár dubh go gnóthach aici seo, ag lat agus ag leigheas gach ní do bhíodh air, agus thagadh dhá shúil mhóra dhi, mar is beag do chuireadh sí air ná go ndéineadh duine éigin é a réiteach, agus dob éigeant di é a neartú.

Bhí ana-dhúil age hógaibh an Oileáin seo insan obair nua so, agus ón uair go raibh do bhí mianach fé leith iontu chuin foghlaim. Cuid againn agus mianach rí ann; mianach na mara agus na farraige móire iontu uile; an siolla gaoithe do ghluaisíodh ó bhruachaibh na mara ag bualadh insa cluasa gach maidean orthu ag glanadh na hincheann agus na smúite as a bplaosc.

Cé go raibh abhar an Rí in aice liomsa gach lá agus ná cuirfeadh uird mhuilinn an iarainn óm threo é, pé ceann do thóg sé dhíom, ní chuin cinn do bhí sé 'om chur, mar bhíodh súil thall agus abhus aige, agus é ag teaspáint cailín maith mór agus smuga ar sileadh anuas lena sróin; giairseach eile thall agus leathphluc shalach

---

[2] *Ls. bhallain*

uirthi; garsúin nár mhaith leis an cló do bhíodh orthu. Thugadh sé cogar domhsa: 'Féach í siúd; nách gránna an cupa srón san uirthi!'

Sin é locht is mó do bhíodh agam air, mar do chuireadh sé amú me go minic an uair is fearr do bhínn i dtosach mo dhreise. Bhíomair ag déanamh go maith agus níor mhistede linn an Satharn i gcónaí a bheith in aice linn chun a bheith ag pramsáil dúinn féin pé áit gur mhaith linn é.

Is maith is cuimhin liom Satharn acu so tar éis Lae 'le Pádraig. Bliain bhreá chiúin dob ea í, agus do bhí iasc tearc sa bhaile an t-am so. Do bhuail m'athair an doras isteach, é tagthaithe ón ngort agus gan am bídh ná beatha ann.

'Cad do thug abhaile thu?' arsa mo mháthair leis.

'Tá an lá ana-bhreá, ana-chiúin,' ar seisean. 'Dá mbuailfeadh aon phortán liom, b'fhéidir go mbuailfeadh stropa ballach liom,' ar seisean, agus do bhuail amach arís. Cad deire liom féin ná gur lean é, agus an uair do chonaic sé ina dhiaidh me dúirt:

'Cá raghairse?' ar seisean liomsa.

'Bead in aonacht leatsa. Coimeádfad má bhíonn aon phortán agat.'

'Sea, soir ó chaladh na mbád do ghaibh sé. Do chuaigh amach ar oileán do bhí ann. B'éigeant do dul 'on tsnámh agus do chuir a cheann síos fé uisce. Thug aníos dhá phortán as aon chumar amháin, agus do thug leis iad mar a rabhas-sa im stad. Do thug dom le coimeád iad, collach agus fuaisceán — sin é an ainm do bhíonn orthu so do bhíonn in aon chumar amháin. Collach an ceann fireann, agus níorbh fhada do bhí sé im sheilbh an t-am gur leath a chrúba ó chéile agus, le linn iad a iamh do, do ghreamaigh ar ordóig me agus ar an méir ba ghiorra dhi, agus n'fhéadfainn hoba ná hé do bhaint as. B'eo gach aon scread agam ar uafás, agus do chualaigh m'athair do gheit me, agus do tháinig do sciuird reatha mar a rabhas, mar d'aithin sé go maith bun an ochláin do bhí agamsa. Bhí crúb an chollaigh comh fáiscithe sin ionam gurbh éigeant dom athair í a bhaint don phortán, agus tar éis san féin do dhéanamh n'fhéad sé an chrúb do bhogadh gan í a bhriseadh le cloich.

'Sea, do bhí mo dhá mhéir as úsáid agus, mar bharr ar an ainnise, dob í an lámh dheas í. Bhí mo chuid fola ar na bánta, agus na méireanna comh dubh le gual do bhíodar, ach bhí m'athair sásta ón uair nár chuireas aon laige dhíom, cé gur chuas ana-ghairid do. Níonáil do bhí lena hata do chas sé ar mo mhéireanna. Do cheap sé, leis, go mbeadh mo mháthair míchéatach leis i dtaobh me a ligeant lena chois, ach ní raibh. Do ghoill sé go maith ar na deirféaracha an uair do chonacadar an cló do bhí orm tar éis an lae. Chuir mo mháthair go hobann síos in uisce bhog mo lámh, agus do nigh í go slachtmhar, agus do chuaigh san ana-mhaith dhi. Do fuair sí plástar agus d'fháisc sí suas í; do ghlan an gumh go léir leis do bhí inti. Do bhíos ag seinm Dhónaill na Gréine láithreach.

Tháinig an bhean liath, leis, ar mo thuairisc. Má bhíodh sí suainseánach féin, níor mhaith léi gan méireanna me. Geobhaidh sí a ceart féin uam ón uair nách féidir liom mo bheatha do chraobh-scaoileadh gan í a tharrac chúm go mion minic, mar nárbh fhéidir liom amharc na spéarach d'fheiscint aon mhaidean sa mbliain gan a pictiúir do bheith le fáil agam. Níor bhuail sí buille ar éinne againn riamh, ach a locht beag féin do bheith uirthi. B'fhéidir go bhfaigheadh sí sin cámas orainne comh maith. Beannacht Dé leo ar fad.

'Sea, cheithre portáin do bhí agem athair. Do bhuail chuige i mála iad agus do bhuail an cnoc amach. Chuaigh sé tamall siar sa chnoc ag baint na ndóigheanna ab fhearr amach. Thug taoide don lá amuigh agus breis, ach níor tháinig sé ina ghlab ('sé sin, folamh).

'Sea, do bhí lán an mhála do bhallachaibh mhóra bhreaca agem athair, agus an uair do scaoil mo mháthair amach as iad do bhí clais ann. Do rug sí ar cheann mór do bhí orthu, agus do chas orm féin leis.

'Seo, a Thomáis, a bhuachaill, tabhair é seo go dtí an mnaoi liath leat.'

Níor thugas an t-eiteach dom mháthair, siúd is go mbuailfeadh an leisce féin me, rud is nár bhuail, mar do dheineas machnamh gur minic do thagadh an bhean liath isteach go dtím mháthair agus rud éigin suaithinseach aici chúithi, piocu olc nó maith é.

B'eo liom amach agus an ballach agam, agus do shíneas chuin na caillí é. Do leath a súile uirthi cá bhfuaireas é, mar ná raibh 'fhios aici fós go raibh faic agem athair. Níor dhuine me nár thaitn an uair seo léi, pé uair eile ná bímís geal dá chéile. Do chrom sí ar bheith comh tláith san liom gur dhóigh leat uirthi gur me Dia beag aici. Bhí Tomás Maol istigh, fear an tí; bhí an iníon istigh agus [an] mac — líon an tí. Iad tar éis bídh do bheith caite acu. Bia an tráthnóna do bhíodh mar ainm ar an mbia sin, agus bia na maidine ar an mbia ar maidin, mar ná bíodh ar siúl san am úd ach dhá bhia insa ló.

'An bhfuil aon rud agat le tabhairt do?' arsa Tomás Maol, fear an tí.

'Níl ach rudaí atá aige féin cheana,' ar sise. 'Ach tabharfad an iníon do an uair do bheidh sé cúpla bliain eile,' ar sise.

Cé ná féadfadh sí aon tseoid eile do bhronnadh orm i gcionn dhá bhlian ba luachmhaire ná an ní d'fhág a creatlach féin, is amhlaidh do thuigeas-sa láithreach gur mhó do dhochar do dhéanfadh an tairiscint sin dom ná do mhaitheas. Do chuir an ballach breac, comhrá na caillí agus geallúint na hiníne go humar na haimléise me. Níorbh ionadh san agus geallúint tugtha aici dhom an uair do bheadh an dá bhliain suas.

'Sé an chéad ghalar eile do bhuail me go hobann i ndiaidh na ngeallúintí seo ná m'aghaidh do thabhairt ar chúirtéireacht, rud do chuir siar go mór as gach gnó eile me go mbíodh fonn agus faobhar orm chuin a dhéanta. An gnó do tugtaí dhom ag fágaint scoile dhom chuin é a bheith agam ar maidin do bhíodh go cruinn, agus gach postaireacht eile do bhíodh fém bráid déanta go pras luath agam, ina choinne sin 'sea do thugainn m'aghaidh i dtreo na cúirtéireachta, rud do dh'fhág gan aird chuin na ngnóthaí eile me go ceann i bhfad nó gur thuigeas an scéal. Ní mór fara a cúig déag do bhliana do bhíos an uair seo, agus déarfadh duine gur luath an gnó d'aon duine comh hóg san a bheith ag cocáil a chluas i dtreo óigbhan, ach tagann an seannrá trasna ar mhórán adeirimíd. Féach an rann so:

Dé Domhnaigh, Dé Domhnaigh, i lár an tsamhraidh ghil,
An iníon agus an mháthair ag trácht thar na fir;
'Sé 'dúirt an chiúirín mhánla: 'a mháthair ná bí liom;
Caithfeadsa pósadh 'dhéanamh nó dul do léim thar muir.'

An mháthair léi:

'Éist, a thoice ghránna, agus lig dod ráite baois'.'
'Níor éistís féin, a mháthair, nuair 'thánaís insan aois;
Trí bhliain déag atáimse, nó ceathair déag más fíor,
Is caithfeadsa pósadh 'dhéanamh nó dul do léim 'on loing.'

B'éigeant don mháthair slataire fir do phiocadh suas di gan mhoill.

Thug an mháistreás nua so trí bliana eile 'ár measc nó gur imigh galar a deirféar uirthi, 'sé sin glaodh chuin pósta uirthi. Ó cheantar an Daingin dob ea a muintir. Saor cloiche dob ea a n-athair, rogha an cheantair san am úd. Buachaill ón mbaile mór do phós sí, fear deas i bpearsain is i méin.

Ceann dos na laethanta, agus sinn ar scoil, do ghluais an bád ó Dhún Chaoin. Do bhí faire amuigh ar gach bád do thagadh isteach, mar bhí drochdhaoine ag gluaiseacht go tiubh an uair úd, tiománaithe agus báillí, chuin pé rud do bheadh le fáil acu do thógaint uait, agus ligeant duit féin bás don ocras d'fháil, cé gur cailleadh i dtigh na mbocht gach nduine acu féin ina dhiaidh sin, agus gan mórléan ar na daoine ina ndiaidh.

'Sea, ní dho so do thagrann mo scéal, mar nách aon duine acu so do bhí insa bhád ach cigire na scoile. Ar chloisint sin dúinn ní rabhamair istigh linn féin. Bhíodh teallaire ag dul go dtí an doras do shíor féachaint cathain do bheadh sé le feiscint. Stunaire maith cailín do chonaic ar dtúis é. Do phreab sí ón ndoras agus scéan buile ina súile. Níorbh fhada gur bhuail sé isteach thríd an dtigh. Bhí duine abhus agus duine thall agus bas ar a mbéal acu, agus na cailíní ba mhó do lig duine acu gáire, agus níor rófhada gur fhreagair duine eile í; an cigire agus a cheann sa spéir aige, ag féachaint ar an bhfalla, ag féachaint sa frathacha, ag féachaint ar na scoláirí tamall eile.

'A Mhuire,' arsa an Rí i gcogar liomsa, 'tá cheithre súile ann,' ar seisean.

'Tá, agus solas dá réir iontu,' arsa mise leis.

'N'fheaca riamh roimis seo a leithéid do dhuine,' ar seisean.

Aon uair do chasadh sé an ceann do bhíodh scáil ina shúile. Fé dheireadh do phléasc a raibh istigh ar gháirí, an chuid mhór go léir, agus an chuid bheag ag scréachaigh le heagla. Is beag nár thit an mháistreás le náire, agus do tháinig ana-bhuile ar an gcigire.

'Déanfaidh sé lá murdail,' arsa an Rí aríst an-íseal liom féin, 'nó n'fheadar an bhfeacaigh aon duine riamh aon duine eile go raibh cheithre súile ann,' ar seisean.

'Sé seo an chéad duine riamh do chonaic na hógaibh go raibh spéaclaí air.

Do thug an cigire greadadh maith[3] cainte don mháistreás, allagar nár thuigeas-sa ná éinne ar scoil agus, as an ngreadadh cainte sin do, do láimhsigh a mhála bóthair agus do bhuail an doras amach, do chuaigh ar bord an bháid do bhí ag brath leis, agus níor tháinig 'on Bhlascaod riamh ó shin. D'fhág an fear buile seo an scoil amach mar 'ghaibh sé isteach, gan ceist do chur ar leanbh ná ar dhuine fásta. Agus mo gheall leat, a léitheoir, gurb in abairt ná fuairis le léamh riamh roimis seo, ná b'fhéidir faid is beo dhuit ach oiread.

Do chuir an mháistreás bhocht fanntais di tar éis é a imeacht. B'éigeant domsa dul ag triall ar chupa fíoruisce dhi; Eibhlín do chuir ann me insa tigh ba ghiorra dom. Bhí cead cainte againn faid do bhí an t-oide lag.

'B'fhearra dúinn rith abhaile,' arsa an Rí liomsa, 'faid a bheidh sí tréith, mar beam marbh aici siúrálta an uair do thiocfaidh sí chúithi féin,' ar seisean.

'Dhera, nách olc an saighdiúir i gcumas do chnámh thu, agus nách ort atá an t-eagla!' arsa mise leis. 'Fan fada; beidh dlí na coda eile againn.'

Tuairim leathuair mar sin, do bhí sí dulta i bhfeabhas. Do cheap gach nduine againn go mbeadh sí ag gabháil orainn faid do bheadh aon teas 'ár gcroiceann, ach ní mar 'síltar a bítar go minic, agus dob amhlaidh an uair seo, leis, é: níor bhuail buille ná níor labhair searbh chuin éinne do bhí istigh. Níor dheacair di galar duine nó beirte do

---

[3] *Ls. mhaith*

leigheas, ach, ón uair gur bhuail sé sinn go léir, do chaith sí ciall linn,
rud ná beadh ina cumas mara mbeadh go raibh an chiall aici. Lig sí
abhaile do gheit sinn, agus gá aici féin leis an dtigh do bhaint amach
comh maith le cách.

Do chuir an Rí suim insa cheithre súile do bheith i gceann aon
duine, comh mór le haon duine eile do bhí ar scoil, cé ná dúirt sé
riamh gurb ó iofrann do ghluais sé, fén mar 'deireadh a thuilleadh acu.

Timpeall chúpla mí ina dhiaidh sin do ghluais cigire eile, fear
feosaí lom buí, ach ní raibh ina cheann ach dhá shúil. Do luigh sé
chuin oibre, agus do cheistigh gach nduine go faobhrúil dubh. I rang
an Rí do bhíos-sa; bhí hochtar againn ar fad ann, agus is dócha gur
cheap an cigire gurbh é ár n-athair é, bhí sé comh hard as ar gcionn
go léir, toisc an fuadar fónta do bheith fé agus sinne 'ár meathlóirí
ina thimpeall. Cé go raibh ceann breá maisiúil mór air, agus gur
cheap an cigire gurb ann istigh do bheadh réiteach gach ceiste aige
le fáil, ní hamhlaidh do bhí, mar do dhein na plaoisc bheaga raic do.
Bhí an cigire go gealgháiriteach le linn imeacht do. Thug scilling
don té ab fhearr is gach rang, agus ar shíneadh na scillinge 'ár
rangna ní hé an Rí a shroich í, mar is me féin do fuair uaidh[4] í. Baoch
go maith do bhí m'athair dom an uair a shíneas chuige í. Bhí píosa
breá tobac 'o bharr an chigire aige, cé nách 'o bharr an chigire ar fad
é, mar dá dteipfinnse insa rang do bheadh sé á cheal.

---

[4] *Ls. bhúaigh [an t-aon sampla mar seo sa leabhar aige go bhfuil 'bh' ina thosach]*

4

Bhí laethanta saoire ansan tamall againn, agus bliain bhreá chiúin dob ea í, agus mórán éisc ages na báid mhóra á thabhairt isteach. Bhí na trí báid lán go barra an lá so. Toisc cion na beirte do bheith againne dho, bhí radharc mór insa bhothán do. Sin é an chéad lá agamsa, is dóigh liom, do scaras ar fad ó cheird an pheata, mar do baineadh ramsach as mo chliatháin an lá úd ag tarrac an éisc go dtí an dtigh liom i mála thiar ar mo dhrom. Bhí míle éisc ag gach fear singil an lá úd; d'fhág san dhá mhíle againne dho. Dúirt m'athair gur thugas-sa breis agus míle abhaile dho, 'agus ligfead 'on Daingean amáireach lem chois thu má bhíonn an lá breá,' ar seisean, 'mar tá an bád ag dul ann ag triall ar sholann.' Ar chloisint an scéil sin dom do léimfinn tigh; dar liom go rabhas Márta a trí.

Ní me an chéad duine do chuir a cheann 'on doras ar maidin ach Cáit, mar dob í an bhean chúnta do bhí agem mháthair an uair seo í, mar bhí sí rómhór ró-aosta an uair do tháinig an scoil. Do bhraitheas í go maith.

'Conas atá an lá, a Cháit?' arsa mise léi.

'Tá sé go breá,' ar sise.

D'aon tseáp amháin do bhíos thuas ar an dtinteán ina teannta.

'A Mhuire bheannaithe, cad do chuir id shuí comh moch thu, nó cad é an fuadar atá chút?' ar sise.

M'athair an chéad duine eile do mhúscail agus do chuir air suas a chuid éadaigh nua. Chuir sé a cheann 'on doras; ansan dúirt le Cáit mo bhalcaisí nua do thabhairt domsa. Ní raibh 'fhios age Cáit go dtí san cad é an fuadar do bhí chúmsa.

Do bhuail m'athair chuige mála do chroicinn choiníní, agus b'eo linn go dtí an caladh. Do bhí gach nduine ag teacht mar 'bhíodh ullamh, nó go raibh criú an bháid le chéile. Tagaid siad ón dá thaobh di agus cuirid don ráib sin go mbuailid amuigh ar an mórmhuir í. Maidí isteach agus seolta. Tugaid a deireadh dho thír agus a tosach do mhuir, mar 'bhíodh sa seanascéalta fadó.

Gléasadh dhá sheol chúithi. Cóir dheas ghaoithe aici soir thrí Bhá an Daingin. Bhí slataire eile mar mise inti, mac uncail dom go raibh Diarmaid mar ainm air. An t-am go raibh an bád Ceann Sléibhe soir, do bhí Diarmaid ag athrú ina dhath agus é comh bán le páipéar. Bhí 'fhios[1] ages na fearaibh cad ba bhun le athrú datha do theacht air, ach do bhíos-sa dall air; do cheapas gur ag foghlaim an bháis do bhí sé. Tháinig a athair ag triall air agus dúirt sé leis dá gcuirfeadh sé amach ná beadh seoid air.

Bhí an bád ag cur di go binn an uair seo, mar do bhí a thuilleadh agus a dóthain gaoithe an uair seo ann. Níor rófhada go ndúirt fear go raibh Diarmaid ag cur amach. Bhí, leis, an fear bocht, agus an méid gráinseála do bhailimh sé siar ar maidin é caite thar bord aige agus scata mór faoileann a d'iarraidh é a phiocadh suas. Mise agus gach aon scartadh gáire agam agus Diarmaid ag gol.

Uncail dom do bhí ag stiúradh an bháid, agus do bhínn ag cur cheisteanna air cad mar gheall ar gach ní suaithinseach do chínn. Bhí tigh mór slinne i lár feirme ann.

'Cé bhí, nó tá, insa tigh sin?' arsa mise leis.

'Duine ná raibh ar fónamh,' ar seisean, 'Bess Rice; ar chualaís trácht tháirsi riamh?' ar seisean.

'Is minic do chuala, agem athair agus age Tomás Maol, leis,' arsa mise.

Ar dhul i radharc Chuan bhreá leathan Fionntrá dhúinn, bhí mórán tithe geala agus móra le feiscint againn. D'ins dom gach ceann

---

[1] *Ls. bhíos-sa = bhí fhiosa [Toisc 'a' an réamhfhocail a bheith á leanúint coitianta cuirtear leis an ainmfhocal sa chaint é, ach ní bheadh sé le clos anso ar aon tslí.]*

acu: an séipéal Caitleacaí agus an séipéal Gallda, tigh na bpóilíní agus tithe gharda an chósta, agus gach ní eile gur chuireas suim ann.

Bhí mo chomhpháirtí ag teacht chuige féin an uair seo tar éis a raibh ina chorp do bheith sciobthaithe ages na faoileáin uaidh; glór beag lag ocrach aige; cuma mhillte mharbh air. Do dhrid sé siar liomsa mar a raibh fear na stiúrtha — uncail do Dhiarmaid, leis, dob ea é. 'An fada uainn Cuan an Daingin?' ar seisean leis an gcaptaein.

'Ar mh'fhallaing go bhfuil sé tamall fós uait, mo bhuachaill maith,' ar seisean, 'agus is dócha ná béarfaidh sé beo ort, toisc ná fuil id chorp ach na putóga, agus nách breá ná fuil aon ghaol agat leis an slataire eile sin,' ar seisean.

Ní raibh an focal as a bhéal an t-am go bhfeacaigh na fearaibh cóch trom gaoithe, agus dob éigeant an seol deireadh do leagadh, agus is ar éigean do thug an bád an seol tosaigh féin léi, do gheal an fharraige comh mór san.

Níor mhór an aimsir eile do thóg sí an t-am gur bhain sí béal an chuain amach. Do cheapas féin ná raibh aon chuan ann an t-am go raibh a leath curtha againn dínn, bhí sé comh cúng san, ach i gceann tamaill do bhí sé go leathan breá ar nós an locha.

Do shroicheamair an cé, agus do bhí oiread muga do dhá shúil agam. Chonac daoine uaisle ina seasamh ann, slabhraí timpeall a mboilg; daoine bochta gan a leathcheart d'éadach orthu; duine martraithe thall agus abhus timpeall ann; duine caoch agus giolla aige. Trí long mhóra ar thaobh don gcé; iad ládálta le earraí ó thíortha thar lear: gráinne buí i gceann acu, adhmad i gceann agus gual i gceann eile.

Níorbh fhada gur ghlaoigh m'athair orm: go raibh gach ní ullamh agus go raibh na fearaibh ag gabháil suas fén mbaile mór. B'eo linn, me féin agus an slataire Diarmaid agus, cé gur bheag do bhí ina chorp tar éis na pasáiste aniar, dob fhearr leis a bheith ag féachaint ar na loingeasaibh fós ná glaoch chuin bídh air. B'eo le gach nduine do bhí insa bhád, beag agus mór, isteach in aon tigh amháin.

Bhí bord aráin agus té againn, agus geallaimse dhuit ná raibh mórán cainte againn nó go rabhamair i mbuille do bheith sásta. Dhíoladar bean an tí agus amach le gach nduine. Tigh an tsolainn an chéad tigh eile. Bhí a mhála féin age gach fear. Cuireadh dhá chéad solainn is gach mála agus do fágadh ansan é nó go mbeidís ullamh chuin teacht. Do leanas m'athair ansan is gach tigh gur chuaigh sé, agus cé go raibh athair Dhiarmaid féin ann níor fhág sé an chos agamsa. Ní raibh póca an bhríste ghlais folamh ó airgead an lá úd.

AN BÁD ULLAMH CHUIN SEOLADH

An uair do bhí an bád ullamh chuin seoladh ag teacht abhaile, sin é an uair do chuardaigh m'athair mo phócaí agus, mar ba phrás an chuid ba mhó dho, do bhí cnocán ann an uair do dhein sé é a chomháireamh.

'Dar an bportús, tá fiacha na mbróg agat go dtí aon scilling amháin!' ar seisean.

Cé bheadh ar an bhfód ná deirfiúr do insan am chéanna. Bean dob ea í do bhíodh sa Daingean i gcónaí, tamall anso agus tamall ansúd aici.

'Má tá,' ar sise, 'seo an scilling, leis, duit, agus cuir na bróga air, ós é an chéad lá riamh aige ag teacht ann é.'

An t-am gur chuala an focal san agem aintín á rá, do phreab mo chroí le háthas, mar do bhí 'fhios agam ná raghadh m'athair i ndiaidh a chúil. B'fhíor dom.

'Téanam, mar sin; ní fada uainn anso thuas iad,' ar seisean.

B'eo liom lena chois agus sceitimíní orm. Ní raibh aon stoca agam do chuirfinn ar mo chois, ach thug bean an tsiopa stocaí dhom nó go dtabharfadh m'athair abhaile aríst iad. Sin é an uair do bhí gíoscán agem bróga! Sin é an uair do bhíos im dhuine uasal! Cé déarfadh ná gurbh ea me? — bróga gléasta, culaith do ghlas na caorach, agus caipín dhá adhairce!

Bhí Diarmaid go sultmhar nó go bhfeacaigh sé na bróga nua ormsa, ach níor fhan fead ná glao as san amach aige. Scrúile athar do bhí aige, agus ní raibh a bhac air iad do chur ar an slataire, ach ní ligfeadh a chroí dho é. Níorbh ionann meon do agus dom athairse.

'Sé sin an fáth gur láimhsíos an peann so im láimh: dúrt ná ligfinn a dteanga go deo ar lár má fhéadfainn.

Tar éis teacht ón nDaingean dom

An uair a shroich an bád caladh an Oileáin, lán do sholann agus do bhia ó Dhaingean Uí Chúise, agus mar is nós riamh insan Oileán é agus inniu, do bhí bruach an chaladh lán do dhaoine, dar ndóigh, féachaint an mbeadh aon scéal nua acu. Ní raibh éinne insa bhád ná go raibh le haithint acu ar chasadh na súl, ach an slataire duine uasail do bhí inti. Cuid acu á rá gur le taoiseach ón mbaile mór é, agus a mhuintir á ligeant aníos seachtain ar fuaid an Oileáin. Do bhí deirfiúr liom ar barra ina measc, Eibhlín, agus ní raibh sise láidir gur me a bhí ann, toisc scáil na gcraobh do bheith im chosa agus me im lóimíneach[2] chaolspágach choslomanochta ag fágaint an tí dhom. Bhí Cáit agus Nóra timpeall an bháid thíos ag an uisce.

'Sí an chéad cheist do chuir a raibh ar barra ar an chéad duine do ghaibh aníos cé leis an stróinséar slataire do bhí insa bhád. Slataire óg eile do ghaibh aníos agus níor mhaith an freagra do thug sé orthu.

'Sibh a dhalladh fara mar 'tánn sibh!' ar seisean; 'ná ficeann sibh gurb é Tomás Dhónaill é!'

An uair do bhí an bád folamh agus í curtha ar sábháilt do bhí gach nduine ag baint an tí amach. Thug Peaidí, mo dheartháir, an mála solainn go raibh dhá chéad meáchtaint ann abhaile ar a dhrom leis, mar do bhí cuid don iasc gan solann go dtí san.

Do cheap mo mháthair gur fear áitithe do bhí ag teacht an uair do chualaigh sí mise ag teacht agus pramsáil lem fheidhre bróg agam. Déineadh iontas díom mar gheall ar na bróga do bheith orm comh luath, mar lá a bpósta do bhíodh bróga á chur ar fhearaibh agus ar mhná an uair úd. Dob ait leat, leis, mo leithéid do bhí comh piocaithe comh slachtmhar do bheith ag lonnú i seantán tí lán do ghal, agus braon anuas go minic.

Triantán do chíste bhuí do cuireadh chuin beirt againn do bhí insa Daingean; sáspan bainne. Ní raibh aon bheann ar iasc againn; bhíomair cortha aige. Do phreab Nóra ina seasamh agus do thug léi cheithre cinn d'uibhe.

---

[2] Ls. *lúimínneach*

'Do cheapas,' arsa mo mháthair, 'ná raibh aon obh insa tigh inniu.'

'In airde i ndrom an tí do fuaireas nead circe inné go raibh hocht cinn d'uibhe inti,' ar sise.

'Is fada go mbuailfeadh aon nead circe ná coiligh i ndrom tí slinne leat,' arsa Cáit go seanachríonna.

An uair a smalcas féin mo chanta aráin bhuí agus mo sháspan bainne agus mo chúpla obh siar do bhuaileas amach, agus níorbh aistear liom bualadh isteach chuin na caillí, chuin go mbeadh tamall grinn agam aisti, mar do bhíos comh deigh-Ghaelainneach léi féin an uair seo. Do chuir an bhean bhocht fáilte romham ón nDaingean.

'Go mairir agus go gcaithir do bhróga, agus nách maith luath do chuireadar ort iad!' ar sise.

An uair do chonac comh síbhialta agus do bhí sí liom, do chuireas lámh im póca agus do thugas úll di, agus úll do gach nduine acu, agus milseán, leis, mar do chuir mo mháthair ar mo shúile dhom san do dhéanamh. Do phreab sí ina seasamh agus gach aon phrams aici á bhaint as an úll, mar 'bheadh capall á chogaint, agus do thóg sí as chorcán leath coinín agus do shín chúm é.

'B'fhéidir go mbeadh dúil ansan agat,' ar sise, 'ó taoi féin comh fearúil.'

'Ach ní féidir liom é a ithe,' arsa mise.

'Tabhair dod mháthair, mar sin, é,' ar sise.

Thugas an coinín abhaile liom agus do shíneas chuin mo mháthar é. Thug sí dhom ceathrú dho agus do phiocas í.

Bhí an oíche gearra agus is gairid dom go raibh codladh ag teacht orm agus gur chuas 'on bhinn bháin. Do thiteas im phleist go luath, mar do bhíos tnáite tar éis mo thurais go dtí an baile mór. Bhí sé in aimsir scoile go maith an t-am gur phreabas amach as an leabaidh. Dúirt mo mháthair liom gur beag nár cailleadh insa chodladh me. 'Sea, do bhíos comh haibidh le breac an uair seo. Fuaireas uisce agus do ropas síos mo cheann 'on mhéis agus do bhaineas an cailicín dom shúile agus dob eo amach chun scoile sinn.

5

Bhí an Rí insa lantán chéanna gur ghnáth leis agus, mar do bhí an geadán mór trom air, ba cheart go mbeadh a rian sa stól. Bhí sé ag cogarnaigh liomsa tar éis an Daingin. Bhí sé féin trí huaire ann: turas in aonacht lena athair críonna, agus dhá thuras in aonacht lena athair óg. Ach is milseáin bun an bhladair go léir do bhí aige liom, agus do bhí 'fhios san agam, agus dob olc an páirtí me, leis, dá ndéanfainn dearúd air. Shíneas cheithre cinn chuige, agus do bhí sé go lánbhaoch.

An uair do ligeadh amach lár an lae sinn —

'Cogar,' ar seisean 'beidh an mháistreás ag imeacht uainn sara fada.'

'Ca bhfios duit?' arsa mise.

'Ó, tháinig leitir inné chúithi; beidh sí le pósadh láithreach.'

'Cad é an sórt fir?'

'Cóisteoir duine uasail atá in áit éigin,' ar seisean.

Ba dho ab fhíor, mar nár dhein sí ach an tseachtain do thabhairt. Amach léi Dé Domhnaigh. An scoil dúnta arís.

Timpeall 1873 do scar an tarna máistreás linn. D'fhág san mise sé bliana déag. Bhí sé bliana ar scoil agam, ach ní rabhas im ollamh i mBéarla ná in aon ghaobhar do. Deir fear gurb ollamh i nGaelainn é féin anois, agus gan é á fhoghlaim ach dhá bhliain, agus roimis an dá bhliain sin ná feadair sé cad é an rud Gaelainn chuige, ach oiread le pilibín míg. Cad fá, mar sin, go ndeir na daoine gur teanga

43

dheacair le foghlaim í? Seo geall le haon duine ná fuil aon teanga insa domhan go bhfuil sé i gcumas duine do bheith ina ollamh gan a bheith ach dhá bhliain á foghlaim. Tá mórán d'ollaimh Ghaelach' insa tír againn anois, agus cuid acu nár thug ach bliain á foghlaim.

'Sea, ní dho so do thagrann mo scéal. Dé Luain, ón uair ná raibh aon scoil ann, buaileann an Rí chúm isteach cuíosach moch ar maidin. Bhí a chuid bídh ite, leis, aige, agus mise díreach ag tosnú leis. Císte breá bog buí agam ná raibh ach tógtha don tine agus, ó b'annamh leis an gcat srathar do bheith air, mar 'deireadh an fear fadó le aon rud iontach, do bhí ailp ime agam leis, mar do bhí bó mhaith bhainne againn, agus do dhein mo mháthair i stán mór cnapán maith ime. 'Sea, bhí gabhar buí agam agus taoscán sáspain do bhainne agus, rud eile dob fhearr ná iad go léir, muileann agus cairb chuin a meilte. Shín mo mháthair canta chuin an Rí don chíste agus an t-im air, ach bhí a bholg rólán; níor bhain sé as ach cúpla greim. Is fada go sínfeadh mo mháthair an canta buí chuige dá mbeadh ainm an Rí air an uair seo, ach ní raibh.

Is é gnó do bhí ag an Rí dhíom ná chuin dul ag iascach ar na clocha dá mbuailfeadh aon phortán linn, ach níorbh é seo an chéad lá ag imeacht mar seo sinn.

'Tugaig aire dhíbh féin,' arsa mo mháthair, 'ag lorg na bportán, mar níl aon tráigh ann ach tráigh mhallamhrach.[1]'

B'eo linn an doras amach, agus dob eo ag lorg sinn, ach ní raibh faic ag bualadh linn.

'Níl faic insa cumair bheaga so,' arsa an Rí. 'Is fearra dhúinn caitheamh dínn anuas agus dul fé uisce insan áit go mbuailfidh siad linn,' ar seisean.

Ní raibh an tarna focal air an t-am go raibh an bheirt againn 'ár dhá ngeilt, agus b'eo le beirt againn ag dul fé loch agus ag teacht ar barra. Do chuas féin i bpoll go raibh m'aoirde ann, agus an uair do chuireas mo chos 'on chumar do bhuail an portán liom. Ba dheacair dom, agus ba dheacair liom, mo cheann do chur comh doimhin lem chosa, ach ba dheacra ná san dom an rud do bhí uam do dh'fhágaint

---

[1] = mhallmharach

im dhiaidh. Do chromas síos, ach ní ligfeadh an t-uisce síos me, agus níorbh fhéidir liom mo lámh do chur go dtí an bportán.

Do ropas mo chos aríst 'on chumar agus, mar bhí sé fairsing, cad deire liom ná gur thug aníos é le hordóg mo choise. Portán mór fireann dob ea é, agus is gnáthach an uair do bhíonn a leithéid i bpoll go mbíonn an portán baineann ina theannta. Chuireas mo chos síos aríst agus do bhuail an ceann eile liom, ach ba lú é ná an chéad cheann, agus ní raibh dochar orm á thabhairt liom. Bhí mo dhóthain baoite agamsa ansan i gcomhair an lae.

Bhí an Rí as m'amharc an uair seo agus, insan áit go rabhamair ag lorg na bportán, do bhí tobar mór fíoruisce ar barra taoide ann chuin níocháin. Ar shroistint bhun an tobair seo dhom, do bhí an Rí im choinne ón dtaobh eile, agus sinn araon 'ár dhá ngambairne nochtaithe. Ar chasadh suas dúinn cad do bheadh ná triúr alpachán d'óigmhná, agus a gcorp agus a n-aghaidh ag féachaint orainn!

Do bhuail an náire an Rí níosa thúisce go mór ná mise, agus do thug a aghaidh chuin na farraige agus a dhrom leo san, agus do bhí a d'iarraidh dul ar scáth uathu. D'fhanas féin im sheasamh insa chló gur thána ar an saol so, agus do rith an machnamh so chúm: cad é an bonn do bhí le me féin do thógaint sceit rompu san sochas iad féin?

Do bhuaileas mo bhosaibh trasna ar bhall áirithe dom chorp, agus d'fhanas im choilgsheasamh gan cor do chur díom mar olc orthu. Do chúb beirt acu thársu, ach ní raibh triúr ban riamh gan saighdiúir do bheith orthu, agus dob amhlaidh dóibh seo, leis, mar níor chúb ráibéardach lom buí do bhí orthu bán ná dearg. Níorbh fhada ó chéile do bhí an bheirt againn, agus cad deire léi ná gur labhair sí agus ná go ndúirt:

'Ba chóir go bhfuileann tú tirim fadó,' ar sise.

Mar do bhí an gumh orm chúithi, dúrt léi ná raibh tirim fós díom ach taobh, ach go gcaithfinn mo thón do thabhairt tamall eile le gréin, 'agus ón uair nár rángaig leat aon phictiúir stróinséartha d'fheiscint ón dtaobh so dhíom, b'fhéidir ná beifá mar sin an uair a thabharfad mo thón leat.'

'Déarfainn go mbeadh gach taobh díot tirim fadó,' ar sise.

'Ach dá mbeadh an croiceann ramhar sleamhain buí sin ortsa orm, ní thógfadh sé leath na haimsire,' arsa mise léi.

Sin é an uair do chúb sí chúithi i dtreo na coda eile.

Tháinig an Rí orm agus a chuid éadaigh fáiscithe suas air.

'Ná fuil ort fós?' ar seisean.

'Níl; ca'il mo dheabhadh — ná fuil grian agus teas agam?' arsa mise leis.

'Ná raibh aon náire roimis na mná ort, agus tu deargnochtaithe?'

'Cad do bhí acu le déanamh? Ní raibh aon náire orthu féin, ós orthu ba chirte dhóibh é a bheith. Ach níor mhaith an saighdiúir thusa ina measc; is láidir nár chuireadar chuin an chnoic thu,' arsa mise leis.

An ráibéard do bhí ag tabhairt na cainte dhomsa, ba thúisce a baisteadh ná a pósadh ina dhiaidh sin agus, dar ndóigh, dob é sin an fuadar do bhí chúithi agus do bhí aici á theaspáint.

'Téanam leat,' arsa an Rí. 'Tá ár ndóthain baoite againn i gcomhair an lae. Tá dhá phortán mhaithe agamsa, agus dhá phortán agatsa; sin é ár ndóthain.'

B'eo linn an chloch amach. Bhí air sin dul go barra an bhaile; bhí darú agus dubháin uaidh. Bhí sé chúm do gheit. Bhuaileamair siar chuin Rinn Dhuinnshléibhe, file an Bhlascaoid. Bhí ballaigh ag breith go tiubh orainn, agus breac-cheann maith á chur tharainn suas. Fé dheireadh, agus mise ag caitheamh amach, cad a raghadh ceangailte im mhéir ná an dubhán. Bhí mo chuid éiscse marbh ansan. B'éigeant don Rí an lusna do bhí ag coimeád an dubháin don darú do ghearradh leis an sciain. Bhí an dubhán im mhéir agus an lusna ar sileadh léi. Ní raibh pian mór orm mar ná raibh an dubhán ródhoimhin.

Bhí daichead ballach againn: fiche ag an nduine againn. Thug an Rí iad ar fad abhaile leis, agus is ag ár dtighna do dheineamair iad a roinnt. Baineadh an dubhán láithreach, mar chuir Cáit an rásúr ag gearradh an ghreama do bhí air.

AN MHÉAR THINN

Do ghoill an mhéar go maith orm, agus ní róbhog do fuaireas me féin réidh uaithi. Bhíodh Tomás Maol gach oíche againn go haimsir codlata. Cuileachta bhreá dob ea é, agus ní bhraithinn an mhéar thinn leath, faid do bhíodh sé ag caint agus ag cur síos ar chruatan an tsaoil do bhí curtha aige dho agus, cé go raibh m'athair suas le bheith comh haosta leis, ní raibh sé leath comh maith leis chuin síofróireachta, agus cuimhne aige ar gach ní.

'N'fheadar,' arsa m'athair leis an oíche seo, 'cad é an t-easántas do bhí 'deir Pharóiste Dhún Chaoin agus Pharóiste an Fheirtéaraigh do lean i bhfad an uair úd?'

'Ó,' arsa Tomás Maol, 'nár chualaís mar gheall ar Bhád na nGort Dubh?'

'Do chuala go maith,' arsa m'athair, 'ach is olc is cuimhin liom anois é.'

'Bhí an long raice lastuaidh do Bheiginis, agus do chuaigh bád ó Dhún Chaoin go dtí í. Do chuadar ar bord na loinge, agus do chuireadar anuas go dtí an bád gach ní ba mhéin leo. Do ghluais bád ós na Gorta Dubha, baile atá i bParóiste an Fheirtéaraigh, agus do bhí fear agus fiche insa bhád san, agus iad ar mhaithibh an pharóiste. Níor stadadar nó gur shroicheadar an long bháite. B'eo ar bord inti iad ag lorg agus ag tabhairt fogha fé rudaí do bhí piocaithe suas rompu age muintir Dhún Chaoin. Fé dheireadh, do bhíodar ag caitheamh anuas nó go raibh sí ródhoimhin, agus do cailleadh an fear agus fiche laoch, gan fear inste scéil do theacht saor, agus an bheirt dheireadh do dh'fhan insa loing ag caitheamh anuas d'fhanadar inti ó shin.'

'B'fhéidir go bhfuil an bheirt sin fós beo inti,' arsa mise le Tomás Maol.

'Éist, a dhailtín!' ar seisean. 'Deineadh cipíní beaga don árthach úd an tráthnóna céanna age Fiach an Fheirtéaraigh.'

'Agus,' arsa m'athair le Tomás arís, 'conas go raibh an gumh ag an ndream thuaidh chuin muintir Dhún Chaoin ar feadh i bhfad ina dhiaidh sin?'

'Dhera, a dhuine,' arsa Tomás, 'mar nár thógadar éinne acu as an muir, agus iad ag caint leo, agus bertha ar bhasa na maidí rámha acu, iad ag caint leo agus ag rá leo iad do thógaint isteach. Ach is amhlaidh do dheinidís na maidí do tharrac uathu agus iad a ligeant leis an dtaoide.'

'Agus nár mhór an t-ionadh nár dheineadar fóirithint ar chuid éigin acu, siúd is ná féadfadh a mbád san an fear is fiche uile do thabhairt léi, i dteannta a raibh inti féin,' arsa m'athair.

'Ní raibh sé ina gcumas iad ar fad do thabhairt leo,' arsa Tomás Maol. 'Ní lú ná do bhíodar i mbun é a dhéanamh, mar do dheineadar lámh láidir orthu an uair do bhíodar beo, agus do thógadar amach as an mbád uathu aon rud go raibh aon ghnó leis, nó[2] do thaitn leo féin, agus ní ligfidís i ngoire na loinge iad san ó thánadar féin suas.'

'Is dócha,' arsa m'athair, 'go raibh gaol age treibh an dá bháid lena chéile — age cuid acu, pé scéal é,' ar seisean.

'Bhí,' arsa Tomás, 'agus gaol gairid age cuid acu le chéile, agus ba dhóbair go ndéanfadh san díobháil mhór do bhád an taoibh seo, mar do bhí fear a d'iarraidh fir gaoil do do thabhairt isteach, agus é greamaithe ar bhais an mhaide, ach do chuir an captaein stop leis agus dúirt sé: "Beidh fear agus fear eile a d'iarraidh a ngaolta féin do thabhairt leo, agus ní dhéanfadh an bád an bheart," ar seisean. Cailleadh an fear is fiche do bhí i mbád na nGort Dubh, agus do tháinig bád Dhún Chaoin agus a foireann fear saor sábhálta abhaile agus móran rudaí as an loing acu.'

'Ba mhór an formad do bhí ag an muintir thuaidh leo, is dócha,' arsa m'athair le Tomás.

'Ba mhór,' ar seisean. 'Bhí sé baintreacha déag i bParóiste an Fheirtéaraigh tar éis an bháid úd do chailliúint.'

'Agus,' arsa m'athair, 'is dócha go mbídís ag faire orthu age pobal agus ag aonach.'

'Dhera, a dhuine,' arsa Tomás, 'ná tagaidís aduaidh i gcorp na hoíche; théidís isteach insa tithe; do thugaidís leo gach a mbuaileadh leo; agus do thugaidís cumabhrú do mhuintir an tí. Mharaíodar corránach breá mic do bhí age bean mhuinteartha dhom i Muileann Bhéal Átha ansan amuigh,' arsa Tomás, 'mar ná raibh faic eile le fáil acu, mar bean bhocht ana-dhealamh dob ea í. Agus gach lá margaidh i nDaingean Uí Chúise do bhíodh seisear agus seachtar ó Dhún Chaoin i ngá an tsagairt tar éis chathanna an lae,' ar seisean.

---

[2] *Ls. ná*

'Agus cad do dhein an tsíbhialtacht eatarthu insa deireadh?' arsa m'athair leis.

' 'Neosadsa san duit. Iníon le treibh na gcros do phós fear i nDún Chaoin an chéad réiteach do tháinig eatarthu. Ach do bhí an aimsir rófhada sarar thit san amach, agus iad leathmharbh agena chéile,' arsa Tomás Maol.

'Beannacht Dé le hanman do mharbh,' arsa mo mháthair. 'Níor chuala cur síos ceart riamh orthu go dtí san,' ar sise.

Bhí sé ag drideam le aimsir codlata, agus do bhí Tomás ag bogadh chuin siúil. Bhí an chuid eile ag teacht ós na botháin.

Thugas mo mhí lem mhéir gan puinn suilt ná gáirí ag baint liom, agus níor bhraitheas pian ná tinneas inti faid do bhí Tomás ag ramscéalaíocht. Bhíodh sé istigh againn gach oíche insa hoícheanta fada agus, mar do bhíodh an Choróin Pháirteach agem athair á rá gach aon Domhnach, bhíodh Tomás gach Domhnach againn á rá, agus ba bhreá chuin deichniúir do rá é.

Bhí Tomás bocht i gcónaí, agus dob éigeant do an mac do chur in aimsir ó thuaidh go Paróiste an Fheirtéaraigh. Thug sé chúig bhliana ag aodhaireacht stoic ann, gan bhróg ná stoca. Níorbh fhada tar éis an mhic d'imeacht gur tháinig costas ó Mheirice chuin na hiníne ó uncail di, dearthair a máthar. Do chuaigh sí ann gan rómhoill, agus thug sí chúig bhliana ann. B'éigeant dóibh an mac do thabhairt abhaile ansan. Bhíodh an iníon ag cur breacphunt anall do dheineadh maitheas dóibh.

Bhíodh an chailleach bhéal doiris ina suí ana-mhoch gach maidean ó fhág an iníon í, agus go minic í á caoineadh, agus níorbh ionadh san agus gan aici ach í, agus gan súil go bhficfeadh sí go deo arís í. Gach uair do chloisinn ag caoineadh í do bhíodh ana-thrua agam di.

AN LONG GAIL IS AN T-ARM

Maidean áirithe agus í cois claí go moch, cad do chonaic sí i mbéal an chaladh agus na Trá Báine ná an long gail chuin ancaire agus í lán d'fhearaibh dubha, 'sé sin, éadach dubh agus caipíní orthu. Do thug sí seáp reatha thrína buairt di, agus do bhuail sí ár ndorasna.

'A Dhónaill,' ar sise.

'Sea,' arsa m'athair — do cheap sé gur rud éigin do bhí ar an mac nó ar Thomás Mhaol — 'cad tá ort?' ar seisean.

'Tá árthach mór anso amuigh age bun an tí agat ar a hancaire, agus í lán d'fhearaibh go bhfuil éadach dubh orthu agus caipíní arda,' ar sise.

'Ó, is fíor san,' arsa m'athair. 'Bhí a leithéid le teacht luath nó mall, agus is dócha go mbeidh an tOileán so ar bheagán tithe tráthnóna,' ar seisean.

'Dia go deo linn!' ar sise; 'agus níor dhanas ar fad go dtí bheith gan an bothán,' arsa an chailleach.

I gceann nóimite do bhí gach nduine againn ina shuí, agus sinn bailithe linn do gheit fé dhéin an chaladh, agus an t-am gur shroicheas-sa an lantán do fuaireas post ós na mná do bhí bailithe ann. Ag bailiú chloch do cuireadh me agus gach nduine eile do bhí ann. Níor stadadh dóibh nó go raibh taoscán loinge curtha i dteannta a chéile acu. Dúirt bean éigin nách foláir nó go raibh a ndóthain púdair anois acu, agus sara mbeadh a ndeireadh caite go mbeadh scéal nua éigin ann.

'Ach is dócha,' arsa bean eile, 'gurb iad na piléir do mharóidh sinne ar dtúis.'

'Dhera, marú an Dúna ort! Nách fearra dhuit do bheith marbh féin ná bheith caite cois na gclathach agus tu amuigh as do bhothán,' arsa an bhean eile.

B'eo isteach ón loing bád mór lán go béal do dhaoine, agus an uair do dhrideadar isteach do bhí ionadh orthu an uair do chonacadar an mathshlua[3] daoine bailithe ar bhruach[4] an chaladh, cé gur cheapadar san ná beadh daonna le feiscint acu le heagla. Níorbh ionadh san agus gunna i láimh gach fir acu san go fearastúil, ach níor ghlac eagla na mnáibh seo rompu.

D'fhág na fearaibh an áit, agus do tháinig na mná mórdtimpeall, agus stocán cloiche i láimh gach mná. Do bhí iontas

---

[3] *Ls. mhaithshlúadh*

[4] *Ls. bruach*

an domhain ar lucht an bháid an uair do chonacadar ná raibh na mná ag fágáil na háite, agus do bhíodar féin ag maolú an tsiúil ar dhrideam isteach dóibh.

Fé dheireadh do bhuaileadar srón an bháid sa chloich, agus beirt acu gan aon ghnó ach a ngunnaí i bhfearas acu dá ndéanfadh éinne bagairt orthu. Comh luath agus do bhí an chéad fhear amuigh as an mbád, do scaoil bean bollán cloiche síos do chuaigh ana-ghairid do na speireacha do bhaint do. Agus do thug súilfhéachaint ar bharra in airde, agus do chocáil an gunna díreach orthu, ach níor chorraigh aon bhean amháin ach rang déanta acu ar bharra an chaladh.

Níor rófhada gur lig bean eile cloch síos, agus bean agus bean, nó gur bhaineadar fothrom agus macalla as an gclodach, insa tslí, in inead a thuilleadh fear do theacht as an mbád, gurb amhlaidh dob éigeant an fear do bhí i dtír acu do thógaint isteach gan rómhoill, agus glanadh leo chuin na farraige amach agus deabhadh orthu.

Bhí dhá bhád mhóra eile ina gcoinne isteach, agus do chuadar chuin cainte léi. Do thugadar san a n-aghaidh fén gcaladh lán d'fheirg agus d'olc, agus ré-olc maith acu chuin an óinseach báid do chas amach gan dul i dtír agus a ngnó do dhéanamh.

Do bhuaileadar san snimine a mbád 'on chloich go tapaidh, agus do chuireadar fir i dtír agus, má chuireadar, níorbh fhada go raibh cith cloch lastuas dóibh, agus fear acu buailte i gcró an bhaithis agus é leagthaithe in iomall na gcos acu. Bhí an chloch éadrom, mar is giairseach bheag do chaith í; bheadh sé ina chorpán mharbh dá bar bean acfainneach do chaithfeadh í.

Do thug na captaeiní ordú bheith istigh insa báid gan mhoill; do bhíodar, cé go rabhadar mall a d'iarraidh an fear leathmharbh do thabhairt leo. Bhí na trí báid lán do dhaoine armtha ar snámh tamall amuigh ag déanamh comhairle agus, as an gcomhairle, do thug na trí báid fé isteach aríst, mar do cheapadar go raibh deireadh na bpiléar caite ages na mnáibh. Bhí leachtán eile cloch cruinnithe ages na garsúin, agus b'eo leo ag rúideadh le fánaidh agus, cé gurb eaglach iad an dream airm ar eagla go ndéanfaidís an tine a oscailt ar na mnáibh, ní raibh d'eagla ar na mnáibh rompu ach cuid ba lú ná a bhí orthu féin.

Bhí cúigear ban ar leataoibh agus níor rángaig a ndóthain cloch le caitheamh acu, agus do bhí balcaire maith mic ar bhaclainn dhuine acu, agus nár mhór an gumh nó neameabhair do bhí uirthi, an uair do chuaigh di aon rud eile do dh'fháil ina timpeall, agus do bhí beirt dos na póilíní a d'iarraidh gabháil aníos thrí leacain ghlas do bhí féna bun, agus gan faic acu le caitheamh leo — 'Mo chroí 'on fiabhal go gcaithfead an leanbh leo!' ar sise.

'Dhera, a dhiabhail óinsí,' arsa an bhean ba ghiorra dhi, 'ná téire as do mheabhair, agus coimeád do leanbh!'

Thug sí rúideog fén leanbh do chaitheamh, ach do ghreamaigh an bhean eile é. Níor thúisce sin ná a bhí bean tagthaithe ón dtaobh eile[5] agus bloc do scraithín caite síos aici, agus an bheirt thíos casta le fánaidh. Tá an leanbh so do bhí le caitheamh leo thall i Meirice go lánláidir fós. Do ghlan an long agus a cuid fear leo an lá san gan oiread agus pingin rua do thabhairt leo.

An uair do chuaigh an gháir amach go raibh long gail insa Bhlascaod Mhór agus fir airm ar bord inti, agus ná raibh sé ina gcumas cíos ná cáin do thabhairt leo, dob ait leis an saol Fódla é. D'fhan san mar sin go ceann i bhfad agus, pé beag mór do bhí do cháin agus do chíos ag leanúint an Oileáin seo an t-am úd, níor glaodh riamh ó shin air.

Achar blianta ina dhiaidh seo, níor braitheadh faic nó go raibh long eile mar í ar múráil age bun na dtithe. Bhí beagán do lucht tuaithe inti agus beagán do lucht airm. Fuair na hoileánaigh faisnéis go raibh a leithéid le teacht, agus gurbh fhearr ligeant dóibh, b'fhéidir, agus an méid ba agus caoire do bhí ann do chomáint siar go dtí an ceann thiar d'Oileán.

Sin mar 'bhí. Do chomáin na slatairí leo iad faid dob fhéidir leo iad do chur. Bhí ardmhaor na cánach[6] insa loing, agus na cosa eile do bhain leis. Níor cuireadh aon chaduaic orthu, ach tugadh faid a dtéide dhóibh chun soláthair. B'eo leo chuin cnoic, agus fearaibh na tuaithe in aonacht leo, daoine do bhí tofa chuin faille as gach áit.

---

[5] *Ls. ná bhí bean ó'n d'taobh eile tacaighthe, ó'n dtaobh eile.*

[6] *Ls. cáinneach*

Chuaigh an t-ardmhaor comh fada siar leis an seana-Thúr, ach má bhí súile aige ní raibh solas iontu. Chuir sé a thuilleadh comh fada siar le leath an Oileáin, ach dob é an scéal céanna é: dhá sheanamhiúil do bhuail leo, ná raibh beo dhóibh ach an dá shúil agus an croiceann. Cuireadh ceist ar an ardmhaor an raibh sé chun na miúlacha do thabhairt leis.

'Ó, ní foláir ná [gurb] amhlaidh do bheidh na daoine ag magadh chúinn,' ar seisean.

Do ghluaisíodar leo abhaile insan imeacht go dtánadar, gan bó, gan capall, gan caora.

Cuntas lae

Ó tharlaigh go raibh an lá so ina lá grinn insan Oileán so, ní hobair dom é a fhágaint ar lár. Rud eile, ón uair gur bhain imeacht an lae a cúig nó a sé do gháirí asam féin, nílim sásta gan an oiread céanna do bhaint asatsa acu, nó níos mó b'fhéidir.

An Domhnach déanach, agus lánchuid naomhóg amuigh ag an Aifreann, timpeall a haon a chlog, do bhí naomhóg ag teacht. Dúirt gach nduine nárbh aon naomhóg ón Oileán fós í, agus ná féadfaidís a bheith ullamh. Bhí súil amuigh age gach nduine mar do bhí trácht thar cháin madraí. Iad ag déanamh ar an gcaladh, do bhí stróinséirí inti.

B'eo gach nduine ag glaoch ar a mhadra féin, agus dob eo an cnoc amach iad age slatairí óga leo. Aon radharc ach a raibh do mhadraí le feiscint an uair a séideadh an barra bua orthu; ní iontas san agus cheithre mhadra le chéile is gach tigh — sin as cionn cheithre fichid madra.

'Sea, an uair do tháinig na fearaibh i dtír do rith an scéal amach gurb é cléireach an phinsin do bhí inti, agus beirt do chléirigh an bhainc lena chois. Aon tseó ach iad so do bhí curtha isteach ar an bpinsean caoch ag rith ag baint na leapacha amach, agus ag síneadh siar iontu, agus ag ligeant orthu a bheith i ndeireadh na feide roimis an gcléireach! Bhí cuid acu ina bhfearaibh fada láidir ar bharra an chaladh an uair seo, agus ní raibh aga acu éadach ná bróg do bhaint díobh.

53

An chéad tigh gur chuadar, b'éigeant an fear breoite do theaspáint dóibh. Ar dhul ina sholas dóibh, ní raibh le feiscint do ach leathorlach dá shróin, bhí sé comh galarach comh dearóil sin. Súil dár thug an cléireach, cad a chífeadh sé ná dhá chrúib air. Do ghlaoigh sé ar cheann dos na cléirigh eile.

'*See*,' ar seisean; 'tá crúba air seo.'

D'fhéach an fear eile.

'*By dad, he is the devil!*' ar seisean. Do scart gach a raibh istigh.

'*The people here can put every shape on themselves,*' arsa cléireach an phinsin.

Ach níor chuir fear na gcrúb aon bhlúire dá shróin amach ón éadach.

Ar dhul go tigh eile dhóibh, go raibh beirt á lorg, bhí an bheirt ar aon leabaidh amháin. Chuaigh an cléireach ina radharc ach ní raibh pioc dá gcuntanós le feiscint, ná aon dul air, le creatha fuachta. Fear agus bean an tí ab iad iad. Ach bhí crúba an fhir le feiscint, mar bhí na bróga salach ó bheith amuigh fean an lae roimis sin.

Do ghlaoigh sé ar an bhfear eile.

'*There is two of them here,*' ar seisean. '*By dad, they have the bed of honour here, too,*' ar seisean.

Bhí leathuair a' chloig caite sarar stad scartaíl gháirí agena raibh istigh. Níl aon duine acu ó shin ná go bhfeacadar na crúba orthu.

'*Faith, they might have the horns, too, under the clothes,*' arsa fear an tseóigh seo do bhí orthu.

Ní hiontas conas mar 'tá an tír ag imeacht: na daoine seo atá comh láidir le capall ag bualadh bob ar an Rialtas.

AN LONG 'DHÓITE'

Oíche fhuar gheimhridh do bhuail Tomás Maol chúinn isteach, agus ba ghnáthach leis sin. Bhí tine mhaith mhóna ar dearglasadh ag dul in airde thríd an simné agus, mar ná raibh an tigh rómhór, do bhí brothall istigh ann, dá fhuaireacht do bhí sé amuigh. Do bhí an fear maol tagthaithe sarar rángaig liomsa do bheith glan ón dtigh. Bhí an

chuid eile imithe ón dtigh tuairim leathuair a' chloig ag bothán-
taíocht. Seananós dob ea é, agus tá sé mar nós óg fós, leis.

'Dá mbeadh ciall agat,' arsa mo mháthair liom féin, 'd'fhanfá istigh
age baile ó dhul i dtithe aragail ná fuil tine ná teas iontu, agus beidh
cuileachta bhreá agat i dteannta t'athar agus Thomáis Mhaoil,' ar sise.

Ní hí an chomhairle sin óm mháthair is mó do mhaolaigh me,
ach bhíos ana-thugtha do sheanchas[7] Thomáis, agus do thógas do
rogha do bheith ag éisteacht leis ar an sorcas lasmuigh.

'Sé an chéad rud do chuir an bheirt ar bun ná an long 'dhóite'.

'A Thomáis,' arsa m'athair, 'nár mhór an lá allais lá úd an
árthaigh dhóite.'

'Ba mhór,' arsa Tomás. 'Níor mhór ná gur cailleadh beirt do bhí
'ár mbádna tar éis stad dóibh.'

'Ba bh'iontuisceana dhúinn,' arsa m'athair, 'ón uair ná raibh an
long ag stad go raibh rud éigin á cur chuin siúil, agus nárbh aon tine
do bhí fachta aici, gan seol gan gaoth á tiomáint agus nárbh fhéidir
teacht suas léi.'

'Féach,' arsa an fear maol, 'nár chreid muintir an bhaile seo an
pearsan[8] do bhí anso cúpla mí ó shin an uair adúirt sé go raibh sé ar
an bpáipéar do bhí ina láimh go raibh longaibh ag imeacht le tine,
gan seol ná maide.'

'Is dócha gurb in é an uair do tugadh "Tomás an Éithigh" air,'
arsa m'athair.

'Is é, go díreach,' arsa Tomás, 'agus dúirt bád na tinte, mar
bhíodar ana-ghairid di, go raibh mórán fear ar bord inti.'

'Sin í an chéad long gail do chuaigh go Luimne, agus is go dtí
an Ruiséalach do chuaigh sí, lán do ghráinne buí,' arsa m'athair.

'Bhí báid ó Dhún Chaoin agus ó Pharóiste an Fheirtéaraigh
roimpi ar an bpasáiste ó thuaidh, leis,' arsa Tomás. 'Seachtain roim
Lá 'le Pádraig, díreach, dob ea é sin,' ar seisean.

'An fada ina dhiaidh sin gur ghluais na bulláin ramhra?' arsa
m'athair.

---

[7] *Ls. sheanachuis*

[8] = *'parson' an Bhéarla (i.e. Thomas Moriarty)*

'Bliain, díreach: insan earrach do bhí chúinn, an tseachtain roim Féile Phádraig,' ar seisean.

'Nách éachtach ar tugadh i dtír acu, agus iad folláin glan,' arsa m'athair.

'N'fheadair éinne é!' arsa Tomás. 'Bhí dhá shaitheach déag ar solann sa bhFearann i bParóiste an Fheirtéaraigh acu,' ar seisean.

'Is anso is lú a deineadh lámh orthu, is dóigh liom,' arsa m'athair.

'Is ea', ar seisean. 'Bhí bun acu leis, mar bhí an aimsir róláidir, agus ní raibh sé ina gcumas dul a d'iarraidh an tsolainn. Ach, dá olcas an chóir do bhí acu, bhí feoil bliana ag an té ba lú acu; bhí sí thar bliain agam féin, agus ba mhe[9] an fear ba lú ar fad do shábháil í, mar nár rángaig an solann agam,' ar seisean. 'Déarfainn go raibh cion do chíosa agat féin di, a Dhónaill,' ar seisean lem athair.

'Bhí cheithre shaitheach lán go bruach, saillte leasaithe againn di,' ar seisean. 'Ba mhór an dá bhliain phrátaí iad, agus éisc, leis,' arsa m'athair.

'Dhein gach fear 'ár mbádna deich puint fhichead,' arsa Tomás.

NÓRA CHRÍONNA

'Is dócha gur bhliain acu san do tháinig *Nóra Chríonna*,' arsa m'athair.

'An bhliain ina ndiaidh,' ar seisean. 'Níor deineadh aon phunt an bhliain sin, mar do bhailimh na ropairí do bhí insa tseanárthach san gach breac do bhí marbh insan Oileán leo. Agus ní foláir liom nó is mallacht duine bhoicht[10] éigin do thit orthu,' ar seisean, 'agus an tón do thiteam as an loing agus í age Faobharcharraig, agus í ag triall chuin Daingean Uí Chúise, agus í lán don iasc.'

'Ó, bhí mallacht gach nduine do bhí insan Oileán orthu, is dócha,' arsa m'athair.

'Do bhí, agus mallacht Dé ina theannta,' ar seisean, 'agus do thit sé orthu.'

---

[9] *Ls. mhi*

[10] *Ls. bhocht*

'Conas san?' arsa an fear eile. 'Dar ndóigh, níor bádh éinne acu an uair do thit an tón as an seanárthach orthu, nó cad do shábháil iad?' ar seisean.

'Cleithire do bhád mhaith mhór do bheith ceangailte dhi, agus an uair do rop an t-uisce chúthu aníos do chuaigh gach nduine acu inti,' arsa Tomás.

'Agus cad é an tslí eile gur thit mallacht Dé orthu, mar sin?' arsa an fear eile.

'Thit: do ghaibh comh maith le daichead pearsa acu chuin an Oileáin seo faid do bhí an foréigean ar siúl, agus níor cailleadh éinne don méid sin agena thigh féin ach aon fhear amháin, Pádraig 'ac Gearailt, do bhí ansan amuigh i gCom Dhíniúl,' arsa Tomás, 'ach i dtigh na mbocht iad uile leis an nganntar. Agus b'in mar ba chóir iad do bheith, mar is beag an trua do bhíodh acu féin do dhaoine bochta, éinne acu go mbíodh an teideal aige. Ach, baochas le Dia, táid san uaigh agus sinne beo,' arsa Tomás Maol.

An talamh ar láimh an Iarla

'Is é Seán Husae an chéad fhear ceart do tháinig ag bailiú an chíosa i ndiaidh na mbáillí,' arsa m'athair.

'Is é, agus duine ana-dhíreach dob ea é,' arsa Tomás. 'Níor bhain sé pingin bhreise d'aon duine ach an lomcheart, ón chéad lá do fuair sé an teideal,' ar seisean.

'Tá san fíor,' arsa m'athair, 'ach is minic do chuireadh sé anró maith ar dhaoine chuin friotháilt air féin. Chaitheadh báid dul leis le feamnaigh agus le hiascáin chuin leasaithe, ag bearradh chaorach gan pá, ná bia ach drochbhia: canta d'arán bhuí beirithe trí lá, le muga do sciodar bainne ghéir go mbeadh an barra cúpla lá dho. Agus ó mhair na daoine ina dhiaidh agus nár bháigh sé iad, rithfidh go deo leo,' arsa m'athair.

'Ó, go raibh mallacht na gceithre feara fichead air,' arsa an fear maol. 'Ba dhóbair go bhfágfadh sé amuigh an bád go rabhas-sa inti, agus sinn ó thuaidh thríd an dtaoide, agus í lán d'fheamnaigh dhuibh ag dul go Cuan an Chaoil. Bhí an taoide ró-ard agus an bád ródhoimhin, ach do chuir beirt d'fhearaibh maithe do bhí inti i bhfarraige cúig nó sé do bheartaibh di,' ar seisean.

'Thug sé criú dhá bháid againne ag bearradh chaorach go hInis Mhic Uibhleáin,' arsa m'athair. 'Thóg sé trí lá uainn iad a bhearradh. Do bhí raic sábhálta ag an bhfear do bhí i mbun na Cloiche; b'éigeant dúinn an raic do thabhairt soir go Béal Dearg,' ar seisean.

Níor bhraitheas an oíche ag an mbeirt, ag cur is ag cúiteamh mar seo le chéile.

Barr an Bhaile. Is é an tigh mór i lár an phictiúir an scoil.

6

An máistir scoile nua

Lá breá Domhnaigh do ghluais naomhóg isteach ón dtír agus daoine stróinséartha inti. N'fheadair éinne cérbh iad féin nó gur shroicheadar na daoine ar bharra an chaladh.

Scriosúnach d'fhear mhór ard lom dob ea é, agus cuma dhrochshláinteach air, agus cuma chríonna ina theannta san air. Bhí sé pósta agus a bhean in aonacht leis agus beirt leanbh acu. Bhí trí cosa fén mnaoi: cos chliste, cos ghearra agus cos mhaide. Do lig duine thoir agus duine thiar giota gáire as, agus dúirt duine eile:

'Dá aimlitheacht atáid siad,' ar seisean, 'nách maith atá na páistí acu.'

' 'Sé sin toil Dé, a dhuine,' arsa fear eile dá fhreagairt, go raibh breis d'aitheanta a chreidimh aige.

Níorbh fhada ón áit iad: ó Pharóiste an Fheirtéaraigh an fear, agus do threibh Dhún Chaoin dob ea an bhean.

Do bhaineadar tigh na scoile amach, mar do bhí deighilt insa tigh chuin na múinteoirí do lonnú ann. Do ghlacadar seilbh ann. Thug na daoine tine a ndóthain chúthu, agus do shocraíodar iad féin síos ann chuin a ngnótha do chur ar bun.

Seanashaighdiúir do fuair cúpla gráinne insan arm dob ea é, agus do bhí réal sa ló aige. Ní raibh sé ina chumas a bhróga do dhúnadh, ná cromadh chuige, do dheascaibh an ghráinne do chuaigh ina chliathán. Dob aimlithe an bheirt iad, ní á chasadh leo

59

é, ach b'fhearr bean na dtrí gcos pic ná eisean, mar do bheadh sí insa bhaile mhór go rábach roim aon bhean dhá choise, mar do bhí an tríú cos suas féna hoscaill go rábach.

Bhí bliain nách mór dúnta ag an scoil an uair seo, agus do deineadh í a oscailt ar maidin[1] Dé Luain. Ní raibh éinne in easnamh ar an scoil an lá so — múinteoir nua, dar ndóigh; is beag nár chuaigh na daoine aosta ag féachaint conas mar 'bheadh an máistir ag déanamh!

Bhí oidí scoile tearc an uair úd, agus do chuaigh don tsagart aon duine a fháil agus, an uair dob fhada leis do bhí an scoil gan éinne, do chuir sé é seo ann go ceann tamaill. Ní raibh so in aon choláiste riamh, ná é rómhaith ar an mbunscoil ach oiread. Pé scéal é, b'eo leis an léann ar siúl ar maidin Dé Luain.

Is cruinn díreach do bhí an Rí ar a shuíochán féin romham, agus do sméid sé orm teacht in aice leis, agus do chuas. Do thug cogar dom:

'Nách pollta atá an croiceann ar an scolardach!' ar seisean.

'Tá sé mionphollta go maith,' arsa mise leis. Do bhí 'fhios agamsa óm athair go raibh rian na bolgaí ann, ach n'fheadair an Rí cad é an rud bolgach chuige an t-am so dá shaol.

Níor mhór an léann do ghlac ceann na gramaisce[2] an lá so, mar nách ag féachaint ar leabhar ná pháipéar do bhíodar, ach ag tabhairt bhean na dtrí gcos fé ndeara do thugadh í féin le teaspáint anois agus arís. Duine fíormhacánta dob ea an múinteoir, agus ní bhíodh oiread do chritheagla roimis agus do bheadh roim fhear eile do bheadh mallaithe. Tar éis an tsaoil, do bhíodh na scoláirí go maith aige.

Uair sa ráithe do théadh sé go dtí an baile mór, agus do thugadh sé bosca milseán leis, agus úlla chuin na n-ógaibh ar scoil agus pé lá d'fhanfadh aon leanbh istigh do thagadh sé ag triall air, agus úll nó milseán aige chuige, agus do ghluaisíodh leis go fonnmhar agus cnap úill aige á phramsáil ar nós capaill agus, toisc é bheith tláith, is beag d'fhanadh istigh aon lá uaidh.

---

[1] *Ls. maidean*

[2] *Ls. ceann an gramaisc*

Is é seo an múinteoir déanach go rabhas aige, agus an Rí, leis, agus a lán eile againn, mar thug so tamall maith ann. 'Sí an droch-shláinte do chuir as insa deireadh é. Bhí sé chuin Corcaigh do bhaint amach, ach do cailleadh fé shlí é timpeall Thrá Lí.

Sarar fhág sé an áit, ní raibh faic eile ina phlaicide ná go raibh priocaithe suas agamsa agus ag an Rí agus agena lán eile comh maith. Níorbh fhada gur bheartaigh sé ormsa chuin a bheith ag múineadh na coda eile, agus é féin d'fhágaint ag stádar do féin, mar nárbh fhéidir leis faic eile do mhúineadh dhom féin. Do fuaireas leor leis tamall, ach an uair do chuaigh an scéal rófhada dob ait liom é.

Lá dár thug sé eolas mo ghnótha dhom le déanamh, do bhuail sé féin amach fén spéir, ach an uair dob fhonn leis teacht do bhí an gnó gan déanamh. Dob ait leis sin, agus do tháinig sórt paiseoin air agus, chuin na fírinne do rá, dob é sin an chéad lá do bhraitheamair san ag baint leis. Do luigh sé féin leis an ngnó gan puinn cainte, mar do smachtaigh sé é féin ar eagla gurbh é féin do bheadh thíos leis ar é a dhul chuin cinn.

AN CIGIRE CHÚINN

Cé gur lom buí an cuntanós do bhí ar an máistir, ba dhóigh leat nárbh é an fear céanna an uair seo é. Tháinig spionnadh beag suas ina aghaidh, fén mar 'bheadh duine do bheadh beagán éadrom ina chéill, agus ní deirim ná go raibh san ag baint leis an uair seo, pé rud eile do bhí ina theannta air.

Is mise nár thóg san air, do bheith athraithe roimis an mbearránach do tháinig, mar do tháinig critheagla ar a raibh do ghramaisc ar scoil roimis. Bhí cheithre súile ann do thabharfadh a dhóthain solais don dtigh, gan lá ná lampa do bheith ann. Ní raibh éinne is mó do chuir suim iontu ná an Rí, cé gur tháinig an galar céanna air féin ina dhiaidh sin: go raibh cheithre súile ann, agus ceann breá maisiúil á n-iompar air. An seithe ramhar buí do bhí ar an gcigire, ba dhóigh leat gur i bpáirt don tSín a cuireadh 'on chliabhán é. Maidir le scéanshúilí, ba dhóigh leat air gur san arm do bhí sé riamh, agus níorbh aon ionadh an scoláire do bhí féna smacht crítheagla do bheith air, agus do bhí, leis.

Bhí gach nduine, beag agus mór againn, ar bheagán cainte an uair seo, agus pé gnó do bhí 'deir lámha againn á dhéanamh go ciúin. Níorbh fhada dhom gur ghaibh an máistir chúm agus figiúirí ar shlinn aige, agus dúirt liom iad a chaitheamh suas comh luath agus dob fhéidir liom é. Ba bhearna réidh liomsa san do dhéanamh, agus do dheineas gan mhoill. Is é an cigire do chuir chuige féin iad, ach ní raibh sé ina chumas iad a chur le chéile.

Toisc ná raibh an t-oide róshláintiúil, do thug sé taom breoiteachta as an gcrítheagla do chuir an cigire air, cé go raibh an scoil ar oscailt gach lá. Dúirt an máistir liom go mbeadh sé baoch go deo dhom ach seasamh i measc na gramaisce[3] agus go mbeadh an Rí im chúnamh. Meaintín dob ea bean na dtrí gcos, leis, agus do tháinig sí go dtím mháthair, agus dúirt léi comhairle do thabhairt domsa chuin me a ghríosadh chuin scoile, faid do bheadh an máistir breoite. 'Agus, má tá cuilt nó aon rud le déanamh agat, déanfad duit é,' ar sise. Bhí fáth leis an gcomhairle sin: ar eagla go gcuirfinnse stailc suas.

Bhíos féin agus an Rí 'ár dhá múinteoir[4] ar feadh mí agus, ní á bhreith as so é, ba bheirt sinn ná raibh le moladh, mar, pé rud do bhí 'ár gcumas do dhéanamh, ní ligfeadh an mífhortún ná na crosa dhuinn é a dhéanamh. Bhí balcairí déanta láidir ar scoil an Bhlascaoid an uair úd, agus ba mhó go mór do bhíodh clis na cúirtéireacht ar siúl againn ná dintiúirí an léinn. Ach, pé scéal é, do breacadh an mí amach ar an gcuma so, gan bhuairt gan bhrón, cé gur fánach mí le tamall i dtír Éireann go bhfuil san le rá leis.

Bhíodh an máistir ag déanamh gnáith do thithe áirithe go mbíodh tine mhaith iontu, mar do bhíodh an fuacht i gcónaí gan scarúint leis. Bhíodh fear tí acu tar éis teacht ón dtráigh agus triantán do chíste gharbh bhuí roimis. Do bhuaileadh ar a ghlúin chuige é, agus do dheineadh dhá leath dho; do chromadh ar é a mheilt gan anlann. 'Is maith an t-anlann an t-ocras,' adeireadh an t-oide.

---

[3] Ls. na n'gramthaisc

[4] Ls. mhuinnteóir

Is gairid ó cailleadh bean na dtrí gcos. Tá iníon agus mac dóibh ar na ceantair fós.

Thug an scoil tamall eile dúnta, agus do bhíos féin agus an Rí aríst le chéile chuin sealgaireacht i gcnoc agus ar chósta na farraige. Má bhí mianach an pheata ag baint liomsa féin fós, toisc gur mhe[5] an duine deireanach don ál, do bhí an mianach céanna insa Rí, toisc gurbh é an chéad duine dhon ál é. D'fhág san cead oilc agus mhaitheasa againn nách mór.

Maidean áirithe do ghluais sé chúm go moch.

'Thug rud éigin thu comh moch so,' arsa mo mháthair leis. 'Ragham ag fiach,' ar seisean. 'Tá an lá ana-bhreá. Tabharfam sciuird as so siar go Ceann Dubh, agus b'fhéidir go mbeadh leathdosaen coinín againn,' ar seisean. 'Ca'il Tomás — ina chodladh fós is dócha?'

'Is ea, go díreach,' ar sise.

'Táim anso, a bhuachaill,' arsa mise, mar d'aithníos a ghuth sochas guth éinne eile do bhíodh ag teacht fén dtigh.

'Preab id shuí,' ar seisean, 'go ragham ag fiach.'

'Ach níl gléas maith fiaigh againn,' arsa mise.

'Tá, a bhuachaill,' ar seisean; 'tabharfadsa an firéad liom.'

'Ach ní ligfar leat í, is baolach,' arsa mise leis.

'Goidfeadsa í óm athair críonna,' ar seisean.

Chuir mo mháthair mo chuid bídh chúm, agus ní rabhas i bhfad á shlogadh, agus an méid do ná raibh 'rúnach le slogadh dho do bhí an muileann go faobhrúil chuin na coda eile dho: cliathán do chíste déanta do mhin bhuí ghairbh, láidir a dhóthain do chapall, gabhar buí agus liathuisce bainne.

B'eo le chéile an bheirt againn. Buaileann seisean an firéad síos ina bhrollach. Bhí dhá mhadra mhaithe againn, agus ramhann agamsa ar mo ghualainn. Chuin cnoic linn go fuadrach.

An uair do bhíomair i dtreo leis na coiníní do bhuail coinigéar linn. (Sin é an ainm do bhíonn ar an áit go mbíonn cuid mhaith acu i dteannta a chéile acu, agus daingniú mór déanta acu

[5] *Ls. mhi*

63

ann; agus 'rapach' an ainm ar an áit ná bíonn ach a dó is a trí do cheannaibh ann.)

Do thairrig an Rí a fhiréad amach as a bhrollach; do chuir srang léi agus do scaoil isteach í. Do leath líon ar gach poll do bhí ar an gcoinigéar; cuid acu go mbíonn seacht ndóirse orthu. Níorbh fhada gur rop coinín amach, ach do ghaibh an líon é go tapaidh; do dhein sé fuairnín do, mar do bhí béalshrang fé. Do bhain amach as an líon é, agus do chuir an líon ar tinneall aríst mar 'bhí sé cheana. Ní raibh ach an méid sin déanta aige san am gur rop ceann eile amach i malairt poill. Níor ghaibh an firéad aniar nó gur chuir sí an ceann deireadh chúinn. Casann sí aniar an uair ná buailfidh aon ní léi.

Do bhí seacht cinn do sheibineacha coiníní curtha ag an bhfiréad chúinn as an bpoll san, agus iad gafa ages na líonta. B'eo linn go dtí lantán eile do bhí tamall uainn. Do scaoil sé isteach í, agus do bhí sí tamall istigh sarar ghaibh aon ní amach. Fé dheireadh, do sháigh coinín mór láidir amach fén bpoll. Do ghaibh an líon é, ach do thairrig sé an staic do bhí á choimeád, agus dob eo leis le fánaidh, ach do tháinig an dá mhadra suas leis.

An uair do bhí sé uim ard an tráthnóna agus an ghrian ag titeam siar, dúirt an Rí:

'Tá an scéal go maith anois againn ach n'fhéadfam na coininí do thabhairt abhaile leis an ocras,' ar seisean.

'N'fheaca aon fhear riamh, d'fhear gharbh mar thu, is túisce do thiteann leis an ocras i gcónaí ná thu,' arsa mise leis, 'agus tabharfad féin iad ar fad abhaile liom mara mbeidh a thuilleadh againn,' arsa mise.

'Ó, ní bheidh; ní ligfeam in aon pholl eile í, mar tá sí cortha, agus an uair do bhíonn firéad cortha bíonn sí contúrthach ar fhuireach istigh,' ar seisean.

Bhí dosaen goile[6] marbh an uair seo againn, beart maith, agus sinn beartaithe ar bheith ag tabhairt ár n-aghaidh ar an dtigh. Bhí lomachasóg agam féin, agus do bhí póca maith mór uirthi ón dtaobh istigh, agus do bhí canta maith aráin ann. Ní mise do chuir ann é ach

---

[6] = go leith

mo mháthair; dúirt sí go raibh an lá fada agus go mbíonn na daoine óga géarghoileach, rud dob fhíor di. Do thairrigíos amach é agus do dheineas dhá leath dho, agus do thugas a leath don Rí. Ní raibh rite comh deacair do shásamh an uair úd agus 'táid anois, ach ná raibh an choróin air seo fós. Do phramsáil sé siar é go milis, agus blas milis aige air, mar ná raibh a dhóthain aige dho. An uair do bhí sé meilte siar aige, do bhraith sé láidir é féin, agus do chuir an firéad i bpoll agus i dhá bpoll nó go raibh dosaen ag an nduine againn ag teacht abhaile agus an réilthín in airde.

7

MAR A LEAGHAIGH AN MUIREAR
AGAINN SOIR SIAR, MAR MHÚN MHÓIRE

Ós ag trácht thar mhún Mhóire dhom é, b'fhéidir go bhfuil sé ceart agam an méid brí atá agam leis a chraobh-scaoileadh anso. Ar a bheith ag sroistint Dhonncha Daoi dhi, go híochtar na hÉireann ó uachtar na hÉireann, do shroich sí mám Mhuisire, agus do bhí radharc breá insa cheithre hardaibh aici as. Sin é an paiste gur fhan mún Mhóire ann, mar crosaire cheithre rian dob ea é agus, pé bóthar acu is sia do leanfadh an fliuchán, is é intinn do bhí aici é sin do leanúint, mar n'fheadair sí soir sochas siar san am so. Ach do chuaigh san di, mar is comhfhaid do chuaigh sé ar gach bóthar. Seo mar 'dúirt sí:

> Mo léarghoin!
> Is fada fairsing í Éire.
> Nách gairid do théann sé
> An srutháinín caol so?
> Is fearra dhom téarnamh
> Ar mo bhotháinín féinig
> Is Donncha a thréigean.

Sin mar 'dhein, leis. Do bhain sí amach thar n-ais é. D'fhan ann gur cailleadh í, agus cuireadh í timpeall fiche slat ón mbothán.

'Sea, ní dho so do thagrann mo scéal.

Do phós mo dheirfiúr Cáit. I dtigh beag ar an mbaile d'fhan sí. Sealgaire maith fir aici; is minic do choimeádainn fé uisce é agus maide rámha agam gach uair do bhíodh portáin uainn chuin baoite. Do choimeádas rófhada lá é — ná raibh ann ach an dé ar theacht ar barra dho agus dath gorm air, ach níor chuaigh ar mo chomraí ó shin.

Ba chosúil leis an dtigh a fhág Cáit an tigh gur chuaigh sí ann, agus do bhíodh uibhe, leis, ina dhrom. Peaid Shéamais ainm an fhir, mar Séamas Mór dob ea a athair; do mhuintir Ghuithín dob ea iad. Do cheap Peaid dul 'on arm sarar phós sé, ach deireadh a athair leis: 'A Pheaidín, a bhuachaill, an t-ualach sa chnoc ort,' á chur in úil do go mbeadh air beagán ualaigh do bhreith leis. An uair do bhíodh na bruíonta agus an t-achrann ages na tuathaigh ar margadh agus aonach, do bhíodh Séamas Mór so mar cheann ar bhuíon acu, mar is ó Pharóiste an Fheirtéaraigh do shroich sé go dtí an tOileán so. Bhíodar go maith chuin gnóthaí tútach do dhéanamh, ach ní rabhadar cliste. Bhíodh neadacha na gcearc i ndíon an tí, ach níor chuaigh an cheard amú ar Cháit ná go dtéadh sí go minic ar a dtuairisc, agus níorbh fhearr léi iad d'fháil sa chúib.

Caithfead iad a fhágaint ansan anois, ag cur is ag cúiteamh le chéile, nó go dtabharfaidh mo scéal chúthu arís me.

Do phós mo dheartháir Peaidí an bhliain i ndiaidh Cháit, cailín ó Dhún Chaoin, iníon fíodóra. Beirt mhac do bhí acu. An t-am gur cailleadh í, ráithe do bhí an ceann óg, agus dob éigeant dom mháthair bhocht gabháil fé é a thógaint tar éis a háil féin. Bhí Máire i Meirice fós, Nóra agus Eibhlín age baile. Ní raibh fonn anall ar Mháire nó go mbeadh an bheirt sin thall ina diaidh, rud do thit amach. Is róghearr ina dhiaidh sin gur chuir sí an costas go dtí iad. B'eo leo aon bhliain amháin. An uair do fuair sí na súile oscailte thall acu, do bhí sí féin ag machnamh ar ghluaiseacht, mar do bhí an garsún mic di abhus fós, agus do theastaigh uaithi a cheart do bhaint amach do agus di féin, agus dlí do chur ar an uncail do chuir as seilbh iad. Do sheol sí gan mhoill, agus do bhain sí amach an Blascaod i ndeireadh an fhómhair agus gairid do chéad punt ina bóthar.

An dlí ar bun

Níorbh fhada do bhí Máire abhus an t-am gur chuir sí an dlí ar bun, agus an t-am gur stad sí don uncail, deartháir a céile, níor mhór an luach é. Fuair sí féin fáltas, agus an méid do gearradh don mac do cuireadh 'on bhanc é. Níorbh fhada ar fad gur phrioc an mheach í féin chuin pósadh athuair, balcaire teann téagartha d'fhear óg, gan faic na ngrást aige ach an t-éadach, agus gan san féin rómhaith aige.

Do chuireadar suas tigh beag nua dóibh féin, agus do bhíodar ag breacadh leo ar nós gach nduine. Sealgaire maith dob ea an balcaire agus, dar ndóigh, do mhairfeadh sí féin mar a mairfeadh an coinín, ná aon duine riamh do chonaic Meirice ná a thug aon tamall ann.

An uair do tháinig an mac san aos agus é mór, do chuaigh sé féin go dtí an Talamh Úr, agus níorbh fhada gur phioc an mheach mo dheartháir Peaidí, agus ná feadair éinne cá raibh sé nó go raibh sé leath bá siar; an dá gharlach agem mháthair, m'athair scothchríonna, agus gan do mharc acu insa deireadh chuin an bhotháin do choimeád ach peata-do-dic — mise. Má bhíos im peata tamall do bhí caoi agam air, me tamall ar ghlúin gach nduine acu so, ach féach gur gairid do bhí an ruaig á chur ó chéile orainn. An sult, an greann, an caitheamh aimsire do bhíodh ar siúl againn roim bia, am bídh, tar éis bídh, anois gan faic ach glór na caillí bhéal doiris agus sámsaireacht[1] Thomáis Mhaoil. Ach ba mhaith ann iad, mar 'deireadh an fear le Cuan Cromtha.

Cé gur mhór an seanchaí Tomás Maol, níor mhór dom shaol do chaitheas-sa ina theannta, cé go dtugainn breacoíche do bhíodh fuar láidir istigh, mar deireadh mo mháthair liom é, agus ba mhaith liom riamh gan an t-eiteach do thabhairt di. Bhí an oíche seo istigh agam agus Tomás insa tsiúl, agus do bheadh rud éigin stróinséartha ar bun i gcónaí aige.

'A Dhónaill,' ar seisean lem athair, 'ar chuir Siobhán Rua aon phingin as do phóca riamh?'

---

[1] *Ls. seámsaireacht*

'Níor chuir, mhuise,' arsa m'athair.

'Is beag leat insan Oileán so ná gur chuir,' arsa Tomás.

'Anb amhlaidh do thug sí isteach aon uair thu?' arsa m'athair.

'Do thug, agus dhá uair, trí huaire,' ar seisean. 'Dar ndóigh níor fhág sí lí na lé (faic) agem uncail, Peaid Mór,' ar seisean. 'Faid do bhí sí ar tiomáint leis an gceird do bhí aici, chuir sí chúig phuint déag as a phóca.'

'Bhí giúistísí an Daingin ina fabhar go maith,' arsa m'athair, 'agus ba ar mhaithe leo féin an chuid ba mhó dho,' ar seisean.

'Chuir sí chúig scillinge déag gach turas do thrí turais orm,' arsa Tomás.

'Dhíolais go maith í!' arsa m'athair.

'Nár dhíola Rí na Naomh í!' ar seisean. 'Dá leanfadh sí bliain eile ar an bhfuadar do bhí chúithi, ní bheadh meill beo insan Oileán so inniu,' arsa Tomás.

'Ba mheasa í ná aon bháille!' arsa m'athair.

'Ba mheasa í siúd ná an diabhal!' ar seisean, 'mara mbeadh nár fhág Dia i bhfad do dh'réir a cos í. Bhí cead oilc agus mhaitheasa aici, ar nós Aingil an Uabhair,' arsa Tomás.

SIOBHÁN RUA

'Sí seo an bhean atá luaite cheana agam do bhíodh ag creachadh na bhfear á dtabhairt chuin cúirte in aghaidh an lae, agus do chuireadh táille orthu do shíor agus iad clipithe aici.

Baintreach dob ea í gur cailleadh a fear agus é ag fiach. Bhí píosa talún aici agus do bhí beirt chlainne aici, mac is iníon. An uair do shleamhnaigh an bhuairt uaithi i dtaobh a fir, do chrom an teaspach ar dhul i gceangal inti, agus dúirt Tomás Maol ná raibh a leithéid do mhnaoi ar cheantar Chiarraí: scafánta láidir deighchumtha deighdhéanta gealchroicinn. 'Agus,' ar seisean, 'níor thug sí brat riamh léi ó bhrothall ná fhearthainn, ach an scoth ghruaige do bhíodh cruinnithe in airde ar a cúl do scaoileadh le fánaidh an uair ba ghá é. Agus ní raibh aon niamh san ór ná go raibh sa ghruaig sin,' ar seisean.

'Nárbh é iontas an domhain nár thug sí fé phósadh thar n-ais?' arsa m'athair leis.

'Dhera, do thug go minic, ach do bhí an droch-cháil leata amach uirthi roim bheartú ar phósadh dhi, agus do scaoil gach nduine thairis ansan í; b'é ba ghairid leo do thagadh sí dhóibh,' ar seisean.

'Mhuise, a Thomáis,' arsa mo mháthair leis, 'cad iad na fearta do chuireadh sí ar bun go mbíodh sé ina cumas na fearaibh do thógaint chuin dlí mar sin léi gach uair ba mhaith léi é?'

'Dhera, a bhean chóir,' arsa Tomás, 'bean uasal go raibh máistreacht ar na hoileáin an uair seo aici, agus do bhí focal na fartha idir an mbeirt bhan chuin pé rud ba mhaith leo do chur ar bun,' ar seisean.

'Nách mór an obair ná buaileadh fear éigin buille na tubaiste uirthi,' arsa mo mháthair, 'níosa thúisce ná a bheidís ag imeacht mar sin in aghaidh an lae aici,' ar sise.

'Dhera, ná cuirfeadh an bhean uasal úd an sealán fén té do bhuailfeadh barra na méire uirthi,' arsa Tomás. 'Ná ficeann tú ná tagaidís saor gan aon bhaint do bheith acu léi?' ar seisean. 'Bhí Peaid Mór lá agus faobhar air in iomall an phortaigh, mar ná raibh sé sásta lena raibh bainte aige, an t-am gur ghaibh Siobhán chuige.

"Fág an áit sin!" ar sise. "Ba dhóigh liom go bhfuil cion do chíosa don gcnoc san réabtha cheana agat."

"Fágfad an uair is maith liom é," arsa Peaid.

'Níor labhair Siobhán a thuilleadh ach suí istigh insa phortach ar a faid is a leithead.

"Féach anois an bhfágfair é!" ar sise.

'Do thóg Peaid an ramhann chuin buille na tubaiste do bhualadh uirthi agus í a fhágaint marbh insa phortach, ach is dócha gurb é Dia do chuir cosc leis,' arsa Tomás, 'mar fear anntréan mallaithe dob ea é. Ach is minic ina dhiaidh sin adeireadh sé liomsa gurb ar mhaithe leis an muirear óg do bhí ag brath air féin ná raibh aon choinlíocht iontu chuin maireachtaint do thug a pardún di, "mar do bhí 'fhios agam go maith go mbeinn féin crochta gan rómhoill," ar seisean.

'An uair do shuigh sí insa phortach ar Pheaid 'sé an chéad charúl do chaith sí leis:

"Is fuirist a aithint ná fuil mórán smoirt id chnámha, tráth is nách rogha leat an rud do tháinig isteach ar an rud amach," ar sise.'

'Is láidir nár chroch sí an t-iarthar,' arsa mo mháthair, 'má ba bhean mar sin í,' ar sise.

'Dhera, a dhalta,' arsa Tomás, 'nár dhein sí ar fhéad sí mar a raibh sí, ach ní raibh dul ar na hoibreacha so lasmuigh aici,' ar seisean. 'Ar chualaís cad do dhein sí le muic do bhí age Mícheál Beag?' arsa Tomás.

'Níor chuala, ar mh'anamsa,' ar sise.

'An uair do fuair sí an mhuc agus gan aon fháinne ina sróin, do fuair sí sluasad agus do bhí á liúspáil nó gur chuir sí isteach 'on tigh chuige í, agus a raibh d'fheoil óna leath tosaigh siar scineálta leis an sluasaid aici. D'fhógair sí air, agus í i mbéal a dhoiris féin, má bheadh srón na muice aon lá eile gan fáinne go mbeadh sí le n-ithe aige.

"Ach," arsa Mícheál, "ní hamhlaidh do bheidh an bheirt againn ag faire ar í a ithe agus í beo. Ná fuil an chuid is fearr le n-ithe agatsa cheana dhi bainte anuas led shluasaid?" ar seisean.

"B'fhéidir go gcuirfinn thu in áit a choimeádfadh tamall thu, mo bhuachaill maith," ar sise.

"Téire in ainm an diabhail!" arsa Mícheál. "Ní féidir leat a dhéanamh ach mo leath d'ithe agus me beo, an rud do dheinis leis an muic," ar seisean.

'Seachtain ón lá san, do bhí mo Mhícheál bocht i dtigh na cúirte aici, agus do dhearbhaigh sí so agus súd air,' arsa Tomás, 'agus do bhí sé crochta aici mara mbeadh ar labhair ina pháirt,' ar seisean.

'A Mhuire,' arsa mo mháthair, 'an fada do bhí sí mar sin?'

'A ceathair nó a cúig do bhliana,' ar seisean.

'Agus cad do sheol as an uair sin í?' ar sise.

'An Drochshaol do ghaibh lastuas di, mar do stop an bhean uasal ar aon chluas do thabhairt di,' arsa Tomás Maol.

An seisear fiagaithe ón Oileán
go Béal Feiste

'Mhuise, beannacht Dé le hanman do mharbh,' arsa mo mháthair le Tomás, 'an bhfuil aon chur síos agat ar na fiagaithe ón áit seo do chuaigh go Béal Feiste?'

'Is ait an fiafraí é sin féin, agus m'athair féin sa treis,' ar seisean.

'Beannacht Dé leat!' ar sise.

'Bhí, a mhic ó,' arsa Tomás. 'Thug sé cheithre lá dhéag ón dtigh go hanróch,' ar sisean. 'Bhíos-sa beag an uair sin, ach is cuimhin liom go maith nár cheapas gurbh é m'athair riamh é an uair do tháinig sé thar n-ais.'

'Is iontach é a dhul as t'aithne comh gairid sin d'aimsir, má bhí aon choinlíocht ionat,' arsa m'athair leis.

'Ar mh'anam go rabhas deich mbliana, ach bhí sé comh hathraithe sin leis an sceimhle agus leis an gcruachás do rug air go dtabharfá an leabhar nárbh é a bhí riamh ann,' ar seisean.

'Is dócha,' arsa m'athair, 'gur thugadar na firéid go Béal Feiste leo.'

'Níor thugadar; ní raibh acu ach dhá fhiréad, agus do chuireadar i bpoll sa chuas gur thugadar an bád as iad.'

'Is dócha go rabhadar marbh le linn teacht abhaile dhóibh,' arsa an fear eile.

'Do bhíodar comh marbh leis an t-ochtú Hanraoi,' arsa Tomás. 'Ba mhithid dóibh sin — coicíos gan blaiseadh do dhul ina bpus,' ar seisean.

'Ciocu acu gur leis iad?' arsa mo mháthair, agus í ag tabhairt cluaise don scéal go binn.

'Le Pádraig Óg agus le Muiris Liam dob ea iad, agus níorbh fhada do bhíodar acu tar éis iad do thabhairt ó Chill Airne leo agus cúig déag an ceann do thabhairt orthu,' ar seisean.

'Mhuise, a Thomáis,' arsa mo mháthair leis, 'an rabhadar i bhfad siar sa chnoc san am go bhfeacadar an long?'

'Insa Mhullach Ramhar, agus maidean bhreá gan ghaoth dob ea í, agus ní raibh d'éadach sa tsaol orthu ach léine agus drárs plainín, agus caipín cnotálta ar a gceann. Agus is i gCuas an Bháid do bhí an bád do thugadar leo, agus gan 'fhios age duine ar bith ná gur ag fiach do bhíodar go dtí ard an tráthnóna,' ar seisean. 'Agus is é fear do bhuail leo ná Séamas Mór do bhí ag lorg caorach, agus do bhí a athair ar na fiagaithe,' arsa Tomás.

'Nár mhór an t-alfraits (rógaire) é agus an gunna do tharrac amach comh luath agus d'inseadar do cá raibh sé,' arsa m'athair.

'Dar ndóigh, ba mheasa ná san é,' arsa Tomás, 'mar ní ligfeadh sé 'on bhád iad chuin teacht abhaile an uair do thugadar an t-eolas do, ach a raibh do sheolta aige do chur in airde, agus do shéid an oíche thar meon, insa tslí gur chaill sé an bád agus é cúl le beann² ó thuaidh,' ar seisean.

'A Mhaighdean Bheannaithe!' arsa mo mháthair, 'ar thug sé go híochtar na hÉireann don scríb sin iad?'

'Do thug sé iad comh fada agus do bhí sé féin ag dul, agus dá mbeadh sé ag dul a fhaid eile,' ar seisean.

'Agus cad do dhein sé ansan leo?' ar sise.

'Dhein: chuir sé go tigh ósta iad, agus d'fhág sé fógra age bean an tí ar a cluais iad san do bheith aici dho féin ar theacht thar n-ais do, agus thug sé an rabhadh céanna dhi a ndóthain bhídh agus dí do thabhairt dóibh,' arsa Tomás.

'Do cheapas gur éalaigh fear acu ón gcuid eile,' arsa m'athair.

'Do dhein athair Shéamais Mhóir é sin, agus níor thaisteal éinne riamh thrí Éire is mó do fuair anró ná é, gan bróg ar a chois ná éadach ar a chorp, ach an t-ocras agus an fuacht ag gabháil lastuas do, agus an scanradh ina theannta san air ar eagla go mbeadh bertha air ó am go ham,' arsa Tomás. 'Agus, an uair do fuair an captaein é féin réidh, do cuireadh dlí orthu agus do bhíodar daor inti, mar ní raibh tuiscint acu air, mar ná raibh aon Bhéarla acu ach beagán do bhí ag athair Dhuinnshléibhe.'

'Agus, a Thomáis, ar chuaigh príosún ansan orthu?' arsa mo mháthair.

'Do raghadh mara mbeadh an duine uasal do ghlac do láimh iad. Do chualaigh sé an t-allagar go léir agus é ag gabháil thar bhráid

---

² *Ls. cúall-a-beann*

thí na cúirte, agus do chuir sé cuntas ar shlataire do bhí i mbéal an doiris cad é fáth na geonach. D'ins an slataire dho conas mar 'bhí, agus cad as iad, agus conas do shroicheadar an áit seo, agus go raibh na daoine á rá go rabhadar á dhaoradh gan chúis.

'Do las an duine uasal chuin feirge ar chloisint an scéil do, mar ba chaptaein airm é agus dob é Ciarraí a áit dúchais, agus ní raibh sé ag dul rómhaith dho daoine as do bheith á dhaoradh. Do chuaigh don ráib sin isteach ina measc, agus dob éigeant í a chur ar bun arís. Do chuaigh captaein na loinge agus captaein an airm i gcoinnibh a chéile, agus ní raibh meath ar theangain éinne acu. Dob éigeant d'fhear na loinge daichead punt do chur amach ar an mbord agus fiacha an bháid do chaill sé ina theannta — deich puint eile.'

'Dob éigeant don chéad fhear é a shiúl aníos go léir, is dócha,' arsa mo mháthair.

'B'éigeant, agus don gcúigear eile ina dhiaidh comh maith leis, ach ná raibh aon eagla chúthu orthu san, mar do bhí an bheart réidh acu. Ach do bhí an scanradh air sin i dteannta an anróidh,' ar seisean.

'Mhuise, n'fheadar ar thugadar aon phioc don airgead do, tar éis teacht dóibh?'

'Nílimse mar sin,' arsa Tomás. 'Do thugadar [an] uile phingin leo féin do, agus ní ghlacfadh sé bán ná dearg ach leathchion duine mara mbeadh m'athair do chuir síos ina phóca dá ainneoin é. Duine bocht muirearach dob ea é, agus ón uair gur bhuail an t-eagla é ní raibh leigheas aige air.

'Is minic do chualasa m'athair á rá go gcuirfeadh gach nduine acu insa tsiúl comh maith leis mara mbeadh gur dheineadar comhairle má bheadh aon chaoi bogthaithe acu gur le seasamh suas é, cé go mbeadh an captaein ar a thoil dá gcuirfeadh gach nduine acu chuin siúil. Siúd is go ndúirt sé le bean an tí ar a cluais iad a choimeád as a gcomhair sin, dúirt sé a mhalairt laistiar dóibh léi: má chuirfidís chuin imeacht scaoileadh leo, mar ní raibh sé i mbun faic eile do dhéanamh leo ach iad do chur buiniscionn ar aon táille do thabhairt dóibh,' arsa Tomás.

'Ach d'oscladar súile gach nduine eile riamh ó shin,' arsa m'athair, 'mar nár 'nis éinne riamh ó shin dóibh cad é an pháirt don domhan go mbeidís nó go mbeidís i gcuan,' ar seisean. 'Sin é an rud céanna do chaill dóibh siúd, mar d'inseadar do gheit do gurb ar Shiúnda na mBlascaod do bhí sé.'

'Faid saoil chút!' arsa mo mháthair.

MO DHEARTHÁIR PEAIDÍ
AGE BAILE Ó MHEIRICE

Ní raibh 'fhiosa faic againn nó gur bhuail Peaidí an doras isteach chúinn anall ón dTalamh Úr, agus gan é ann ach bliain. Gan air ach an t-éadach, gan san féin rómhaith air. Is dócha gur duine eile do shín a lámh leis sin féin chuige.

Do cheapamair go mbeadh sé i rith a shaoil aríst mar leannán sí againn, ach ní mar a síltar do bítar go minic agus dob in nó age Peaidí é. Insan earrach do bhí chúinn, do tháinig gairm scoile ón áit thall aríst air agus ar a bheirt chlainne. D'fhreagair iad go tapaidh, agus do bhuail chuige ar a bhaclainn an gearrcach óg, gan é ach ag siúl, agus do choimeád ar a bhaclainn é nó gur bhain sé amach an áit thall. Bhí an garsún eile cruaidh. Do chrom sé ar bheith ag díol as an mbeirt agus as féin, gach lá ag obair go cruaidh, agus do thug deich mbliana ar an gcuma san. Agus tar éis an méid sin blian do thabhairt, agus gan taom chinn do ló air agus gan teip lae oibre air, ní raibh aon phunt amháin féin spártha aige.

Fear ard lom dob ea é; dúil san obair aige, agus do dhéanfadh sé oiread le beirt. Sin é an fáth ná raibh easnamh aon lae amháin oibre i Meirice air faid do bhí sé ann. Ní 'cheal ná go mbíodh daoine gan obair go minic i rith an téarma úd ann, ach do choimeádadh an saoiste an fear dob fhearr chuin a déanta ar na fir dheireadh, agus dob in nó age Peaidí é. An uair do chloiseadh na daoine abhus san, do bhíodh iontas orthu.

Bhí triúr don ál againn abhus agus triúr eile againn thall. Do bhí an bheirt aosta ag brath ar an bpeata an uair seo, agus gan sa bhothán againn ach an triúr. Bhíos glan fiche blian an uair seo, agus do bhíomair ag déanamh go maith ar feadh tamaill don tsaol. Mise á chomáint chuin margaidh gach uair go dtí Daingean Uí Chúise, uaireanta do thalamh agus uaireanta eile thrí bhá mhór fhada an Daingin. Bhíodh muca uaireanta againn, iasc, caoire agus mar sin dúinn, breacuair beithíoch agus olann. Na chéad turais go rabhas ag dul ann, do bhíodh ionadh ar an gcuid eile an uair do bhínn ag áireamh na dtithe dhóibh, mar d'inseadh an clár amuigh dhom cé bhíodh istigh.

Bhíos lá ann, agus do bhí fear mo dheirféar Cáit in aonacht liom agus sinn i dtreo a chéile i rith an lae — Peaid Shéamais. Fear dob ea é ná beadh gloine don uisce beatha i bhfad 'deir lámha aige, nó piunt leanna duibhe, gan iad do shlogadh siar, ach ní bhfuair sé aon bhlas milis riamh ar an gceann do cheannódh sé féin, agus ba mhór an seó leis an ceann go bpriocfadh fear eile insa chúl é chuin ceann leis féin do dh'ól.

'Sé crích agus deireadh na mbeart é gur ghaibh an deoch lastuas ar fad an lá so dho. Dhein sé roilleán ar fad do. Níor fhág sí aon taimhilt céille aige ach oiread leis an chéad uair do chrom sé ar lamhancán ar fuaid an tí, tar éis an chliabháin d'fhágaint do. 'Sea, ó bhí sé don tubaiste orm nár shéan é sara raibh sé as a mheabhair ar fad, ní raibh aon ghnó agam é a thabhairt suas san am so agus é a ligeant fé bholg na gcapall.

Uim ard an tráthnóna insa tSráid Mheánach dúinn, slua daoine síos suas, cuid acu ag teacht fé ár mbráid go raibh aithne acu orainn, ag fáiltiú aniar ón Oileán romhainn, is amhlaidh adeireadh an fear gránna:

'Cad as an paca diabhal san?' adeireadh sé. 'Nách fiain an chuma san orthu? Mo mhallacht oraibh; is í an chaint an chuid is fearr díbh! Ní deoch do bheadh le fáil uaibh comh maith sin, daoine bochta muinteartha anso spallta ag an dtort.'

Gan mhagadh ná bréag, do bhí an fhírinne ag teacht uaidh, ach cad é an mhaith sin? Bíonn an fhírinne féin searbh uaireanta, agus ní ar a chorp féin do bhí comhrá a bhéil ag goilliúint san am so, toisc go raibh sé ar gealtaí agus gur do dhuine gan náire is fusa a ghnó a dhéanamh. Do bhí snaimeanna ar mo chroí ag éisteacht lena chuid allagair gan deáramh ach, má bhí, cad do bhí agam le déanamh ach iad do bhrú ar m'aigne?

Uaireanta thagadh beirt phóilíní suas, agus do thagadh áthas orm go mbéarfaidís ar chluais air chuin é a thógaint uam, agus é a chur in áit a choinneodh é nó go mbeadh a mheabhair go maith aige. Ach, faid do bhraitheadh sé iad san timpeall, thabharfadh aon duine an leabhar gur chléireach sagairt é, bheadh sé comh 'rúnach san, nó go mbraithfeadh sé glan as an áit sin iad. Ní bheadh fir an Rí ach glan leo an uair do bheadh a hata raidtithe insa spéir aige agus gan aon fhear seóigh ar an sráid ach é. Thagadh fear suas chuin clabhta do thabhairt do, mar dhia, ach is amhlaidh do thugadh so póg do!

'Sea, do bhí san go maith agus ní raibh go holc, agus dá olcas mar 'bhíonn age duine uaireanta, dar leis, d'fhéadfadh an scéal do bheith níos measa go minic. Agus, dá aiteacht mar 'chaitheas-sa, leis, an lá leis an rógaire seo, is fós do bhí na bearta crua ar fad romham.

Do chuir sé a lámh ina phóca agus do thairrig sé aníos a phíp, píp chré agus gan inti ach an chailc.

'A Mhuire, níl aon bhlúire tobac fós agam!' ar seisean. 'Téanam isteach insa tigh móir sin thall; bíonn tobac maith ann,' ar seisean liomsa.

'Dhera, beidh tobac le fáil insa siopaí atá romhainn siar, agus ná bac leis an dtigh sin,' arsa mise leis.

'Ó, dá mbeinn thiar do bheinn ag teacht aniar go dtí an tobac maith atá anso,' ar seisean.

'Ach cad é an tigh go bhfuil an tobac maith agat le fáil, adeireann tú?' arsa mise.

'Tigh Atkins,' ar seisean, 'agus is in é thall é,' ag síneadh a mhéire chuige trasna na sráide.

Níl aon duine ar an dtalamh adéarfadh go raibh aon bhraon dí ina chorp faid do bhí allagar an tobac ar siúl aige. 'Sea, do bhí 'fhios agam ná tógfadh sé a ghob ná a sciathán díom, agus dob eo linn trasna na sráide. Craobh ó chuallacht stróinséartha dob ea an tigh móir seo go raibh gach sórt á dhíol ann. Tigh breá ornáideach dob ea é. Do bhí deilbh mná ar chathaoir 'deir an dá chontúirt ann, toirt aon mhná tuaithe inti agus a haghaidh ar an ndoras.

Ar dhul thar doras isteach dom dhuine gan chiall do bhain do a hata ag beannú don mnaoi.

'Dia is Muire dhuit, a mháistreás Atkins,' ar seisean.

Sin é an carúl is mó do bhain sult amach i nDaingean Uí Chúise ó bhí an Drochshaol ann. Ní raibh fear ó aon aird istigh ná gur thit fuar marbh le snaimeanna gáirí do bhuail gach nduine acu, fir oibre an tí agus na huachtaráin comh maith, ar chloisint chaint an fhir bhaoth dhóibh. Dá mbeadh deáramh an iomarca dí air, cad é an tábhacht cad do dhéanfadh nó adéarfadh a leithéid, ach is air ná raibh sé.

Bhí an oíche ag drideam linn, agus an méid eile ón Oileán do bhí insa bhaile mhór ag cirriú an bhóthair abhaile. Ach níorbh aon mhaith san do thagairt leis seo: is mó do bhí sé toilteanach chuin gabháil soir ná siar agus, chuin na fírinne do rá, is soir is mó d'oirfeadh do gabháil, mar is soir do bhí tigh na ngealt, agus dob in é an t-aon áit amháin is mó do bhí ag oiriúint an lá so dho.

An uair a fhágamair an tigh móir do bhí na soilse á lasadh, agus níorbh fhada uaidh do bhíomair an uair adúirt sé:

'Ní féidir liomsa dul a thuilleadh, a Thomáis,' ar seisean.

'Dhera, cad tá ag teacht anois leat?' arsa mise.

'Táim titithe leis an ocras, agus tá tort, leis, orm,' ar seisean.

'Nár cheapas ná raibh an dá ghalar in aonacht ar éinne riamh!' arsa mise.

'Táid siad ormsa, ar mh'anam, mhuise,' ar seisean.

Do thógas liom é, agus do bhaineas tigh an bhídh amach leis. Do cheapas ná raibh a dhóthain bídh istigh, ach do bhí: ní dhéanfadh sé francach gach ar chaith sé dho. Do chuaigh a chodladh, agus n'fheadair éinne beo nó marbh é go dtína deich amáireach.

Bliain na Té

Tar éis trí lá do bheith ón dtigh agam do dheascaibh Pheaid Shéamais — Peaid an diabhail bhuí, go maithe Dia dhom a rá! — do bhí raic ar siúl go tiubh timpeall an Bhlascaoid: gach sórt raice, adhmad agus boscaí móra lán go béal. Ní raibh 'fhios ag aon duine cad é an sórt stuife do bhí iontu. An uair do briseadh ceann agus dhá cheann acu, thugadar abhaile na boscaí tar éis a raibh iontu do chaitheamh uathu. Ansan, an uair do chonaic na hoileánaigh nárbh aon mhaith dhóibh an earra do bhí iontu, do bhíodar á scaoileadh thársu má tharlódh aon rud eile leo, ach aon uair ná buaileadh do thugaidís dó nó trí do cheannaibh leo.

Cótaí dubha do bhíodh ar mhná an uair úd: plainín. Chuiridís dath air: vód (dubh). Bhíodh ruaim roimis an ndubh air, agus cad deire le bean tí acu go raibh dhá chóta le ruamadh aici ná gur bheartaigh sí ar an dté chuin iad do ruamadh. Má dhein, ní raibh a machnamh i vásta, mar níor cuireadh riamh ruaim ar chóta do bhí chuin dulta síos leis. Do theaspáin an bhean so a saothar do bhean agus do bhean eile, agus níor náireach di é mar do rith a gnó go feillebhinn léi.

'Nách mór an diabhal fir nár thug aon ghráinne chuin an tí dhi,' arsa báiléar do chonaic na cótaí ruamtha, 'agus dhá chóta istigh le ráithe agam, agus a gcuid datha gan aon ruaim,' ar sise, 'agus ní bheidh sé i dtiontaoibh leis ach a bhfaigheadsa chuin mo láimhe é,' ar sise.

'I gcuntas an tsaoil,' arsa an bhean eile léi, 'lig do féin,' ar sise.

Níorbh fhada do bhí an báiléar mná so age baile san am gur tháinig an fear ón gcnoc agus paca mór móna aige.

'An diabhal, a Shiobhán, go bhfuil snáithíní an droma tairrigthe aige asam!' ar seisean. Do cheap sé go ndéanfadh sí trua dho, dar ndóigh, ach ní hamhlaidh do bhí aige, ach a mhalairt.

'Mo lá go dealamh nár chuir sé cnámh do láirce as ionad!' ar sise, 'mar is fada buí go dtabharfá chuin na cistean paca ba luachmhaire ná é,' arsa Siobhán, agus coinneal ina radharc.

'Dhera, n'fheadar cathain d'fhágas amuigh aon phaca gurbh fhiú é a thabhairt abhaile,' ar seisean.

'Dhera, a dhiabhail, nár fhágais do chuid té id dhiaidh do dhéanfadh mo chótaí do ruamadh dhom atá istigh le ráithe ag brath leis,' ar sise.

'Tá paiseon ort, a bhean bheag,' ar seisean.

'Ní hiontas dom san, agus trí bhosca mhóra lán insa tigh seo thiar di, agus gan pioc agamsa do chaithfinn leis an gcirc di,' ar sise.

'Is cuma dhuitse cad tá agat ná uait, mar taoi as do chéill glan,' arsa an fear léi.

'Ó beagán rath' ort, rud atá ort ná ar éinne atá id threo!' ar sise, 'agus an chluas do bhaint díomsa go mbeidh barra na mboscaí úd ag an bhfear do thug leis iad, agus ná raibh drochearra riamh i mbosca comh hornáideach leis, bosca do bhí siúndálta ón dtaobh istigh, agus é comh geal glan le scilling le luaidhe ina thimpeall,' ar sise.

Fear breá so-ranna dob ea Seán Mór, ach an uair do chuir sí an t-olc go léir air do chuaigh sé chuin cinn leis an mbáiléar.

Lá don tseachtain do bhí chúinn, do thug an báiléar mná so turas eile ar bhean na gcótaí, agus do bhíodar aici gan cháim. Ach do bhí scéal nua eile aici dhi i dtaobh na té, agus d'ins di an tairbhe eile do bhí aici á bhaint aisti: go raibh dhá shutha muice aici agus go rabhadar ag fáil bháis leis an ngorta, ach ó chrom sí ar bheith ag beiriú na té dhóibh, agus dorn mine do chaitheamh uirthi, go rabhadar amuigh insa bhuaile agus a mbolg in airde, 'agus is gairid go mbeidh siad ramhar glan,' ar sise.

'Mhuise, milleadh agus meath ar an bhfear nár thug gráinne chuin an tí di,' arsa an báiléar, 'agus dhá scolfartach muice ar an dtinteán againn agus iad i reachtaibh na leanbh do dh'ithe leis an ocras, gan iontu ach na cnámha agus an croiceann, agus iad nách mór bliain d'aois,' ar sise.

'Dhera,' arsa an bhean eile, 'ó tá an scéal imithe anois, agus gur tar éis a tuigtar gach beart, ná lig ort gurb oth leat é,' ar sise.

An uair do bhain an ropaire mná so an tigh amach, dob fhada léi gur tháinig Seán chuin é a throid. Níor fhág sí thíos ná thuas air é.

'Dhera,' arsa Seán, 'nách mó duine nách mise do chaith uaidh é?'

'Ná an diabhal duine, ach mara raibh amadán eile mar thu féin!' ar sise.

Do chuir sí Seán chuin feirge insa deireadh, gurbh éigeant don gcomharsain teacht fé dhéin a gcosanta.[3]

Larnamháireach do phrioc Seán suas é féin. Lig sé air gur ag soláthar mine chuin na muc do bhí sé ag dul go Daingean Uí Chúise. Thug sé ball éadaigh ó dhuine agus ball ó dhuine eile, agus níor stad

---

[3] Ls. ansa deire [aige anso arís don tarna huair]

nó gur bhain amach an baile mór. Thug duine muinteartha éigin costas an bhóthair do, agus níor chas riamh ó shin[4].

AN TIOMÁNAÍ ADUAIDH

Tháinig oíche ana-láidir aniar 'duaidh agus, an uair do chuireas mo cheann 'on doras chuin dul ag bothántaíocht tamall don oíche, tháinig grainc orm agus sórt fuachta, agus do bhaineas searradh asam féin agus do chúbas isteach.

'Dá ndéanfá rud orm,' arsa mo mháthair, 'd'fhanfá as do chuid bothán anocht, oíche fhuar fhiain,' ar sise, 'agus beidh oiread cuileachtan agat ó sheana-Thomás agus do bheidh agat in aon áit eile go raghair.'

'Deinim ort é, a mháthair,' arsa mise léi, ag casadh suas fén dtinteán.

Níor chuir Tomás Maol aon phíp riamh ina bhéal, agus do bhí an simné gail do bhí ag teacht as phíp m'athar an uair seo i dtánaiste do ghal na tine.

'Nách mór an costas do leanann thusa 'o bhreis ar an mbeirt eile,' arsa mise lem athair — b'iad san seana-Thomás agus mo mháthair ná raibh aon phíp acu.

'Leanann, ambasa,' ar seisean. 'Tá luach a cúig déag agus daichead insa mbliain á chaitheamh leis an ndúdóig seo agam,' arsa m'athair.

' 'Sea, tá an scéal san fada a dhóthain,' arsa mise, 'ach an bhfuil aon chur síos agat dom cé bhuail leis an bhfim an báille aduaidh lá na gcaorach do bhailiú insa tráigh?'

'Ba cheart go mbeadh,' arsa Tomás, 'comh fada agus gur im láimh féin do bhí an fheam do dhein an gníomh.'

'Beannacht Dé leat,' arsa mo mháthair, ag snapadh na cainte uam féin láithreach. 'Is fada dhom á chlos mar gheall ar an lá san,

---

[4] *Scéilín atá anso aige dar teideal 'Cuntas lae; an bhean mhoch' curtha thiar i ndeireadh mar Aguisín (lgh. 345–6); is mó a thagann sé le* Allagar na hInise *ná le* An tOileánach.

ach níor chuala riamh cé dhein an gníomh, ná cad mar gheall air gur
déineadh é,' ar sise.

'Ní bheir mar sin,' arsa Tomás.

'Mí glan roimis sin ó bhí sé ag bailiú chíosa, agus do thugas do
é, dar ndóigh, ó rángaig sé agam, agus do bhí sé go baoch
beannachtach ar a fháil do. Ach, an uair do tháinig na caoire go léir
'on tráigh an lá so, do bhí ceann nótálta liom féin ina measc,
moltachán álainn do bhí comh mór le bó,' ar seisean, 'agus do leag
an rógaire a shúil air i measc na coda eile go léir. Bhí cuid mhór
dos na caoire ceangailte an t-am gur thug fear do tháinig chúm
cogar dom.

"Tá do mholtachán mór ceangailte i measc na gcaorach,"
ar seisean.

"Tá dearúd ort," arsa mise leis, "mar tá mo chíos díolta ón lá
déanach do bhí sé ar an mbaile, agus níl mí fós ann."

"Dá raghfá in ainm an diabhail agus cíos do dhíol inné leis,"
arsa an té do thug an cogar dom, "tá an chaora ceangailte i measc na
gcaorach ag an mbáille." '

'Agus, a Thomáis, ní ag teacht romhat ar do chaint é,' arsa mise
leis, 'is dócha gur chuir san olc mór ort.'

'Do chuir sé le feilmintí feirge me, agus is chuin an té do thug
an cogar dom is mó do bhí olc orm, mar do cheapas gur ag magadh
chúm do bhí sé,' arsa Tomás.

'Agus,' arsa mise arís leis, 'cad do dheinis ansan?'

'Do thugas m'aghaidh ar an áit go raibh na caoire ceangailte,
agus do bhuail feam mhór liom go raibh ceann ramhar uirthi,
agus ar shroistint na háite dhom do chonac láithreach ina measc é,'
ar seisean.

'Níor ins fear an chogair bréag duit,' arsa mise leis.

'Ambasa nár ins!' arsa Tomás.

'Cad do dheinis ansan?' arsa m'athair leis.

'Do chromas ar é a scaoileadh go tapaidh ach, ar mh'anam, go
raibh an ollaphiast báille orm sara raibh sé leathscaoilte agam,' ar
seisean, 'agus dúirt go láidir liom fanúint amach uaidh sin. Ach dúrt
gur liom féin é agus nár theastaigh uam é a bheith ceangailte, ná

raibh aon bhonn leis, agus dá mbeadh 'fhios agam cé cheangail é ná beadh an lá ina shaoire aige.

"Mise do cheangail é" arsa an báille, "fear beag beann ortsa, agus do chuirfidh iachall ort gan é a scaoileadh, leis," ar seisean, ag tabhairt a dhá láimh liom chuin me do chur siar ón gcaoire.'

'Is dócha gur thug sé do thriopall in airde 'on iarracht san,' arsa mise le Tomás.

'Ar mh'anam fhéin nár thug,' ar seisean, 'ar a shon go raibh sé ina scolfartach fhada láidir.'

'Bhí olc mór ansan ort, is dócha,' arsa mise aríst leis.

'Ní raibh oiread buile riamh orm,' ar seisean, 'agus an uair do rángaig liom an fheam d'fháil im láimh aríst do tuigeadh dom go ngeobhainn thrí chriú an bháid, cé go raibh hochtar fear inti, agus an chéad bhuille do thugas don mbáille do thugas a chroibh as a chionn, insa tslí go ndúirt a raibh ann go raibh sé marbh,' ar seisean.

'A thuilleadh 'on tubaiste air!' arsa mo mháthair. 'Sé an chéad drochfhocal do chuala riamh aici á rá é, is dóigh liom, ach is é an drochghníomh do bhí ag an mbáille á dhéanamh ar Thomás fé ndeara dhi é.

An uair do tháinig an báille chuige féin do chuaigh sé ceangailte insa mholtachán arís, ach an tarna buille do thug Tomás do dh'fhág sé marbh é nách mór.

'Níor mhór na caoire do thugadar an lá san leo, mar do bhí an ceannurraid go tréithlag acu,' arsa Tomás.

B'eo chuin na Corónach ansan iad agus an uair do bhí sí ráite do bhí Tomás ag baint a scairte féin amach.

8

An taibhreamh

D o dhein allagar Thomáis agus an Choróin Pháirteach roilleán díom an oíche chéanna. 'Sé an chéad néal do thit orm, agus gan ach mo shúile titithe ar a chéile, ná tromluí. Gach aon scread agam, insa tslí gurbh éigeant dom mháthair teacht go dtí me as a leabaidh féin, agus is mór an triobióid do fuair sí uam sara raibh mo mheabhair cheart agam. Fé dheireadh, do thit tionnúr eile orm i bhfad isteach san oíche agus, má thit féin, níor chodladh ceart é, mar do deineadh taibhreamh eile dhom ná raibh rómhaith agus do bhí 'om lat ar aon chodladh fónta.

Seo mar 'tháinig an taibhreamh chúm. Dar liom go rabhas insa tráigh agus gur bhuail bainirseach bhreá róin liom ar maidin ar an mbarra taoide, agus gan faic agam chun a maraithe, agus gur imigh sí uam. Dúirt mo mháthair ar maidin liom gur ligeas trí scread eile i lár na hoíche agus, má ligeas, is é seo uair é: an t-am gur imigh an rón uam, dar liom.

Ar maidin larnamháireach do thugas m'aghaidh chuin na trá agus, mar aimsir leasaithe dob ea é, do bhíos go lánmhoch. Agus, cé nár chailleas an taibhreamh, ní amhlaidh gur cheapas go mbeadh rón lem linn ná le feiscint. Bhí píce breá nua agam chuin, má bhuailfeadh aon dornán[1] feamnaí liom, í a bhailiú leis. Do thugas mo chúl leis an dtigh agus m'aghaidh chuin na trá.

---

[1] Ls. dóarnán

85

An uair do shroicheas barra an chlodaigh, do bhuaileas mo bhrollach ar mhaolchlaí beag do bhí ann, ach ní raibh gealas a dhóthain ann chun aon rud d'fheiscint ó bharra agus, ón uair ná raibh, do thugas an dá sháil le fánaidh síos do, nó gur shroicheas an grean.

Do bhí beagán feamnaí tirim ar fuaid an bharra taoide go léir, agus do chaitheas ar a chéile lem píce breá nua í. Bhí sórt mórtais ansan orm, an méid sin do ghnó fónta do bheith déanta agam agus daoine eile ina gcodladh. Ach ceidim[2] ná ritheann an sórt san mórtais i bhfad le daoine, agus dob in nó agamsa, leis, é.

Níor rófhada gur chuala an tsrann ghránna agem chúl, srann dhiamhair do thóg ó thalamh na hÉireann me. Gan éinne im threo, gan éinne ag teacht orm, fós gan an mhaidean ana-sholasmhar. Do dheineas machnamh gurbh olc an fear me, agus an lá ag teacht orm, ná raghadh sa treo gur déineadh an tsrann, agus arm maith im láimh agam. Ní raibh an focal as mo bhéal an uair do chuala srann agus srann eile. Do chasas do thaipigean sa treo gur chuala iad, agus cad do chífinn ná an rón mór groí breac agus a cheann in airde aige, agus an chuid eile don gcorp sínte insa ghrean. Do thug mo chroí geit, ach ní le heagla roimis an rón é, mar nár bhaol duit go deo é ach fanúint uaidh agus ligeant do féin. Ach is é eagla do bhí orm ná titfeadh sé liom, agus gurbh fhearr le daoine an uair úd ceann acu ná aon mhuc, dá fheabhas mar 'bheadh sí.

Do shín siar chun codlata arís. Do bhreithníos an uair seo gur rón baineann í agus do tháinig breis mhisnigh orm, mar dob fhusa seacht cinn acu so do mharú ná aon tarbh amháin, 'sé sin an ceann fireann. Do bhí sí ar an mbarra taoide agus an tráigh ina lag trá.

Do bhraitheas mo phíce an fhaid do bhí sí ina suan. Do choimeádas an t-iarann im láimh agus an tsáfach romham amach, agus do chromas ar a bheith ag drideam léi chun stráiméad do thabhairt di. Ach, fén mar a gheobhadh sí mo bh'ladh, do thóg a ceann, agus do lig srann láidir fhiain, agus do chrom ar a bheith ag múscailt agus ag fágáil na neide do bhí déanta insa ghrean aici, agus scéan ina radharc.

---

[2] = *creidim*

Le linn casadh síos di chuin na farraige do thugas stráiméad di, agus sé cinn i ndiaidh a chéile, agus ba mhar a chéile léi gach buille don tsáfaigh a bheith á bhualadh uirthi nó an peann so im dhorn agus, iarracht dár thugas chúithi, do dheineas dhá leath don bpíce. Do thugas buille leis an smut do do bhí im láimh trasna an choincín di, ach do ghaibh sí ina béal é, agus do chogain agus dhein mionrabh do. Ní raibh faic ansan agam ach feam thrá, agus do bhíos ag tarrac uirthi comh tiubh agus dob fhéidir liom, ach ní aon bhascadh do bhí agam á dhéanamh di, ach go rabhas ag coimeád moille uirthi ón uisce, agus ní raibh san i bhfad uaithi insan am so.

Insa deireadh agus me tnáite, agus ise comh tnáite liom, do rángaig liom í a bhualadh i gcró an chinn le bollán trá, agus do thug an buille sin a bolg in airde, ach níorbh fhada go bhfuair sí a meabhair aríst. Fé dheireadh, an uair do cheapas í a bheith marbh, agus feam agam agus gan aon staonadh orm ach ag tarrac uirthi, cad deire liom ná gur chuaigh róghairid di, agus do thug fogha ar ghreim do bhaint asam, agus do bhain go cruinn: manta groí as cholpa mo choise, an méid go bhfuair a cheithre clárfhiacal tosaigh greim air, agus do thug léi glan an greim sin amach as mo chois. Níor ghéilleas do, cé go raibh fuil ag teacht ina slaoda as comh mór leis an rón.

'Sea, do bhí an rón titithe liom insa deireadh, agus níor mhór ná go rabhas féin, leis, titithe, agus ba dhóbair go mbeadh deireadh mo shaoil istigh an uair d'fhéachas cruinn ar mo chois, an uair do chonac an canta do bhí aisti agus an tobar fola do bhí á fágaint, agus níor mhór ná go raibh fuil mo chroí silte agam.

Dob éigeant dom an vest bheag do bhí orm do bhaint díom agus í a chasadh timpeall na coise, agus an corda do bhí tharam aniar á coimeád. Do bhí an t-uisce ag teacht agus an tráigh ag líonadh, agus gan an rón rófhada ón uisce. Agus dúrt liom féin go scuabfadh an fharraige uam aríst í tar éis mo dhuaidh, agus fós gan éinne ag teacht im ghoire ná im ghaobhar, agus eadartha bó an uair seo ann. Agus tríos gach machnamh, breacshúil agam á thabhairt ar an gcois, agus srutháin fola aici á shéideadh.

Fé dheireadh, agus me ar bheagbhrí insan am so, do chonac fear ar barra in airde, agus do tháinig orm anuas go tapaidh. Uncail dom dob ea é; Diarmaid na Meach do bhíodh mar leasainm air. Do bhí ionadh air agus dúirt ná feacaigh sé marbh rón comh mór léi riamh.

'Ach tá an rón agam, a uncail, ach táim féin gan cos,' arsa mise leis.

B'éigeant dom í a theaspáint do, agus níor mhór ná gur thit sé an uair do chonaic sé an greim gránna do bhí aisti.

Níorbh fhada gur tháinig fear agus fear eile orainn, agus do chuireamair suas thar barra taoide í agus do thánamair abhaile. Ach an t-am gur shroicheamair na tithe, níor mhór ná gur leathchos do [bhí] fúmsa. Do chaill mo mháthair a meabhair, agus m'athair, leis, an uair do chonacadar an canta do bhí amach as mo chois, agus níor mhór an sólás do chuir an rón mór orthu, toisc nár thug an té a mhairbh é na cosa slán leis.

Do chuaigh a lán ag nochtadh an róin, is b'é Diarmaid na Meach an maor do bhí orthu, toisc gurbh é deartháir mo mháthar é. Níor chuaigh m'athair chuige ann, toisc ná raibh sé istigh leis féin i dtaobh mo choise-se, ach do scaoil sé an t-asal le Diarmaid chuin é a thabhairt abhaile, agus dúirt sé leis stiall do thabhairt dos gach nduine dho do bheadh á nochtadh.

Bhí seanamhná isteach agus amach ar thuairisc na coise, a oideas féin age gach nduine acu. Tháinig an chailleach bhéal doiris, leis, go luath agus an uair do chonaic sí an chos dúirt:

'Dhera, ní fiú bireán a bhfuil ar an gcois sin,' ar sise.

Bhí Tomás Maol ag nochtadh an róin, agus do bhí sórt mustair ar an gcailligh mar do bhí 'fhios aici go mbeadh píosa breá age Tomás ag teacht abhaile dho. An uair adúirt sí nárbh fhiú bireán an chnea, ba mhór an ní an focal maith agus, ar mh'fhallaing, nárbh aon mhíbhaochas do bhí agamsa uirthi i dtaobh a ráite, mar dob fhearr liom go mór mar fhocal é ná an chaint adeireadh a thuilleadh acu, 'sé sin go mbeinn ar leathchois.

Chonaic an chailleach greim ba dhá mhó ná é bainte age rón as chois fir in Inis Mhic Uibhleáin, adúirt sí, agus ná raibh moill seachtaine ag cneasú air. D'fhiafraigh mo mháthair di gan rómhoill ar chuimhin léi cad do chneasaigh í.

'Dhera, a Mhuire, is cuimhin go maith,' ar sise, 'ná rabhas féin insan Inis an uair chéanna?' arsa an chailleach. 'Seán Mhuiris Liam do bhí ina fhear óg insan Inis an uair úd gur bhain an rón an greim mór as a chois. Muiris Liam, a athair, do mhairbh seisean rón eile, agus thug leis ailp friseáilte dho. Do dhein sé 'rúnach don gcnea do bhí bainte as chois Sheáin é. Do chuir ann go dílis é, mar 'chuirfá corc i mbuidéal. Do chuir sé stráice éadaigh á fháscadh, agus í a fháscadh go maith, leis. Agus d'fhan insa bhfeirm sin seacht lá,' ar sise.

'Agus an uair do scaoileadh ansan í,' arsa mo mháthair, 'conas mar 'bhí sí?'

'Bhí an poll lán amach don bhfeoil nádúrtha, agus an ailp róin curtha i leataoibh aige,' arsa an chailleach.

'Agus an fada ina dhiaidh sin gur tháinig sí chuin croicinn?' arsa mo mháthair.

'An lá a baineadh di an stráice, d'imigh ag siúl na Cloiche, agus gan aon scáth ar an gcois aige, ach í le gréin i rith an lae. Agus do bhí an croiceann tráthnóna an lae sin uirthi,' arsa an tseanachailleach.

Bhíos féin go hálainn an fhaid do bhí an tseanachailleach ag caint go hálainn mar seo. Agus, chuin an chirt do thabhairt di, níor chuir sí as m'ainm riamh me, ach an méid gleáchais do dheineadh sí chúm an uair do bhíos im peata agus an brístín glas orm. Is dócha ná raibh mórán toirt ionam agus gur beag do shíl mo mháthair féin an chaint do bhíodh aici á chaitheamh liom go mbeinn á breacadh age bun na fuinneoige agus me i ndán í a sheoladh go dtíos na tíortha thar lear.

Súil dár thug mo mháthair amach, chonaic sí Tomás Maol ag teacht agus píosa mór do rón ar a dhrom. Bhí barra an phíosa ag dul go dtína chúl agus a dhá láimh laistiar á choimeád, agus an ceann thíos do ag glanadh ard a thóna siar síos go dtína ioscada[3].

'Tá Tomás ag gabháil síos, a Eibhlín,' arsa mo mháthair leis an gcailligh, mar Eibhlín an ainm do bhí uirthi.

Do phreab sí do gheit ina suí agus do bhuail amach agus, an uair do chonaic sí an t-ualach groí do bhí ar Thomás, do lig scartadh

---

[3] *Ls. usgada*

mór gáire. Níor gháire mar mhagadh é, mar do bhí iasc agus íle aici, agus suim mhór roimis sin gan aici ach gráinne do sholann gharbh mar anlann. Níorbh iad amháin do bhí ag maireachtaint ar an gcuma so insan Oileán so an uair úd ach formhór a raibh ann.

An uair do ghlan Eibhlín léi —

'Is dócha gurb é socrú na caillí mar is áil léi féin atá ag an mnaoi amach i dtaobh na coise,' arsa m'athair.

'Ní móide gurb é,' arsa mo mháthair. 'Do bhí an chos tinn age Seán, agus do bhí sí siúd thiar san am gcéanna,' ar sise.

Ní raibh ach an focal déanach so ráite insan am gur tháinig Diarmaid agus an t-asal go dtí an doras. N'fheacaigh éinne riamh ná ó shin aon asal ba mhó go raibh ualach air ná é. Ní raibh le feiscint dá chorp ach an dá chluais agus a eireaball, le rón ina phíosaí troma agus, i dtaobh an ghiolla do, ní raibh le feiscint do féin ach an dá shúil.

Prátaí do bhí ag fliuchaigh san am so. Bhí bainne agus iasc le beith leo, agus dúirt m'athair:

'B'fhéidir go n-íosfadh Diarmaid cuid don rón, dá mbeadh sé ullamh.'

'Ó, tá sé ró-úr,' arsa an bhean eile.

'Ach an bhfuil aon ghoblach eile goirt le beith leo?' arsa Diarmaid.

'Tá do dhóthain, a bhuachaill!' ar sise.

Ansan an fhaid do bhíomair ag ithe —

'Beidh an buachaill seo gan cos is baolach,' arsa mo mháthair, 'do dheascaibh an róin chéanna.'

'Ní bheidh, ambaiste,' arsa Diarmaid, 'ón uair gur rith leis an rón do mharú, ach dá n-imeodh an rón gan marú uaidh do bheadh drochsheans aige. Is beag an baol an rud do lait í ná gurb é an rud céanna do dhéanfaidh í a leigheas ach a dhóthain d'ithe di,' ar seisean. Níorbh olc an t-oipineon do chaith sé.

Ansan d'ins mo mháthair do mar gheall ar scéal Eibhlín.

'Do bhí a leithéid i gceist, mhuise, ar mh'anam,' ar seisean, 'ach n'fheadarsa cad é an leigheas do fuair an seanabhuachaill di,' arsa Diarmaid.

'Smut do rón eile do chur mar ar baineadh an bhéalóg aisti,' arsa mo mháthair.

'B'fhéidir é, ambaiste,' ar seisean. 'M'anamsa ón ndiabhal, má sheasaíonn an crann ar an g*Collach Dubh* (ainm an bháid), fén dtacaid seo amáireach go mbeidh ailp do mhalairt róin le cnámh do lorgan, a ógánaigh!' arsa Diarmaid na Meach.

Ar ghliocú an lae do bhí Diarmaid insa doras. Ligeadh isteach é.

'Conas atá an lá?' arsa m'athair leis.

'Níl sé olc, ná rómhaith ach oiread,' ar seisean. 'Beidh sé maith go leor an uair do bheidh smut tráite dho, agus tabharfam ár dturas chuin na gcloch siar; b'fhéidir gur mó rud do bhuailfeadh linn,' arsa Diarmaid.

Bhí gach nduine do chriú an bháid curtha ar a mbonnaibh an uair seo aige, á rá leo fáil ullamh chuin an turais do thabhairt. Níor rófhada gur tháinig sé aríst, agus pé gráinseáil bídh do bhí aige féin sloigthithe siar aige.

'Bí amuigh!' ar seisean lem athair. 'Is é tosach an lae rogha.'

Do chuir m'athair a cheann 'on doras.

'Tá eagla orm ná beidh an lá rómhaith, mar níl aon ana-chuma laistiar air,' ar seisean.

'Más mar sin é,' arsa mo mháthair, 'ní gá dhíbh dul ann. B'fhéidir go mbeadh an lá amáireach níosa bhreátha[4],' ar sise.

Cé bheadh sa doras arís ná Diarmaid.

'T'anam phuilíní an diabhail bhuí!' ar seisean lem athair, 'cad tá 'od choimeád? Ná beadh an bád thiar insa Chloich an fhaid atánn sibh ag steaigearáil?' ar seisean.

'Tá eagla air ná caithfidh an lá breá a dhóthain,' arsa mo mháthair.

'Beidh an diabhal ar fad air mara bpeilteálfaidh *An Collach Dubh* siar féna seolta é,' arsa Diarmaid. 'Teaspáin do chos dom, a shlataire, sara bhfágfad an tigh,' ar seisean liomsa.

Do scaoileas di an braighdeán, agus min rois do bhí mar cheirí léi.

'B'fhearr liom goblach róin léi,' ar seisean.

---

[4] *Ls. breátha*

D'fhág *An Collach Dubh* caladh an Bhlascaoid, criú hochtar fear, cheithre mhaide rámha, dhá sheol, dhá chrann, dhá chleith, gála cruaidh láidir anoir 'duaidh. Bád breá mór nua dob ea í agus, mara raibh an fhoireann do bhí inti oilte ar a ngnó agus ar an bhfarraige, ní lá go maidean é.

Buaileadh in airde an dá sheol do gheit, agus do scaoileadh roimis an ngála í. Do lean fear an cnoc amach í agus an phíp dearg ina bhéal, agus do bhí an bád in Inis Mhic Uibhleáin sara raibh an phíp múchta ina bhéal.

Do cheap fear na Cloiche gur bhád raice í tar éis na loinge do dhul síos, nó machnamh eile do bhí aige gurb amhlaidh do bhí leath ar bhain leis marbh, má b'aon bhád ón áit seo í, agus do bhí sé amach go dtína vásta ag an gcaladh rompu, mar do bhí tarrac mór ann. Do chuir sé an cheist láithreach cad do thug iad a leithéid do lá.

Diarmaid an teanga labhartha do bhí insa bhád agus níorbh olc é, mar fear dob ea é gur ghnáth leis do shíor cabhair do lorg ar na fir bheaga atá ag an ngeata atá thíos chuin fuinneamh do chur lena ghuth, agus ceidim[5] ná raibh guth le moladh ag aon duine riamh nár úsáid a gcabhair seo.

'A leithéid seo do thug sinn,' arsa Diarmaid le fear na Cloiche, ag insint do, 'agus níl fágaint na Cloiche againn gan sórt éigin beo nó marbh,' ar seisean.

'Ar mh'anam, mhuise,' arsa fear na Cloiche, 'gur dóigh liom go bhfuil do dhóthain le déanamh agat thar ar chuiris riamh díot,' ar seisean.

Do bhí an lá ag dul ar bun agus ag séideadh, agus do bhíos féin isteach agus amach, mar ná raibh pian ná tinneas insa chois agam ach an greim gránna do bheith amach aisti, mar 'bhainfeadh capall as thornap. Do bhí mo mháthair síos suas, leis, ar chloisint an ghála mhóir di, fén mar 'bheadh cearc go mbeadh obh aici, agus dúirt sí i gceann tamaill:

'Tá eagla orm go mbeidh an lá ceannaithe age lucht na farraige mar gheall ar do chois,' ar sise liomsa.

---

[5] = *creidim*

'Ó, ach níl sé ró-olc fós,' arsa mise léi.

'Mara bhfuil, beidh is baolach,' ar sise.

Pé eagla do bhí orm féin i dtaobh na coise, agus gurbh fhéidir gur chos mhaide do bheadh chúm, do bhí tinneas *An Chollaigh Dhuibh* agus a raibh inti an uair seo orm, mar do bhí sé isteach timpeall na Samhan an uair seo.

Do thug fear na Cloiche muintir an bháid go dtí an dtigh leis, agus níorbh olc chuige é. Do thug bia dóibh, dar ndóigh, gach sórt do bhí insa tigh agus, an uair do bhí an bia caite, do ghlaoigh sé ar chuid acu in aonacht leis ag cuardach an róin. Do chuaigh ceathrar agus, tar éis a raibh do phoill sa Chloich do chuardach, do theip orthu aon cheann do dh'fháil.

B'éigeant dóibh casadh ar an dtigh. Bhí liútar-éatar age Diarmaid ansan go mbeadh fear na coise tar éis bháis. Dúirt an t-aodhaire go raibh aon pholl amháin eile ann agus nár mhór fiche fea 'théid chuin dul ann.

'An bhfuil aon téad istigh?' arsa Diarmaid leis.

'Tá, a mhic ó,' ar seisean, 'agus trí fichid fea. Caitheann a leithéid do bheith anso i gcónaí chuin caorach do chur do dhraipeanna,' arsa fear na Cloiche.

'Ca'il an téad?' arsa Diarmaid. 'Tabharfam turas, agus má théann dínn caithfeam stad,' ar seisean. Do bhuail sé an téad chuige ar a dhrom, agus b'eo amach an doras é, agus an chuid eile in aonacht leis. Do scaoileadh síos insa téid é, maide aige féna oscaill chuin an róin do mharú, scian ina bhéal aige, agus do scaoileadh leis nó go raibh sé age béal an phoill. B'éigeant an téad do tharrac aníos agus fear eile do scaoileadh síos ina chabhair, agus is é fear eile do chuaigh ina chabhair fear na Cloiche féin.

Ba mhaith an bheirt domhsa iad súd, ach ní raibh aon rud agam le déanamh dóibh ach gach ní do bhíodh agam, agus é in easnamh orthu, do thabhairt dóibh faid do mhaireadar, gur' i bhFlaithis na Naomh dóibh. Do thugadar an rón leo, agus an uair do bhí sé acu dúirt na fearaibh ná raghadh aon bhád béaloscailte abhaile anois insa scríb do bhí ann. Dúirt Diarmaid má chuirfidís i bhfearas fés na seolta dho fhéin í go raghadh sí soir fén mar do tháinig sí anoir.

Amach ar an mórmhuir léi agus do thóg an captaein, Diarmaid, Ceann Sléibhe don chéad scríb léi, agus do thóg a chaladh féin don tarna scríb, agus níor stad gur chuir ailp don rón fuinte isteach im chois féin, agus i gceann seachtaine bhíos comh maith agus do bhíos riamh.

9

INÍON NA CAILLÍ Ó MHEIRICE

Lá Domhnaigh, tháinig bád isteach ó Dhún Chaoin. Bhí bean uasal inti. N'fheadair éinne fós cérbh í féin nó gur tháinig sí i measc na gcos acu. Ach cé bheadh ann ná iníon na caillí, agus mara raibh déanamh suas uirthi níor lá fós é!

Níor stadadh do chroitheadh lámh léi nó gur dhóigh leat gur cheart dóibh do bheith scartha ón ngualainn. Bhí hata ornáideach uirthi agus cúpla cleite cocálta in airde as, slabhra buí óir sofhisceanta ón dtaobh amuigh dá cuid éadaigh, scáth gréine ina láimh, tuin ar a teangain piocu ina Ghaelainn nó ina Bhéarla an chaint.

Bhí cúpla cóthra mór lán do gach sórt aici agus, rud dob fhearr ná iad go léir, sparán d'ór na Stát aici: í seacht mbliana thall agus í go seanachríonna chuin é a bhailithe.

Níorbh fhios cérbh é searrach na deighlárach, dar ndóigh; ar a shon na mbalcaisí deighmhaiseach do bheith uirthi, ní raibh istigh iontu ach an deilbh. Níor mhór an tsruith riamh í, agus tar éis di seacht mbliana do thabhairt i dtír an allais ba mhíchrotúla ná san í. Do lean a lán go dtí an seantán tí do bhí acu í, ach do bhí a lán buidéal d'uisce beatha aici agus, mar ba sheanamhná is mó do lean í, níor rófhada go raibh seanamhráin na Mumhan ar siúl agus moladh ar an té a tháinig agus rud aici chúthu. Do chaitheadar an lá gan bia ná beatha, mar do bhíodh blaiseadh na beorach age bean an amhráin le fáil gach uair.

Bhí an scéal mar sin nó gur tháinig an Inid, agus ní raibh puinn di caite an t-am go raibh ór an *Yank* á chur ar na páipéir — a hathair Tomás Maol, dar ndóigh, salmaire go raibh cur síos ar na réilthíní aige agus aithne ar an ndúthaigh. Toisc na caillí á luachtaint liom féin agus sinn beag, do buaileadh im aigne go mb'fhéidir go gcuirfeadh sí an scéal céanna ar bun aríst, agus gan ionadh ina thaobh uirthi anois. Dob ait san: bean óir, dar ndóigh, mná do bhí tearc go maith insan am úd.

Níor rófhada gur thug an bhean liath do mháthair di cogar dom mháthair féin á chur i dtuiscint di an méid óir do bhí age Máire; gur amach ar an dtír mhóir i bpaiste talún dob fhearr léi féin dul; 'agus dob fhearr liomsa im chóngar í, agus lena hathair,' ar sise; 'agus más maith libhse é níl éinne á coimeád uaibh,' ar sise aríst.

'Dhera, is amhlaidh mar 'tá san,' arsa mo mháthair léi, 'tá an té atá againne óg, agus is dócha nárbh aon mhaith scéal don tsórt san do tharrac chuige. Agus, rud eile,' ar sise, 'is é mo thuairim ná fuil aon éirim ar an áit seo aige, mar b'fhéidir ná beadh don ál anso ach é fhéin is a dheirfiúr. Is dócha mara mbeadh ar mhaithe linne ná beadh sé ann cheana,' ar sise.

'Ar mh'anam, mhuise,' arsa an chailleach, 'go bhfuil dearúd air; go mb'fhéidir go mbeadh sé tamall thall sara mbuailfeadh cailín comh maith léi siúd leis.'

Go luath insan Inid do chuir Tomás Maol do amach agus do shaothraigh lantán ná raibh ar fónamh: féar cúpla bó i ndrocháit gan foithin gan fascadh, agus pleidhce fir gan fuaimeant. Beagán airgid do thug sé uaidh, mar is beagán do deineadh a lorg air.

An uair do bhí gach ní réidh ag Tomás, do thug a aghaidh ar an dtigh, agus do thug cuireadh chuin an phósta do gach tigh do bhí insa bhaile. Níor dhein an bhean liath dearúd ar thigh bhéal doiris, agus do chuas ann maidir le gach duine.

Bhíodh flea agus féasta ar gach pósadh an uair úd, m'ionann san agus anois. Bhí gach sórt do bhain le bia agus anlann ann, agus slua mór chuin a chaite. Bhí hocht mbaraille leanna duibhe ann, agus ní raibh deoir ar thóin aon chinn acu ar maidin. An uair do bhí deireadh leis gach ní, do thug gach nduine a aghaidh ar an mbaile.

Ar theacht go bruach an chaladh i nDún Chaoin dúinn, ní fhágfadh na bleaiceanna í — tarrac ag dul in airde ar an bhféar glas is gach cuas agus cumar. Dob éigeant dúinn fanúint amuigh an lá san, agus larnamháireach, agus larnamhanathar, agus larnamhainiris, agus lá agus fiche do thabhairt amuigh, más é do thoil é, agus gan an lá san féin le moladh. Is dócha nár thug cuid acu aon deigh-ghuí dhon bpósadh, do bhíodar comh clipithe sin. Do mhair sí tamall ann. Do bhí ceathrar clainne aici; mairid fós agus an leannán fir.

Ar theacht abhaile dhúinn do bhí an tOileán lán do raic. Do bhí an Tráigh Bháin lán do bhíomaí déil dhearg agus déil bhán, cláracha bána, smut don loing, smut do gach sórt do bhaineann le long raice: cathaoir, stól, úll agus gach ní. Do bhí dhá cheann déag do bhíomaí ag an mbád go raibh m'athair inti. Bhí níos mó agus níos lú agena thuilleadh acu.

An bád go rabhas-sa ag teacht ón dtír inti, do bhuail bíoma breá linn trasna an Bhealaigh. Téadán do bhí insa tseol dob éigeant dúinn do chur á tharrac, mar ná raibh aon téad insa bhád. Tar éis dúinn é a chur ar an dtráigh, do thugamair ár n-aghaidh chuin na farraige aríst agus do bhuail dhá bhíoma go hobann linn ana-ghairid dá chéile. Do bhí cheithre fichid troigh i gceann acu agus timpeall dá dh'réir. Dúirt na daoine gurbh é an bíoma ba bhreátha do tháinig ar an dtráigh le cuimhne aon duine do bhí suas é.

Bhíomair gan aon bhia fós, ó itheamair cúpla scailliún práta i nDún Chaoin an mhaidean san nó gur tháinig dubh na hoíche, agus do bhí hocht cinn do bhíomaí sábhálta againn san am san. B'iad san an saothar neamhthairbheach. A deich fichead do bhí 'o bharr an chinn mhóir againn. Fiche punt do raghadh an bíoma úd aimsir an Chogaidh Mhóir.

An Báraodach[1]

An bhliain do tháinig an duine uasal so go dtí an tOileán, do bhí gach sórt grinn ar bun aige. Do bhí gach sórt bídh agus dí aige, fuar,

---

[1] *Ls. Bárréadach*

te agus beirithe. Do bhí hocht ngalúin biotáille aige agus gach sórt eile dí maidir leis.

Níorbh fhios cé déarfadh an chéad amhrán mar go raibh náire orthu nó go bhfeacadar gloine bhreá bhiotáille ag an mnaoi adúirt[2] chuin tosaigh é á fháil. Ní raibh mórán tathaint as san amach á dhéanamh ar éinne, fiú amháin an té ná dúirt le seacht mbliana roimis sin aon cheann ná iad ábalta air. An scéal céanna ag an rince é, agus do bhíodh a ghloine ag an bportaire comh maith leo.

Bhíodh na mná críonna agus na fearaibh aosta ag rince nó, mara mbeadh, ní bheadh beoir ina mbolg. Do bhínn féin leath ar meisce, mar do bhíodh na mná críonna agus na mná óga 'om thabhairt amach, mar do bhí rince maith go leor agam san am san. Bhí rince agem athair, agus do bhíodh sé á mhúineadh dhom roimis an máistir rince, agus dá dheascaibh sin do bhínn ar bogmheisce gach oíche ar feadh na seachtaine ag teacht abhaile dhom. Pé duine do fuair aon tsuaimhneas ann níor mhise é, mar ba chomhluath ag rince agus ag amhrán agus ag portaireacht me, mar do bhíos im fhear cliste insan am úd.

Bhí foireann dhá bháid ó Uíbh Ráthach ag iascach ghliomach an bhliain chéanna, agus iad ina gcónaí i mBeiginis agus seantáin acu thall ann, agus fear ó Shasana in aonacht leo. Cé go mbíodh na fir bhochta cortha tar éis seilg an lae, do bhainidís amach tigh na scoile gach oíche, agus do bhí an rinceoir orthu dob fhearr do sheasaimh ar chlár riamh. Is mó gloine do fuair sé, agus dob fhiú oiread eile é. Do bhí an portaire ar na fir chéanna, agus níorbh fhearr leat aon ghléas eile ceoil ná é.

Níor sheasaimh an deoch i rith na seachtaine fén mar 'shíl sé. Ach, marar dhein, do dhein a malairt, mar do chuir sé bád agus fir go dtí an áit ba ghiorra dho agus do thug leis oiread eile. Do bhí cuimhne ar an seachtain aige faid do mhair sé, agus age gach nduine eile do chonaic[3] an radharc. Beirt bhan aosta ag amhrán in aonacht agus iad ar bogmheisce. Gan an croí rómhaith acu; an cat ag breith

---

[2] Ls. *do dúbhairt*

[3] Ls. *chonnairc*

ar scornaigh orthu. Na fir maidir leo do bhíodh críonna. Bhí an file Ó Duinnshléibhe, leis, ann agus is mó greann do dhein sé don 'duine uasal', agus ba mhaith chuige é.

Do chuir sé mórán déirce go dtí an Blascaod tar éis dul abhaile do, agus do chuir sé punt tobac chuin an fhile. Ach níor lig an file siar air féin é, mar do dhein sé amhrán molta dho ina dhiaidh sin.

AN BÁD BÁITE

Insan am so don tsaol do bhí cáin fé leith ag dul ar aon bhád do raghadh ag baint feamnaí go Beiginis: scilling an fear, bain beag nó mór. Báid mhóra go mbíodh hochtar fear iontu, hocht scillinge do bhíodh ag leanúint an bháid sin i rith an bhiaiste; raghadh san ar aon ládáil amháin comh maith le fiche ceann.

Insan earrach do bhí chúinn, bhí feamnach gann agus gach leasú eile. Bhí báid Dhún Chaoin ceangailte insa dlí comh maith le muintir an Oileáin seo. Tháinig lá ana-bhreá, agus do bhuail cúpla bád nó trí ó Dhún Chaoin isteach. Do líonadar na báid go maith don bhfeamnaigh. Bhí an taoide ana-láidir, toisc gur rabharta ana-mhór do bhí ann, agus an méid gaoithe do bhí ann is i gcoinne na taoide do bhí sí. Bhí breis moille ar cheann acu 'o bhreis ar an gcuid eile, agus do bhí an fharraige níos aoirde. Do líon an fharraige isteach inti agus síos léi; d'iompaigh a béal chúithi.

Triúr do mhair agus beirt do cailleadh, agus d'imigh an bád agus an fheamnach leis an muir. Pé faid roimis sin do bhíodar ag teacht, ní dóigh liom gur tháinig aon bhád ó shin go Beiginis ag baint aon fheamnaí, ná níor díoladh aon cháin riamh ó shin. Sin mar 'bhí na drochbhearta ag imeacht leo ó uair go huair, ar nós an deachú agus gach galar millte eile do bhíodh á agairt ar na bochtáin.

Tháinig máistir rince tamall ar cuaird chúinn, agus do chuir sé scoil ar bun ar feadh mí — cheithre scillinge an duine. Is é áit gur shocraigh sé ná i seanamhainistir na súpanna, [sa] pháirt do go mbíodh scoil ar siúl insa Drochshaol ann. Bhí urlár cláracha ann, agus do bhí fuaim agus fothram, leis, ann, agus dob é sin an chuid ba mhó don obair do bhí ar siúl, i dtosach na haimsire pé scéal é.

Níor mhór do chuir a n-ainm síos an chéad lá, ná do bhí i mbun díol, leis. Níorbh fhada go raibh breacdhuine ag teacht ar an scoil nárbh aon scoláire é, agus do bhíodh an t-oide ag múineadh gach nduine do thagadh, mar duine fíormhaith dob ea é agus níor mhaith leis caochóg ar cóisire do dhéanamh d'éinne, ach níor chuaigh san rómhaith dho.

Bhí mo cheithre scillinge thíos ina phóca aige, agus má bhí níorbh fhada go raibh a luach agam maidir le rince dho, mar sa tigh go mbíodh sé ar lóistín bhíodh sé in achomairc dom, agus do bhíodh sé 'om mhúineadh gach uair do thagainn ina threo. Níor rófhada go rabhas im rinceoir iontach ach, ar nós gach dlí eile, agus inniu féin, níorbh fhada gur ghluais an dream go raibh díolta acu ag cur stop leis éinne eile do mhúineadh, agus do briseadh suas an scoil. 'Sé an formad céanna atá ag lat na tíre fós, agus do bheidh is baolach.

PÓSADH AN RÍ

Tar éis an duine uasail d'fhágaint an Oileáin, an Inid do bhí chúinn do tháinig scéala cleamhnais chuin an Rí ó Dhún Chaoin. Ní raibh teideal an Rí an uair seo aige; mar sin féin ní rabhadar go holc as. Cúpla bó do fuair sé le séithleánach mná ná raibh róchrotúil, cé gur bhreá an fear é fhéin san am úd.

Bhí flea agus féasta ar an bpósadh, dar ndóigh, agus muintir Dhún Chaoin go maith chuin é a chaitheamh 'deir bhia agus dhigh. Ar bheith ag dul abhaile dhóibh, d'iompaigh an bád orthu ag an gcaladh sa Bhlascaod. Bhí beirt acu fúithi istigh. An uair a déineadh iad d'fhuascailt ní raibh iontu ach an dé. Mná leanbh do bhí ag crú a gcuid bainne cí' agus á chur le spionóig orthu, ach tar éis uair a' chloig do bhíodar ag casadh ar fheabhas.

Bhí cheithre phósadh eile i nDún Chaoin an oíche do bhí sé i dtigh an Rí insa Bhlascaod, agus is beag nár mhairbh an paróiste a chéile. Níorbh ionadh san agus an bheoir go léir ann, agus an méid asacháin do bhí eatarthu le fada 'o bhlianta roimis sin ba anois an t-am chuin iad do chur i bhfeidhm. Tar éis achrainn na hoíche dob éigeant seisear acu do chur go dtí an t-óispidéal agus ní ró-éascaidh do thánadar as, agus do bhí cuid acu gan mhaith riamh ó shin. Fear do buaileadh le buidéal, fear eile le cloich. Fuair duine acu buille mar 'fuair Eoghan Rua le tlú na tine ó bhean tí acu, ach cailleadh Eoghan is mhair so.

An Chaora Odhar

Do theastaigh uam dul ag baint dorn móna an lá so, mar do bhí an lá ana-bhreá agus gan mórán don tseanamhóin ar ár láimh insan am chéanna.

Do phreabas liom an doras amach, ramhann néata agam i bhfearas agus i bhfaobhar agus, cé ná rabhas cosúil i bpearsain le héinne d'Fhiannaibh Éireann, ní rabhas le cáineadh im cháilíocht féinig: do bhíos mear tapaidh deigheolais.

Do chuireas chuin bóthair i gcoinnibh an chnoic, gan luas anáile[4], gan crampa i gcois, gan freanga i láimh, gan tinneas i gcroí, nó gur shroicheas lantán dar liom go raibh mianach maith móna ann, agus oiread im thimpeall di agus nár ghá dhom a bheith ag lorg na dtúrtóg ar a tuairisc, toisc faobhair[5] chuin gnótha do bheith orm chuin saothair mhóir do dhéanamh.

Toisc ná raibh aon ghadsádaí do bhéarfadh mo dhínnéar chúm insa tigh againn ach an bheirt aosta, do bhuaileas féin chúm canta maith aráin, arán cruaidh buí go maith do mhin ghairbh, ach go raibh sé geal lasmuigh le plúr ar nós 'bheadh aol fé thigh, buidéal pint bainne ó chois na bó, agus tuairim cosúil gearraphráta maith[6] d'ailp ime. Agus cé ná fuil na nithe seo le moladh anois acu chuin bídh, ba shásta do bhíos-sa leo an uair úd, mar do bhí muileann béil chuin a meilte agam, ná mar 'táim anois, pé sórt a bhíonn ar siúl, an uair atá an muileann ar lár. Ach b'fhada ón bhfuadar do bhí chúm do chur chuin cinn me; ní mar 'síltar a bítar go minic.

---

[4] *Ls. ainnáile [= ineáile]*

[5] *Ls. faoír*

[6] *Ls. mhaith*

('Sí *An Chaora Odhar* go rabhas chuin tagairt di insa leathanach eile seo, ach tá sé ráite riamh gur caint do thairrigeann caint, agus is ea gan amhras.)

Ní rófhada do bhíos i dtosach mo dhreise, agus faobhar chuin mo ghnótha orm, an t-am gur bhuail an file Seán Ó Duinnshléibhe chúm, agus ramhann féna oscaill aige, chuin cos mhóna do bhaint é féin, agus cuid mhaith eile do ghluais mar é chuin portaigh do bhaint, mar do bhí an lá go haoibhinn agus gan mórán don tseanamhóin ann an uair seo gan a bheith dóite.

Ní dóigh liom go raibh file riamh le moladh chuin aon obair shaothrach eile do chur chuin cinn ach an fhilíocht amháin, agus dob in nó age Seán é. Tá sórt deimhniú agam leis an abairt seo, mar gach uair dá dtugainn[7] féin fé ranna do chur le chéile, ós minic déanta agam é, níor mhaith ar bhuín[8] ná ar mhachaire me an fhaid do bhídís 'deir lámha agam.

' 'Sea,' arsa an file liom, 'nách mór an obair duit a bheith ag baint mhóna a leithéid do lá comh te leis,' á chaitheamh féin ar an dtúrtóig. 'Suigh tamall,' ar seisean; 'tá an lá so fada agus beidh fionnuar tráthnóna ann.'

Ní rabhas róbhaoch dá chomhrá, ach gur bhuail náire me gan suí ina theannta. Rud eile, do thuigeas mara mbeadh an file baoch díom go ndéanfadh sé leibhéal orm ná beadh ar fónamh, agus me i mbéal mo thugtha amach san am so. Do shuíos ina theannta, agus gnó aige dhíom.

' 'Sea,' arsa an file liom, 'an chéad amhrán do dheineas riamh, b'fhéidir ná fuil sé agat,' ar seisean. ' 'Sí *An Chaora Odhar* an chéad cheann do dheineas riamh,' ar seisean, 'agus fáth maith agam lena dhéanamh,' ar seisean, 'maidir le holc.'

Cad deire leis ná gur thosnaigh le gach focal do rá dhi, agus é sínte siar ar shlait a dhroma, túrtóg do mhínfhraoch thíos fé, agus teas agus brothall ó lonradh na gréine ag teacht ón spéir fhíorghorm

---

[7] *Ls. d'tugaim*

[8] *? leg. mhoing*

ghlan do bhí as ár gcionn an uair seo ag tabhairt teasaíocht don
dtaobh as a chionn don bhfile.

Do mholas an t-amhrán go crannaibh na gréine, cé go raibh sé
'om priocadh go nimhneach ar shlí eile, 'sé sin ón ngnó tábhachtach
do chuireas romham ar maidin dar liom do bheadh déanta agam,
cosc curtha ag sámsaireacht an fhile leis.

'Beidh an t-amhrán ar lár,' ar seisean, 'mara bpriocfair suas é.
An bhfuil peann luaidhe id phóca, ná blúire do pháipéar?' ar seisean,
mar an té ná bíonn an t-ádh ina bhóthar ar maidin, agus Dia leis, níl
sé i gcumas an pheacaigh bhoicht féin mórán do dhéanamh. Inseann
an scéal so san, mar dhá ualach sean-asail do mhóin níor thit le
Tomás bocht an lá so go raibh an saothar mór beartaithe aige le
déanamh, agus do bhí an lá so ar na chéad laethanta riamh gur
bhraitheas an saol ag teacht im choinne, mar 'sea a bhí lá liom agus
chúig lá im choinne as so amach.

'Sea, níorbh ar mhaithe leis an bhfile do fuaireas mo pheann
luaidhe agus páipéar do bhí im póca, ach ar eagla go dtabharfadh sé
aghaidh a ghéirbhéil orm féinig, agus do chromas ar bhreacadh síos
mar 'ligeadh seisean as a bhéal. Ní insa teangain seo do bhíos ag
scríobh mar ná rabhas oilte uirthi insan am san, ach tuairim i
mBéarla. Ní raibh puinn suilt ag baint liom ag déanamh an ghnótha
so. Níorbh iontas san: fear go raibh gnó fuaimeantúil ar bun ar
maidin aige, agus anois é curtha i leataoibh age gnó gan aird.

Ar oscailt a bhéil don bhfile, do bhí sleabhac ar a bhéal ag
ligeant na gutha amach, go dtabharfadh duine an leabhar gurbh é
Murchadh Liath é an t-am gur tháinig sé fé bhráid Chormaic Uí
Chonaill[9]. Do bhreacas síos mar 'fhéadas, ar shlí do thug sruth-
mheabhair dom ar an amhrán agus, rud eile, má raghadh focal ar
iarraidh féin uam, ní raibh an ceannródaí rófhada uam agus eisean
go héascaidh chuin smut dá shaol do chaitheamh á chur i dtuiscint
dom, dá mbeadh an tseisreach sa bhfód aige féin.

---

[9] *Tagairt don leabhar* Cormac Ua Conaill, *leis an Athair Pádraig Ua Duinnín*
(Baile Átha Cliath, 1902), lgh. 1 seqq., 75 seqq.

San am go raibh an bheirt againn réidh le chéile, do bhí an ghrian ag maolú thar cnoc, agus ba dhícheall do Thomás a dhóthain céille do bheith aige insan am san, agus tar éis an fhile do scarúint uam is é an chéad rud do dheineas dul go dtí an dtúrtóig go raibh mo dhínnéar le hais léi, ach dob é sin dínnéar gan aird é. An canta d'arán bhuí do bhí ann ní dhéanfadh capall é a mheilt, agus mo chuid bainne ina chloich sa bhuidéal.

Do bhí ana-thrua agam don bhfile tar éis an tsaoil an uair d'ins sé dhom conas mar 'shroich sé an chaora agus cad é an t-anró do chuir sé dho a d'iarraidh í a shroistint. Bhíodh sé i gcónaí ag spailpínteacht, comh fada síos le Condae Luimne, agus ba bheag é a phá insan am úd ach suarachas. Ceann dos na blianta so, ar bheith ag tarrac ar an mbaile dho, do bhí aonach i nDaingean Uí Chúise. Bhí caoire á dhíol ann comh maith le aon rud eile. Do cheannaigh mo dhuine bocht caora bhreá ann, agus an méid do thug sé uirthi bainte as allas a chnámh aige. Thug leis abhaile í, agus níor mhór eile do bhí ar thóin a phóca tar éis a saothraithe dho. Ní raibh caora ar bith eile aige ach í insa lá san, agus do bhí cion maith aige uirthi.

Ní rófhada do bhí an chaora i seilbh an fhile an t-am gur baineadh dá treoir í, agus cé go bhfuair sé scéala go luath go raibh sí dhá cois níor chreid sé an scéal san mar, fén mar 'dúirt sé insan amhrán, 'mo mhuintir féin atá insa treo agus ní baol dom go bráth': a ghaolta féin ar fad do bhí ina thimpeall, agus níor cheap sé go raibh sé do chroiceann ar ghaol ná ar namhaid í a thrascairt ar an gcuma gur shroich sé í.

Is dóigh liom go mbreacfad ar leathanach acu so a dó nó a trí do rannaibh dár cheap sé. Is fadó do scríobhas í ar fad, agus is dóigh liom go mbeadh sí nua aríst le léamh. Pé díobháil do dhein an chaora don bhfile, níor chuas-sa saor, leis, cé ná rabhas ar an saol ná i bhfad ina dhiaidh.

Aoir an fhile ar na sladaithe

Seo síos mar 'dúirt:

Aréir is me go haoibhinn,
Is me sínte ar mo thaobh deas,
'Sea a rángaig ais taoibh liom
Do smaogaigh[10] me as meon:
Gur mharaíodar mo chaora
Insa líne do bhí taobh liom,
Gurbh aoibhinn an féasta í
Is gurbh aerach ar bord.

Do phreabas suas im sheasamh beo,
Níor chreideas féinig leath dá ghlór,
'Mo mhuintir féin atá insa treo
Is ní baol dom go bráth',
Nó gur eachtraigh an séimhfhear,
Dob fhearr méin agus tuairisc,
'An ní úd do hinseadh duit
Is fírinneach atá'.

Léan is náire is aithis chúibh,
A fhamily bhradach is measa clú,
'Sé slí é a lean úr gcaraid romhaibh
'S is cásmhar díbh é:
Gurb é a léann an t-oide múinte,
Atá as chionn na gcúig bparóiste,
Go ndíbreofar na ciontaigh
Chuin siúil ó Ríocht Dé.

---

[10] Ní fios cén focal é seo. Ls. smaogaig; Seanchas ón Oileán Tiar 32, smaoigig; Duanaire Duibhneach 56, sprioguigh.

Nára lia pláigh ná olc sa tír
Ná go sínfidh chúthu súd a lámh —
Marbhán i dtír ar chlár
In aghaidh an lae;
Agus mo mhallachtsa á shíordhúbailt
Gach nómait chinn do ló orthu,
A d'fhonn[12] sciúirse do thabhairt orthu,
Cé gur dlúth leo mo ghaol.

Dá bhficfása an éifid[13],
Is é ag féachaint mar ba ghnáth leis,
I ngéibhinn fé dhaorbhroid,
Is é daor ag an gcúirt,
Gur dhein Ó Conaill gléigeal
Déirc air mar ba ghnáth leis,
Mar shíl sé gur bhrá é
'Bhí daor gan aon chúis.

Dá mbeadh 'fhios ag Ó Conaill fios a shlí,
Is tapaidh do chuirfeadh croch ina suí,
'S a cheann do chur go barra an tí
Ar spéice go hard;
Is geallaimse le céill díbh,
Má théann go deo aríst ann,
A shaoradh súd ná déanfar,
Is gurb éigean do an bás.

Níl m'aignese sásta
Gan pláigh ina dtómas féinig,
Do chuirfidh deireadh leis an dtréad so
Ó eirleach níosa mó.

---

[12] Ls. A donnló
[13] Ls. éifeacht

Mo mhallachtsa mo rá leo,
Is ina dheáidh sin mallacht Dé orthu,
Do scuabfaidh iad ón saol so
Gan éinne acu beo.

'Siad so na chéad ranna do cheap an file riamh, agus do bhí bonn maith aige leis. Is mó ceann eile do cheap sé agus do chum sé, ach níor chuir aon cheann acu mise chuin deireadh comh mór léi seo gur chailleas tine ráithe móna léi an lá a chuir sé im chluasa í[14].

---

[14] *Ls. Mise, an fear thíar go léir [aige ina dhiaidh seo].*

10

Ós rud é gur chuir an file siar ó lá an tsaothair mhóir me, gan oiread agus portach móna do bhaint, do cheapas lá eile chuin a dhéanta. Níor thugas liom aon dínnéar an lá so, mar dúirt mo mháthair liom go gcuirfeadh sí giairseach ag triall orm le beagán do bhia the.

Sin mar 'bhí. Do phreabas liom an cnoc amach agus do thána suas le beirt eile go raibh an fuadar céanna chúthu. Ar an slí dhúinn chuin an tsléibhe, casadh súl dár thug duine acu cad do chífeadh sé ná ráth éisc fé ár mbun síos in aice na cloiche.

'An diabhal!' ar seisean, 'féachaig an t-iasc go léir ag ráthaíocht.'

B'eo linn abhaile agus siúl chúinn. Do cuireadh bád ar snámh agus buaileadh isteach na líonta inti, agus níor stadamair nó gur bhaineamair amach an áit go raibh an ráth, agus do bhí sí ar barra fós comh maith agus do bhí riamh. Do chaitheamair amach an líon agus do thánamair[1] timpeall uirthi. Do thógamair lán ár mbáid féin, agus do bhí lán báid eile insa líon fós.

B'éigeant fear do chur amach ar an gcloich chuin báid eile do theacht ón gcaladh chuin é a thabhairt chuin cinn. Is orm féin do deineadh beartú chuin dul abhaile agus lucht an bháid eile do sholáthar. Agus ní ar shon me féin á rá é, níorbh fhuiriste dhuit mo leithéid féin eile d'fháil do bhainfeadh barra an chnoic amach díom

---

[1] *Ls. tháineamair*

agus, ar shroistint an tí dhom, níor mhór na fearaibh do bhí le fáil, mar do bhí gach nduine acu ina phost féin.

Ní raibh sa Bhlascaod an bhliain seo — ach aon bhád amháin saighne — ach báid bheaga. Is ceann acu san dob éigeant dom a chur i bhfearas, agus beirt eile, seandaoine, im theannta féin an chriú do bhí inti. 'Sea, do dheineamair an bheart, mar do bhí an lá ana-bhreá. An uair do shroicheamair bád an tsaighne, do líonadh isteach an bád beag, an méid dob fhéidir léi do thabhairt léi. Ach fós do bhí an scéal comh breallach agus do bhí riamh, mar ná raibh an saighne folamh fós, mar go raibh lán báid eile d'iasc ann. Bhí an scéal so docht go maith, toisc fearaibh do bheith gann chuin báid eile do chur le chéile.

'Sé seift do deineadh ná an bád beag do bhí lán do chomáint abhaile agus an t-iasc do chur aisti, agus í a theacht arís. Sin mar 'bhí. Do buaileadh cheithre mhaide uirthi, agus fear dá stiúradh. Ní raibh sí i bhfad san am go raibh sí thar n-ais aríst. Do buaileadh isteach fén saighne í, agus do bhí a lán go smeig ann. B'eo leis an dá bhád in aonacht abhaile, agus iad síos go gunail. Maircréil Bhealtaine dob ea iad go raibh faid do láimhe is gach ceann acu. Dúirt na fir aosta ná feacadar riamh aon chlodach éisc ba bhreátha ná é in aon tsaighne amháin.

Do lean bráca maith ina dhiaidh sin é, é a ní agus solann do chur air, mar ná raibh ceannaíocht úr air insan am úd. Hocht míle maircréal do bhí insa chlais, mar do bhí an t-iasc garbh. Tnáite go maith do bhíomair tar éis iascaigh an lae, agus do chodlamair an oíche go maith, ná bíodh eagla ort.

Go moch ar maidin do buaileadh buille ar an ndoras. Bhí ionadh ar mo mháthair, mar is í a oscail é. Cé bheadh ann ná mac na caillí, agus é ag soláthar daoine chuin an tsagairt do thabhairt chuin a mháthar do bhí an-olc ó mheán oíche aréir. Do ghlaoigh mo mháthair orm féin agus me im thromshuan san am san.

Do phreabas im shuí. Ní raibh gnó agamsa teip im chuid féin den scéal, gan í a fhriotháilt i dtaobh an tsagairt. D'fháisceas suas me féin, agus do bhí sáspan bainne te agem mháthair an fhaid do bhíos á dhéanamh. Do shloigeas siar é agus canta aráin, agus amach an doras liom.

Do rángaig liom a bheith ar na chéad fhir do shroich an caladh, ach bhí fear ar fhear ag teacht nó go rabhamair le chéile. Bhí an mhaidean breá bog, ach go raibh sí dorcha. B'eo linn nó gur shroicheamair Dún Chaoin, agus chuaigh mac na mná breoite fé dhéin an tsagairt go Paróiste an Fheirtéaraigh, agus dailtín eile in aonacht leis.

Do bhí an lá á mheilt, agus ní raibh cú ná teachtaire ag teacht. Ach, fé dheireadh, agus an lá maol, do tháinig an sagart agus gan aon phioc do thuairisc na beirte eile aige ó ghlaodar go luath insa lá air. Chuireamair an bád go dtí an t-uisce, thógamair an sagart, agus as go brách linn chuin na farraige go dtí an Blascaod.

Níorbh fhada ó thalamh do bhíomair san am gur thit scailp cheoigh ná ficfá méar do chur id shúil. Ach do bhíomair ag rámhaíocht ar feadh i bhfad, ach ní raibh radharc ar thalamh ná ar thigh againn. Do bhíomair comh fada san ag obair gur bhuail tuirse sinn, mar do bhí 'fhios againn go rabhamair amú agus nárbh aon mhaith dhúinn a bheith ag obair i vásta. Do stadamair suas ar fad. Ansan d'fhiafraigh an sagart dínn an raibh an scéal tabhartha suas againn. Dúramair leis go raibh — go mbeadh an talamh againn fadó mara mbeadh sinn a bheith amú. Do mhúscail an sagart a leabhar agus, insan am san, súil dár thug fear éigin, do chonaic sé cloch nó stocán agus dob eo linn féna dhéin. Ach, mo léir, do bhíomair trí mhíle as compás.

'Sea, do thug sé sórt breacadh air féin nó gur bhaineamair an caladh amach, agus do bhí an tráthnóna ann an uair seo. Níor mhór an mhoill do dhein an sagart san am go raibh sé orainn aríst, agus do bhí an chantráth ann san am go rabhamair amuigh. Súil dar thug fear éigin, cad do chífeadh sé ná an dá dhailtín in iomall an chlodaigh, agus fuil ina slaoda ortha ó bheith ag titeam agus ag éirí le barr dí. Ach cad é an tábhacht duine acu, ach an fear go raibh a mháthair le béal báis, mac na caillí! Do chasamair ar an dtigh, agus ní raibh an lá ina shaoire againn ach oiread le lá an éisc mhóir.

Seo mar 'bhíonn saol an duine á mheilt, agus meiltar a lán do ar bheagthairbhe. Bhí mo sheachtain caite agam gan móin, an rud do chuireas romham ina tosach, ach go raibh dorn maith éisc agam.

Cúpla lá do mhair an chailleach ina dhiaidh seo. B'in obair eile: dul go dtí an baile mór agus nithe 'rúnach do thabhairt as — tórramh. Is gnáthach gurb iad an mhuintir do thugann an sagart chuin cinn do thugann an tórramh leo. Leis sin, níor imigh an cúrsa i gan fhios domsa, dar ndóigh, mar tháinig an mac go béal an doiris. Níor dheacair do, mar do bhí aghaidh an dá dhoiris ar a chéile agus gan eatarthu ach tuairim faid capaill do shlí. Ní hé an t-eiteach do thugas uam, dar ndóigh. Dob é seo an chrích dheireanach ar an mnaoi liath bhéal doiris agus, geallaimse dhuit, marar rángaig liomsa do bheith saibhir féin le linn imeacht di, nárbh ise ba chiontach leis, ná raibh faic agam le cur ina leith.

B'eo linn sa tsiúl, bád mór an tsaighne againn, hochtar fear againn, cheithre mhaide rámha, beirt ar gach maide do thrí cinn acu agus fear aonair ar an maide eile, agus fear dá stiúradh. Do shroicheamair Dún Chaoin. Do sholáthair sé capall ann, agus dob eo leo chuin bóthair. Triúr fear sa chairt: beirt ón Oileán, fear an chapaill, agus bean ina dteannta. Seananós is ea bean do bheith i dtreo gach tóirrimh. Ar a shon ná rabhas ag caint, do cheapas ná beadh an capall age baile go hobann, ach do bhí.

Bhí tórramh maith ar an gcailligh comh maith leo. Bhí piunt leanna duibhe, leis, le fáil ann agus gloine bhiotáille. Bhí an lá gur tógadh amach í ana-bhreá, ach go raibh a háit dúchais achar maith ó bhaile, i dTeampall Fionntrá. Bhí tigh tábhairne insa pharóiste sin, agus ba ghnáthbhéas age lucht sochraide babhta óil do dhéanamh ann. Do chuaigh ár bhformhórna, leis, an lá so ann. An fear nár chuaigh, do bhí sé ag baint an tí amach, agus é déanach go leor san am go raibh sé bainte amach againn. D'fhan cuid eile acu insa pharóiste go dtí Iarnamháireach, agus timpeall meán lae do shroicheadar an baile.

'Sea, do bhí an méid sin déanta, ach ní chothaíonn an marbh an beo, agus do bhí gach nduine againn ag beartú ar an ngnó ba mheasa gan déanamh. Agus, ón uair gurbh é am na móna do bhí ann, is fén gcnoc do bhí gach nduine ag tabhairt, agus an fear mar 'bhíodh ullamh is ann do thugadh sé a aghaidh. Do bhí mo ramhann féin insa phortach i gcónaí, agus gur chuma liom dá mbeadh an mhóin bainte agam sara mbeadh an triomach tagthaithe, agus níor stadas don ráib sin nó gur rugas ar fheac na ramhainne[2] im dhóid.

Bhíos ag déanamh go hálainn ar feadh formhór an lae, agus saothar maith déanta agam san am gur ghluais chúm fé bhráid ba do thiomáint abhaile gach a raibh do mhná óga insan Oileán.

Na mná óga

Dob eo chúm na mná óga so, duine acu ag staitheadh mo chluaise, duine eile acu ag baint na ramhainne[3] as mo láimh, beirt eile ag faire orm chuin me a chur ar shlait mo dhroma 'on phortach, chuin go mbeadh seó acu orm. An cleas ná bíodh machnaithe age duine acu, do bhíodh sé go luath age duine eile.

Is maith do bhí 'fhios agam go raibh mo chuid móna bainte insa lá san an t-am go bhfeaca mapa an chéad chinn acu ag teacht im sholas. Mar, an méid d'óigmhná do bhí ann an uair sin, ba gheall le patfhiain do bhíodar agus, cé go rabhas bogchortha go maith rompu, go fíor is iad so do chuir críochnú ar mo bhráca. Níorbh ionadh san: seisear d'óigmhná do bhí i mbéal a dtugtha amach, lán do theaspach, pé sórt bídh nó dí do bhí acu. Ach is fuiriste fuineadh i dteannta na mine, agus dob in nó acu so é, pantalóga tútach láidir do bhí comh folláin leis an mbreac sa mhuir, gur chuma dhóibh cad do bheadh ar an mbord acu, agus ba chuma leo é.

Dá dhéineacht do chuadar orm, níor chuireadar chuin feirge ná chuin oilc me; dar ndóigh, dob ait an rud dom dá gcuirfidís: is é mire na hóige do bhí ag cur orthu agus, dar ndóigh, nárbh é mo cheartsa an spréach chéanna do bheith ag baint liom féin, mar ba mhó fear óg mar me gurbh fhearr leis iad so do bheith ag imirt air ná a raibh do mhóin ar na sléibhte. 'Sé faitíos is mó do bhí orm go gcuirfeadh an seisear le chéile chuin mo bhríste do bhaint díom, ach níor buaileadh ina n-aigne san do dhéanamh.

---

[2] *Ls. roinne*

[3] *Ls. ruinne*

Ceann dos na laethanta ina dhiaidh seo, 'sé sin an lá go rabhas chuin deireadh do bheith agam léi go dtí an aithbhliain, pé mhairfeadh, cad do bhuailfeadh chúm ná an scol céanna ban óg — ag tiomáint ba abhaile do bhídís, agus crosa ag baint leo ina theannta san. Do fuaireadar amach me gan amhras.

B'eo chúm láithreach iad, ag caitheamh urchar agus ag déanamh gach cros. Toisc gurbh é an clabhsúr agam féin ar bhaint na móna é, dúrt liom féin go gcaithfinn an chuid eile don tráthnóna ag súgradh leo. Ní raibh aon duine don seisear go sméidfinn uirthi ná go raghadh liom go toilteanach chuin dlúthcheangal do bheith eadrainn, agus pé duine go raibh mo shúilse air san am san níorbh ar éinne don seisear é. Ba chuma san; níorbh aon urchar millte liom tamall grinn do bheith agam orthu, rud is go raibh go díreach.

B'é crích agus deireadh na mbeart é nár mhór an luach dob fhiú a raibh do bhalcaisí ar an seisear pantalóg, agus pé tuirse do bhí orm d'imigh sé dhíom, mar do thugadh an seisear féin fé chéile go minic, agus ba chomhluath ina seasamh iad nó a dtóin as a gcionn, agus go lánmhinic cuid dá gcorp le feiscint nár sheighneáil an ghrian riamh roimis sin air go dtí an uair seo.

Is fada do bhí cuimhne ar an dtráthnóna úd agam, agus tá fós. Dúirt an t-údar: 'Is aicme iad na mná nách fearrde duine a bhíonn leo,' agus dob in nó agamsa é, mar do chuireadar ar seachrán óm ghnó as san amach me.

11

Bhí an mhóin bainte agam anois agus me scothshásta, ach go raibh a lán fós le déanamh léi an uair do bheadh sí tirim, agus do bhí tosach an triomaigh á theaspáint féin cheana. 'Sé rud do chuireas ar bun ansan ná dul lá eile agus clochán breá d'fheistiú, chuin ná beadh agam ach í a chaitheamh isteach ann an uair do bheadh sí tirim, mar ba mhoill lá eile é.

Bhí an lá so scuabach láidir garbh tirim, agus é 'rúnach go maith chuin an ghnótha so do chuireas romham agus, an uair do fuaireas me féin ullamh, b'eo liom an cnoc amach. Agus an uair do shroicheas chuin cinn, do chaitheas díom anuas go dtí an léine, mar do bhí foithin mhaith insa lantán so go raibh an gnó agam le déanamh.

Do chuas ceangailte isteach i múchán nár bogadh le daichead nó trí fichid blian roimis sin, agus do chromas ar bheith á réiteach agus ag ceapadh an chlocháin nua. An uair do bhí tréimhse mhaith ar saothar agam ann, do bhí coileán madra in aonacht liom, agus níor bhraitheas faic nó go raibh sé gafa 'deir mo dhá chois, agus é rite siar fé chab lice go raibh cabha mór amach uirthi agus í folamh fúithi siar. Do chuaigh mo choileán comh fada siar fén lic ná raibh blúire agam le feiscint do.

(Fén mar 'tá luaite agam i dtaobh na n-óigbhan roimis seo gur bhaolach ná raghadh mo ghnóthaí chuin cinn go ceann achair mhaith dá ndeascaibh, bhíos fíor, mar an uair do chonac do mhuin mhairc a chéile an tráthnóna úd iad do buaileadh im aigne ná beadh aon ghnó ba thairbhí dhom ná ceann do shroistint dom féin, agus an t-am agam an uair seo.)

'Sea, do bhí mo choileán deas scartha liom, agus ba choileán deas féin é. Rud eile, an ainm thaitneamhach dheighcháiliúil do bhí air, sinn dulta go dtí Fiannaibh Éireann chuin ainm do sholáthar do, mar Oscar an ainm do bhí air. Do bhí saothar an lae i leataoibh ag an gcoileán orm, agus do bhain sé óm threoir agus ón bhfuadar do bhí chúm gan rómhoill.

Do chromas ar ísliú síos agus ar ghliúcaíocht isteach fé chab na lice, agus timpeall orlach do bharra a eireabaill do bhí le feiscint agam. Do chromas ar ghlaoch air, ach níor mhór an mhaith dhom, agus do thuigeas gur i ngreim do bhí sé.

Bhí an scéal go hait ansan agam. Ní raibh clochán nua déanta agam. Bhí mo choileán ar iarraidh uam. Rud eile, do bhí eagla roimem athair agam, mar gurb é do thug ó Dhaingean Uí Chúise é, agus é ar a dhrom i gcléibh hocht míle 'shlí.

Do bhí dubhán mór im póca agus corda maith, agus do cheanglas d'fheac na ramhainne[1] é. Do chuireas siar 'on pholl é comh fada agus d'fhéadas. Do rángaig leis an ndubhán dul i ngreim sa choileán in ard a thóna. Do thairrigíos chúm é, agus do ghluais liom go réidh, agus seibineach do choinín ina bhéal aige. Bhí an coinín marbh, agus an lámhóid tosaigh ite aige agus, an uair do bhaineas as a bhéal é, do thug aon léim amháin, agus do chuaigh 'on pholl chéanna agus, ar fhéachaint ina dhiaidh dom, ní raibh blúire le feiscint do. Ní rabhas istigh liom féin.

Ar shroistint an tí dhom, ní rabhas róshultmhar. Do chuireas tharam an coinín ar crochadh. Bhí an bia ullamh gan dabht, agus do chuas go dtí an bord.

'Is dócha,' arsa mo mháthair, 'gurb é an coileán do rug ar an gcoinín duit.'

'Is é,' arsa mise, 'agus tá sé féin i ngeall leis.'

'Conas san?' ar sise. 'Anb amhlaidh do chuaigh sé leis an bhfaill?'

---

[1] *Ls. rainne*

'Ní hamhlaidh, ach tá sé thiar fé chab cloiche.' Agus d'inseas di fén mar 'bhí ó thosach, agus conas mar 'thugas liom leis an ndubhán é, agus mar do rop sé siar fén gcloich aríst é féin gan mhoill, 'in áit go bhfanfaidh sé go deo,' arsa mise léi.

'Ná bac san do,' ar sise.

Ní raibh smiog as bhéal m'athar ar feadh an méid seo cainte, agus do cheapas gur ag bailiú lóin dom do bhí sé, agus nár bheag dom a luaithe do chloisfinn ag caint é, mar do cheapas go dtuigfeadh sé gur lem shuaraíocht féin do dh'imigh an coileán uam.

Is minic nách mar 'thuigeann duine dho chách do bhíonn sé, agus dob in nó agamsa lem athair é, mar an uair do labhair sé do bhí fuaimeant lena chaint.

'Is dócha,' ar seisean, 'ná raghadh Oscar siar 'on pholl thar n-ais mara mbeadh gur bhraith sé coinín eile ann, agus b'fhéidir dhá cheann agus trí cinn,' ar seisean.

Níl aon abairt age clainn le clos is compordaí dhóibh ná athair agus máthair mhaith, agus dob in nó agamsa é mar, dá mhéid an dul thrí chéile do bhí orm ag fágaint an chnoic dom, is roimis an mbeirt do bhí an chuid ba mhó dho orm, ach is amhlaidh do chroitheadar díom a raibh orm do, agus d'fhan an scéal mar sin go dtí amáireach.

Pé maidean do ghlac suan me níorbh í an mhaidean amáireach í, toisc machnamh an choileáin do bheith im cheann. Dá dheascaibh sin, do bhíos im shuí ar bhreacadh an lae. D'itheas cúpla greim agus tuairim cnagaire bainne. Do bhraith mo mháthair me, agus do chuir ceist orm cá rabhas ag dul comh moch, gur chóir go raibh an lá fada agam, 'agus an bhficeann tú t'athair timpeall?' ar sise.

'Ní fhicim,' arsa mise.

'Ó, tá tamall ó dh'fhág sé an leabaidh, agus is dócha gur chuin an chnoic do thug sé a aghaidh,' ar sise.

Do chreideas an scéal go maith agus, an uair do bhíos ullamh, do chuireas díom ina dhiaidh. Níor stadas don ráib sin nó gur bhaineas amach an lantán go raibh an obair ideir lámha agam. 'Sé an chéad rud do chonac ag teacht fém dhéin ná Oscar, agus níorbh fhada gur bhain amach me, agus ba dhóigh leat go raibh leathbhliain ó chonaic sé me. Do shroicheas m'athair do bhí ag an lic, agus é tar éis Oscair d'fhuascailt, agus chúig cinn do choiníní móra groí aige, iad bainte as an bpoll aige in aonacht leis an gcoileán.

Ba ghlioca m'athair ná mise go mór, mar do dhein sé fáibre age bun na cloiche, mar ar dhóigh leis tóin an phoill do bheith agus, an uair do chuir sé isteach a lámh, do bhuail coinín leis agus dhá cheann, nó go raibh na chúig choinín aige ba bhreátha do baineadh as aon pholl amháin riamh. Do bhuail ar a dhrom chuige iad, agus do bhí a bhogualach aige. Agus do dheineas-sa an clochán nua.

Do cheapas go mbeadh sánas agam an uair do bhí an mhóin bainte agus an clochán réidh agam chuin í a chaitheamh isteach ann an uair do bheadh sí tirim, ach ní hamhlaidh do bhí, a mhic ó.

Fear ana-mhoch dob ea m'athair riamh, as a óige agus eile, agus is minic adeireadh sé ná raibh aon chrích riamh ar an té do bheadh ar shlait a dhroma sa leabaidh agus an ghrian go soilseach ar an spéir, agus fós gur dhrochní dhon tsláinte é.

'Sea, pé rud adúirt sé riamh, do chuireas-sa romham an mhaidean so sraice 'á bhreis do bhaint amach, nó go mbeadh gnó eile ar oscailt agam. Níorbh fhada gur bhraitheas gur labhair an fear ar an dtinteán, agus d'fhiafraigh an raibh Tomás ina dhúiseacht. Dúirt mo mháthair leis ná raibh.

'Canathaobh?' ar sise.

'Tá an bád ag dul ag triall ar róinte,' ar seisean. Uncail dom dob ea an té a labhair, deartháir dom mháthair. Do cheapas gurbh é m'athair ar dtúis do labhair, ach níorbh é, mar is siar chuin na trá do bhí sé.

Do phreabas im shuí agus, an uair do bhí greim caite agam, do bhuaileas greim eile im póca, agus do thugas m'aghaidh ar an mbád. Do bhí gach fear eile ullamh romham, agus fearaistí 'rúnach acu chuin na róinte do bhaint dá dtreoir: téada chuin iad do tharrac amach as an bpoll an uair do bheidís marbh; maide mór láidir go mbíodh ceann ramhar amuigh air — agus níor mhór san chuin iad súd do thrascairt. Insa tsiúl linn an caladh amach.

Bhí bád eile imithe ó mhochóirí na maidine, ach gur fés na Blascaoid Bheaga do thugadar san a n-aghaidh. Inis Mhic Uibhleáin do bhaineadar amach, áit nótálta chuin róinte do bheith i bpoill ann, mar tá na poill inti go flúirseach. Aimsir chiúin nár mhór duit agus tráigh bhreá rabhartha.

'Sea, do shíneamair amach na cheithre mhaide righne mhíne[2] bhuana bhána bhaisleathan, gotha do bhíodh ar characháin na Féinne go minic sa tseannaimsir, agus níor stadamair don ruathar reatha san nó gur shroicheamair béal an phoill go raibh beartaithe againn air.

Is insa cheann thiar don Oileán Mór do bhí an poll san. Poll contúrthach dob ea é sin: tarrac do shíor ina thimpeall, tamall maith do shnámh ann, agus an snámh le déanamh ar do chliathán, mar níl insa scoilt poill atá ann ach slí an róin go beacht.

An uair do stad an bád age béal an phoill, do bhí súrac mór tairric ann. Go minic do líonadh béal an phoill ar fad, insa tslí go gcuirfá do shúil go brách don duine do bheadh ar an dtaobh istigh do, agus d'fhág san ar bheagán cainte a raibh insa bhád againn. Ní raibh d'óigfhir inti ach mise agus buachaill eile, mar ní raibh ár leithéidí oilte a ndóthain ar an sórt so gnótha, ach fearaibh fásta scothaosta.

Ní hiontas cad é an sprid do bhí insa seana-Ghaeil anallód. Do labhair captaein an bháid agus dúirt: 'Cad do thug anso sinn, nó an bhfuil éinne toilteanach le tabhairt fén bpoll?' ar seisean.

Is é m'uncail d'fhreagair é. 'Raghadsa isteach,' ar seisean, 'má bhíonn fear eile in aonacht liom.'

D'fhreagair fear eile do bhí insa bhád é. 'Beadsa in aonacht leat,' ar seisean. Fear dob ea é seo go raibh gá maith le smut do rón aige, mar dob é an turaireacht do bhíodh an chuid ba mhó dá shaol aige, muirear mór aige, agus gan éinne aige ag déanamh cabhartha dho ach é féin.

'Sea, do fuair an bheirt réidh iad féin. Do bhí droichead ar bhéal an phoill, agus an t-uisce as a chionn agus féna bhun. Do bhí ar bheirt dul ar an ndroichead chuin na beirte eile do ligeant isteach. Bhí snámh maith age fear acu, ach ní agem uncail é.

B'eo isteach an snámhaí chuin tosaigh, ceann na téide ina bhéal aige, an maide maraithe féna oscaill aige, coinneal agus lasáin ina

---

[2] *Ls. bhínne*

chaipín aige, agus an caipín ar a cheann. Níorbh aon mhaith dul 'on pholl gan solas, mar do bhí sé ag dul rófhada ó bhaile. B'eo isteach m'uncail ina dhiaidh, téad eile ar a chorp féin, agus lámh leis i ngreim insa téid do bhí istigh ag an snámhaí, agus a ceann san i ngreim istigh, agus an ceann eile dhi i ngreim insa droichead amuigh chuin í a bheith 'rúnach i gcónaí.

Me féin agus an fear óg eile do bhí insa bhád do bhí ar an ndroichead amuigh chuin na róinte do tharrac amach ón mbeirt istigh. Do las an bheirt istigh solas agus, ar dhul go tóin an phoill dóibh, do bhí clodach róinte ann, beag agus mór, fireann agus baineann. Bainirseach is ainm don gceann baineann agus tarbh a tugtar ar an gceann fireann, agus bíonn cuid acu nách féidir do mharú bán ná dearg; is minic nár déineadh[3].

Do phrapáil an bheirt istigh iad féin chuin an ghnímh éachtach do bhí rompu amach. Smaichtín maide age gach nduine acu, agus iad ag fuarmáil ar phlaosc gach cinn acu so. Níor mhór san do dhéanamh mar, an ceann do bheadh ina thost, do bheadh sé éalaithe uait gan mhoill. An choinneal ar lasadh ar bhollán cloiche acu, léine phlainín ar chorp gach fir acu, agus í tar éis gabháil thríd an sáile, dar ndóigh.

'Sea, an uair do bhí an t-eirleach déanta acu, agus a raibh ann marbh, do bhí callóid eile rompu, mar do bhí an chuid mhór acu so ana-throm agus an poll an-achrannach[4], bolláin mhóra chloch ideir iad agus an t-uisce, agus an phasáiste rófhada.

Níl aon teora leis an acfainn do bhíonn insa duine aonair an uair is gá dho é, agus an gníomh do dhein an bheirt seo ar an gclodach do chorpaibh mharbha do bhí féna mbráid in áit anacair! Do chuireadar gach ceann do hocht cinn go dtí an t-uisce agus, insan am go raibh san déanta acu, do réab an poll le tarrac, agus b'éigeant do bheirt againne do bhí ar an ndroichead greamú in airde ar thaobh an fhalla.

An uair do bhí an rabhait sin glan leis, do tháinig sánas air, agus do chuir an fear istigh glam as an téad do tharrac amach. Do

---

[3] *Ls. déannach*

[4] *Ls. acharnach*

cheapamair gur duine acu féin do bhí insa téid, ach níorbh ea; cheithre cinn do róinte móra do bhí ceangailte inti.

B'éigeant ceann na téide do chur 'on bhád, agus í a fháil aríst le cur 'on pholl. Do snaimeadh an téad don dtéid do bhí i gcónaí sínte insa pholl, agus do labhair an fear do bhí im theanntasa ar an ndroichead do ghuth ard á rá leo í a tharrac isteach aríst, agus do dheineadar é go mear tapaidh. Ní raibh rómhoill ann an t-am gur scart an fear istigh í a tharrac amach aríst, agus an tarrac ag dul le buile insan am san.

Ar tharrac na téide dhúinn, is amhlaidh do bhí cheithre cinn eile do róinte le feiscint againn, an uair do cheapamair gur duine acu féin do bheadh inti. Bhí orainn déanamh mar 'dheineamair cheana: ceann na téide do chur go dtí an bád, agus í a fháil thar n-ais chuin í a chur 'on pholl. Sin mar 'bhí; do cuireadh in úil dóibh an téad do tharrac isteach agus deabhadh do dhéanamh. Do bhíodh orainn an droichead do dh'fhágaint go mion minic insan am so le borradh do dheineadh an poll do líonadh.

'Sé an snámhaí do chuaigh 'on téid ar dtúis agus ligeant don bhfear eile dul sa téid do bhí do ghnáth sa pholl. Thug an snámhaí achar fada insa scoilt, nár fhéad sé an droichead do bhaint amach le méid an tairric; do shroich sé insa deireadh, agus an léine do phlainín do bhí air ina mionrabh. Do ghluaisigh m'uncail bocht gan snámh ar an dtéid dheireadh. Agus é ag déanamh ar an ndroichead do bhris an téad. Do phreabas don droichead isteach fén bpoll; do shnapas an téad bhriste; do thugas m'uncail maith saor. Bhí snámh agam an uair úd!

Bhí an bád mór do bhí againn síos go gunail: cheithre bhainirseach, dhá tharbh agus dhá athrón. Bhí rón i dtómas gach nduine do bhí insa bhád. Do bhí saitheach lán age gach fear. Do bhí sé déanta amach insan am san go raibh gach saitheach róin comh maith le gach saitheach muice.

Do chuaigh na croicinn hocht puint, punt an ceann le chéile, agus is ait mar 'bhíonn an saol ag dul thrí chéile: ní bhuailfeadh aon duine [anois] a phus ar aon bhlúire dho; déinid siad é a leaghadh chuin solais, mar bíonn íle an domhain iontu. Rud eile, dá mbronnfá an croiceann ar dhuine uasal ba dhícheall do é a bhreith uait, agus is fada gur chuir éinne aon fheiste ar aon cheann acu, ach é a chaitheamh chuin na madraí. Ba chúnamh maith chuin maireachtaint insa tsaol úd iad, ideir chroiceann agus iasc. Bhí paca mine le fáil ar chroiceann róin san am úd. Níl aon áit go dtabharfá píosa róin leat ná go bhfaighfá a mheáchtaint do phíosa muicfheola má bheadh insa tigh.

Níl 'fhios ag éinne cad is maith dhóibh le n-ithe, mar na daoine do bhí ag caitheamh na nithe seo do bhíodar dhá uair níos fearr ná na daoine atá anois ann. Deireadh daoine bochta fén dtuath gur dhóigh leo go mbeadh saol an fhiolair acu dá mbeadh bia daoine acu do bhíodh i nDaingean Uí Chúise. Ach is amhlaidh mar 'tá an scéal go bhfuil lucht an bhídh mhaith insan uaigh fadó agus lucht na gorta ina steillebheathaidh fós.

Tigh an Rí i mBarr an Bhaile. An taobh istigh.

12

Bliain mhaith phrátaí agus éisc agus thine an bhliain seo, tuairim 1878, agus dob fhuiriste do dhaoine bochta tamall don tsaol do chur díobh aon uair do rángódh an sórt san saoil acu. Is gnáthach bliain dá sórt riamh go ndéintí mórán cleamhnaistí do chur thrí chéile. Timpeall na Nollag sa mbliain seo do bhí caora ramhar ar crochadh is gach tigh insan Oileán so, agus do bhíodh coiníní go flúirseach, leis, ann, agus feoil ón mbaile mór.

Ní dóigh liom go mbíodh oiread feola in aon bhaile eile tuaithe ar na ceantair agus do bhíodh insan Oileán san am úd. Bhíodh buidéil uisce beatha, leis, ann. Bhíodh cuid acu fachta i dtabharthas, agus cuid eile ceannaithe. Is cuimhin liom gan a bheith insan Oileán so ach aon oigheann amháin, agus do bhíodh an ceann san seacht lá na seachtaine gan an tine d'fhágaint.

Ba bhéas ages na hoileánaigh siúl ó thigh go tigh Oíche Nollag, agus is é sin cuma go gcuirtaí crích ar an ndigh. Bheadh gach nduine ar dheireadh na hoíche ullamh chuin dul go dtí an t-aifreann má bheadh sé i gcumas na mbád é a rith amach. Is minic gurb ar a tharrac do bhíodh a shábháilt acu go minic, le scríobaibh agus le farraige, ach do thugadh Dia saor iad i gcónaí. Ní déintí buidéil Dhún Chaoin do dhiúgadh i gan fhios dóibh, agus do bhíodh a bhformhór ar bogmheisce agus ar mórmheisce[1] ag teacht

---

[1] *Ls. mhór mheisge*

abhaile dhóibh. Is dóigh liom ná fuilid comh dian anois agus do bhíodar an uair úd.

Bhíodh aodhaire in Inis Mhic Uibhleáin an uair úd, Muiris Ó Dálaigh a ainm, agus do bhí saol maith aige inti, 'sé sin an uair d'fhás a chlann féin suas; go dtí san ní raibh aige ach drochshaol. Ach do tháinig ana-ghlaoch ar an sórt éisc go dtugtar gleamaigh orthu (iasc sliogánach is ea iad); do bhí glaoch mór ó Shasana an uair úd orthu, agus do bhí clann an aodhaire suas lena linn agus bád acu féin.

San am san do bhínn féin go mionmhinic oíche inti thiar, mar bhímís ag lorg éisc siar i gcónaí agus, mara mbuailfeadh an t-iasc linn chuin teacht abhaile leis, do bhuailimís isteach an bád, mar dob in é an fógra do bhíodh fachta againn ó bheirt aosta an tí.

Deireadh na daoine gurbh iad so an bheirt dob fhearr do sheasaimh riamh insa Chloich, agus do bhí bun fé leith acu le bheith go maith dhúinne. Bhí cúigear mac acu agus cúigear iníon, an chlann ba bhreátha lena chéile do bhí ag aon bheirt amháin le sinsearacht.

Ní raibh aon fhear óg ag leanúint an bháid ach mise agus, toisc san a bheith i gceist, do bhíodh ceaintíní agamsa agus acu féin le chéile, agus níorbh fhada go raibh ceann acu agus me féin ag síorshúgradh le chéile — cailín deas breá, an t-amhránaí ba bhreátha do bhí ar siúl lena linn. Bhí a lán turas tabhartha againn an saosúr san inti, agus saol maith, leis, againn. Bhí an bhliain go breá againn go Nollaig.

Bhí dhá mhuic bhreátha age fear na Cloiche agus toisc iad do bheith comh maith dhúinn i gcónaí, do gheallamair dóibh go raghaimís ag triall ar na muca insa tseachtain do bhí chúinn. Ní raibh aon aonach ann an uair sin ach gach Satharn. 'Sea, do tháinig lá breá insa tseachtain go raibh beartaithe ages na Dálaigh na muca do thabhairt aniar, agus níorbh fhada dhon mhaidin gur bhuail mo sheanuncail chúm isteach, an t-uncail úd gur chuas 'on chontúirt mhór á shaoradh i bpoll na róinte an uair do bhris an téad. (Ní raibh aon duine eile ar an dtalamh san am san go raghainn 'on dainséar san do an lá san, mara raibh m'athair amháin, cé go raibh beirt eile dearthár aige, agus beirt uncailí dhomhsa dob ea iad gan amhras.)

An uair do bhuail sé isteach an mhaidean so —

'Dhera, cad é an fuadar so inniu chút?' arsa mise leis.

'Tá, a bhuachaill, beidh lá maith inniu againn. Ragham ag triall ar na muca,' ar seisean. 'Agus, is dócha,' ar seisean aríst, 'nách aon leisce do bheidh ortsa ag dul ann, pé duine eile go mbeidh sé air,' arsa an t-uncail.

'Dhera, canathaobh é seo?' arsa mo mháthair — is í a fhreagair ar dtúis é.

' 'Dhia, léan áir uait, más mar sin atá an scéal agat!' ar seisean. 'Ná fuil a bhfuil do mhná óga insa Chloich ag cailliúint a meabhrach ina dhiaidh seo, agus tá siad inti go hálainn,' ar seisean, 'agus nár chóir go bhfuil duine acu ag teastabháil go maith uaitse,' ar seisean. 'Bí amuigh do dhá léim!' ar seisean liomsa.

Díreach agus me fáiscithe suas, agus bhí an bia gan ithe agam fós, sin é an uair do bhí an t-uncail ag cur an doiris amach do. Do phreabas ina dhiaidh agus do chasas isteach é. Do bhí 'fhios agam ná raibh bolg an fhir bhoicht[2] rótheann ar maidin, mar do bhí muirear gan chúnamh ag brath air, agus gan an saol rómhaith insan am úd.

Cuireadh muga adhmaid dhá phint do leamhnacht chuin gach nduine againn, triantán aráin agus pláta éisc, agus do chrom beirt againn ar a bheith á mheilt go tiubh. Do phreab seisean ina shuí, agus seo mar 'dúirt:

'Mo chorp ón ndiabhal, go mairfinn trí lá ar a bhfuil im chorp anois!' ar seisean. 'Seo, bí amuigh gan mhoill,' ar seisean, ag preabadh amach é féin. Do thugas an dá sháil do amach ina dhiaidh. Bhí an chuid eile don chriú ag teacht orainn gan mhoill.

Do bhuaileamair síos an bád, agus ní raibh bád riamh ag dul in aon áit comh fonnmhar agus do bhí sí ag dul go dtí an Inis seo. Bhíodh saol maith le fáil inti, leis, mar bíonn na clocha so ana-fháltaiseach: coiníní, caora mharbh, éin, agus gach uile rud suaithinseach; cheithre cinn do bha bainne; gan aon im le díol ach an méid do bhíodh ann é a ithe; báid ós gach áit i rith an tsamhraidh; agus an bainne milis agus an bainne géar do chur ar a chéile.

---

[2] *Ls. bhocht*

Níor stadamair nó gur shroicheamair an caladh, agus do bhí an lá go haerach i mí na Samhan. Do bhaineamair amach an tigh agus níor thigh gan tine agus bia é. Bhí fáilte Uí Cheallaigh romhainn, agus gach uile shórt bídh agus dí do bhí insa tigh ná raibh ach breith air. Do bhí an ceathrar ban óg an lá san ag rith an tinteáin ann comh taitneamhach le aon cheathrar deirféar do bhí in Éirinn: déanta córach gealchroicinn, lena bhfolt buí agus órtha; agus, maidir le caitheamh aimsire do bheith ag baint leo, ní bhraithfá lá ná oíche do bheifá ina bhfochair.

An uair do bhíomair sásta don mbia, do bhuail an ceann acu go mbínn féin agus í féin ag spochaireacht ar a chéile do shíor an doras amach agus, le linn an doiris do chur di, do sméid a lámh orm i dtreo go leanfainn í. Níor mhór an t-achar[3] gur bhogas ina diaidh gan aon ní do ligeant orm, agus níorbh fhada ón dtigh do bhí sí.

Bhí madraí fiaigh insa Chloich do bhíodh ag marú choiníní do shíor acu. Do chuaigh an bheirt againn tamall ón dtigh, agus do chrom sise isteach fé lic agus do thairrig amach dhá choinín, agus níor dhá choinín mar mhagadh iad. Is amhlaidh do phrioc sí as chúpla dosaen iad ar fheabhas do bhí inné roimis sin acu.

'Seo,' ar sise; 'tabhair chuin do mháthar iad san, agus abair an uair do ragham isteach gur anois do bhraith na madraí dhuit iad' — cuimhneamh maith.

Cé ná raibh an bheirt againn gránmhar ar a chéile roimis sin, ba mhó ná san mo ghradam di tar éis an fhearúlacht so do theaspáint dom. Do rith sé im aigne, leis, gur chóir gur mhaith an chara don tseanabhean í, agus na coiníní do ligeant go dtí í.

'Sea, ós rud é go bhfuil an gnó so ideir lámha agam, smut do tharam agus lánsmut romham do, 'sé is cóir dom guí leis an muintir atá ar an dtaobh thall, ós éigean dom iad do tharrac chúm go mion minic, a d'réir mar 'bhuaileas leo agus iad liom i gcaitheamh mo shaoil dom, agus gan beo anois do bhí suas lem linn ach an chaolchuid. Gur' i bhFlaithis na Naomh do gach duine acu agus, le linn glaoch orainne go léir, go dtuga Sé an bóthar céanna dhúinn.

---

[3] *Ls. an achar; b'fhéidir gur ' 'on achar', i.e. 'den achar', is ceart a léamh.*

Le linn sinn do bheith ag bogadh ón dtigh leis na muca, do thug bean an tí buidéal biotáille ina dhorn d'fhear an tí le riaradh orainn. B'í seo an bhean ba mhó go raibh cáil ar fheabhas uirthi do bhí suas lena linn, cé ná tabharfainnse aon bhlúire molta dhi tharais an bhfear ar feadh mo choidrimh féin orthu. Do shéid an fear suas *Cáit Ní Dhuibhir* agus é ag riaradh an bhuidéil. Amach linn thar éis é a dhiúgadh.

Níor stadadh don iarracht san nó gur buaileadh istigh sa bhád iad, dhá mhuic bhreátha bliain d'aois, bean an tí agus iníon léi, an iníon do bhíodh agem uncail Diarmaid á luachtaint liomsa i gcónaí.

Amach fén mórmhuir linn. In airde na seolta. Cóir shlachtmhar nó gur shroicheamair caladh agus cuan an Bhlascaoid Mhóir. Cuireadh i dtír ann iad an lá san nó go mbeadh muca an Oileáin Mhóir in aonacht leo amach amáireach. Ní raibh ceal bídh ar na muca aniar an oíche sin.

Amáireach, tar éis bídh, do bhí gach nduine go raibh muc nó dhá mhuic aige ag mogallú chuin tabhairt fén dtír. Do bhí muc bhreá agam féin agus ceann eile in ánaiste dhi agem uncail Diarmaid, an fear do chonaic an bás i bpoll an róin. Buaileadh isteach 'on bhád iad araon agus muc eile le fear don bhaile, dhá mhuic na hInise, bean na hInise agus a hiníon. Bád mór dob ea í, agus do bhí sí boglán ag an méid seo atá áirithe agam.

Cuireadh i dtír i nDún Chaoin iad; tháinig an bád abhaile aríst. Bhí cúpla bád eile, leis, amuigh le muca, agus do chuadar san, leis, abhaile. B'eo linn agus na muca fén mbóthar ag siúl, agus tuairim leath slí do thug muc Dhiarmaid suas; bhí an bóthar ag goilliúint uirthi — muc róthrom agus droch-chosa aici.

Ach do bhí Diarmaid i dtreo a charad féin an uair seo.

'Fan i mbun na muc,' ar seisean liomsa, 'agus m'anamsa ón ndiabhal nách fada go mbeidh fearas agamsa do thógfaidh ó thalamh na hÉireann í!' ar seisean.

B'éigeant domsa rud do dhéanamh air, cé go raghadh mo mhuc féin go Trá Lí do shiúl. Beirt bhan na hInise agus a muca féin, mise agus an dá mhuic eile. D'fhanamair i dteannta a chéile nó gur tháinig sé; capall groí in aonacht leis; ráil ar an gcairt. Uncail do

Dhiarmaid dob ea fear an chapaill, agus uncail dom mháthairse comh maith.

Buaileadh isteach muc Dhiarmaid, agus dob é seo an greim oibre is mó do bhraitheas ar a raibh caite dhom shaol roimis sin. Fear an chapaill agus an t-uncail agus a lámha sníofa dhá chéile acu fé thosach na muice, agus do bhí ormsa a deireadh do thógaint go hard, mar ba chapall groí ard dob ea é, ach gur thug an óigbhean lámhaíocht liom.

'Cuirse do mhuc féin isteach,' ar seisean liomsa.

'Ach tá siúl maith agem mhuicse,' arsa mise leis.

'Is mar sin is fearr í,' ar seisean.

B'éigeant dom rud do dhéanamh air.

'B'fhéidir go ndéarfá led mháthair an uair do raghfá abhaile gur fhágas ar an mbóthar thu,' ar seisean liomsa. 'Thabharfainn na cheithre cinn liom ach ní bheadh slí insa chairt acu,' ar seisean, 'ach beidh marcaíocht age beirt agaibhse ar chliathán na rálach.'

Dúirt Diarmaid leis mise agus an bhean aosta do thabhairt leis, agus go dtiomáinfeadh sé féin agus an óigbhean na muca eile.

Do phreabas isteach, agus do rugas ar láimh ar an mnaoi eile, agus as go brách linn go dtí Daingean Uí Chúise. Ar theacht amach dúinn ní ligfeadh bean na hInise an capall as an láthair sin gan deoch do tharrac d'fhear an chapaill agus domhsa ina theannta.

'Nár chóir go mbeadh foighne agat nó go mbeadh an capall scortha?' ar seisean léi.

'Ach ná fuil aimsir úr ndóthain anois agaibh?' ar sise.

Do thugas liom soir go dtí an tSráid Mheánach na muca, go dtí cara dhom. An cara so atá agam á luachtaint an fear is fearr cáil dár lonnaigh i nDaingean Uí Chúise le cuimhne éinne 'á bhfuil beo, agus fós a lán ná fuil. Níor chuir sé éinne riamh as an mbothán, ná aon fhórsa chuige.

Do bhuaileas féin agus fear an chapaill siar aríst, an uair do bhí na muca istigh againn agus bia ag an gcapall, agus an uair do shroicheamair ceann an ché atá ar leathiomall an bhaile mhóir do bhí na muca eile ag teacht 'ár radharc, agus d'fhanamair mar a raibh againn nó gur thánadar suas.

Do tháinig an bhean aosta anoir orainn san am gcéanna, agus an uair do dhrideamair lena chéile dúirt Diarmaid do ghuth ard:

'Cá gcuirfar na muca so isteach, a bhean bheag?' ar seisean le bean na hInise.

'Mar a bhfuil úr muca féin,' ar sise.

Le linn na cainte sin do rá dhi, do thug Diarmaid stiall do shlait do bhí ina láimh do cheann acu. Do ghoin sé í. Do chas sí ón gceann eile, agus as go brách léi síos fén gcé agus fén gcuan. Do tháinig fear an chapaill roimpi. Do bhuail sí siar ideir a dhá chois; d'ardaigh léi é nó gur bhuail ar shlait a dhroma amuigh i bhfarraige an chuain é agus í féin ina theannta.

Do chuir Diarmaid crúca i bhfear an chapaill do bhí in iomall an uisce, agus do thairrig aníos é, agus gan puinn tóirtéise air. Thug an mhuc a haghaidh chuin na farraige. Do rith an t-uncail chúm do gheit.

'A Mhuire, tá an mhuc báite ar an mnaoi bhoicht!⁴' ar seisean. 'Agus nách bocht an scéal é, bean comh maith léi!' ar seisean.

Tá oiread do thrácht ar Dhiarmaid agam insa bhlúire cainte seo is gurbh é Diarmaid Ó Duibhne é, laoch mór na Féinne. Do bhí 'fhios agam gur ag baint spuncáin chúm féin do bhí sé i dtaobh na muice agus nár mhaith leis é a rá dáiríribh liom dul 'on tsnámh ina diaidh. Ní raibh bád ná maide rámha insa chuan ná go raibh chuin treatha acu féin, agus dob oth liom an mhuc ar lár.

Do bhí aghaidh na muice casta ar an gcé insan am so, agus do sciobas an tslat as láimh m'uncail, agus do bhuaileas an cé amach. Do stropálas anuas mo chuid éadaigh díom, agus do thugas fén snámh lasmuigh do cheann an ché. Níorbh fhada dhom mar sin an uair do labhair Diarmaid as mo chionn in airde.

'Ná bíodh sé don diabhal ort dul ceangailte insa mhuic, nó fágfaidh sí amuigh thu,' ar seisean. Sin rud nár ghá dho a rá liomsa, ach do bhí an t-ardeagla ar an bhfear bocht im thaobh.

Níor rófhada gur thána suas léi, agus do thógas an tslat do bhí trasna im béal, agus do thugas stráiméad bhreá insa deireadh thiar di, agus do chuaigh ana-phéirse chuin cinn don iarracht san agus a

---

⁴ *Ls. bhocht*

haghaidh ar an dtalamh. Do bhíos ó iarracht go hiarracht nó gur chuireas isteach ar an slip í, insa treo gur rug fear an chapaill ar dhá chluais uirthi. Níor dheacair do í a choimeád san am so, m'ionann san is an t-am gur thug sí a thriopall in airde agus í ag imeacht. Do chasas do shnámh ar mo chuid éadaigh thar n-ais.

Do cuireadh isteach i dtigh ar leataoibh an chaladh iad. Do fuair fear an chapaill deoch agus dhá dheoch, agus do thiomáin leis abhaile. Do chuas féin agus an t-uncail go dtí an cara go raibh ár muca féin istigh aige; do thug deoch dúinn.

'Téanam,' arsa mise leis, 'go mbeidh greim éigin bídh againn.' Do bhí 'fhios agam ná raibh aon ní ina phóca.

Níorbh fhada ó thigh an tábhairne do bhí tigh an ósta. Do chaith beirt againn ár leabhairdhóthain, agus do bhuaileamair amach aríst, agus do bhí deoch eile againn, agus do chrom an cara ar a bheith ag ceannach na muc ó bheirt againn. Do rángaig leis féin agus le Diarmaid margadh do dhéanamh go tapaidh, agus ansan dob eo chúmsa iad. Chúig phuint deich do thug an cara ar an muic sin. Níor rófhada go raibh mo mhucsa, leis, aige ar sé puint[5].

Ní raibh ach san déanta an t-am gur bhuail beirt bhan na hInise an doras isteach chúinn, an óigbhean agus an bhean aosta. Do chasas féin ar fhear an tsiopa agus dúrt leis pé deoch dob ansa leo san do thabhairt dóibh, ach dúirt an bhean aosta go tapaidh gur chirte dhóibh féin é a thabhairt dom mar go mbeidís gan muc mara mbeadh me.

'Dar Muire,' arsa Diarmaid, 'scaoil leis; tá baol mór air deoch do thabhairt duinn agus sé puint glan fachta ar a mhuic aige,' ar seisean.

'Cé cheannaigh í?' arsa an bhean eile.

'Fear an tí seo, agus mo cheannsa leis', ar seisean.

'Sé rud do dheineas ná leathphiunt uisce beatha do thabhairt do Dhiarmaid.

'Seo,' arsa mise leis, 'tóg isteach 'on tseomra é sin leat agus iad san id theannta; beadsa chúibh láithreach.'

'Ach ca'ileann tú chuin dul?' ar seisean.

---

[5] Ls. sé phúint

'Tamall síos an tsráid; tá cúram beag orm ann go fóill,' arsa mise leis.

'Och, dar Muire, ní bheidh aon mhaith mar sin ionainn,' ar seisean.

'Ní bheidh dhá nóimit moille ormsa, san am go mbead thar n-ais.'

'Seo leat!' ar seisean.

D'fhágas ansan é, agus an bheirt bhan, agus do bhuaileas féin an tsráid síos. Do chuas isteach i dtigh mná muinteartha dhom go raibh siopa éadaigh acu.

'Dhera, dé do bheathasa aniar!' ar sise.

'Go mairirse céad, a bhean mhaith!' m'fhreagra.

Ní lena feabhas do thugas 'bean mhaith' uirthi, mar do bhí 'fhios agam roimis sin, go minic roimis sin, ná raibh sí le moladh, ach gur bhain sé le béasa. Bhí sí ag cur ceisteanna orm conas do bhí so agus súd, agus breacshúil i gcónaí aici cathain do loirceoinn an rud do thug me agus do bheinn ag cur lámh im póca; na súile ag dlioscarnaigh ina ceann; breacshúil ar an siopa agus ormsa aici.

Guailleáin do bhí uam, mar go raibh mo bhríste i dtiontaoibh le corda do bhí tharam aniar; na seanaghuailleáin do bhí agam bhíodar ina ngránlach, tar éis fuirse na muc, ón chéad lá gur chuamair 'on Inis go dtí an lá so.

'Sea, insa chaint do bheirt againn lena chéile, do bhuail bean eile isteach. Do bheannaigh sí dhom, agus me[6] dhi. Bean ón mbaile mór dob ea í, bean bhreá mhaorga ná raibh aon ghaol aici leis an mnaoi istigh, agus níorbh fhearra dhi a bheith.

'Cad a sheol aniar inniu sibh?' ar sise; 'b'fhéidir gur muca do bhí agaibh?'

'Is ea, a bhean mhaith.'

'Ó, tá tuairim mhaith don lá amáireach,' ar sise.

'Aon mhuc amháin do bhí agamsa, agus tá sí díolta lem chara, Muiris Ó Conchúir, agam cheana, agus sé púint im póca agam fachta uirthi.'

---

[6] *Ls. mi*

'Mhuise, ní foláir nó is breá an mhuc í!' ar sise. 'Níor chuala le fada riamh an méid sin ar mhuic, mara mbeadh cráin.'

'Bhí sí bliain ar mo láimh agus feoil dá dh'réir uirthi.'

'Ó, is mór an fear airgid inniu thu, bail ó Dhia ort!' arsa an rúibéardach istigh, agus an radharc á chasadh go mion minic ar na hearraí laistigh aici.

'Sín amach feidhre guailleán chúm,' arsa mise léi.

D'fhágfainn tamall eile i bpionós í gan mo chuid airgid do theaspáint di mara mbeadh greann Dhiarmaid an leathphint do bheith ag imeacht uam, rud do bhí 'fhios agam do bheadh i gceist, mar is chuige sin d'fhágas ar a láimh é le linn dom scarúint leis.

Níor mhór an mhoill do bhí ar bhean an tsiopa ag caitheamh na nguailleán amach, mar go raibh meirg ar a cnámha an uair seo 'o cheal gnótha. Do chuir sí beart amach gan mhoill.

'Scilling an feidhre iad san,' ar sise.

Do bhí an bhean mhaorga eile ag féachaint agus ag éisteacht linn an uair seo go deighmhúinte.

'Guailleáin stróinséartha iad so,' arsa an bhean istigh, 'agus tá ana-ghlaoch orthu. Táid go maith agus iad saor,' ar sise.

Do rugas im láimh ar fheidhre acu, agus do bhraitheas cad é an mianach do bhí iontu.

'Ní choimeádfadh an dá fheidhre dhéag suas mo bhríste inné, an uair do bhíos ag cur na muice móire 'on chairt,' arsa mise léi.

'Ó, a Mhuire mháthair!' ar sise.

'Cuir chúm an chuid is fearr acu, má táid agat. Más rudaí stróinséartha iad so agat, coimeád iad nó go dtiocfaidh stróinséirí á gceannach uait.'

Do lig an bhean a bhí istigh scartadh gáire an uair do chonaic sí a dheiliúsaí do bhíos léi, agus an raga istigh lasta suas. Do chas sí isteach, agus do chuir sí amach an seanashórt. Do bhaineas feidhre astu, do shíneas scilling chúithi, agus do bhuaileas amach.

Ar shroistint Dhiarmaid na Gréine dhom — agus dob é sin féin é insan am so — do bhí a raibh i Sráid na nGabhar bailithe air; iad ar stúil, cuid acu ina seasamh, an tigh lán, an chuid eile ón Oileán go raibh na muca acu tagthaithe insan am so, agus deoch go tiubh ar siúl.

Bhí bean aosta na hInise agus amhrán á rá aici insan am so, *Ar Éire ní 'neosainn cé hí*, agus ní raghfá go dtí aon bhia ach ag éisteacht léi insan am san, agus an óigbhean d'inín di ba bhreátha ná san.

'Tá an ceol sí ar siúl,' arsa fear do labhair liom.

Do thóg gach nduine a lóistín an oíche sin. Amáireach do bhí muca go flúirseach, agus daoine ón dtuath. Lá óil agus cuileachtan tar éis an lae dob ea an uair sin insa bhaile mhór. Gach dream ag piocadh a chuileachtan féin. Tithe muinteartha age gach treibh, agus an scilling d'fhágaint ag an nduine sin. An té do cheannaigh na muca is ann do chuamair agus do shuíomair. Bhí beirt na hInise 'ár dteannta. Bhí a thuilleadh ón dtuath ag cruinneáilt[7] orainn, daoine gaolmhar agus daoine gan aon ghaol.

Do bhraith a lán Diarmaid na háiféise agus do bhí 'fhios acu go mbeadh greann acu air, agus do bhí, leis. B'eo an deoch ar siúl. Bean aosta na hInise do thug an chéad leathphiunt léi agus leathghalún leanna duibhe, mar bhí muintir an bháid do thug na muca aniar láithreach; ba mhaith léi a ndóthain do thabhairt le n-ól dóibh, mar bean mhórchroíoch dob ea í.

Do bhain Diarmaid an tseóigh croitheadh as a láimh agus drideann liomsa agus baineann croitheadh eile aisti.

'Séid suas amhrán dom a thógfaidh mo chroí,' ar seisean, 'tar éis na seachtaine.'

Ní raibh aon ghnó agam an t-eiteach do thabhairt do mar do dhéanfadh sé seó dhíom. 'Sé *Ré-Chnoc Mná Duibhe* an t-amhrán adúrt, agus ní mór do labhair go dtí go raibh sé ráite agam. Má bhí beirt dob fhearr ná me, bhí triúr ba mheasa ná me. An bhean aosta adúirt an tarna ceann, agus ba bhreá go léir chuige í. 'Sé *An Clár Bog Déil* adúirt an óigbhean d'inín di, agus dúirt é gan cháim. Bhí an deoch á ól go tiubh, agus á tharrac, go raibh a choisceadh caite age gach nduine. Bhí an tigh lán, agus lasmuigh don dtigh.

Níor rófhada go bhfeaca fear groí ag brú aníos thríos na daoine, agus do labhair:

---

[7] *Ls. curnáilt*

'Gabhaim pardún agaibh, a fheara,' ar seisean, agus níor stad gur bhain amach me. Do bhain seacht croitheadh as mo láimh.

'An diabhal, gur gairid do chuas do bheith bogthaithe liom abhaile agus gan aon amhrán cloiste agam uait!' ar seisean, ag bualadh an bhuird, agus dúirt: 'Leathphiunt biotáille anso!' ar seisean.

'Dhera, mhuise, scaoil orainn an ghuth, más é do thoil é,' ar seisean.

Bhí aithne mhaith aige orm, agus agam air, mar ba mhinic roimis sin dob éigeant dom amhrán do rá dho. Fear mór óil dob ea é, leis, agus dob é sin an t-ól macánta.

Do tháinig an leathphiunt gan mhoill. Dob éigeant dom gloine do scaoileadh siar gan aon diúltamh. Ansan, dob eo an ceol ar siúl. Is maith is cuimhin liom amhráin an lae sin. *Ar Éire ní 'neosainn cé hí*, 'sé seo an ceann adúrt do, mar do bhí 'fhios agam go maith gurbh é dob ansa leis an bhfear groí, mar ba mhinic roimis sin do shéideas suas do é. Tar éis do a bheith críochnaithe agam, do scaoil an fear mór an deoch sa timpeall.

'N'fheadar,' ar seisean liomsa, 'an bhfuil aon duine eile ansan adéarfadh aon amhrán?'

'Tá, a mhic ó,' arsa mise leis, agus do bheartaíos ar bheirt bhan na hInise dho.

Níor thug mná na hInise an t-eiteach do, agus cad do dheineadar ná an bheirt acu a dhul in aonacht ag rá an amhráin. Toisc gur mháthair agus iníon iad, ní raibh an t-iontas mór go léir, toisc duine acu do theacht as bhroinneacha an duine eile.

Ní dóigh liom ná gur bhuail an galar do bhuail me féin formhór a raibh sa chuileachtain, 'sé sin, mar ba bhearna réidh dom dhá lá agus dhá oíche do thabhairt gan bhia ná deoch, ag éisteacht le guth na beirte úd.

An uair do bhí an t-amhrán críochnaithe do bhain an fear mór croitheadh as láimh na beirte acu ó chroí, agus déineann an rud céanna liom féin toisc gur me do stiúraigh ar an gceol sí é, agus do bhuail an bord arís agus d'ordaigh leathphiunt eile do theacht. Scilling an leathphiunt dob ea an uair sin é, agus tá naoi scillinge inniu air agus me á bhreacadh so.

Isteach im dhorn do chuir sé an t-áras chuin é a riaradh. Duine do bhlais é agus beirt nár thóg deoir uam. Do chonac Diarmaid na Gréine ag píopaireacht go tiubh, agus a choisceadh go maith caite aige, agus dúrt im aigne féin go mbeadh oíche eile insa bhaile mhór againn. Ach ní raibh éinne ag mogallú fós, ach go rabhamairna i bhfad ó bhaile.

Ní rófhada gur chas an fear mór orm. Croitheann mo lámh.

'Ba mhaith liom amhrán eile uait sara mbeimís ag baint an tí amach,' ar seisean. 'B'fhéidir go mbeadh tamall eile ann sara mbuailfimís le chéile.'

Ní raibh a eiteach agam, dar ndóigh. Dúrt amhrán agus dhá cheann, agus mná na hInise trí cinn, cheithre cinn, agus an uair do cheapas-sa ná raibh sé i bhfad ó aimsir a bheith ag dul abhaile do bhí dearúd mór orm.

Insa deireadh, an uair do bhí an lá maol agus é i margadh na holla — sin é an margadh is déanaí do bhíonn ar siúl — go raibh sé in am a bheith ag cirriú chuin an tí, bhí Diarmaid an uair seo ag dul sa ghréin, agus gan aon mhachnamh ar an mbothán aige, ná ní bheadh go Nollaig an fhaid is do bheadh beoir ar siúl.

Do labhras go feargach leis, agus dúrt gur chóir go raibh sé in am a bheith ag tarrac ar an mbothán, tar éis dúinn do bheith dhá lá agus dhá oíche as. Is amhlaidh do rith sé chúm ag baint plaspa póige dhíom. Do labhras le bean na hInise agus do chuireas an rud céanna in úil di.

'Dhera, mhuise,' ar sise liom, 'lá dár saol is ea é, agus ní i gcónaí do bhímíd i dtreo lena leithéid do lá,' ar sise.

Do thuigfinn go maith dos na freagraí seo anois an uair atáim aosta is dócha. Agus b'fhéidir nár cheart gireán air, mar thuigeas an uair úd, leis, iad agus me óg.

Mise ag tabhairt m'uncail abhaile, agus lán an tí do pháistí ina dhiaidh, agus gan bolg chuid acu rólán, nó go dtabharfadh airgead na muice rud éigin chúthu. Bean na hInise nár fhág ina diaidh in oileán mhara ach dhá chloich mine buí. An uair do dheineas machnamh mar seo, do chaitheas in airde liom féin an scéal, agus dúrt im aigne go mbeadh deireadh orduithe agam le cur orthu, ach d'réir mar 'déarfaidís féin do bheith leo. Agus is in mar 'bhí agam.

Bhí mo bhothán féin san am so lán do bhia im dhiaidh, ná beadh ceal ar an mbeirt aosta dá mbeinn amuigh ráithe. Ní raibh braon anuas, leis, ann, mar do bhí nua-dhíon air i gcomhair an gheimhridh, cé ná raibh aon bhliain fós ná go mbeadh nead na circe insan earrach in airde ina dhrom, ach níorbh é sin am ba mheasa é, mar nár neadacha folmha do bhíodh ann. Ach chuin cirriú ar an méid seo cainte, do chaitheas in airde liom féin an scéal agus do thógas bog é.

Do bhí a lán bailithe amach as thigh an óil san am so, ach ní raibh an fear mór. Do chuaigh bean na hInise chuin cainte leis. D'ins do go mbeadh uirthi capall ón mbaile mór do bhreith léi go Dún Chaoin amáireach.

'Agus', ar sise, 'dá bhfairfinn capaill na tuaithe ó mhaidean, do bheadh mo chuid ualaí thiar,' ar sise.

'An bhfuil ualach agatsa?' ar seisean liomsa.

'Leathphaca mine a bheidh agam,' arsa mise.

'Beidh rud éigin age Diarmaid, leis, is dócha,' ar seisean.

'Beidh, gan amhras,' arsa mise. Bhí Diarmaid gan chiall an uair seo.

'Mo lámh agus m'fhocal díbh go mbead anso ar a hocht a chlog ar maidin amáireach, má mhairim,' ar seisean.

Do ghaibh sé a chapall, agus do thiomáin leis thríd an Sráid Mheánach síos, agus is dócha ná raibh sé i bhfad ag baint a thí féin amach. Do chasas isteach mar a raibh an réic, Diarmaid. Ní raibh a sheasamh aige ach go holc. Do lean bean na hInise me.

'Téanam,' arsa mise leis, 'go ragham abhaile, nó an bhfuil aon lúib istigh insan alpachán mná úd d'fhágais id dhiaidh agat?'

'Ní bean róbhreá í,' ar seisean; 'ní baol di.'

Do stracamair linn amach é, agus do bhaineamair tigh an bhídh amach. Do bhí bia maith againn, agus is beag do chaitheamair do. Do bhaineas féin an leabaidh amach, agus do thit mo chodladh go luath orm. Siar i bhfad insan oíche do tháinig an seanuncail orm, agus do thit dá chodladh go tapaidh, agus d'fhan mar sin ar nós an duine mhairbh. Do bhaineas féin sraice eile as, agus an t-am gur bhraitheas thar n-ais do bhí an mhaidean ag breacadh agus an lá ag teacht.

D'fhanas im dhúiseacht ansan, mar dúrt liom féin go mbeadh fear an chapaill chúinn sara fada, 'sé sin má b'fhear ar a fhocal é. Níor cheapas go mbeadh sé chúm comh luath agus do cheap sé, ach do bhí dóchas agam go dtiocfadh sé am éigin insa lá, mar nárbh fhear gan fuaimeant é.

Ní rófhada do bhíos ag machnamh mar seo an t-am gur bhraitheas glór na trucaile, ach níorbh é an fear mór do rith im aigne do bheadh ann comh moch san. Ach do bhí dearúd orm, mar gurbh é a bhí ann go cruinn. Do chuir sé a chapall mar ar ghnáth leis é a chur, agus do tháinig do dtí sinn.

D'fhanamair go raibh an bricfeast ullamh, agus do ghaibh sé an capall aríst, agus do bhíomair ag bailiú gach ní isteach air, mar do bhíodar déanta suas ón lá roimis sin. Níor mhór an t-anam do bhí i nDiarmaid na Meach fós ach, piocu san é, do fuaireamair an capall ullamh, agus as go brách linn amach as an mbaile mór, tar éis trí lá agus trí oíche do bheith againn ann.

Bhí deoch ár ndóthain i dtithe siar againn, agus do thugamair ár n-aghaidh ar Dhún Chaoin. Do bhíomair ann go luath, agus do bhí bád tagthaithe amach fé bhráid bhean na hInise, mar do bhí an lá ana-bhreá. D'fhág fear an chapaill slán agus beannacht againn, agus do thug a aghaidh ar Bhaile an Fheirtéaraigh, a bhaile dúchais.

Buaileadh síos go dtí an bád láithreach, agus do sheolamair go dtí an Blascaod Mór. Níor cuireadh lón na hInise as an mbád. Do dhein Diarmaid plean bualadh siar 'on Chloich agus fanúint cúpla lá thiar, gléas fiaigh do bhreith linn agus go mbeadh beart breá coiníní againn.

Ní raibh dul as agamsa, cé ná raibh mórfhonn orm an babhta so, toisc me bheith suaite tar éis an Daingin, ach deirfiúr do bhean na hInise do bhí pósta age Diarmaid agus deirfiúr do Dhiarmaid dob ea mo mháthair; sin é an fáth go mbínnse gach lá ina dtreo. Go déanach ní bhíodh leisce orm, mar do bhínn féin is an óigbhean so ag spochaireacht ar a chéile i gcónaí. Do fuaireamair sinn féin ullamh, do thógamair in airde ár seolta, agus as go brách linn gur shroicheamair an t-oileán thiar.

Thugamair dhá lá agus dhá oíche insa Chloich thiar; birt choiníní ag teacht gach tráthnóna againn; amhráin go flúirseach i rith na hoíche, nó go mbíodh sé a haon a chlog, is dócha, agus codladh go headartha ansan. Ní stadadh an seanuncail gan a bheith ag luachtaint na beirte againn lena chéile gach oíche agus gach uair, agus do bhíodh sórt rógaireacht ag baint leis, gan amhras, mar gach rud suaithinseach do bhíodh ar siúl do bhíodh sé age beirt againn, i bhfios agus i gan fhios, ar feadh na haimsire.

Maidean an tríú lae do bhí sé gan a bheith róbhreá ar fad, agus do dheineamair beartú a bheith ag baint an tí amach. Bhí ár lán d'ualach ar gach nduine againn ag teacht go dtí an bád, agus do lean a raibh sa Chloich go dtí an t-uisce sinn, agus ní raibh fead ná glao acu toisc sinn do bheith á bhfágaint.

Níl gnó agam a rá ná gur chailleas féin mo chuid suilt, pé duine eile do chaill é, mar do dheineas go cruinn. Ní hiontas san, agus me ag scarúint leis an dtamall grinn is mó do bhuail riamh liom agus, ina theannta san, me ag tabhairt mo chúil leis an óigmhnaoi ba thaitneamhaí liom do bhí ar an dtalamh naofa insan am san.

'Sea, do bhogamair linn aniar, agus do bhí formad maith linn ag an muintir do bhí abhus. Bhí ár n-ualach do choiníní saille againn, agus gan ag an gcuid abhus ach feamnach agus móin is aoileach.

13

A r theacht go dtí an dtigh dom, bhí Tomás Maol i ndeireadh
na feide i ngá an tsagairt. Ar dheireadh na hoíche do
buaileadh an doras, agus do ghlaoigh mo mháthair orm agus
dúirt go raibh Páidín ag glaoch orm chuin dul ag triall ar an sagart
chuin a athar — ná raibh ann ach an phuth.

Ní raibh gnó agam ceiliúradh anois, ón uair go rabhas á
thabhairt chuin a mháthar. Rud eile, do thuigeas go raibh daoine
ann agus ná glanann aon ghaoth thársu. Do bhí daoine ba ghiorra
do Thomás ná mise gur fágadh gan múscailt as a suan iad.

Do chaitheas beagán, agus b'eo amach an doras me. Ní raibh
Páidín ná an sagart rófhada uainn, agus do bhí gach turas tabhartha
go luath. Do bhí Tomás tar éis bháis Iarnamháireach. Bhí turas eile
chuin an tórraimh agus turas eile á chur. Sin é mar 'chaitheas mo
mhí, ón chéad lá a thugamair na muca ón Inis go dtí gur chuireamair
Tomás Maol i dTeampall Fionntrá.

Bhí Páidín ag faire ar aistriú i dtigh beag eile do bhí in airde,
agus do dhein, leis. Fothrach do bhí i mbéal an doiris againne ansan.
Bhí rúibéardach mná age Páidín gur dhóigh leat gur sa Domhan Toir
a cuireadh 'on chliabhán í.

Bhí tosach mhí na Nollag ansan ann, gach seilg stopaithe, agus
is ag leasú talún do chrom na hoileánaigh ar a dhéanamh; moch
déanach do bhímís, racaí á[1] bailiú ó dhubh dubh, agus dob in é an
t-oireachtas do bhíodh againn gach bliain go Lá 'le Bríde.

---

[1] *i.e. an fheamnach*

TURAS NA NOLLAG

Insan am so ba ghnáthach leis na hoileánaigh dul go luath 'on bhaile
mhór timpeall na saoire. Do bhí clais mhaith feamnaí curtha ar barra
insa tráigh agam, agus scóp orm chuin a bheith á tarrac le asal maith
do bhí agam, mar do bhí an lá garbh tirim. Súil dár thugas, do
chonac slataire garsúin ag teacht fém dhéin. Do thuigeas go tapaidh
gur gnó éigin do bhí aige dhíom, agus dob ea go díreach.

'Cad do thug timpeall thu, a gharsúin?' arsa mise leis.

'Do mháthair do chuir me ag triall ort féachaint an raghfá 'on
Daingean,' ar seisean, 'mar tá muintir an bhaile go léir ag dul ann.'

Do ghabhas baochas leis, agus dúrt leis go raghainn, 'agus bain
as do chosa abhaile aríst é, agus abair lem mháthair mo chuid éadaigh
do bheith socair aici romham, agus beidh milseáin agamsa chút.'

Do bhain an garsún as na cosa aríst é, nó gur bhain sé amach
an áit a fhág sé. Do bhogas-sa an bóthar ina dhiaidh gan mórscinnid,
mar do bhí an chóir agus an chontráil ag teacht trasna orm. Mo
chuid leasaithe gan tarrac ar an ngort; rud eile, ó bhí a raibh insan
Oileán ag dul ag soláthar chuin na saoire, dúrt liom féin gur ina
dtreo dob fhusa dhom mo thuras do thabhairt, agus go mbeinn ag
dul im aonar ann ar an mball.

Ar shroistint an tí dhom, do tháinig scóp an domhain orm, mar
do chonac an t-asal gafa ag an bhfear aosta.

'Ca'il an fheamnach thiar?' ar seisean.

'An Chlais Mhór,' arsa mise leis.

An uair do fuaireas réidh me féin do bhuaileas amach, agus do
bhí a raibh d'fhearaibh insan Oileán ar bharra an chaladh; a
mbalcaisí nua orthu ar fad; cúpla caora age fear; cúpla cliabh éisc age
fear; paca olla age duine eile; gach nduine ag tarrac go dtí an bád,
agus na báid chuin gabháil thrí Bhá an Daingin soir agus dul leis
an gcé ann.

Bhí an triúr uncailí dhom ag dul 'on bhád go Daingean, agus
fear mo dheirféar Cáit, Peaid Shéamais. Cé gurbh iad san mo
dhlúthcharaid féin, ní rabhas róshásta agus bheith ina dtreo. Do
fuaireas mo dhóthain cheana dho Pheaid Shéamais an lá do bhíos

ina threo agus, dar ndóigh, óm uncail Diarmaid lá na muc, agus gan mórán achair roimis sin ann.

Ar sheasamh ar bharra an chaladh dhom, do ghaibh Diarmaid aníos tar éis cliabh éisc do chur go dtí an t-uisce do.

'An bhfuileann tú ag dul 'on Daingean?' ar seisean liomsa.

'Do bhíos meáite air,' arsa mise.

'Cad tá mar sin ort ná faighfá ullamh thu féin?' ar seisean. 'An bhfuil iasc ná faic agat le breith leat?' ar seisean arís.

'Bhí leathchéad pollóg agam do thabharfainn liom, ach níl aga agam ar iad do chur le chéile anois; ná fuil gach nduine agaibhse ullamh anois?' arsa mise leis.

'Gread leat go diair agus faigh ullamh iad, agus fanfaidh an bád leat, mo bhuachaill maith,' ar seisean.

Fén mar 'dúrt cheana, dob fhearr Diarmaid ná an chuid eile go léir. Níor chuir an chuid eile chúm ná uam, cé go raibh an méid do bhí ag dul inti gaolmhar dom.

Do phreabas gan mhoill, agus do fuaireas ullamh mo chuid éisc. Dhá théadán do bhí agam. Do thug buachaill eile ceann dos na birt chúm, agus do bhí an saothar go léir déanta i leathuair agam. Bhí an bád ar snámh, agus í ullamh réidh romham.

'Dar Muire!' arsa Diarmaid, 'ní rabhais i bhfad.'

Tógadh isteach na birt, agus as go brách linn go Daingean Uí Chúise.

Bhíodh mná an uair sin do shíor ag an gcé gurbh ainm dóibh hocstaeirí. Ag díol agus ag ceannach éisc an cheard do bhí acu, agus iad ag maireachtaint ar an gceird sin. An uair do bhí gach ní amuigh as an mbád, agus an bád curtha suas, do phreab na mná chúm, agus níor rófhada go raibh an t-iasc ceannaithe acu uam ar a deich agus daichead an leathchéad pollóg.

'Dar Muire!' arsa Diarmaid, 'tá fiacha na dí agatsa go luath ós na mná,' ar seisean.

'Tá, a bhuachaill,' arsa bean mhisniúil do bhí ar an gcumann, 'agus do gheobhairse, leis, deoch; téanam leat!' ar sise.

Mar ba mhór é a dhúil ann, do ghluais sé in aonacht liomsa, agus do chuamair in aon tigh amháin. Do dhíol na mná amach gach pingin liom agus, an uair do fuaireas an t-airgead, do chuireas ceist cad do bheadh acu.

'Á, beidh deoch agaibhse uainne ar dtúis,' arsa an bhean so aríst.

Sin mar 'bhí. Do ghlaoigh sí an deoch, agus do dhíol aisti go tapaidh. Is ormsa do chuaigh an tarna deoch, gan amhras, fear an airgid do dhéanamh, agus do chuaigh an tríú deoch ar Dhiarmaid, mar do cheannaíodar an t-iasc uaidh.

Bhí trí dheoch agam féin agus age Diarmaid an uair seo agus, mar do bhí an t-imeacht craiceálta i gcónaí fé Dhiarmaid, ba dhóigh leat air go raibh sé ag ól le ráithe. Do bhuaileamair síos chuin na slipe ansan, mar a raibh an bád gan feistiú fós. Ní rabhamair ach ann an uair do ghlaoigh m'uncail Tomás orm féin teacht in aonacht leis go fóill, mar go raibh an dá chaora gan díol aige.

'Raghad,' arsa mise.

'Dar Muire!' arsa Diarmaid, 'tá comh maith agaibh an bád do chur ar sábháilt. Tá an lá maol, agus beidh fear agaibh soir siar go lá aríst, agus b'fhéidir gurb é an t-uisce do bhéarfadh leis í,' ar seisean.

'T'anam don bhfear mór!' arsa Tomás, 'nách breá nár fhanais féin timpeall an bháid nó go raibh do ghnó déanta agat,' ar seisean. 'Agus coimeád anois í nó lig uait í,' ar seisean, 'a theallaire!' arsa Tomás.

Dúrt cheana insa scríbhín seo go raibh siolla beag don ngaoith ag teacht im choinne ón uair do chuir an file agus a chuid amhrán siar óm chuid móna do bhaint me, agus go hobann ina dhiaidh sin, an uair do dhírigh na mná óga orm. Do bhíos fíor. An uair do thug uncail dom 'teallaire' ar an uncail eile dhom, is maith do bhí 'fhios agam ná beadh an lá ina shaoire agam, ná ar mo phraeic agam, go mórmhór an deoir leanna caite ag an bhfear acu ná raibh mórfhód ó thúis air, agus teallaire glaoite air. B'fhíor dom, mar gan rómhoill do bhí Tomás buailte i bpoll na cluaise aige le dorn falsa.

Do thóg an buille sin an laoch Tomás óna bhonnaibh, agus do chuir do dhroim na gcaorach ar shlait a dhroma é. Ach an uair do ghaibh sé a bhoinn arís, do dhein sé fé Dhiarmaid agus, mara mbeadh mná an éisc do bheith timpeall san am san, do bheadh Diarmaid ar an saol eile aige agus mise ina dhiaidh mar, gan dabht, do thitfinn le Diarmaid do shaoradh, fén mar 'thiteas roimis sin leis i bpoll an róin, ach a rá gur mhaireas.

An uair do stop an cath, 'sé an chéad rud do dheineas ná na mná do ghlaoch liom agus braon beag eile do thabhairt dóibh, mar dob ar an lionn do mhairidís seo, gan puinn bídh is dóigh liom. Bhí Diarmaid rite i dtigh éigin soir an uair seo, agus níor mhór liom san do. Do strac na mná mo chuid éadaigh chuin go mbeadh deoch agam uathu, ach ba lag liom é a thógaint uathu thar n-ais insa lá céanna. Bun eile do bhí agam leis: do bhí 'fhios agam ná beadh mo ghaolta rómhór istigh le chéile ar an bhfuadar do bhí chúthu agus ná beadh gnó againn ar fad do bheith 'ár ngealtáin, go mórmhór an aimsir bheannaithe gur thugamair ár dturas mar onóir di.

Ar scarúint leis an dtigh seo dhom leis an intinn seo, ar amharc dár thugas insa tsráid go rabhas, cad do chífinn ná Tomás, agus dhá rangartach búistéara a d'iarraidh na gcaorach do bhaint do ar an méid ba mhaith leo féin do thabhairt do.

Do ghéaraíos go mear ar mo sháil agus, ar theacht suas leis an uncail dom, do bhí gach aon dath sa spéir air. Do ghoin an obair do bhí ar siúl go mór me, agus ní raibh aon aithne ag an dá rógaire orm; ní raibh 'fhios acu ná gurbh ón dtuath me. Bhí téadán nua ar na caoire aige, agus do bhí lámh leis gearrtha ag an dtéadán an uair seo, a d'iarraidh gan na caoire do ligeant leis an mbeirt.

Ní raibh an mí-ádh riamh ar na búistéirí go dtí mise a theacht suas, mar do cheapadar gur dailtín ón dtuath do rith isteach me, agus gur ina bhfabhar féin do bheinn.

'Bog an téadán dod láimh, agus tabhair domsa é,' arsa mise leis. Do dhein sé sin go tapaidh.

'Cosainse mise agus na caoire anois, agus ní foláir, má tá mianach a d'réir cumais ionat, nách mór an nath agat an dá shlibire diabhail sin!'

Is dóigh liom gurb é seo am ba mhó go raibh fearg orm ó thána ar an saol, ná ó shin anuas.

Dob í an chos do chuir Tomás ag obair ar dtúis, agus do léim an slataire i leataoibh. Do bhuail an chic ceann dos na caoire agus do dhein scriúda marbh di.

Do bhí scian im póca agus do phreabas agus do thairrigíos a cuid fola. Ní raibh an t-uncail róshásta anois nó riamh: caora leis gan díol agus caora leis marbh agus, rud eile, ba mhó aige scilling ná ag an mbeirt eile punt. Do fuair athair na slatairí amach cad do dheineadar, agus do thug sé oiread ar an gcaoire mhairbh leis an gcaoire bheo dho.

D'fhágas ansan fear na gcaorach, agus do bhuaileas soir fén Sráid Mhóir, agus do bhuail fear agus beirt liom ag déanamh a ngnótha, agus san acu á dhéanamh go tiubh tapaidh, mar do bhí deabhadh orthu chuin dul abhaile aríst toisc an lae do bheith ag coimeád breá.

Bhí Liam gan feiscint fós uam agus Peaid Shéamais, fear mo dheirféar Cáit. Do bhuail Liam liom i dtigh leanna, tigh Mhuirisín Bháin — cara fíorghaolach duinn dob ea é. Dhá phaca olla do bhí aige; iad díolta aige; a leordhóthain caite aige.

'Drid isteach agus bíodh braon don stuif seo agat,' ar seisean liomsa.

Lionn dubh do bhí aige féin á shlogadh, ar nós bó ag ól uisce.

'Cuir gloine bhiotáille chuige seo,' ar seisean; 'is dóigh liom nách maith leis an diabhal dubh san.'

Do dhein an fear istigh san. Bhí cúigear eile fear timpeall Liam an uair seo, agus iad ag caint le chéile is ag ól. Do chuala breis cainte lasmuigh, agus do dhrideas chuin an doiris féachaint cad do bhí lasmuigh. Cad do bhí le feiscint agam ná beirt phóilíní agus fear ag dul go dtí an príosún acu agus, ar fhéachaint géar dom, cé bheadh ann ná Peaid Shéamais. Do chasas isteach agus d'inseas mo scéal d'fhear an tsiopa, ár gcara.

'Níl fáil amach air, pé scéal é, go dtína deich a chlog anocht,' ar seisean.

Gan mhagadh ná bréag, do bhíos leathchraiceálta ar chloisint an scéil sin dom: criú an bháid againn imithe gan chrích san am san; foireann an bháid eile ullamh chuin teacht abhaile, agus tráthnóna aoibhinn acu chuige.

Bheirim baochas mór le Dia, inniu agus an lá san, nár dheineas an rud do bhí beartaithe agam a dhéanamh an lá san, 'sé sin suí síos agus mo dhóthain do dh'ól. Do thuigeas dá mbeadh san déanta agam nách foláir nó go dtiocfadh an saol comh bog orm leis an muintir do bhí amhlaidh.

An bád do bhí in aonacht linn ón dtigh dulta abhaile, agus criú mo bháidse agus leaghadh mhúin Mhóire orthu. Triúr dearthár acu craosálta le digh. Fear acu i bpríosún. Beirt eile do bhí inti ná feaca i rith an lae, ná fós: fear aintín dom dob ea é sin — Kerry an ainm bréige do bhí air sin, ach Pádraig Ó Cearnaigh a ainm baistí — agus slataire eile don chine chéanna do bhí ina threo.

Do thugas m'aghaidh ar ché an chuain, agus díreach 'sea do bhí an bád eile casta amach ón slip ag fágaint slán agus beannacht age Daingean Uí Chúise. Bhí a gcoisceadh ólta go maith acu, mar dob é seo lón na Nollag do bhí acu, agus fachtar deoch is gach siopa lá don tsórt so. D'fhágadar slán agamsa, leis, agus do ligeas mo bheannacht leo. Bhí an tráthnóna go haoibhinn an uair seo, cé ná raibh deighchuma ar an spéir.

Ar chasadh ón gcé dhom, cé bheadh im choinne anoir ná Kerry, agus ualach d'olainn chardálta thiar ar a dhrom aige.

'Cad as gur thugais an olann san?' arsa mise leis.

'Anoir ó Mhuileann an Tuairgín,' ar seisean.

'Tá an bád eile imithe abhaile,' arsa mise leis.

'Tá, an ea?' ar seisean; 'má tá, mhuise, ní bhainfidh sí an tigh amach,' arsa Kerry. 'Is dócha,' arsa Kerry liomsa, 'go bhfuil do chuid nithe ar fad curtha le chéile agatsa,' ar seisean.

'Níl, ná luach réil ceannaithe fós agam,' arsa mise leis.

'Is maith an t-am fós é,' ar seisean, 'is fada as so go dtína deich a chlog,' ar seisean.

'D'réir deáraimh, níl aon náire ag baint leatsa ach oiread leis an gcuid eile,' arsa mise leis; 'an bád eile dulta abhaile agus sinne anso, agus b'fhéidir seachtain ó inniu sara mbeadh sé 'ár gcumas é a fhágaint.'

'Beamna age baile comh luath leo san,' ar seisean. 'Gluais anso isteach go mbeidh braon againn, agus beam ag cur gach ní lena chéile ansan, agus beid siad ullamh againn chuin a bheith ag seoladh siar tar éis an chéad aifrinn amáireach,' arsa Kerry.

Ar chlos na cainte sin dom, do tháinig athrú mór ar m'aigne. An fáth: an chaint seo d'fhuaimeant do chlos ón bhfear so, agus teist an stráille gan éifeacht ag an gcuid eile do chriú an bháid air, agus iad féin ar gealtaí insan am san.

Do chuamair isteach. Do thug leis an deoch go tapaidh. Bhí an slataire eile ina chosaibh i gcónaí. Do dheineamair rudaí do cheannach ann, triúr againn, agus an uair do bhíomair réidh do thug fear an tí deoch uaidh féin dúinn. Do bhuaileamair soir ansan, agus cé do bheadh 'ár gcoinne anoir ná fear an phríosúin, Peaid Shéamais.

'Dia is Muire dhíbh,' ar seisean. D'fhreagair Kerry an beannachadh. Bhí a chaint ag leathadh fós air, ach 'sé Muirisín Bán d'fhuascail é.

Bhí na trí réic gan feiscint fós uam. D'fhágas ansan an triúr eile, agus níor stadas nó gur bhaineas amach tigh an chara, 'sé sin tigh Mhuirisín Bháin, mar ar ghnáth leo a bheith. Bhí an triúr acu romham ann, agus do scoiltfeadh gach siolla do ligidís as a mbéal ceann práis. Do bhí a oiread san do chonach dí orthu gurbh olc do dheineadar me a aithint nó gur labhras.

'Nách tu san?' arsa Diarmaid craiceálta.

'Táim ann,' arsa mise leis. 'An bhfuil aon chrích fós ort ach mar 'fhágas cheana thu?'

'Tá, a bhuachaill; nách maith an chrích an *bladder* do bheith lán!' ar seisean. 'An bhfeacaís Kerry agus an slataire eile ó mhaidean?' ar seisean.

'Do chonac, agus ní deárthach leatsa é,' arsa mise leis.

'Dhia, dar a anam 'on diabhal, níor dheárthach liomsa riamh an spadalach!' ar seisean.

'An bhfuil criú an bháid eile ullamh fós?' arsa Tomás.

'Is giorra dho leath slí chuin an tí anois iad,' arsa mise leis.

Ar chloisint na cainte sin do Dhiarmaid, cuireann sé a cheann 'on doras, féachann sé in airde ar an spéir agus ar na réilthíní ar feadh tamaill, agus casann isteach.

'Dar Muire, mhuise, a óigfhir,' ar seisean liomsa, 'is bád í sin ná bainfidh a caladh féin amach ar an slí go bhfuil an spéir ag dul thrí chéile in airde,' ar seisean.

Ar chloisint an scéil sin dom, ó dhá údar farraige dar liom, Kerry agus Diarmaid, d'fhágas an tigh go rabhadar amach, agus do chromas ar bheith ag siúl na dtithe liom gur mhaith liom coróin agus leathchoróin d'fhágaint iontu, mar bíonn súil na siopadóirí in airde timpeall na saoire i gcónaí chuin scillinge d'fhágaint acu. Níor stadas go bhfuaireas me féin ullamh iontu.

Go maithe Dia dhom é, is chuige a thugas an ruaill sin mara mbeadh an mhaidean do bhí chúinn breá go ngeobhainn siar do bhóthar, agus go bhfágfainn ansan i dteannta a chéile iad. Rud eile, do bhí 'fhios agam nách go bog do chuirfidís le chéile faid do bheadh aon rud sa phóca.

An uair do bhí san déanta agam, do bhaineas tigh an ósta amach, [mar] go rabhas gan greim ó fhágas mo thigh féin, agus gach nduine eile acu mar me. Do chaitheas mo chuid bídh an uair do fuaireas ullamh é, agus an t-am go raibh so déanta agam bhí an oíche ann nách mór.

Do bhuaileas amach aríst, agus do bhí na soilse ar lasadh, agus do chuas go tigh an chara, agus do bhí na cairdibh go léir ann romham: an triúr uncailí, Peaid Shéamais, Kerry agus an slataire. Bhí máilín bán ar oscailt age gach nduine acu, agus Muiris Bán, fear an tsiopa, stropálta ag tomhas té, siúicre agus gach ní do bhí ag teastabháil uathu. Do líonadar na málaí. Cloch phlúir, cloch ghoile[2], agus dhá chloich age taoiseach. Lón beag do bhíodh ag teacht an uair úd, agus do thógadar so gach a raibh uathu ann.

Ansan dúirt fear an tsiopa gur oíche chinn bhliana í, agus cad é an sórt dí ba mhaith leo. Do loirg gach nduine an sórt ba mhaith leis agus, toisc gurbh é an tigh deireadh insan oíche sin é, do chuireadar suas don digh[3] gach nduine acu, agus do bhuaileamair an doras amach go tigh an ósta.

Fear acu do chaith greim, agus beirt nár dhein. 'Sé Kerry agus an slataire do bhí in aon leabaidh liomsa, agus ní rabhamair ach sínte an t-am gur shéid an oíche — clagarnach agus gaoth.

---

[2] = go leith

[3] Ls. tig

'An gcloiseann tú air seo, mo bhuachaill maith?' arsa Kerry liomsa. 'An dóigh leat an fada siar an bád san am so?' ar seisean.

'Timpeall Chuain Fionntrá,' arsa mise leis.

'Má tá san bainte amach aici, ní ceart dóibh gireán,' ar seisean.

I bhfaid is i ngéire do bhí an oíche ag dul agus, cé nár ligeas orm leo san é, do bhí scanradh i dtaobh an bháid do bhí imithe orm. Níorbh iontas dom san, mar do bhí a thuilleadh dom ghaolta inti. Rud eile, mara mbeadh aon ghaol dom inti, nách minic do ghoillfeadh comharsain mhaithe ar dhuine?

Níor rófhada go raibh an tigh á shuaitheadh agus fothram aige, insa tslí nár thit néal ar thriúr againn gur gheal sé anoir ar maidin. Agus, ar a bheith chuin eolais le gileacht don lá, do tháinig sánas air, agus do chuaigh an ghaoth chuin na talún, insa phointe díreach don chompás go mbeadh cóir sheoil againn ó ché an Daingin go caladh an Bhlascaoid.

Do chaitheas amach as an leabaidh me féin, agus do chuas don ráib sin amach ar an sráid. D'fhéachas timpeall insa cheithre hardaibh, agus do bhí an spéir ina sost tar éis an tórmaigh sin do chur di, ar nós díreach na ndruncaeirí do bhí istigh i dtigh an ósta nár bhraith sín na hoíche ná fós an lá ag teacht.

Do phreabas isteach arís, agus do chuas mar a raibh mo leabaidh, mar bhí leath mo chuid éadaigh fós ann, agus fiú amháin gan me dulta ar mo ghlúine ag tabhairt baochais le Dia do chuir sín na hoíche tharam agus do thug solas an lae bheannaithe go breá dhúinn.

'Tá an lá go breá,' arsa mise le Kerry.

Bhí muintir an tí ag múscailt láithreach, cuid acu le beith ag an chéad aifreann. Is é Kerry agus an slataire an chéad bheirt do bhuail anuas chúm, agus dúirt sé liomsa an chuid eile do mhúscailt — nár chás dóibh a bheith á bhfáil féin ullamh ó bhí an lá breá agus an chóir abhaile.

Dúrt leis pé duine do raghadh á múscailt nách me féin é; nár bhe' liom[4] a bhfeaca inné dhóibh, agus gan do bheith ag caitheamh an lae inniu ar an gcuma chéanna, agus go ndéanfaidís féin múscailt

---

[4] Ls. bheil liom

an uair ba mhaith leo féin é. As an gcaint do bheirt againn le chéile, cé gheobhadh an staighre anuas ná Peaid Shéamais.

'Dia dhíbh, a bhuachaillí,' ar seisean.

'Dia agus Muire dhuit,' arsa fear an tí — is é a fhreagair é.

'Conas atá an lá?' ar seisean.

'Cóir abhaile, a bhuachaill,' arsa fear an tí.

Do chas Peaid in airde arís ag glaoch ar an gcuid eile, agus níor rófhada go rabhamair lena chéile. Thug Diarmaid ordú do bhean an tí gach ní do bheith ullamh aici amuigh ar an mbord le linn teacht ón aifreann dúinn — go mbeadh na seolta á ardú fén gCollach Dubh comh luath agus do bheadh an bia caite.

Bhí gach éinne ag bailiú chun an aifrinn agus, an uair do bhí sé ráite, do chaitheamair ár gcuid bídh, agus do bhuaileamair amach. Do chuamair isteach go dtí an gcara. Do sholáthraigh sé capall do thug gach ní siar go dtí an cé. Buaileadh síos an bád, agus buaileadh gach ní ar bord. An uair do bhí gach ní i bhfearas, do tugadh a deireadh dho thír agus a tosach do mhuir; buaileadh in airde na seolta, agus cóir shlachtmhar.

Níor thóg An Collach Dubh (ainm an bháid) puinn aimsire gur shroicheamair Cuan Fionntrá. Ar ghabháil trasna an chuain sin dúinn, súil dár thug fear 'deir sinn is an talamh —

'Tá bád eile chúinn amach,' ar seisean.

'Cá mbeadh sí ag dul?' arsa Diarmaid, mar is é do bhí ag stiúradh an bháid.

Do thugas féin géaramharc uirthi, agus d'aithníos na seolta go tapaidh.

'Sin í an bád d'fhág an Daingean aréir,' arsa mise.

'Ambaiste féin, b'fhéidir gurbh í,' arsa Kerry — is é a fhreagair me.

Do croitheadh suas chuin na gaoithe An Collach Dubh nó gur tháinig sí ar comhuisce linn, agus dob í a bhí ann go díreach. D'inseadar dúinn mar 'thit amach orthu, agus nárbh fhiú coróin a raibh d'earraí inti, mar gur ghaibh an fharraige mhór lastuas dóibh; mara mbeadh an cuan sroichte acu roimis an scríb ná ficfaí aon duine acu go deo arís.

Do scaoileamair an dá bhád le chéile fé na cheithre cinn do sheolta. Cóir ghlan acu nó gur shroicheamair caladh an Bhlascaoid. Do bhí gach bean, leanbh agus páiste ansan romhainn. Tógadh abhaile na maingisíní ar fad, agus do bhí scéalta an bhaile mhóir ar siúl ansan againn ar feadh cúpla lá.

Bhí chúig buidéil biotáille agam: ceann ón bhfear so agus ceann ón bhfear úd, ceann do dheineas a cheannach; níor dheacair dom san an uair úd — leathchoróin an buidéal. Bhí rísíní, coinnle agus a lán milseán priocaithe age muintir an dá bháid ón nDaingean leo. Bhí tine mhaith an bhliain chéanna ann, agus prátaí, leis, agus a n-anlann éisc.

Is cuimhin liom go maith gan a bheith insan Oileán so ach oigheann amháin do bhí age máistir scoile an tsúip, ach do bhí a trí nó a ceathair do cheannaibh an bhliain seo ann acu agus, má bhí, ní rabhadar díomhaoin. Larnamháireach do bhí oigheann agem mháthair acu, agus í ag obair go tiubh, mar ná raibh ach seachtain 'deir sinn agus Oíche Nollag, agus do bhí a ndóthain le déanamh acu — cheithre cinn do bhollóga i dtómas gach tí.

Ní raibh ach na bollóga bácálta againn an t-am gur bhuail an t-uncail craiceálta isteach, 'sé sin Diarmaid. Turas do bhí tabhartha ón dtráigh aige agus — 'M'anam 'on diabhal go bhfuil mo threabhsar ag titeam díom, gan greim ná bolgam a dhul im chorp fós ó fhágas an Daingean,' ar seisean.

Do tháinig trua agam do, agus do chuas go dtí bosca do bhí agam. Do thugas buidéal liom agus cupa; do chuireas suas go dtína bhéal é, agus do shíneas chuige é. Do shloig siar é gan a anál[5] do tharrac.

'Mhuise, go gcuire Dia rud éigin chúm go ndéanfad é a chúiteamh leat.'

'Croch braon uisce,' arsa mise lem mháthair, 'agus déin braon té dho, agus tabhair canta don mbollóig do. Do dhein sé sin roilleán do féin le digh sa bhaile mhór.'

'Ó, i gcuntas Dé, ligig dom féin; táim ar mhuin na muice ag an gcupa san,' ar seisean.

---

[5] Ls. inneál

A Mhaighdean Bheannaithe, nárbh é cupa an tseóigh agam é an cupa so do thugas don réic agus, cé gur minic roimis sin do bhí greann ar bhraon dí agus ar an muintir do shloigeadh siar é, dob é seo an braon do ba mhó do bhain sult riamh asamsa, ná ó shin anuas.

Do ghaibh an braon thríos gach féith leis do gheit, mar do bhí an creatlach coirp do bhí aige insan am so comh seang le heascú do bheadh i bpota ó Luan go Luan. Ní bheinnse róbhaoch dom mhargadh dá bar i dtúis lae do thabharfainn an cupa dho, mar do bheadh gnó an lae sin i vásta orm gan amhras, agus ní ormsa amháin ach ar gach nduine do bheadh i gcumas é a chlos ná a fheiscint. Ní raibh faic sa scéal ach ná dúirt éinne go raibh sé i ngá é a cheangal ná é a chur go tigh na ngealt.

Ar chur mo chinn thar doras dom féin, cad do bheadh lasmuigh dho ná garsún leis ar a lorg, agus é ag pusaíl ghoil.

'Cad tá ort, a Sheáinín?' arsa mise leis.

'Mo dhaid atá uam,' ar seisean.

'Ó, tair anso isteach, a bhuachaill. Tá sé anso istigh agus é Márta a trí, agus é ag faire ar phósadh aríst. Is amhlaidh do bhraitheann sé do mháthair ag faire ar imeacht uaidh is dócha; is críonna léi an fear istigh is baolach, agus ní mór do a bhfuil d'fhód, leis, air.'

Is chuige adúrt an méid seo leis an ngarsún chuin go mbainfinn an ghruaim do, mar dob é an té go bhfeaca air riamh í ba mhó ba thrua liom, agus inniu, leis. Do thugas an garsún as a choinne amach ar láimh liom.

'An leat an garsún so?' arsa mise leis an réic.

D'fhéach sé air.

'Is liom agus ní liom,' ar seisean.

'Táimid comh dall agus do bhíomair riamh,' arsa mise arís leis.

'Dhera, a dhuine ná ficeann tú nách liomsa do chuaigh sé — ní hí an tseithe ramhar bhuí sin do bheadh air dá bar liomsa do raghadh sé,' ar seisean — 'ach leis an amalóig bhuí do mháthair do.'

'Is dóigh liom,' arsa mo mháthair leis, 'nár chuaigh aon duine acu leat féin, ach leis an máthair iad uile,' ar sise.

'Ná an diabhal duine acu, dá bar liom a bhfuil sa bhaile acu!' arsa Diarmaid an tseóigh.

An uair do bhí an méid sin grinn curtha againn dínn, do phreabas im shuí agus do thugas stiall do bhollóig don ngarsún, agus dúrt leis dul abhaile — go bhfanfadh a athair anso go ceann tamaill eile don oíche.

Ní raibh ach an garsún curtha agam uam san am gur bhuail bean an doras isteach, agus cé bheadh ann ná mo dheirfiúr Cáit. Do bhain san ana-gheit as mo mháthair, mar do cheap sí gur rud éigin do bhí ar dhuine dos na páistí, nó gur cuireadh ceist uirthi, mar an rud is annamh is iontach, 'sé sin mar nár ghnáth léi seo teacht ach go fánach.

'Do sheol rud éigin thusa chúinn comh déanach so,' arsa mise léi.

'Peaid Shéamais ná braitheann rómhaith; ó fhág sé an Daingean fós tá sé gan aon ghreim a dhul ar a chroí,' ar sise, 'agus lán na spionóige do bhiotáille do thug me,' ar sise.

'Nár thug sé féin aon deoir leis ina bhóthar?' arsa mo mháthair.

'Níor thug ná faic eile, mhuis',' ar sise.

'Cad do thabharfadh sé sin leis?' arsa Diarmaid craic — 'sé a labhair aríst, 'duine do bhí gan aon taimhilt i nDaingean Uí Chúise,' ar seisean, 'ó fhág sé an tigh nó gur bhain sé amach aríst é.'

'Níl ach gur deacair an seanfhocal do shárú,' arsa mise le Diarmaid, 'mar dúirt sé gur dóigh le[6] fear na buile gurb é féin fear na céille, agus is in nó agatsa agus age Peaid Shéamais é.'

Bhí deabhadh ar Cháit, agus do chuas go dtí an buidéal. Ní raibh aici sin ach tuairim plaosc uibh d'áras, ar eagla go gcuirfeadh sí mise ón dtigh len an iomarca a lorg. Do fuaireas buidéal cnagaire, agus do líonas é. Do bhuail sí uainn an doras amach go baoch beannachtach.

Buidéal Dhiarmaid dob é a bhí agam gur thugas an cupa dho as roimis sin, agus níor dheineas ach casadh aríst air leis an gcuid eile dho.

'Ó, scoltadh an bhradáin go ndeine sé liom, má bhlaisim é! Do fuaireas mo dhóthain in aonacht do,' ar seisean.

Do chuireas gloine i láimh m'athar, agus dúrt leis í a choimeád dom. Timpeall leathghloine do lig sé inti. Do bhlais mo mháthair é, agus is in a raibh ann. Do líonas an ghloine chúm féin, an chéad

---

[6] Ls. dóil le

bhlaiseadh ó fhágas an Daingean. Do líonas thar n-ais an ghloine agus do shíneas chuin fear an tseóigh í.

'Ó,' ar seisean, 'tar éis na móide!'

'Dhera, dar ndóigh, níl aon bhun leis an mbradán san, a amadáin,' arsa mise leis, 'ach nath atá i mbéal na ndaoine.'[7]

Thug sé súilfhéachaint orm —

'Mhuise, dar Muire, is dócha é,' ar seisean, agus do scaoil siar í.

D'fhan sé againn nó go raibh sé in aimsir codlata go hard agus, cé nách aon stad do chuaigh ar a ghuth fean na haimsire, ní raibh ciach fós air. Ní raibh 'fhios agem mháthair gur chuas-sa insa chontúirt leis i bpoll an róin go dtí an ghloine dhéanach so, agus is é an chéad rud a dhein sí dul ar a glúine agus baochas do bhreith le Dia do thug saor an bheirt againn. Níor chuir m'athair an tsuim sin ar fad insa ghníomh mar ba mhinic roimis sin do dhein sé féin gníomh mar é, mar do bhí an t-ana-shnámh aige, ach amháin an dainséar do bhí agamsa, toisc gan slí oibre do bheith agam.

An uair do bhí an bia caite againn, do bhuaileas féin amach, agus do chuas ar thuairisc Pheaid Shéamais. Dúrt liom féin go mbeadh pas beag eile grinn agam air sin, leis, mar ná raibh aon trua agam do i dtaobh an ghalair do bhí air. Ní raibh sé i bhfad ón dtine, agus casóg chaite aniar ar a shlinneáin, a phíp ina bhéal aige agus gan inti ach an luaith. Chuireas ceist air an raibh sé ag dul i bhfeabhas.

'Táim, agus ní bheadh aon mhaith go deo orm mara mbeadh an braon úd,' ar seisean.

'Ba dhóigh liom ná fuil faic sa phíp agat.'

'Níl, ná é agam le cur inti, mhuise, a Thomáis Críomhthain, a bhuachaill,' arsa Peaid. 'Tá ana-mhilleán agam ar dhrochghloine biotáille d'ólas an lá a chuamair 'on Daingean,' ar seisean.

'Is dócha go raibh a thuilleadh thiar ina teannta agat.'

'Ó, bhí chúig ghloine ólta agam an uair do cuireadh isteach me,' ar seisean.

D'fhágas ansan Peaid an diabhail bhuí — ní fearra dhom ainm do thabharfad air — é tar éis teacht abhaile dho ó Dhaingean Uí

---

[7] *Féach* Scottish Gaelic Studies, xii/2 (1976), 263.

Chúise, gan faic chuin a pháistí ag teacht abhaile dho ach an déirc, agus seachrán ar a shláinte ina theannta san, gan é do chuma air go mbeadh sé ina fhear mhaith amáireach ná amanathar.

Ar theacht go dtím thigh féin dom, bhí an píopaire fós romham, gan staonadh ar a ghuth, gan ciach cainte air, gan tuirse siúil air, gan teip teangan, ná ceal goile an uair seo, is dóigh liom, mar do chuir an braon ar mhuin na muice é, fén mar 'dúirt sé féin. Bhí mo mháthair síos suas an t-urlár ag feistiú an tinteáin le haghaidh dul a chodladh an uair seo.

'Dar Muire,' arsa Diarmaid léi, 'ba chirte dhuit seibineach mná óige do thabhairt chuin do mhic ná bheith síos suas mar sin go deo thu féin,' ar seisean.

'Ní mise atá á gcoimeád uaidh,' ar sise. 'B'fhearr liom go mbeadh sí ar maidin aige, agus is dócha nách comh bog san iad a fháil,' ar sise aríst.

'Dhera, t'anam ón ndiabhal, ná fuil cúigear dos na mná Dálach thiar san Inis ag caitheamh na spor ina dhiaidh seo, nách fios dóibh ciocu acu go sméidfar uirthi chuin gluaiseacht, an cúigear iníon ag éinne amháin is breátha do chonac riamh, bail ó Dhia agus ó Mhuire orthu,' ar seisean, agus tar éis na píopaireachta go léir fean na hoíche do bhí a ghuth an uair seo comh beoghlan comh haibidh le fear ar ardán gurbh é an chéad abairt aige é. N'fheadar ar tháinig aon mheirg ar a scornaigh riamh.

Do bhí amhras caite agam ar an réic an uair do chonac chúm go luath insa tráthnóna é ná fágfadh sé an tigh go gcuirfeadh sé ar bun an sórt so, mar do bhí luadráil ar fuaid an bhaile i rith na bliana roimis sin cé phósfadh agus ná pósfadh. Rud eile, do bhí sórt feasa agam ó aimsir na muc roimis sin go raibh sé féin agus bean aosta na hInise ag cur an tsaoil thrína chéile mar gheall ar an scéal agus, gan amhras, do gheall sé seo dhi go gcuirfeadh sé an scéal ar bun, agus do chuir go cruinn.

Is mise ná raibh míbhaoch dá chuid allagair san am so, go mórmhór dá bar dhóigh liom go raghadh a chaint chuin cinn mar, chuin na fírinne do rá, is ann do bhí mo chrann féin san am san.

'Ach,' arsa mo mháthair, ag déanamh athnuachtaint ar an gcaint, 'tá sé seo óg go leor fós, agus fós eile,' ar sise.

'An bhfuil sé a lán aoise anois?' arsa an réic arís.

'Dhá bhliain agus fiche, trí lá roim Nollaig seo ag déanamh orainn,' ar sise.

'Dhera, a bhean bheag,' ar seisean, 'cad do bhíos-sa ach fiche bliain lom an uair do shroicheas an cheirtlín bhuí sin thoir agam, agus níor mhaith an sonuachar í!' ar seisean.

'Is dócha,' arsa mise á fhreagairt, 'gurbh fhearr í ná thu féin. Is tusa an fear fuar ar bheith as baile dhuit, agus is fada gur thugais aon ní cóir abhaile chuin na mná boichte, agus tu féin á chaitheamh go hainnis.'

'Dhera, mo thrua thu, a amadáin, ní bhímse comh caiteach agus do bhím bagarthach,' arsa Diarmaid craiceálta.

'Buail uam amach in ainm Dé agus na Maighdine Muire,' arsa mise leis, 'nó an bhfuil aon éileamh ar do bhothán féin agat, ná ar dhul a chodladh agat, nó an bhfuil aon eagla ort go mbeidh an t-alpachán buí goidtithe uait? Ná fuil fearaibh óga flúirseach ar an mbaile seo agus, ón uair nách ansa leat féin í, b'fhéidir go mbeadh taitneamh an domhain age duine acu súd di.'

'Ó,' ag cur drannadh gáire as, 'is beag is baol di siúd ar an saol so, ná ón saol eile ach oiread!' ar seisean.

Preabaim amach le bosca go raibh dorn prátaí ann chuin an asail; punann, leis, do chaitheamh go dtí bó agus gamhain do bhí ann. Dúirt m'athair liom san do dhéanamh, le linn gabháil amach dom. Gnó m'athar féin na nithe [seo], ach gur chuir píopaireacht an fhir chraiceálta siar óna dhéanamh an oíche seo é.

Ar chasadh isteach dom, do bhí sé ina sheasamh i lár an tí, agus é ag deimhniú don mbeirt aosta go raghadh cabhair na mná óige go maith dhóibh agus, comh fada agus do thuig sé féin, ná raibh aon drochmhianach in iníon so an Dálaigh, agus gurb é a leithéid sin do bheadh ag oiriúint dóibh. Cé go raibh gotha simplí air ag cur na cainte seo dho, do bhí cuid do gach comhairle le beith ina fhabhar féin. A haon: do bheadh cion na nDálach go deo air i dtaobh na hiníne do chur i gcrích. A dó: dá mbeadh sí againne, do bheadh an tigh go léir aige, dar ndóigh; a dheirfiúr féin bean aosta an tí, agus í seo do sholáthair sé féin ní ina choinne do bheadh sí, ní foláir. Is minic roimis sin, agus fós, do chuir duine gotha simplí air féin, agus é ag tarrac ar na gníomhartha fónta, ar nós Dhiarmaid.

Dob éigeant dom breith ar ghualainn air agus é a sheoladh an doras amach. Do chas sé isteach arís agus dúirt sé:

'Tá moltachán mór agam le marú Oíche Nollag, agus do gheobhairse a leath uam,' ar seisean, ag bualadh an doras amach, agus do bhí sé in am codlata go maith.

Ar chur mo chinn amach ar maidin dom, do chonac an fear agus cliabh fholamh thiar ar a dhrom, agus é gan cor as i lár an bhóthair. Do bhuaileas isteach, agus do chaitheas tamall istigh, agus do chuireas mo cheann amach aríst, agus do bhí fear na cléibhe fós gan cor do chur do.

Bhí an fear tamall uam, agus dúrt liom féin go mbeadh fios cruinn agam cérbh é féin. Ach cé bheadh ann ná m'uncail Liam, gan aon ghotha air ach gotha an amadáin. Ar fhéachaint timpeall dom, cad do chífinn ná dhá choileach, agus gan iontu ach an dé.

'Ní foláir liom,' arsa mise leis, 'nó is ag féachaint ar an dá choileach san ataoi.'

'Táim ag féachaint orthu le ana-thamall, agus tá mo chuid feamnaí imithe uam mar gheall orthu,' arsa Liam.

'Ach, is dócha nách mór an gnó don bhfeamnaigh agat,' arsa mise leis, 'tráth is go bhfuil dhá choileach 'od choimeád uaithi.'

'Ní raghainn siar go brách nó go mbeadh fhios agam ciocu do gheobhadh an lá!' ar seisean.

Do bhí ceann acu marbh an uair seo, agus do bhuail Liam siar, agus do bhuaileas féin isteach abhaile. Níor throm suain dom, féachaint an mbeadh aon mhoill thiar ar Liam, ach níorbh fhada go bhfeaca ag teacht é, agus do bhíos roimis insan áit chéanna.

'Ó, an diabhal ribe do bhí romham di!' ar seisean.

14

Bhí mo cheithre mbuidéil biotáille fós féna gcorc agam
maidean Oíche Nollag, agus is é mo mhórthuairim ná raibh
cheithre buidéil eile ar fuaid an Oileáin an lá san do.

'Is dócha,' arsa mise lem mháthair, 'gur fearra dhom dul ag
triall ar chaora, beag mór a bhfuil ann acu.'

'Ná téire,' ar sise; 'lig do Dhiarmaid na Gaoithe. Beidh 'fhios
againn an mbeidh sé a d'réir a chuid píopaireachta. Má mharaíonn
sé an chaora mhór úd, beidh dóthain an dá thí inti, ach tá eagla orm
ná beidh sé a d'réir a ghothaí,' ar sise.

Ba lú an mhuinín do bhí aici as ná agamsa go mór. Do bhí
dóchas agamsa dá ndéanfadh sé an chaora mhór do thrascairt go
ndéanfadh sé amach dá fhocal. I bhfaid an lae siar, do bhí sé ó bhéal
go béal gur mhairbh Diarmaid na Meach caora iontach; go raibh
beirt á tabhairt go dtí an dtigh. Ar chlos an scéil sin domsa, geallaim
díbh go rabhas comh siúrálta agus go mbeinn á hithe go mbeadh a
leath chúm, nó gairid do pé scéal é.

Búistéar déanta dob ea é, mar do bhí taithí aige ar a bheith ag
trascairt ceann anois agus arís, mar do bhí ana-thigh ages na
deartháracha so an uair do bhíodar in aon tigh amháin, agus bhí an
seó stoic acu, agus ba mhinic do sháigh an t-áilteoir seo an scian i
gceann maith acu agus gan éinne á rá leis.

Turas dár thugas amach déanach tráthnóna, féachaint an
bhficfinn na ba ag gabháil anuas, cad do chífinn ná an réic ag teacht

fén dtigh, agus leath na caorach móire thiar air. Do scoilt Diarmaid an chaora mhór comh lom díreach san go raibh leath a cinn ceangailte dho leath an choirp aige. An uair do chuaigh isteach, do scaoil uaidh an t-ualach.

'Sin spóla agat, a bhean bheag, i gcomhair Oíche Chinn Bhliana,' ar seisean.

'Go mbeire bliain ó inniu fé mhaise agus fé áthas ort, agus orainn go léir,' ar sise. 'Agus do cheapas ná beifá d'réir t'fhocail,' ar sise.

Lena linn sin 'sea a bhuaileas isteach. Thugas súil ar an dtabharthas, agus níor thabharthas mar mhagadh é.

'Dhera, mo ghraidhin do ghéaga, a sheanuncail,' arsa mise leis. 'Is agat atá an focal pé duine eile go bhfuil sé aige.'

'Ó, ná dúrt libh go ndéanfainn an méid seo?' ar seisean. 'Dar ndóigh mara mbeadh thusa, agus cúnamh Dé, ní bheinn im beathaidh chuin í a mharaithe,' ar seisean. 'Is mar onóir do Dhia do mharaíos í, agus chuin í a roinnt leatsa,' arsa Diarmaid. 'Ná fuil 'fhios agat,' ar seisean arís, 'ná scarfaidh cuimhne phoill an róin liom go deo,' ar seisean. 'Agus nách cruinn do bhuail an téad led chois,' ar seisean, 'agus mar 'chuiris id bhéal í!'

'Sea, do chasas uaidh agus do chuas go dtím bosca. Do thógas amach buidéal agus do thána ina láthair.

' 'Sea, tá braon do so tuillte agat inniu nó riamh, a Dhiarmaid.'

'A Mhuire mháthair, cá bhfuairis é ar fad?' ar seisean.

'Dar ndóigh, ní mór an radharc atá ficithe fós agat. Ar bhuail aon bhuidéal ós na daoine muinteartha thu?' arsa mise leis.

'Ná an diabhal é, ach aon cheann amháin, ó Mhuirisín Bhán, an seanachara,' ar seisean.

'Sea, do líonas gloine ghoile[1] chuige, mar dob é sin tomhas do bhí insan áras do bhí im láimh.

'A Rí na nAingeal,' ar seisean, 'ná fuil 'fhios agat ná fuil mo sheanachreatlach i gcumas an méid sin dí d'ól do gheit tar éis fuirseadh an lae,' ar seisean.

---

[1] = *go leith*

'Braon beag na Nollag an braon so, agus beidh sreabh[2] bheag eile agat as an gcaoire do chuirfidh an méid allais do bhain sí asat ionat arís,' arsa mise leis.

'A Mhaighdean Bheannaithe,' ar seisean, ag breith ar an ngloine, agus níor rófhada go raibh a raibh inti insan áit a choimeád é, agus dúirt láithreach: 'Tá súil le Dia agam go mbeidh Nollaig mhaith agaibh, agus Inid ina diaidh,' ar seisean, ag preabadh ina sheasamh agus ag bualadh an doras amach. Do phreabas féin ina dhiaidh agus do chasas isteach é.

'Dhera, nách ort atá an deabhadh,' arsa mise leis.

'Ó,' ar seisean, 'ní mar a chéile an oíche anocht agus aon oíche eile, agus níl sé ceart agam faillí do thabhairt im ghramaisc bheag féin oíche bheannaithe Dé.'

Do cheapas riamh ná raibh sé comh deighmhóideach agus do bhí sé insan am so, mar garbhghlórach ba ghnáthach leis a bheith i gcónaí, agus ana-mhinic ba ghnáth leis dul síos ag lorg cabhartha aon uair do thagadh paiseon air. Do mhéadaigh na cainteanna so mo ghradam do fara mar 'bhí, mar do chuir sé dho go slachtmhar iad, comh maith le haon bhacach.

Chuireas ina shuí dá ainneoin é, agus do thugas sreabh bheag eile dho. Do rugas ar láimh air, agus do sheolas an doras amach é.

An uair do bhí am na soilse do lasadh 'oíche bheannaithe Dé,' dá raghfá thoir theas ar an mbaile, mar is soir ó dheas atá aghaidh gach doiris agus fuinneoige, agus gach sórt solais lasta an oíche seo, ba dhóigh leat gur sciathán d'áit éigin naofa é, agus an lantán go bhfuil sé i lár na farraige móire.

Do chloisfá fuaim is gach tigh an oíche seo mar, beag mór é an braon do thagann i dtómas na hoíche, coimeádtar é. B'fhéidir go mbeadh amhrán age seanduine nár mhúscail a ghuth le bliain roimis sin. I dtaobh seanamhná dho, bíd sin go minic ag duainireacht.

Níorbh fhearr liom féin an oíche go léir do chaitheamh age baile ná bualadh amach tamall. Is é áit go rabhas chuin m'aghaidh do thabhairt ná go dtí Peaid Shéamais tamall, mar ná raibh sé

---

[2] *Ls. sramh [i.e. sr leathan ina thosach]*

róshláintiúil fós. Do bhí 'fhios agam ná raibh aon deoir aige, agus do bhuaileas chúm leathphiunt, agus níor stadas gur shroicheas an tigh. Bhí fáilte agus fiche romham. Fear go mbainfá ana-chaitheamh aimsire as dob ea é, ach dob é ná raibh sásta toisc ná raibh aon bhuidéal aige; agus do bhí dhá cheann aige ach, toisc é a dhul chuin seachráin sa bhabhta so, do bhíodar diúgthaithe aige.

Do chuireas lámh im póca, agus do shíneas an leathphiunt chuige:

'Agus,' arsa mise leis, 'diúg go tóin é, mar caithfir amhrán do rá.'

'Beir gan amhrán,' arsa Cáit — is í a fhreagair me — 'má théann an leathphiunt siar aige.'

'Ní bheidh agam ach a leath, agus déarfad amhrán, leis.'

Cnagaire d'ól é, agus ní amhrán adúirt sé ach seacht cinn.

LÁ NOLLAG

Lá Nollag do bhíodh daoine insan am san ag glacadh níosa mó spéise in aifreann an lae seo ná mar 'táid ó shin, mo thuairim. Ach bhí an lá so róghlas agus róláidir, agus an uair do bhíodh lá mar sin ann is ea do bhíodh comórtas báire le beith ar siúl, agus an baile go léir ceangailte isteach insa chluiche báire.

Bhíodh beirt beartaithe, fear ón dtaobh, ina dhá maor mar 'déarfá. Bhíodh gachara fear acu san á thógaint nó go mbíodh a mbíodh ar an dtráigh roinnte acu le chéile.

Camáin agus liathróid do bhíodh an uair sin ann. Is ar an dTráigh Bháin do bhíodh an báire acu, gan stoca ná bróg; amach go mineál aon uair do théadh an liathróid 'on fharraige. Ar feadh dhá lá dhéag na Nollag, ní bhíodh sé i gcumas aon fhir insan Oileán an bhó do bhagairt chuin cnoic le tinneas droma agus tinneas cnámh; cos dhubh age beirt; fear eile ar leathchois go ceann mí.

An lá so, do bhí Diarmaid agus Tomás, mo dhá uncail, i gcoinne a chéile, fear acu ar gach taobh. Is ar thaobh Dhiarmaid do bhíos féin, agus is ann dob fhearr liom do bheith mar, dá rángódh liom do bheith ina choinne, ní fhéadfainn mo leathdhícheall do dhéanamh dá mbeinn, ná i ngiorracht do. Do chuireamair trí bháire orthu i ndiaidh a chéile, agus do bhí an dá thaobh ar buile, iad san a d'iarraidh go mbeadh báire éigin acu féin 'o bharr an lae, ach níor shroich aon bháire insa lá san iad. Ag déanamh ar an slí dhúinn chuin teacht abhaile —

'Mo náire é!' arsa Diarmaid; 'níor ligeamair aon bháire ó mhaidean libh!'

Ar chaitheamh na cainte seo dho Dhiarmaid, do bhí a dheartháir Tomás roimis suas insa tslí. Do chas anuas air agus do thóg an dearna, agus do bhuail i bpoll na cluaise é, agus do chuir síos ar an dtráigh ina fhuairnín mharbh é, nách mór.

'Dar ndóigh, a sheanadhiabhailín, ní tusa do dhein an saothar san!' arsa Tomás.

Do bhíos féin in aice leis le linn titeam do, agus ní raibh an titeam ard — cúpla aoirde fir — ach ní raibh an buille do fuair sé ar fónamh, agus an áit gur leagadh é do bhí sé an-anacair. Do stop a chaint air, mar do baineadh do í, agus do bhí uair a' chloig ann sara raibh aon smiog aige, agus a raibh ar an dtráigh timpeall air, ach an té do bhuail é; bhí san imithe abhaile, agus gan aon obair ghalánta fágthaithe ina dhiaidh aige, ach toradh an drochiompair.

Do ghaibh trascairt Dhiarmaid thríom go mór, mar ba mheasa liom lúirín a choise ná mullach cinn an té a dhein é. Níorbh fhada go raibh an fiteán glóir ag neartú aige agus, an uair do bhí, ní raibh sé ar fónamh, mar gurb é an chéad rud a dúirt sé:

'Mo chorp agus m'anam, gur mise an sagart uachta do bheidh air siúd!' ar seisean.

Do cuireadh ar a bhonnaibh é, agus ba ghairid go raibh sé ag teacht chuige féin, ach go raibh cúpla scrabha maith as chionn na malann ann.

Do bhuaileamair abhaile, agus dob ar éigean do bhíomair ábalta ar é a dhéanamh, mar nár dhein éinne riamh insa Bhlascaod gnó ná obair ar feadh dhá lá dhéag na Nollag ach ag tabhairt suaimhnis dóibh féin i gcomhair gach báire ar feadh na laethanta so.

LÁ CAILLE

Níor mhór é ár ngnó tar éis báire mór Lae Nollag, ach gach nduine do bhí ann scothbhacach go maith — tinneas na gcos agus na gcnámh. Ach do bhí seachtain chuin suaimhnis againn go Lá Caille. An duine go raibh a chamán briste do bhí sé ag soláthar a mhalairt.

Níor mhór na camáin do bhí ar an dtráigh ná gur ó Pharóiste Fionntrá do tháinig sé, camáin aitinn go mbíodh cor cam ina gceann[3], ag géilleadh dhon ngainimh. Liathróid déanta do shnáithín stoca, agus í fuaite le snáithín cnáibe; is minic do bhuail sí insa rúitíní ar shlataire fir, agus do chuireadh sí seacht slata ó bhaile é ar shlait a dhroma é, agus an chos ó úsáid an lá san, b'fhéidir.

Pé maith do bhí ionamsa, ní raibh mo chamán ar dtuathal, agus do rángaig liom do bheith ar leathiomall an uair seo. Do thairrigíos lem acfainn ar an liathróid, agus cé rángódh féna bráid ná m'uncail Tomás, agus cá mbuailfeadh an liathróid é ná i bpláitín na glún, agus do chuir an pláitín as inead.

'Mo ghraidhin do ghéaga!' arsa Diarmaid, an chéad ghuth do chuala, agus ná feadar nách age baile do bhí sé insan am gcéanna. Do chruinnigh a raibh ar an dtráigh ar an bhfear marbh, ós geall leis d'éinne do bheidh ar leathchois, agus do bhí so mar sin go cruinn.

Do cheap an deartháir ná raibh sé comh hainnis, ach gurb amhlaidh do goineadh é agus, an uair do chonaic sé go raibh an scéal ní ba mheasa ná san, do lagaigh ar a ghreann agus ar a phíopaireacht. B'éigeant é a thabhairt abhaile le teannta daoine, agus ní i gan fhios do Dhiarmaid do chuaigh sé abhaile.

Tar éis dúinn Tomás do chur abhaile, do bhaineamair an tráigh aríst amach go tapaidh agus, toisc gurbh é an chéad lá 'o bhliain nua é, is dóigh liom gurb é an lá ba mheasa a bhíodh i gcónaí é. Ní mór ná go raibh an réilthín in airde an t-am gur thánamair abhaile, cortha tinn tnáite.

Ag déanamh ar an dtigh dom féin, cé bheadh im dhiaidh insa chosán ná Diarmaid, agus ní thabharfá dhá phingin air tar éis fhuirse an lae. Do stadas gur tháinig sé suas liom.

---

[3] *Ls. cheann*

'Tá beagán gnótha agam go fóill díot,' arsa mise leis. Ba chuma leis cad é an gnó; do ghluais sé in aonacht liom.

Thairrig mo mháthair cos Thomáis chuige: nár mhór an buille do fuair sí, agus go mbeadh sé gan aon tairbhe insa mbliain seo; gur drocháit pláitín na glún; gur mó ceann acu ná téann ina cheart go deo.

'Déanfaidh sé bacach maith!' arsa Diarmaid.

'Anb é sin do thrua dho?' ar sise.

'Níl ach seachtain ó scaoil sé féin mo chuid folasa ar bheagán cúise ar fuaid na trá,' ar seisean, 'ach go bhfuil trua agam dos na páistí,' ar seisean aríst.

An uair do bhí an méid sin ráite acu lena chéile, do phreabas go dtí an bosca mar a raibh an bheoir i dtaisce agam, agus do thugas liom píopaire buidéil do bhí gan oscailt fós. Do cheap Diarmaid an uair do chonaic sé an buidéal lán gurb ó Fhlaithis Dé anuas do thit sé, ach do bhí spóla comh maith leis do shaothar Dhiarmaid ar an dtine an uair seo, smut don moltachán mór. Níor bhain sé lem mheon riamh rud do bheadh agam do cheilt ar an té do shínfeadh a lámh chúm, agus dob in nó age Diarmaid é. Dob fhearr tabharthas Dhiarmaid domhsa ná a raibh d'uisce beatha insa chúig bhuidéil.

Do fuaireas an ghloine mhór agus do thugas do lán go barra í, ach níor thug sé droim láimhe léi, mar ná raibh leathscéal aige chuige. Agus, an uair do bhí sí thiar aige insan áit go raibh gá léi, dúirt sé:

'M'anam ón ndiabhal, go mbeinn le cur inniu mara mbeadh pé rud do phrioc thu agus oiread do thabhairt leat do, ós dócha gurb é Dia é,' ar seisean.

'Ach is ina bhronntanas do fuaireas an chuid ba mhó dho,' arsa mise leis.

'Ach, dar a n-anam 'on diabhal, ná rabhas-sa ag tabhairt earraí uathu sarar rugadh thu, agus nách beag do fuaireas ná a shíneadar chúm,' ar seisean.

'Is dócha gurb amhlaidh do bhraithid siad ag dul chuin deireadh thu, agus nárbh aon mhaith dhóibh a bheith 'od bhreabadh chuin aon ní d'fháil dod bharr anois,' arsa mise leis.

'Nár thuga Dia aon ní dóibh siúd, an scata rogairí,' ar seisean, 'ach tugaim Muirisín Bán saor liom astu.'

Do bhí an chraic ar mo thoil agam anois, mar do bhí an fiteán glóir múscailte ag an mbraon ann, agus dúrt liom féin go dtabharfainn turas ar Pheaid Shéamais, mar fear baothghlórach leanbaí ann féin dob ea é, cé ná raibh sé réidh leis an ngalar cam fós ó lá an Daingin. Ach do bhí sé i dtiomáint an bháire gach lá, agus níor mhaith ann é, rud ná raibh le rá roimis sin leis, mar do bhíodh sé ar na fir dob fhearr; ach ní raibh sé go maith fós ó lá an Daingin.

Do dheineas machnamh nárbh fhada do bheinn ag ól cnagaire, agus go mbeadh oiread do sheó agam ar Pheaid leis an gcnagaire do dh'ól. Do bhuaileas chúm é, agus do bhaineas amach an tigh. Dob ansa liom roinnt le Peaid, mar dá mbeadh sé aige do bheadh mo chuid agamsa dho gan amhras.

Bhíos tamall istigh, agus dúrt sa deireadh:

'Níl scéal ná duain insa tigh seo anocht, agus nár cheart rud éigin do bheith ar siúl Oíche Chinn Bhliana.'

'Níl fear an tí rómhisniúil fós,' arsa Cáit — 'sí a fhreagair me.

'Ach is dócha go bhfuil ceal a choda féin air,' arsa mise; 'dá mbeadh cnagaire biotáille thiar aige go mbeadh reacaireacht éigin ar siúl aige.'

'An diabhal an magadh san, a Thomáis Criomhthain,' arsa Peaid, 'pé freangaí eile atá 'ár gcnámha!' ar seisean.

Dob fhada liom go raibh an tsiolla cloiste agam uaidh, ón uair gurb é a thug me, agus 'fhios agam nár rófhada go mbeadh am bídh ann. Do thugas seáp fén gcupa do bhí ar crochadh ar an ndrosar, agus do thugas liom é. Do scaoileas amach é, agus do shíneas chuige é. D'ól sé le tathant é, agus níor mhór an aga go raibh *Báb na gCraobh* ar siúl aige. Níor stad gan ceann agus ceann eile. Níor rófhada gur chuala glór na mbróg ag teacht, agus do cheapas gurbh é m'athair é ag glaoch chuin bídh orm, ach an uair do chuir sé a cheann isteach cé bheadh ann ná Diarmaid.

'Tá do chuid bídh ullamh,' ar seisean liomsa.

Bhí garsún leis féin in aonacht leis a tháinig ag glaoch air. Cé go raibh an garsún ag glaoch ar Dhiarmaid, ní raibh rófhonn abhaile air, ach is amhlaidh do shuigh sé síos ar stól do bhí ann ná raibh fé ach trí cosa.

'Mhuise, is dócha,' ar seisean le Peaid, 'ná beadh aon rann don *Súisín Bán* agat; is fada ó chuala é.'

'Dhera, léan ar do lár,' arsa mise leis — is me d'fhreagair é, 'ní foláir nách leis an amhrán san a fhanfairse, agus garsún ag glaoch chuin prátaí ort uair a' chloig ó shin, agus tu ag cur romhat fanúint i dtigh eile le amhráin arís.'

'Tá 'fhios age Dia má deir sé é go bhfanfad, agus le ceann eile ina dhiaidh, agus go ngealfaidh sé anoir amáireach,' arsa an chraic. 'Is cuma dhuitse, ach téire féin chuin do chuid bídh,' ar seisean.

Ón uair nár dhein san rud ormsa, do dheineas-sa rud air sin, agus do bhuaileas amach, agus d'fhágas ansan iad agus an t-amhrán ar siúl age Peaid, agus gan cíos, cás ná cathú air, ach lánaerach san am so. Ar dhul abhaile dhom, bhí na prátaí lagfhuar go maith romham.

'Is mairg duit nár fhan tamall eile ann!' arsa mo mháthair; 'nó ar ghlaoigh an réic ort?' ar sise.

'Do dhein, agus is túisce an chú ná an teachtaire,' arsa mise, 'mar tá sé féin fós ann agus mise tagthaithe.'

'A Mhuire, nách é an fear fuar é!' ar sise.

'Sea, má bhí na prátaí lagfhuar féin orm, do bhí an t-anlann te agus go maith — stiall don molt mór — agus, an uair do fuaireas me féin réshásta go maith díobh, do chrom an mheach ar bheith 'om priocadh arís chuin tigh an tseóigh do bhaint amach, agus do dheineas machnamh ná tiocfadh an oíche go ceann bliana aríst. As an machnamh so dhom, d'inseas dom mháthair é, agus dúrt léi go rabhas chuin dul go tigh Pheaid Shéamais aríst, agus má bheinn déanach ag teacht gan aon tsuim do chur ann, 'mar, b'fhéidir,' arsa mise léi, 'nár fhág Diarmaid na gaoithe móire fós é, agus má tá sé romhamsa anois ní fhágfaidh sé go maidean é, is baolach, agus faid a fhanfaidh san fanfadsa leis sin. Cuir an laiste ar an ndoras, ach ná cuir an bolta.'

Do chuas go dtí an bosca, 'sé crích an scéil é, agus do thugas liom mo bhuidéal. B'é seo an tríú ceann, agus do bhí níos mó ná a leath ann fós. Ceann dos na hoícheanta beannaithe dob ea í. Thugas gloine dom athair, ach níor mhór do lig sé inti, agus níor dhein mo mháthair ach é a bhlas, agus gloine me féin.

'N'fheadar,' arsa mise leis an mbeirt aosta, 'an dtabharfainn liom a bhfuil sa bhuidéal go tigh Cháit.'

Á mbrath do bhíos, mar dá gcuirfidís cosc féin liom do thabharfainn liom i gan fhios é, ach níor chuireadar. M'athair ba mheasa liom a labhairt, mar ní bheadh san ag canrán go deo, ach le duine do bheadh i bhfad as an slí. Seo mar 'dúirt sé:

'Is minic do hóladh cuid mhaith i measc na namhad agus, dar ndóigh, ní haon namhaid duit tigh do dheirféar, agus má tá t'uncail, leis, ann, ní fearra dhuit féin é a ól ná é a thabhairt dóibh,' ar seisean.

Bhuaileas chúm im póca é. Bhuaileas an doras amach. Ní bheinn sásta lem chroí féin do bheith leis gan toil na beirte aosta. Do bhí clos ar fhear an tseóigh agam i bhfad ón dtigh.

Ar dhul fén dtigh dom, bhí Diarmaid ina steillebheathaidh romham ann, gan ciach ná meirg ar a ghuth.

'Mhuise, dé do bheathasa, pé scéal é,' ar seisean.

'Nár chuais abhaile fós?' arsa mise.

'Ná an diabhal é!' ar seisean. 'Tá na daoine muinteartha flúirseach, moladh le Dia, ar fuaid an bhaile; deinim mo thigh féin dona lán acu,' ar seisean. 'Tá mo chuid bídh caite anso agam, a bhuachaill, agus mo chuid dí id theanntasa,' arsa Diarmaid.

'An raibh aon amhrán ó shin agaibh?'

'Bhí chúig cinn, agus beidh a thuilleadh, ón uair gur casadh thusa aríst chúinn. Oíche dár saol is ea í; ní fios cé mhairfidh ar a teacht aríst'.

'Ná déarfadh Peaid aon amhrán duit?'

'Dhera, a dhuine,' ar seisean, 'ní ar Pheaid atá an locht, dá mbeadh aon chabhair aige.'

'Cad é an chabhair atá ag teastabháil uaidh?'

'Dhera, braon don luibh do chuireann anam is gach nduine. Nár chualaís an rann úd fadó?'

'Níor chuala; má tá a leithéid agat, abair í,' arsa mise.

Nár róbhreá an t-oideas dochtúra
An stuif seo, agus an lionn so a bheith saor,
Mar tógann sé an ceo agus an brón dínn
Is deineann sé súgach an saol.
An tseanabhean a bhíonn bliain insa chúinne,
Is í caite insa tsúsa le péin,
An uair do dh'ólann sí lán an leathphiuint do,
Go raideann sí an súsa insan aer.

Ní croitheadh lámh go dtí é agena raibh istigh, agus seacht
croitheadh, agus dob í seo rann an tseóigh, agus do theaspáineas an
buidéal do, agus do cheap sé ghur seoid ó neamh aige é. Do
cheapadar gur ag magadh do bhíos ar dtúis, agus gurb amhlaidh ná
raibh faic ann, nó go bhfuaireas áras, agus do ligeas braon chuige.
Do chuir sé féna shróin é, agus do chífá a chroí agus a ae, agus do
scaoil siar é.

'Caithfir amhrán do rá anois, a Dhiarmaid,' arsa mise leis.

Do thugas braon do Pheaid, agus níor chuir sé suas do.
Thugas dóibh a raibh sa bhuidéal, chun go mbeadh oíche ghrinn
agam orthu.

'Is dócha,' arsa Diarmaid, 'gurb é Dia do chuir ina chroí na
buidéil go léir do thabhairt leis. Mo chorp agus m'anam, go mbeinn
im chré insa talamh mara mbeadh a bhfuil dá dhigh seo caite agam!'
ar seisean.

'Abair amhrán, a Pheaid,' arsa mise leis. Dúirt go tapaidh
Éamann Mhágáine, agus do thaitn sé go mór liom, mar ní raibh Peaid
go holc an uair a bheadh a scornach glan agus sclogóg do bhraon
beag thiar aige. *Cosa Buí Arda Dearga* adúirt an réic, agus do phreab
ina sheasamh agus dúirt:

'Beannacht Dé le hanman do mharbh, agus abair *An Chuilt*
dom; níor chuala riamh as a chéile í ó lig an file Ó Duinnshléibhe as
a bhéal í,' ar seisean.

Níor mhór an tathant do dh'iarras, cé gur shuaigh *An Chuilt* go
maith me — hocht ranna déag. Sin a ndúrt, mar nár ghá dhom é, as
san gur gheal sé anoir.

'A Rí na Glóire, moladh go deo Leis, conas do chuir sé le chéile í?' arsa Diarmaid.

Do bhí an lá ag breacadh an uair do scaramair le chéile.

'Iarraim ar Dhia agus nár bhuaile maisle ná máchail sibh go ceann bliana,' arsa an réic, ag tabhairt a aghaidh ar a thigh féin, é sin soir agus mise siar. Do chuas a chodladh, agus bhí aimsir dínnéir ann le linn me a mhúscailt.

Tar éis dínnéir dom, do chuireas mo cheann amach, agus do chonac asal do bhí againn ag teacht fén dtigh go luath insa lá. Dúirt m'athair liom é a thiomáint ó dheas tamall eile don lá, mar go raibh foithin ann, mar do bhí an ghaoth aduaidh.

Is orm ná raibh an leisce san do dhéanamh, mar do bhí dosaen caorach liom in aice na dtithe, agus ba mhaith liom súil do leagadh orthu. B'eo liom, agus ag gabháil an tóchar suas dom as choinne na dtithe amach 'sea do chuala an bháiléireacht ar siúl. Do phriocas breis an t-asal go raghainn i radharc na gutha agus an té do bhí á dhéanamh[4].

Scriosúnach do mhnaoi go raibh mapa do cheann rua uirthi do chonac ar dtúis, agus í ag dul le báiní le feirg agus buile. Bhí dhá thigh ceangailte dhá chéile insa lantán, agus an bhean rua ag callaireacht lasmuigh. Do thuigeas as a cuid cainte gurb uibhe cearc bun an allagair.

'Agus, a sheanadhiabhail,' ar sise, 'ní dhéanfadh sé an gnó dhuit drom do thí féin do chuardach gan drom mo thíse ina theannta, agus a raibh d'uibhe i ndrom an dá thí do bhailiú leat,' arsa an bhean rua.

Ionadh mo chroí do bhí orm cé leis go raibh sí ag caint ná raibh á freagairt, ach níorbh fhada do bhíos mar sin, mar láithreach do tháinig bean an tí eile 'on doras, agus do bhí sí ag gliúcaíocht nó go bhfuair sí drom na mná eile léi. Do thug sí aon léim amháin agus do chuir a crúca ceangailte insa mhoing rua[5], agus do thug go talamh gan rómhoill í.

'Sea, níor thugas ina coinne an méid sin do dhéanamh léi agus an tóirtéis do bhaint di. Ach ní raibh sí sásta tar éis a raibh do locaí

---

[4] i.e. ag déanamh an achrainn, ní foláir

[5] Ls. ruaidh

casrua ar a ceann do bheith staite aici, caite 'on bhuaile, gan preabadh do ghlúinibh ina bolg, agus ba mheasa ná san é, mar nár bholg seasc do bhí ag an mnaoi rua insan am chéanna. Cad ba chóir domsa do dhéanamh, adéarfá? Ní raibh Críostaí le feiscint agam ach an ghramaisc mhion do bhain leis an mbeirt bhan, agus iad san ag dul le buile le scréachaigh. Dá mbeadh fínné agam do raghadh in aonacht liom, ní bheadh moill orm ag dul á bhfóirithint, má bheadh duine acu marbh féin, mar an uair do thiocfadh na pacairí seo suas níor rófhada an mhoill orthu teacht le chéile, agus mise do chur i mbraighdeanas insan áit do choimeádfadh tamall me, mar nárbh é a haon riamh é.

'Sea, má thuigeas an méid sin féin, ní ligfeadh an intinn dom a bheith ag féachaint ar dhuine ag marú duine eile; ba náireach an scéal dom ar an saol so féin é, cé gur mhó do bhí eagla Dé orm ná san. Do phreabas isteach, agus do bhogas na crúcaí as an ngruaig, agus do bhí an gumh ar an mnaoi dhuibh, má bhí a leithéid ar éinne riamh do mhair. Agus nách iontach é an gliocas? — mara mbeadh í a theacht i bhfeall ar an mnaoi rua, do stracfadh sí as a chéile an bhean dubh. Do thugas liom isteach ar láimh í; thugas deoch uisce dhi, ach ní raibh caint fós aici, agus an uair do bhí níor thuigeas í, cé gur Ghaelainn an t-aon teanga amháin do bhí aici.

Sarar fhágas tigh na mná rua, cé thiocfadh isteach ná mo mháthair.

'A Mhuire bheannaithe, más ansan ataoi agus an t-asal age baile!' ar sise.

'An bhfuil sé beo?' arsa mise léi.

'Tá, i ndomhnach,' ar sise; 'cad do cheapais do bheith air?'

'Ach is fearr liomsa an t-asal do dhul abhaile ná beirt bhan mharbha[6] do bheith ann,' arsa mise léi.

Do dhein an bhean rua gáire. 'Ó, tá seó agat orainn,' ar sise. 'Ach, má tá féin, is dócha gurb é Dia do chuir 'ár dtreo thu,' ar sise aríst, agus a guth lag go maith ag cur an méid sin di.

Do thugas turas ar an mnaoi dhuibh sara raghainn abhaile, agus dob eo chúinn í. 'Ar bhireán bhuí, do thabharfainn buille dhi

---

[6] Ls. mharbhú

seo dhuit,' ar sise — leis an sluasaid do bhí ina láimh aici — 'nár lig dom í a mhíniú ón uair go bhfuaireas fém bun í. Agus,' ar sise aríst, 'dá barb ise do bheadh san uachtar do bheinnse aici gan mhoill,' arsa an bhean dhubh; 'nách bean rua í, a bhuachaill!' ar sise.

'Ach is dóigh liom,' arsa mise léi, 'go bhfuil an lá is fearr ficithe aici: tá a ceann breá gruaige gan mhaith; tá sí ar bheagán cainte, agus is dóigh liom go mbeidh go ceann tamaill,' arsa mise léi.

'Ní haon díobháil di an méid úd,' arsa an bhean dubh.

Chuin cnoic do bhí fearaibh an bhaile an lá céanna, fear le ba, an chuid ba mhó acu ag triall ar mhóin, agus do thuigeas nárbh fhearra dhom rud do dhéanfainn ná mo thigh féin do bhaint amach, agus nár bheag dom a raibh d'ainnise an lae bertha orm cheana, agus nárbh fhios conas mar 'bheadh an scéal an uair do thiocfadh na fearaibh seo abhaile. Do bhuaileas amach. Bhí mo chluas le héisteacht féachaint an mbeadh aon achrann 'deir na fir an uair do raghadh guth na mban féna gcluasa, ach ní raibh gíog le cloisint, mar nárbh ionann mianach na mban agus na bhfear. Dhá bháiléar mná ab ea iad comh mór agus do bhí in Éirinn.

Tháinig an tráthnóna glas láidir, agus dúirt m'athair liom féinig:

'Is fearra dhuit bualadh suas i gcoinne na mba, ón uair ná fuil aon ealaí eile agat,' ar seisean.

'Deinim ort é,' arsa mise leis.

Do bhuaileas mo chasóg trasna ar mo ghualainn, agus do bhuaileas an cnoc amach. Ar shroistint an lantáin dom go raibh na ba ann, do bhí daoine romham ann. Agus i measc na ndaoine do bhí an file agus maide ina láimh aige, mar do bhí bó an uair seo aige ná raibh a leithéid ar aonach: bó chíordhubh shlachtmhar do líonadh trí feircíní gach bliain do bhíodh sí ar a ceart. Colann bhreá ina teannta aige.

' 'Sea,' arsa mise liom féin, 'ní chuirfidh an file gnó an lae inniu amú orm féin, mar do chuir an lá cheana do bhuail sé liom, an lá do chuir sé as bhaint na móna me.' Níor bhuaileamair lena chéile insa chnoc ó shin go dtí so.

'An bhfuil aon phioc d'*Amhrán an Asail* agat?' ar seisean liomsa.

'Tá cuid agam do, agus cuid uam do,' arsa mise leis.

'An bhfuil aon pháipéar id phóca? Má tá, tairrig amach é agus do pheann,' ar seisean. 'Táimíd ana-'rúnach anois chuige, agus gach ar dheineas acu béarfad 'on uaigh iad mara bpriocfairse suas iad,' ar seisean.

Níor thaitn a ghlór rómhaith liom, mar nár mhaith liom suí le hais túrtóige tráthnóna fuar glas, ach níor rófhada an mhoill ar an bhfile rann do dhéanamh dom féin ná raghadh rómhaith dhom. Do chaith a raibh ann againn cois maolchlaí sinn féin, agus do chrom mo bhuachaill ar an amhrán do mhúscailt, agus is cóir dom rann do do chur síos mar shampla; bíonn rann comh deas le haon rud eile i leabhar nó i bpáipéar.

Seo mar 'dúirt sé:

Is buartha atá m'aigne gach lá don tseachtain seo,
Ó tháinig an teachtaireacht chúmsa:
Tuairisc is tathant ó chuallacht an airm
Go dtabharfaidís daichead geal punt air.
Ní bhfuaireadar fios freagra fós uam dá bharra,
Go dtógfaidh mé aga chuin comhairle,
Ach b'fhéidir go mb'fhearra dhom an t-ór do ghlacadh,
Mar tá sé i mbaile chontúrthach.

Geallaimse dhuit, a chara na n-árann, san am go raibh dosaen rann breac síos agam, is an tráthnóna millte fuar, gurbh fhearr liom ná beadh an file ar an saol so fós, mar pé duine gur tháinig gnóthaí an fhile bog air nár mhise é, agus sara raibh an bhreacarnach déanta ar an bpáipéar go raibh dubh na hoíche ann.

B'eo leis gach nduine againn ag baint na dtithe amach. Bhí na ba i bhfad age baile romhainn.

'Dhera,' arsa mo mháthair, 'cad do choimeád comh fada sibh i ndiaidh na mba a leithéid d'oíche fhuar láidir?' ar sise.

D'inseas an fhírinne dhi.

'Mhuise, ní mór don bhfile féin a bhfuil do chéill aige, is a bheith i mullach cnoic go dtí anois,' ar sise. 'Tá do chuid bídh fuar anois ort,' ar sise liom.

Do chlabas siar dosaon práta do bhí lagfhuar go maith, ach go raibh braon do bhainne the agus iasc te agam leo agus, tar éis an méid sin do dhéanamh, do bhuaileas amach dom féin aríst. Do bhí tigh áirithe ar an mbaile go mbíodh na hógaibh go léir bailithe ann, fireann agus baineann, go meán oíche an turcaí, agus chuin sórt críochnaithe do thabhairt ar an dtigh seo dhom, agus ar na hógaibh do bhíodh i dtreo a chéile ann, is laochas liom le rá nár thit aon rud riamh anncheart amach eatarthu le seacht mbliana agus trí fichid dom.

Do chaitheamair an oíche ag rangás le chéile go raibh sé siar san oíche go maith. Do thána abhaile agus do chuas a chodladh. Do bhí codladh déanta agam, nó b'fhéidir dhá shnap, an t-am gur bhraitheas an doras á bhualadh go maith cruaidh agus, toisc me a bheith im dhúiseacht, do phreabas im shuí agus d'osclas an doras. Do sháigh an fear a cheann isteach agus, mar do bhí sé dorcha, ní raibh 'fhios agam cé bhí ann gur labhair sé.

'Caith umat do chuid éadaigh; tá an lá ana-bhreá,' arsa an ghuth. Sin é an uair do bhí 'fhios agam cé bhí ann — Diarmaid na Gaoithe. 'Faigh do chuid bídh agus buailfeam siar chuin Inis Mhic Uibhleáin. Tabharfam cúpla lá thiar. Beidh coiníní agus róinte againn, agus b'fhéidir go mbeadh cuid dos na mná ag teacht aniar,' ar seisean, 'agus dein san gan mhoill.'

Ba mhó glór dob aite liomsa ná an glór san, mar ní i measc na mban óg do bhí thiar dob aite liomsa seachtain do chaitheamh, mar gur duine acu dob ansa liom ar mhná na hÉireann an t-am úd.

B'eo liom agus do fuaireas me féin ullamh, agus do bhaineas amach an caladh, agus do bhíodar romham. Bhí an lá ana-bhreá, agus dob eo linn nó gur bhaineamair amach an Inis thiar. Do bhí muirear mór inti insan am so, iad ar fad mór, agus do tháinig gach nduine do bhí insa Chloich ar bhruach an chaladh. Ba dhóigh leat gurb í Tír na nÓg an Inis insa lá san.

An uair do dheineamair fén dtigh, do bhí gach uile shórt ullamh romhainn, mar do bhí radharc ar an mbád acu do shíor. Do bhí Diarmaid comh súgach, san am gur chaith sé a hata dho agus gur shuigh sé chuin buird, le bheith i bparthas.

An uair do bhí bia caite againn, do bhuaileamair amach chuin fiaigh, agus gach a raibh sa Chloich do dhaoine óga in aonacht linn, ideir chailín agus bhuachaill. Lá aoibhinn dob ea é; coiníní ag imeacht agus madraí ina ndiaidh; iad ag breith ar cheann, agus dhá cheann ag tabhairt na gcos uathu. Chuin na fírinne d'insint is i dtreo na n-ógbhan do chaitheas féin an tráthnóna, agus do bhí a rian air — níor mhór í mo sheilg.

Seisear againn ar fad do bhí insa bhád. Beirt agus beirt do bhíodh i dtreo a chéile. Ní raibh éinne im threosa ach muintir na Cloiche féin, ideir chailín agus bhuachaill, agus an uair do bhí dosaen marbh ages na garsúin domsa dúradar:

'Téanam abhaile go dtí an dtigh. Tá do dhóthain inniu agat; beidh beart breá eile againn amáireach duit,' ar siad san.

Do dheineas rud orthu, mar ba chuma liom dá bar dhóigh liom ná tabharfadh Diarmaid aon sclaimh orm. Bhí ár gcuid bídh caite againn san am gur tháinig triúr eile isteach agus ardsheilg acu. Cuireadh bia chúthu, agus do bhí a ngoile go maith acu insan am chéanna, mar tá an fiach nó iascaireacht ábalta ar san do dhéanamh. Bhí an tigh lán do raithnigh agus, an uair do bhí ár mbolg lán, do chaitheamair siar ar shlait ár ndroma sinn féin inti.

Ní raibh ach san déanta againn an t-am gur bhuail Diarmaid isteach agus Kerry (b'in é an páirtí do bhí aige i rith an lae), agus ní raibh do Kherry le feiscint ach a dhá shúil, do bhí an oiread san coiníní thiar ar a dhrom aige. Agus níor dhóigh leat gurb é Diarmaid na Gréine do bhí riamh ann, é salach brocach ó bheith isteach agus amach is gach poll ag tarrac choiníní astu, mar do bhí firéad age Kerry.

'Mo ghraidhin do ghéaga, a sheanuncail!' arsa mise leis; 'ar mh'anamsa, gur tu an fiagaí agus nách mise, gan agam ach dosaen amháin ó mhaidean,' agus do chas sé a aghaidh orm le linn na cainte do rá dhom.

'Ó, dar Muire, a chroí, is maith do bhí 'fhios agamsa nár mhór na coiníní do thitfeadh leatsa an uair do chonac i bhfochair na mban óg so ar maidin thu,' ar seisean.

'Ní raibh aige ach aon dosaen amháin,' arsa ceann dos na garsúin, chuin go mbeadh seó acu air féin agus ormsa.

'Ambaiste is maith an rud do bhí aige, a gharsúin,' ar seisean, 'agus dá mbeadh ceann dos na halpacháin deirféar san agatsa ina theannta!' arsa Diarmaid, agus é á ghlanadh féin fós, gan dul go dtí bord ná bia.

Dob fhearr liom ná a raibh do choiníní insa Chloich an lá úd go mbeadh cairb Dhiarmaid an uair do shuigh sé chuin bídh inniu agam. Do chloisfá ar an dtaobh amuigh do dhoras gach aon chnag aige á bhaint as chnámha[7] caorach agus coinín.

'Abair amhrán nó rud éigin dom,' ar seisean, 'faid do bhead ag ithe.'

'B'fhéidir go raghfása ag rince an uair do bheadh an bia caite agat,' arsa mise leis.

'An diabhal an magadh san,' ar seisean; 'abair *Lá Féil Pádraig*.'

Ní raibh gnó agam an t-eiteach do thabhairt do, dar ndóigh agus, rud eile, do bhí 'fhios agam go maith go gcaithfeadh duine éigin an greann do thosnú, agus go mb'fhéidir go mbeadh an oíche thar droim sara mbeadh ceann ráite age gach nduine do bhí istigh, mar amhránaithe a raibh sa tigh, mara raibh beirt: Kerry duine acu, agus m'uncail Tomás an duine eile.

Do chromas ar m'amhrán go fada bog binn, agus cothrom breá agam chuige, sínte siar ar shlait mo dhroma i raithnigh thirim the, agus gan le fáil ná le feiscint ach mo cheann, agus díreach agus é críochnaithe agam is ea do bhí eisean críochnaithe leis an mbia.

'Mhuise, mo ghraidhin croí thu!' ar seisean, ag fágaint an bhuird agus ag baint seacht croitheadh as mo lámh.

Do chas sé ar an dtaobh eile don dtigh mar a raibh bean an tí agus a cúigear iníon agus, fén mar tá luaite cheana insa scríbhín seo agam, ní raibh máthair agus cúigear iníon in aon tigh amháin in Éirinn do bhainfeadh barr scéimhiúlacht dóibh.

Is álainn í an óige; níl aon rud comh breá léi. Do cheapas insan am so ná raibh tiarna ná iarla i dtír Éireann ná go rabhas comh sásta

---

[7] *Ls. chnabhna*

leis. Ní raibh cíos, cás ná cathú orm; me sínte siar ar fhleasc mo
dhroma insa sórt leapa do bhíodh age Diarmaid Ó Duibhne insa
teitheadh dho le Gráinne, binse don luachair ghlais; cuileachta
aoibhinn in oileán mara agam, scata d'óigmhná as mo choinne ar an
dtaobh eile do thigh, agus nárbh fhios anb ó neamh, ón saol eile nó
ón saol so an ghuth chinn do bhí acu, ná aon fhios ciocu ab fhearr.

Do bhí bean an tí ag caitheamh thobac an uair seo. Do líon sí
an phíp agus do thug do Dhiarmaid í. (D'ólfadh seisean adharc
bhulláin do as phíp dhuine eile, ach níor ól éinne riamh aon ghal as
a phíp féin mar ná raibh sí aige.) Níor shuigh ar talamh ach ag riarú
lucht na n-amhrán. An uair do bhí a amhrán féin ráite age gach
nduine, do chuir sé rince ar bun.

'Tá tamall maith id thost ansan agat,' ar seisean liomsa.
'Preab id shuí agus déin babhta rince dhom. Tairrig amach
seibineach mná óige acu san thall. Seinneadh duine éigin dóibh,'
arsa an réic.

Ní raibh aon ghnó é a eiteach, mar do bheadh sé ar buile agus
an tigh gan mhaith. Bean an tí do chrom ar phortaireacht, agus níor
bhreátha aon bhean chuige ná í. Do phreabas amach, dar ndóigh,
agus do ghlaos ar mhac aosta an tí, mar do bhí sé mór san am so. Do
dheineamair ríl.

'Mo ghraidhin úr ngéaga!' arsa an réic.

D'fhanamair mar sin go raibh sé gairid don lá, agus do chuaigh
gach nduine againn i bhfeighil sraice codlata do dhéanamh, agus do
gheal an lá anoir orainn sarar mhúscail éinne. Is é Diarmaid an
chéad duine againn do bhraith, agus do bhuail cic thall agus abhus,
agus do bhí ár múscailt ó dhuine go duine, ach ní raibh gabháil
amach age héinne le déanamh nó go mbeadh bia caite. Ach ní raibh
aon bhraistint ages na mná ar an réic, agus dá dheascaibh sin ní
raibh sé sásta. Do chuir sé féin síos tine, agus do thug bocaod domsa
chuin uisce do thabhairt isteach, agus le linn mo cheann do chur
amach dom do bhí an talamh maol gléigeal le sioc liath.

Ar theacht leis an uisce dhom, dúrt go raibh an talamh lán do
shioc liath, agus ná beadh sé i gcumas éinne corraí amach thar doras
insa lá do bhí inniu ann.

'Ach, ní foláir,' arsa an réic 'om fhreagairt, 'nách aon fhuacht do bhuailfidh thusa, an uair do bheidh do bholg lán, beirt do mhná óga ar gach taobh díot, agus duine eile acu romhat amach,' ar seisean.

Bhí an tine ag dul thríd an simné in airde, agus corcán uisce ag fliuchaigh as a cionn in airde ag brath le goblach éigin do chur ann, ach ní raibh na mná ag múscailt fós.

'Cad é an mhaith a bhfuil déanta againn araon?' arsa mise leis; 'ná raghfá agus na mná do mhúscailt?'

Is beag an chluas do thug sé dhom insa méid sin, mar dob fhearr leis dul go dtí doras iofrainn[8] ná aon chaduaic do chur orthu san, ar eagla iad do bheith ina choinne agus go mbeadh fuath na Cloiche air.

Do bhagras ar Dhiarmaid arís dul mar a raibh na mná chuin suain agus iad do mhúscailt nó, mara raghadh, go mbeadh sé ar bheagán seilge insa lá do bhí inniu ann. Do chreid sé me go maith insa méid sin, agus do thug a aghaidh sa deireadh mar a rabhadar agus do ghlaoigh ar an mnaoi aosta, agus d'fhreagair é go tapaidh agus dúirt go raibh sí féin ag mogallú roimis.

Do chuir an bheirt acu dosaen do choiníní saille 'on chorcán agus ceathrú chaorach, agus dob iontach an corcán é agus tine fé má bhí sé fé aon chorcán riamh. Sin é an uair do bhí an réic ar a thoil; ní raibh go dtí san. Agus má bheadh sé comh sásta i sciathán do pharthas agus do bhí sé insa chloich mhara so, ní beag san.

Dob éigeant domsa dul ag triall ar bhocaod eile don uisce, agus do bhí na fearaibh eile ag ramscéalaíocht dóibh féin nó go mbeadh na nithe seo ullamh dóibh. Bhí fear an tí ina shuí moch go maith, ach níor dhein sé ach beannachadh dúinn agus dul ag aistriú ba, agus ní raibh sé tagthaithe fós.

Buaileadh amach an bia agus dob eo chuige sinn, arán buí cruaidh go maith, ach ní raibh éinne gan cairb chuin a mheilt. Ní raibh té ná siúicre ann, ná aon chuimhneamh air san am san. An uair do bhí gach nduine sásta, b'eo fear ag cur tobac ina phíp, fear eile ag feadaíl, is fear ag portaireacht, agus gan aon fhonn ag fágaint na pruaise orthu.

---

[8] *Ls. iofrann*

'Seo amach libh, a phaca diabhal, feasta!' arsa Diarmaid.

B'eo amach leo, mar 'chuirfeadh sé na madraí leo, insan ordú chéanna go rabhadar an lá roimis sin, ina mbeirt agus ina dtriúr. Do thógas féin mar rogha do bheith in aonacht leis na hógaibh, fén mar 'bhíos inné.

Sarar fhágas an tigh, do bhí fear an tí tagthaithe, a chuid stoic socair suas aige, agus turas na Cloiche tabhartha aige. Bhí sé cinn do choiníní ag teacht aige lena mhadraí féin.

'An diabhal!' arsa Mícheál, an mac ba shine do bhí aige; 'fág age Tomás Dhónaill iad san,' 'sé sin mise. 'Bhí Diarmaid ag canrán inné a laighead coiníní do bhí in aonacht linne aige; dúirt sé gur dócha gur ag rince le chéile do chaitheamair an lá,' arsa an slataire.

'Ó,' arsa fear an tí, 'más mar sin é, bídís agaibh mar bhun tosnaithe inniu, agus b'fhéidir go mbeadh sibh comh maith leo féin,' ar seisean. 'Gad é a raibh do dhul aige seo ar sheilg mhór más 'úr dtreosa do bhí sé?' arsa fear an tí leis an gclainn.

Buaileadh chuige amach pláta feola agus coiníní, muga bainne agus gach sórt do bhí againne, agus do chrom ar a bheith á meilt siar go súgach. Agus ní áiféis dom a rá ná feadar an raibh aon fhear eile tí i gCúige Mumhan ba sho-ranna, ba fhlaithiúla, dob fhéile agus dob fháiltí ná Muiris Mór Ó Dálaigh. Do bhíos féin chuin bogadh amach feasta; dúirt sé:

'Fanaig bog go mbeidh an greim seo caite agamsa, agus bead in aonacht libh, agus beidh leathdosaen eile agam díbh,' ar seisean. 'Tá maidrín beag anso do thugann aniar as an bpoll iad,' arsa an Dálach.

B'eo linn an doras amach, agus é in am agamsa pé scéal é; 'fhios agam ná beadh an réic róbhaoch díom má bheinn suarach fén seilg an tarna lá. Do thug an Dálach madra dúinn, agus do choimeád sé féin an madra beag. Dúirt sé linne gabháil mar seo, 'agus geobhadsa mar siúd, agus beimíd fé bhráid a chéile ar an lantán úd,' ag síneadh a láimhe go dtí an áit.

Sin mar 'bhí againn. Mise agus an bheirt gharsún agus beirt dos na pantalóga do bhí in aonacht, ramhann agamsa im láimh, agus b'eo linn ag cur dínn. Níor rófhada gur ghaibh an fear chúinn, agus an uair do tháinig sé suas linn cé bheadh ann ná Kerry, agus gan mórán céille aige.

'Thug rud éigin an treo san thu,' arsa mise leis.

'Thug,' ar seisean; 'an firéad do dh'fhan istigh insa chéad pholl gur chuireamair ar maidin í, agus táimíd gan aon choinín fós,' ar seisean.

'Agus cad é an machnamh atá déanta anois agat?' arsa mise leis.

'Tá, féachaint an mbeadh aon chró iarainn ag an nDálach, agus ag glaoch air féin, leis, chuin tabhairt fén bpoll do bhriseadh,' arsa Kerry.

'Ach níl an Dálach age baile romhat,' arsa mise leis; 'n'fheadar an bhfuil aon chró ann nó ná fuil.'

'Tá cró ann,' arsa ceann dos na garsúin. B'eo leis go dtí an dtigh á iarraidh.

'Dar Muire!' arsa an garsún críonna, 'b'fhéidir ná beadh puinn gaoithe móire age Diarmaid i dtaobh na seilge anocht,' ar seisean, 'fén mar 'bhí aréir.'

'Ní bheidh aon cheann acu,' arsa mise leis.

Ar ár scríb dúinn, me féin agus na hógaibh, agus an uair do bhuail an Dálach linn do bhí dosaen coiníní againne agus leathdosaen ag an nDálach. Do chuireamair ar aon téadán amháin iad, agus do bhí beart maith iontu. Agus dob in é an t-am díreach go raibh Kerry ag teacht orainn ón dtigh, agus an cró ar a ghualainn aige, agus a aghaidh chuin an phoill go raibh an firéad fanta istigh ann.

'Is fearra dhuit gluaiseacht in aonacht liom,' ar seisean leis an nDálach. 'B'fhéidir gur tu ab fhearr chuin í a bhaint amach; is agat is mó atá eolas ar a leithéid,' arsa Kerry.

'Raghad,' ar seisean, agus dob eo leis an mbeirt.

An uair do fuaireas féin Kerry glan as mo radharc, do ghlaos ar na hóigmhná do bhí tamall uam ag súgradh dhóibh féin, agus do thánadar go tapaidh. Do bhuaileadar lámh fén mbeart, agus do chuireas ar mo dhrom é, agus b'eo go dtí an dtigh sinn.

Do chuir bean an tí fáilte romham, agus dúirt gur maith do dheineas teacht comh luath; go raibh cion duine agam inniu, b'fhéidir, toisc gur fhan an firéad istigh ón mbeirt. Do chuireas an leathdosaen do thug fear an tí ar maidin dom ar an mbeart, agus ba bhreá an beart é. Do chrochas anuas é, agus do chromas ar bhabhta rince do dhéanamh agus ceann dos na pantalóga. Ríl shingil do dhein beirt againn, agus bean an tí ag seinm dúinn. N'fheadar ar deineadh sa tigh ó shin níosa dheise í; ní dóigh liom gur deineadh, ná go ndéanfar go deo arís. B'in mar 'bhí spioraid na hóige insa Blascaoid san am úd, a chairdibh, cuma ná fuil anois.

Do bhuaileamair amach tar éis an méid sin, mise agus an bheirt gharsún agus an cúigear d'óigmhná, síos chuin bhruach an chaladh do bhí ann, an lantán is aeraí dár sheasaimh duine riamh ann, an áit gur chaith gach fear agus gach nduine riamh do chuaigh i dtír inti gach lóinsiún do bhíodh ina mbóthar.

Níor rófhada do bhíomair ann an uair adúirt ceann dos na cailíní gur deas an áit é chuin ríl cheathrair[9] do dhéanamh ann. Ní rófhada go ndúirt an slataire críonna: 'Déanfam í, leis,' ar seisean, agus dúirt le ceann dos na deirféaracha seimint, ag tabhairt ainme uirthi, Siobhán. Ach do bhí aon mhaith amháin ar Shiobhán nár ghá é a rá arís léi, agus maith eile do bhí ag baint léi nár bhreátha do sheim riamh é.

B'eo le ceathrar againn sa tsiúl, agus do chuireamair dínn go slachtmhar í, ar lantán go dtugaid siad Guala an Loic Bhuí mar ainm air. B'eo an slataire eile ina sheasamh chuin ceann eile do dhéanamh, agus do sheasaimh an deartháir aríst leis, agus do dheineadar í go slachtmhar. Ní raibh éinne insa chuileachtain ná gur chaith amhrán do rá ina dhiaidh sin, nó go raibh an lá meilte go maith insa deireadh san am gur bhaineamair an tigh amach.

Do cheapas féin go mbeadh lucht an fhiaigh romham ag an dtigh san am so, ach do bhí dearúd orm, mar ní rabhadar ná a dtuairisc. Dúirt bean an tí nách fadó do chuir sí féin an bheirt gharsún bheaga le bia chúthu.

Tar éis stad don rince dhúinn, do bhí bia ullamh, agus do chaitheamair ár leabhairdhóthain do. Bhí cearc ramhar ar an mbord ann ná feaca a leithéid riamh ná ó shin.

---

[9] *Ls. ceatharair*

'Anois, bíodh bhur mbolg lán,' arsa bean an tí, sara dtiocfaidh[10] an chuid eile, agus do chuir sí an chearc ar phláta chuin na rinceoirí. 'Ach beidh ceathrú agam féin di do bhí ag seimint dóibh,' ar sise, mar bean phléisiúrtha agus bean mhaith dob ea í.

An uair do bhí ár mbolg lán, mar 'dúirt bean an tí, do chuireas féin ceist ar na garsúin an raibh aon aithne acu ar an gcoinigéar go raibh an firéad istigh ann.

'A Mhuire, tá go maith,' ar siad san.

'An raghadh duine agaibh in aonacht liom go dtí an áit?' arsa mise leo.

'Is dócha go raghaidh, agus an bheirt acu,' arsa an mháthair — is í a fhreagair me ar dtúis; 'ca'il a gcúram?' ar sise.

Do phreabas im sheasamh, agus do rugas ar an ramhann fiaigh do bhí agam, agus do bhuaileas chúm im láimh í, agus níor stadamair nó gur bhaineamair amach an lantán go raibh na fearaibh agus saothar mór déanta acu, a gcuid éadaigh lán do chré agus do shalachar, agus gach fear acu as aithint, ach amháin an Dálach, mar níor chuir san a lámh ar aon chré, ach ag cur orduithe orthu do bhí sé. Diarmaid siar sa pholl, gan aniar do ach a dhá chois.

Le linn teacht aniar don réic as an bpoll ag tarrac a anáile[11], do chuir fáilte romham. Agus cé gur dhóigh le duine air go minic go raibh leathamadántaíocht ag baint leis, ní hé a bhí ach ana-chuid plámáis.

'Ambasa beam gan seilg inniu, a bhuachaill,' ar seisean liomsa, 'ó theip an firéidín orainn.'

'Ach bíonn an iomarca gaoithe móire agatsa uaireanta,' arsa mise leis.

Do stadas tamall ag féachaint ar an mórshaothar do bhí déanta acu, agus do bhíos ag meabhrú timpeall féachaint an raibh aon tseift eile le himirt ar an bpoll ach mar 'bhíodar a dhéanamh. I gceann tamaillín do chonac an madra beag do bhí ag an nDálach ag scríobadh agus ag fáilt b'ladh rud éigin. Do bhí an ramhann im láimh fós, agus do dhrideas leis an madra beag. Do phriocas an áit go raibh an madra ag déanamh gnáith, agus do leanas air nó gur bhuail cloch liom, agus an uair do bhaineas an chloch do bhí poll féna bun.

Do chuireas mo lámh an fhaid do chuaigh sí, agus do bhuail coinín liom. Do chuireas aríst í, agus do bhuail coinín eile liom. An tríú hiarracht do bhuail an firéad liom. Do chuir na garsúin glam mhór astu.

'An diabhal, tá an firéad anso!' arsa lán na beirte acu in aonacht.

Do cheap Kerry gur ag magadh do bhí na garsúin nó gur thugadar an firéad isteach ina láimh. Do bhíos féin ag tarrac coiníní as an bpoll nó go raibh dosaen agam as. Tháinig an réic as mo chionn in airde.

'Mhuise, mo ghraidhin go deo thu!' ar seisean. 'Mo chorp 'on diabhal go mbeadh Kerry gan firéad i rith a mharthain mara mbeadh pé rud do chuir chúinn thu,' ar seisean. 'Bainimís an tigh amach in ainm Dé agus Mhuire,' ar seisean.

Do deineadh rud air, agus an uair a thánamair go dtí an dtigh do bhí an bheirt eile do chriú an bháid tagthaithe romhainn, agus lán a ndroma do choiníní acu. Do chaitheamair an oíche go súgach. Tamall eile fiaigh do bhí againn le tabhairt larnamháireach agus teacht abhaile.

Tigh Sheáin Uí Dhuinnshléibhe i mBarr an Bhaile.
Is púicín an foirgneamh ar chlé a tógadh ar
dhéanamh clocháin choirceogaigh.

15

AN INID, 1878

Do thugamair sciuird fén gCloich ar maidin amáireach an
fhaid do bhí an bia á fháil réidh. Do chasamair ar an dtigh
agus, an uair do caitheadh an bia, do bhí gach nduine ag
bailiú go dtí an bád agus, mar do bhí an lá ag glasú agus ag dul ar bun,
do bhí deabhadh maith orainn, agus do bhí ana-chuid coiníní againn.

Do bhí bean na Cloiche agus beirt iníon léi ag teacht aniar agus
le fanúint abhus nó go mbeadh an Inid thársu. Ní raibh 'fhios aici,
má phósfadh iníon léi, ná go mbeadh duine eile ag lorg cinn eile acu,
agus go mb'fhéidir nárbh fhuirist dul go dtí an Inis ag triall uirthi.

D'fhan bean na hInise seachtain insan Oileán Mhór agus, an
uair do bhí daoine éigin ag dul go dtí an baile mór, do chuaigh sí ann
agus a beirt iníon, go mbeadh na bánta lasmuigh acu. Is mó duine go
mbeadh bean bhreá uaidh ná beadh mórán spré ina shúile d'fháil,
agus mar ná bíodh mórán spré ar siúl an uair úd age daoine go
mbíodh rachmas maith acu.

Inid ghearra do bhí an bhliain seo ann, agus níor mhór cur
chuin gnótha níos túisce insa hoileánaibh ná ar an míntír, dar
ndóigh. Leis sin, do sheol lánú amach as go luath; is dócha ná raibh
an spré ag cur mórán moille orthu, mar ná raibh a leithéid eatarthu.

An uair do chuaigh an dream so comh fada le tigh an tsagairt,
agus an t-am chuin a bpósta, ní raibh an cailín le fáil, beo ná marbh,
cé gur mó duine do bhí á lorg chuin go mbeadh tamall grinn acu ina

dtimpeall. Fear ó Dhún Chaoin, a ghaibh ó thuaidh ag dul ar phósadh eile, d'ins dóibh go raibh sí ina choinne siar. Do cuireadh capall agus marcach insa tsiúl chuin teacht suas léi ach, ar theacht go Dún Chaoin do, do bhí sí seolta go dtí an Blascaod age bád do bhí ag dul ag iascach.

Níorbh fhada do bhí sí age baile san am gur sheol sí amach aríst le fear dob ansa léi ná an chéad fhear. Níor mhór ar fad do lean iad toisc go raibh beagán aitis insa chúrsa acu. Níor lean éinne an cailín, agus ba chuma dhi ón uair nár lean éinne í chuin í a mharaithe, ach níor lean; scaoileadh léi. Agus cé gur bheirt fhear iad ná raibh rogha ná díg orthu tharna chéile, ba dhóigh leat, féach gur dhein an cailín seo rogha mór do dhuine acu.

An buachaill gur thug sí a cúl do níor lig sé a mhaidí ar lár, agus níl 'fhios agat, a léitheoir, cad é an fhaid do chuaigh sé ag soláthar a malairt, ach ní bheir mar sin, mo bhuachaill maith, comh fada agus atá an peann so im láimh agamsa agus 'fhios agam: go baile mór Thrá Lí, príomhbhaile mór Chiarraí.

An baile i nDún Chaoin go mbíodh staidéar ar an mbuachaill seo, is ar an mbaile céanna go mbíodh sé ormsa, mar do bhí duine muinteartha liom ann, agus beirt. Do rug amuigh orainn an babhta so, tar éis phósadh an tseóigh seo thuas, mar do bhíos air, agus me gairid i ngaol don gcailín, leis, agus is agam ná raibh an milleán uirthi i dtaobh an ruda do dhein sí, mar 'beatha dhuine a thoil', adúirt duine éigin fadó, agus is smut do é.

Sarar rángaig linne dul abhaile do bhí maighre Thrá Lí i nDún Chaoin. Ar maidin amáireach do bhuail an t-óigfhear an doras go rabhas.

'Is dócha,' ar seisean, 'go mbeadh leisce ort dul ar an mBuailtín in aonacht liom,' ar seisean.

'Ach cad é an fáth go bhfuil dabht agat insa chaint, go bhfuileann tú ag ceapadh na leisce dhom?'

'Ó thu a bheith cheana ann go gairid agus, rud eile, ón uair nár shroicheas féin agus do bhean mhuinteartha a chéile,' ar seisean.

'Ach is cuma dhuit má shroicheann tú an tarna ceann,' arsa mise leis.

'Ambaiste, mhuise, b'fhéidir go bhfuil an ceart agat, agus níl sí agam fós!' ar seisean.

'Ach cathain do bheidh sibh ag bogadh ó thuaidh?' arsa mise leis.

'Timpeall uair a' chloig eile,' ar seisean.

'Beadsa ort an uair sin, a bhuachaill.'

'Dé do bheathasa,' ar seisean.

'Ach an bhfuil an óigbhean sroichte an paróiste fós?' arsa mise leis.

'Ar mh'anam, go bhfuil ó aréir,' ar seisean.

Ar shroistint an Bhuailtín (b'id é an baile go raibh agus go bhfuil na sagairt ina gcónaí ann), bhí mórán daoine bailithe ann, agus san do shíor i rith na hInide gach bliain: fear an torta, fear na gcleas, fear an ghrinn, 7rl. An t-am go raibh beirt an Bhlascaoid le pósadh do lean a ndream féin iad agus, mar is gnáthach croitheadh lámh do bhaint astu, tar éis pósta dhóibh.

Sin é an uair do fuaireas aithne ar an óigmhnaoi agus, geallaimse dhuit, dá bar ó phríomhchathair Éireann í nár náireach don gcathair í. Tar éis an tséipéil, tigh an tábhairne an tigh eile do baineadh amach, áit go raibh cnagarnach óil agus rince, amhráin agus gach cleas eile do bhain le caitheamh aimsire. An uair do bhí sé ag déanamh ar a deich, do bhí na daoine ag scaipeadh, fear 'deir bheirt ag teacht, bean 'deir bheirt bhan, agus mar sin dóibh.

Aon lá amháin do tháinig an dá chóisire isteach. Do bhí dóthain an Oileáin do dhigh agus do gach ní eile acu, agus do bhí rangás agus greann agus caitheamh aimsire insa dá thigh age muintir an bhaile go léir. Do bhí bean na hInise agus a beirt iníon istigh agus amuigh ar na póstaí agus, dar ndóigh, pé rud do chaitheadar do bhí sé tuillte acu, maidir le hamhráin agus rince mórchuid.

Bhí óigbhean Thrá Lí ina hardbhean comh breá agus comh maith agus do gheofá ar aonach í agus, ós rud é go bhfuil sé curtha romham agam i dtosach an scríbhín seo gach bóthar díreach d'oibriú, an ceart do thabhairt amach orm féin agus ar gach nduine eile, más ó Thrá Lí do tugadh an óigbhean so féin, níorbh as le ceart í, mar bothán bocht do bhí agena máthair i bparóiste Dhún Chaoin agus baintreach dob ea í, ach is ina cailín aimsire do bhí seo i dTrá Lí, agus ní cháinfeadh san í.

N'fheadar an ndúrthas oiread amhrán Gaelach ar aon dá phósadh riamh leis an dá phósadh so. Níor stad guth go headartha Iarnamháireach insa dá thigh, ach go ndúirt cailín Thrá Lí ceann nó dhó Béarla. Ach do bhí athair céile bhean Thrá Lí ag rince ar bhord, agus dob éigeant gallúnach do chur fén mbord do, mar do bhí cuid mhaith ag rince roimis air. Rinceoir iontach dob ea é, ach do bhí braon caite aige, agus níor mhór an gheáitseáil do bhí déanta aige an t-am gur baineadh é agus, cé go raibh braon maith caite aige, do ghaibh sé a bhoinn ar an urlár agus do chríochnaigh sé a steip, pointeáil comh deas agus do chonac riamh é.

Is nós insa Bhlascaod riamh agus fós pé rud do chuireann cuid acu ar bun go mbíonn an chuid eile go léir a d'iarraidh an rud céanna do dhéanamh: bliain do phósfadh a mbeadh ann, agus seacht mbliana ina dhiaidh sin ná pósfadh éinne ann; aiteas b'fhéidir gurbh ea é. Ag tagairt don mbliain seo ar siúl agam atáim mar, tar éis chailín Thrá Lí agus an cailín eile seo do rith abhaile ó thigh an tsagairt, do cheap na daoine ná beadh aon phósadh eile ann, ach ní hamhlaidh do bhí, mar nár fhan cailín ná buachaill gan pósadh ann sara raibh an Inid amuigh.

Ar mo thuras dom féin aimsir codlata ceann dos na hoícheanta so, agus smut maith don oíche caite, cé bhraithfinn istigh ná Diarmaid na Gaoithe, agus do bhí fuaim agena ghuth má bhí riamh, agus é ag déanamh leibhéil don mbeirt aosta cad é an chiotaí do dhéanfadh sé dhóibh a bheith bliain eile gan cabhair ná cúnamh, 'agus b'fhéidir dhá bhliain,' ar seisean. 'Agus tá tuairisc agamsa chúibh ón gcailín is fearr do bhris an t-arán riamh, agus is fearr agus is breátha ar gach cuma,' arsa Diarmaid.

Níor ligeadar an scéal ar lár tar éis mise do dhul isteach, agus do coimeádadh ar siúl i bhfad é, nó go raibh gach nduine do bhí istigh sásta glan adéarfá, cé nár ghá d'éinne againn na móide do thabhairt fós, mar do bhí scrúdú eile le beith fós air, mar ná raibh an chomhairle ar fad láithreach. Piocu san é, do bhuail an réic amach, agus ní bhrisfeadh sé obh fia féna chosa; dar leis go raibh an séala air.

Bhí lánú eile réidh chuin seoladh. Do bhí lá agus lá ag imeacht, agus an Inid gearra, agus do cheap an réic go mbeadh teachtaireacht chuige gach am, ach ní bhfuair sé an ghuth ó shin.

Mo dheirfiúr Máire do bhí i Meirice agus tagthaithe abhaile, agus í pósta thar n-ais, do chualaigh sí go raibh Diarmaid réic 'ár dtighna agus cleamhnas ar bun aige ann, ach do ghluais sí féachaint arbh fhíor é. Do hinseadh di mar 'bhí, ach ba bheag uirthi an scéal, agus do bhreac sí amach don mbeirt aosta cad é an oibleagáid do leanfadh an té do cheanglódh leo san do bhí in oileán mhara, agus pé duine do thabharfadh an t-eiteach dóibh nách é an cliamhain do bheadh acu é.

Do bhí cailín maith deigheolais beartaithe aici féin, go raibh a muintir ar an mbaile chuin cabhair do thabhairt dúinn aon uair ba ghá é, agus do chrom sí ar bheith ag leibhéal mar seo dhúinn, fé mar 'bheadh bean ag léamh na liodán, nó gur dhein sí comh mín le cat sinn thrína chéile.

An chéad fhear do bhí pósta aici féin do bhí leanúntas mór ar an dtreibh sin aici do shíor, agus iníon dearthár do dob ea an cailín seo do bhí beartaithe aici dhúinne, go raibh an moladh go léir aici uirthi, agus níor mholadh falsa dhi é. Máirtín Ó Catháin dob ainm don chéad fhear do bhí pósta aici féin, agus Mícheál Ó Catháin a dheartháir gur leis an cailín, deirfiúr don Rí atá ar an mBlascaod anois, ach ní raibh an teideal 'Rí' aige an uair seo, ná i bhfad ina dhiaidh. (Tá mo dheirfiúr Máire do dhein an margadh so caillte curtha inné, an ceathrú lá do mhí na Nollag 1923, in aos a cheithre fichid di. Gur' i bhFlaithis Dé dhá hanam.)

Seachtain ón lá so do bhí beirt againn pósta, Tomás Ó Criomhthain agus Máire Ní Chatháin, an tseachtain dheireanach d'Inid, 1878.

Níor lá go dtí é ar an mBuailtín, áit lonnaithe na sagart. Bhí cheithre phob ann, agus do bhí tamall is gach tigh acu nó go raibh an lá maol go maith. Do bhí an tsráidbhaile lán do dhaoine, mar do bhí a lán póstaí eile ann. Do bhí cheithre veidhleadóir ann, fear is gach tigh, ag mealladh na bhfear isteach, agus do bhí fear eile ná raibh in aon tigh ach i gcorp na sráide, agus níorbh é an fear ba mheasa do bhí díolta é, mar ba lasmuigh do bhí an slua.

Dob éigeant duinn scarúint leis an mBuailtín sa deireadh, insan am ba mhó go raibh greann ann, ach ó ba rud é go raibh an fharraige mhór romhainne agus cuid mhaith againn le tabhairt isteach. Do bhí an oíche ana-bhreá agus mórán amuigh. Báid mhóra do bhí an uair sin ann do thugadh mórán leo.

Do lean mórán ón áit amuigh sinn — daoine muinteartha. Do bhí amhráin flúirseach agus rince ar siúl agus gach uile ghreann; fuílleach dí agus bídh go headartha amáireach. Do bhailimh muintir na tíorach leo, agus do bhí an Inid imithe.

Dúirt daoine go raibh chúig bhliana déag roimis sin ó phós oiread aon bhliain amháin. Do bhí obair agus gnó ar siúl an chuid eile don mbliain. Bliain mhór éisc dob ea an bhliain as san amach. Ní raibh maircréil ná gleamaigh ar siúl, ach iasc do bhí á mharú insa lá le báid mhóra agus saighne mór is gach bád acu, agus feirmeoirí na tuaithe á cheannach uathu, agus ó hocht go deich do scillingí an céad air.

Insan am so do bhí seacht mbáid saighne i nDún Chaoin, agus dhá bhád bhreátha mhóra nua insa Bhlascaod agus, cé go raibh an treibh amuigh agus an dream istigh lánghairid dá chéile i ngaol agus i gcleamhnas, do bhídís in earraid lena chéile do shíor timpeall an éisc.

Bhí na báid go léir, istigh agus amuigh, lá ana-bhreá in Inis Tuaisceart. Do bhí iasc ag ráthaíocht go flúirseach ann, agus ba dheacair do dhá bhád an Oileáin teacht suas le seacht mbáid Dhún Chaoin. Ní bheadh aon ghnó ar na bainc chuige acu mara mbeadh go raibh an dlí seo eatarthu: cor ar chor do bheith age gach dhá bhád i gcónaí ar a gceart. Do chaithfeadh dhá bhád i gcónaí do bheith ceangailte as an saighne gach uair do cuirfaí amach é, bád á chur agus bád ag tabhairt aire dhi, 'sé sin an bád eile á coimeád as an ndainséar; má bheadh iasc sa líon, bheadh sé mall á chur 'on bhád, agus do thabharfadh an t-iasc an saighne ar an gcloich, agus an taoide ina theannta.

Do chuireamair an cor ar an iasc agus, cé go raibh an taoide ag dul le buile, do dhein an dá bhád againn beartaíocht comh tapaidh sin go raibh an líon ó bhaol sara raibh sé ar an gcloich, agus oiread éisc ann agus do líon ceann dos na báid. Níor fhág san smiog age dream Dhún Chaoin, agus do bhagair an captaein do bhí ar ár mbádna orthu a gcor do chur nó go gcuirfeadh sé féin gan mhoill é, an uair do bheadh an saighne réidh. Ach níos túisce ná a bheadh an tarna cor age báid an Oileáin, do chuir bád ó Dhún Chaoin a saighne féin amach, agus ní rófhada do bhí sé amuigh san am go raibh sruth na taoide á gcur ar an gcloich, racaí agus stocáin féna mbráid, agus taoide láidir rabharta.

Níor rófhada gur scaoil an bád do bhí ceangailte aisti uaithi í, agus as go brách léi tríd an mBealach ó thuaidh, agus níor lean aon bhád eile dos na sé báid ó Dhún Chaoin í, mar ní ligfeadh eagla dhóibh é, mar do bhí an Bealach ródhainséarach chuin gabháil thríd.

'Mo chorp agus m'anam!' arsa captaein ár mbáidna, 'go bhfuil bád an Choma caillte, agus cuirig na maidí i bhfearas,' ar seisean le báid an Oileáin, 'go ragham ag fóirithint uirthi.'

Do dheineadar san go tapaidh, agus dob eo leis an dá bhád againn thríd an mBealach ó thuaidh agus é ag réabadh insa spéir le tarrac. Ní raibh an dá bhád againn dhá nóimit ag gabháil thríd agus, ar dhul i radharc an bháid eile dhúinn, ní raibh sí báite, ach sin a raibh ann: bhí sí lán don bhfarraige agus iad a d'iarraidh í a shaoradh gan suncáil á taoscadh.

Bhí a saighne insa bhfarraige fós, mar ná hiompródh an bád dóibh é. Dúirt ár gcaptaein-na linn an saighne do thabhairt isteach 'ár mbád féin nó go mbeadh an bád eile taoscaithe, agus é a chur[1] inti ansan. Sin mar 'bhí: cuireadh inti é an uair do bhí sí tirim.

Do bhí lán báid d'iasc insa dá bhád againne, mar is amhlaidh do cuireadh cuid is gach bád do. Dob éigeant dúinne téad do chur aisti, agus an dá bhád againn á tarrac thríd an mBealach ó dheas mar ar ghaibh sí ó thuaidh. Do thiomáin agus do thiomain ár gcaptaein-na muintir Dhún Chaoin i dtaobh an bháid do ligeant uathu, agus do thug sé an tiomáint chéanna don mbád do shaor sé do chuir a saighne amach.

---

[1] *Ls. chuir*

Caisleán Uí Néill nó An Bhean Dubh ón Sliabh

Mo shlán chuin na hoíche aréir; 'sé mo léan nách í anocht atá ann,
Mo bhuachaillín séimh deas do bhréagfadh me seal ar a ghlúin;
Dá 'neosainn mo scéal duit, is baolach ná déanfá orm rún:
Go bhfuil mo ghrá bán dhom thréigean, 's a Dhia ghléigil is a
      Mhuire nách dubhach!

Do gheallais-se féin dom go mbréagfá mo leanbh ar dtúis;
Do gheallais ina dhéidh sin go mbeadh aontíos idir me agus tú;
Dá gheallúint in aghaidh an lae dhom, gur ligeas-sa leatsa mo rún,
Agus fóraoir tinn géar dubhach, tá an saol so ag teacht idir me agus tú.

Tá mórán don bhrón so, a dhianstóraigh, ag gabháil timpeall mo chroí,
Agus lán mo dhá bhróigín do dheoraibh ar sileadh liom síos.
Grá buachaill óig do bhreoigh me is do bhain díom mo chiall,
Is ná mairfead féin nóimit má phósann tú an bhean dubh ón sliabh.

Tá mo ghairdínse ina fhásach is, a dhianghrá ghil, ní miste leat é,
Gach torthaí dá áilneacht ag fás go dtí barraí na gcraobh.
Ní chloisim insa tsráid seo ceol cláirsí ná ceiliúr na n-éan,
Ó d'éalaigh mo ghrá uam, cúl fáinneach, go dtí Caisleán Uí Néill.

Nár théad don tsaol choíche go scaoilfidh mé dhíom an mí-ádh,
Go mbeidh ba agam is caoire in aontíos i bhfochair mo ghrá;
Troscadh na hAoine an lae saoire ní dhéanfainn go brách,
Is nárbh fhada liom lá saoire a bheinn taoibh led bhrollach geal bán.

Tá siad á rá go bhfuil ádh na mban deas orm féin
Is, dar ndóigh, má tá, a dhianghrá, ní miste leat é.
Thugas naoi lá, naoi dtráth is aon tseachtain déag
Ag cúl tí mo ghrá ghil ag piocadh airní do bharraí na gcraobh.

*A chumainn ghil is a ansacht, i dtúis an tsamhraidh an dtiocfá
    liom féin,
Amach fés na gleanntaibh nó in oileáinín mar a dtéann an ghrian fé?
Ba, caoire ná gamhna ní shantóinnse leat iad mar spré,
Ach mo lámh dheas faoid cheannsa is cead labhairt leat go dtí am a
    dó dhéag.*

*Téanam araon go dtéam go tigh an tsagairt ó thuaidh,
Mar a gcloisfeam ceol éan go déanach dár síorchur chuin suain.
Níor bhuail éinne ar an saol liom in aon chor do bhuail orm cluain,
Gur tháinís-se taobh liom led bhéilín ba bhinne ná an chuach[2].*

Is é seo an t-amhrán adúrt ar mo phósadh féin, agus ní dúrt ach é.
Do bhí eolas maith agam ar é a chur díom, agus an t-aer go
slachtmhar agam ina theannta san. Ní cheapfá go raibh aon teanga
in aon duine insa tigh, beag ná mór, nó go raibh sé críochnaithe. Do
thug a raibh istigh suas don amhrán déanta é agus, ar an dtaobh eile,
don amhrán ráite é.

Dúrt liom féin go gcuirfinn síos anso é ó bhíos i mbun gach
cuntais do bhreacadh, agus mar nár ghránna liom féin riamh an
leabhar go mbeadh leathdosaen d'amhránaibh breátha ann. Dá bar
mise féin mo mháistir féin, do chuirfinn leathdosaen d'amhránaibh
breátha thall agus abhus insa scríbhín seo, ach ní me; guth ó fharaire
uasal atá ina chónaí i dtír Éireann atá agam agus, ó ghlacas an ghuth,
táim toilteanach déanamh dá d'réir.

Ní mó ná mí do bhíos pósta an uair ba dhóbair go mbeadh a
raibh d'fhearaibh maithe insan Oileán báite i sochraid Shéamais
Mhóir, athair Pheaid Shéamais. Is ar éigean do rith na báid trasna an
Bhealaigh amach é le scríb mhillte do tháinig orthu nár fhág cleith ná
scolb in airde orthu, agus dob éigeant dóibh fanúint amuigh go
tráthnóna larnamháireach, agus gan an uain go maith an uair sin féin.

---

[2] *Cf.* An Sguab, *Lughnasa, 1924, lch. 162.*

16

AG BAINT MHÓNA DHOM

Pé lá riamh do rith aon tsaothar mór oibre liom do dhéanamh, níor mhór gur rith sé riamh liom ag baint mhóna, go mórmhór an fhaid do mhair an file agus do bhí sé ábalta ar dhul chuin cnoic; agus do bhí sé suarach críonna go leor agus é ag aodhaireacht na bó duibhe ann.

Is me i dtosach mo dhreise an lá so dhom ar an dtaobh theas d'Oileán, grian agus teas agus aoibhneas ann, tamall bainte agam, agus níor mhór é, an t-am gur chuala an ghuth ar an dtaobh thuas dom, agus is me d'aithin í go tapaidh. Is maith do bhí 'fhios agam nár ghuth ón saol eile í agus, go maithe Dia dhom é, ní raibh mórlorg agam ar an té do bhí ann, agus níor le gráin air é ach mar 'chuireadh sé díomhaoin gach lá me.

'Dhera, stad tamall; tá an lá fada,' arsa an file, agus é an uair seo ón dtaobh aduaidh don gcnoc tagthaithe, an uair do bhraith sé mise. 'An bhficeann tú na clocha úd theas?' ar seisean. 'Sin iad na Scealaga[1]. Thug m'athairse lá catha iontu san,' ar seisean.

'Ach conas do thit san amach?' arsa mise leis. Ach má bhíos dall le linn na ceiste do chur dom, ní rabhas mar sin ina dhiaidh sin, mar nár mhór an t-imshníomh do bhí ar an bhfile gan san d'insint dom, agus a bholg in airde le gréin aige.

---

[1] Ls. 'Sgállóga'

'Corraí is ainm dos na gearrcaigh do bhíonn ages na gainéid, agus an uair do bhíd siad aibidh is saill[2] iad go léir. Is ar an gcloich is lú acu san do bheireann na gainéid go léir, agus níl aon radharc ach a mbíonn dos na héin óga ann. Bhíodh bád agus dháréag fear inti ag faire na cloiche, í amuigh ón máistir talún agus iad díolta go maith,' arsa an file.

'Insan am san do sheol bád mór ó Dhún Chaoin insan oíche, agus hochtar fear do bhí inti, agus níor stadadar nó gur bhaineadar amach an chloch ar ghealadh an lae. Do phreabadar in airde, agus do chromadar ar a bheith ag bailiú go dtí an bád go tiubh, agus níor dheacair dóibh a mbeart do shaothrú, mar do bhí gach éan óg acu súd comh trom le gé ramhar.

'Ansan do chuir an captaein stop leo, agus dúirt go raibh an bád lán a dóthain, agus teacht isteach 'on bhád go mbeidís ag cirriú na slí abhaile. Do dheineadar san gan mhoill, agus dob eo leo ag fágáilt na cloiche, agus a mbád mór lán do shaill acu, agus scóp orthu chuin bóthair abhaile.

'Is iad ag casadh do dhroim pointe don chloich chuin scaoileadh amach fén mbá, cad do bheadh ina gcoinne ná an faireachán báid, agus n'fheacadar féin a chéile go dtí san. Ropann an faireachán isteach ina cliathán láithreach, agus deirid leo iad san do chaitheamh isteach ina mbád féin gan mhoill, agus ná saorfadh san iad, mar go gcaithfidís féin agus a mbád dul leo tógtha, agus mara raghadh an seallán féna mineál nár cheart dóibh gireán.

'Ach ní raibh fearaibh Dhún Chaoin ag caitheamh na n-éan isteach chúthu agus, ón uair ná rabhadar, do phreab fear ón bhfaireachán isteach ar bord inti, agus do cheangail sé téad ina tosach, agus do chromadar ar a bheith á tarrac go tiubh agus go láidir, ideir bhád, fearaibh agus éan, chuin iad do thabhairt tógtha.

'Timpeall ceathrú mhíle do bhí an gníomh san ar bun san am gur phreab fear i mbád na n-éan ina sheasamh, agus do thug an tua agus do ghearraigh sé an téad do bhí ar shnimine a bháid féin chuin tosaigh, agus do chuir san an faireachán chuin buile feirge. Do chasadar thar

---

[2] *Ls. saoíl*

n-ais ar bhád na n-éan, agus dob eo inti isteach cuid acu, agus dob eo ag tuargaint a chéile iad — maidí agus tuaite agus gach gléiseanna eile do bhí le fáil sa báid — nó gur bhaineadar fuil mhairt as a chéile.

'Do bhris bád na n-éan an cath orthu, cé gur dháréag in aghaidh hochtair an troid. Do chuir an hochtar ó Dhún Chaoin an chriú eile gan do bheith ábalta ar ghéag ná ar chois leo do chorraí. Do phreabadar inti isteach, agus do dhúnadar na pollaibh sa hábhair, agus do thairrigeadar tamall amach insa bhá iad chuin go mbeadh deireadh lena laetha. Do bhí mac baintrí insa bhád faire nár thóg cos ná lámh leis chuin a dtroid, agus dúirt sé leo:

" 'Sé an náire dhíbh mise do scaoileadh chuin báis, nár chuir aon chur isteach oraibh," ar seisean.

'Dúirt captaein an bháid eile leis:

"Dá gcuirfaí an seol fén mbád duit, an dóigh leat an mbainfá do thalamh féin amach fén seol?"

'Dúirt go mbainfeadh. Do chuaigh beirt isteach inti, agus do chuireadar an seol i bhfearas do, agus do thug a aghaidh ar a thalamh féin léi. Le linn san do dhéanamh, dúirt beirt an tseoil do chur in airde go raibh beirt sa bhád an uair seo ná raibh iontu ach an phuth. Do bhain bád Dhún Chaoin a caladh féin amach goirtithe gearrtha laitithe, agus an bád lán.'

'Agus,' arsa mise leis an bhfile, 'an bhfuil aon chuntas agat ar bhád Uíbh Ráthaigh?'

'Tá: an fear gur cuireadh an seol in airde dho, do bhain sé an talamh amach. Bhí beirt marbh, agus do cuireadh an chuid eile 'on óispidéal. Do chuaigh an tseilg chuin fuaire ó shin, agus ní raibh faire ar an gcloich ó shin, ná níl aon duine á n-ithe siúd chuige insa lá atá inniu ann,' arsa an file.

Is breá bog do chuir sé an méid seo cainte dho, gan dua, gan deabhadh. Ansan dúirt:

'B'fhéidir go mb'fhearra dúinn portach beag eile do bhaint; is gearr go mbeidh sé in aimsir dínnéir,' ar seisean, ag preabadh ina sheasamh agus ag bualadh uam suas.

Ar phreabadh im sheasamh dom féin ina dhiaidh, agus do chonac mar a raibh an ghrian, do bhíos míchéatach go maith: an chuid dob fhearr don lá meilte agus fós gan trí ualach an asail do mhóin bainte agam. Ca'il an saothar mór do bhí agam le déanamh is me ag gluaiseacht ón dtigh ar maidin? Machnamh eile do rith im aigne: anb amhlaidh do bhíos féin ceapaithe ag an bhfile chuin mo chuid aimsire do chur amú orm, sochas aon duine eile do bhí insan Oileán, mar ná cínn ag déanamh mórghnáith ar éinne eile é, ach orm féin amháin?

D'athraigh na smaointe seo ana-mhór me, insa tslí gur cheapas dom féin an chéad uair eile do thiocfadh sé trasna orm ná labharfainn focal leis, agus ansan go gcaithfeadh sé imeacht uam. Ach machnamh dob ea é nár dheineas a chomhlíonadh, agus is maith liom san.

IASCAIREACHT

San am so don tsaol ní raibh aon naomhóg ann, ná aon fhearas do bhí ag oiriúint di, ach báid mhóra go mbíodh hochtar fear á leanúint do shíor, saighne mór trom is gach bád acu, clocha ceangailte dá bhonn do dhéanfadh é a shuncáil, agus coirc ar an dtéid uachtair chuin é a choimeád ar barra, 'sé sin, chuin an tsnátha do choimeád ó chéile an uair do caithfaí amach as an mbád é. Bhíodh báid bheaga, leis, ann do bhíodh age daoine críonna agus age slatairí óga ag iascach dairithe, agus do bhídís lán don sórt san éisc go minic.

Tamall eile ina dhiaidh seo, dúirt duine éigin go raibh beirt ón Oileán lá aonaigh i nDaingean Uí Chúise, iad ar meisce, agus gur cheannaíodar naomhóg ó dhuine éigin. Ní raibh bréag ann, agus níor rófhada gur tháinig ceann 'on Bhlascaod, agus do deineadh iontas an domhain di. Do chrom na mná gurb iad a bhfearaibh do bhí inti ar olagón go fada bog binn, an uair do chonacadar an chleiteog go rabhadar inti. Ach do ghaibh beirt do bhuachaillí óga chúthu agus dúradar leo:

'Dhera, ná caillig úr gciall; ná déanfaidh beirt againne an gnó comh maith dhíbh, má bátar féin iad?' ar siad san.

Níor mhallachtaí go dtí mar 'fuair an bheirt bhuachaillí ón mbeirt bhan ochlánach, mar do cheapadar gur le neamhthrua[3]

---

[3] *Ls. neadhthrúagh*

dhóibh do bhíodar. Níorbh fhada ón mbeirt bhan do bhíos féin san am gcéanna, agus is mó gáire do dheineas fé chomhrá na mbuachaillí: iad le gabháil láithreach leis an mbeirt bhan dhobhrónach so comh luath is do bheadh an bheirt do bhí acu scartha leo. Is mó gáire do bhaineas féin amach ó shin leis an dá bheirt chéanna.

Cúpla lá ina dhiaidh seo do thugas turas chuin cnoic ag triall ar ualach móna, agus cad do chífinn ná an naomhóg fém bun síos, agus í lán do rud éigin istigh inti, agus é á gcaitheamh[4] i bhfarraige, dar liom, ach do chomáineas liom, agus do thugas an t-ualach móna liom.

Ar theacht abhaile dhom, d'inseas mo scéal fén mar 'chonac, agus is olc do creideadh me. Conas do bheadh naomhóg ann, agus gan a leithéid ar an gcósta; go mórmhór cad do bheadh dá chaitheamh amach aisti?

'Sea, d'fhan an scéal mar sin go dtí tráthnóna nó gur bhuail an naomhóg an Gob aneas, ceathrar fear inti, agus do bhuaileadar suas ar chaladh an Oileáin í, agus do chrom na fearaibh ar a bheith ag lorg lóistín. Bhí beagán bídh agus anlainn acu i mála bán. Do fuaireadar tigh an ósta, mar dob ó Dhaingean Uí Chúise dob ea iad, agus do bhí aithne mhaith orthu, dar ndóigh. Is in é an uair do creideadh Tomás Ó Criomhthain, gan amhras, agus do lean creidiúint na fírinne ón lá san go dtí inniu me, toisc go raibh an scéal dochreidtithe seo adúrt[5] fíor.

Is i dtigh Pheaid Shéamais do stadadar, agus do bhí a gcuid bídh féin acu, agus gan le tabhairt acu ach seachtain gach turas, mar do bhíodh orthu dul abhaile leis an seilg. Potaí na nithe seo do chonacsa acu á chaitheamh 'on fharraige, agus muintir an Bhlascaoid comh dall ar an sórt san fearais iascaigh le cléirigh bainc san am san. Níor rófhada don mbliain go raibh cheithre naomhóga ón nDaingean ag iascach ghleamach sa Bhlascaod ar an sórt so slí. Do thug muintir an Daingin luach na gcéadta punt do ghleamaigh ó chósta an Oileáin Tiar sara raibh aon chur amach acu féin ar aon

---

[4] *Leis an gciall a théann an t-urú: potaí ab ea iad.*

[5] *Ls. do dubhart*

scilling do bhaint astu. Do bhíodh punt an dosaen orthu agus, rud eile dob fhearr ná san, níor dheacair an dosaen d'fháil.

San am gur chuaigh na daoine amach orthu, do chuir an bheirt seo go raibh an naomhóg acu potaí inti, beirt acu, agus do thógadar isteach slataire eile. Do thugadar san bliain á n-iascach, gan aon cheann eile on áit seo ach í féin, agus do dheineadar puint. Sa mbliain do bhí chúinn, dob eo le gach criú le chéile ag soláthar naomhóga, agus níorbh fhuirist iad a fháil, mar ná raibh á ndéanamh ach beagán, agus do bhí óna hocht go deich do phuntaibh ar gach ceann nua acu.

Dob eo liom féin ag soláthar comh maith le duine eile, agus Peaid Shéamais in aonacht liom. Thugamair fear maith eile linn, ach do bhuail an naomhóg liomsa go sonaídeach, déanta nua ag fear muinteartha dhom, agus do thugamair linn í ar hocht puint. B'éigeant dúinn imeacht aríst ag soláthar stuife chuin na bpotaí do dhéanamh, agus do lean fuirseadh maith sinn an t-am go rabhadar ag iascach againn. Do bhreacamair an saosúr leo agus an aimsir breá againn, agus do bhí deich puint ag an bhfear againn tar éis díol as an naomhóig. Daoine insa Daingean do bhíodh á gceannach an uair seo, agus a thuilleadh acu do chuireadh amach 'ár dtómas féin iad. Seilg dheas dob ea iad, agus mar do bhí an meath dulta ar an iasc saighne san am so.

San am go raibh dosaen do naomhóga ag iascach ghleamach insan Oileán so, do bhí clos insa Bhreatain Mhóir air, agus do chuir cuallacht acu dhá bhád tobair ag friotháilt ar an áit. Do chuir na báid seo gléas iascaigh ar bord ullamh glan chuin iad do chur i bhfarraige, agus do bhí san an-áisiúil dos na hiascairí; scilling le coimeád as an ndosaen nó go mbeadh an fearas saor.

Do bhíos féin agus Peaid Shéamais tugtha go maith dhóibh, moch déanach, agus cé nár chuamair riamh in aon oileán mara á n-iascach, do bhíodh oiread againn i gcónaí leis na naomhóga do théadh. Do bhíodh deich scillinge an dosaen acu á thabhairt orthu tamall maith don mbliain, agus an uair do théidís chuin teirceacht[6] do bhíodh scilling an breac acu á thabhairt orthu.

---

[6] *Ls. tirceacht*

Do lean mar sin cúpla bliain nó trí, agus níorbh fhada gur sheol cuallacht eile ó Shasana cúpla bád eile tobair go dtí an Blascaod, agus scilling eile breise insa dosaen acu. Dob é an fear nua an fear, dar ndóigh, agus breis aige. Do chuaigh leath na naomhóg go dtí gach treibh acu a d'fhonn iad do choimeád ag gluaiseacht.

Do bhí gleamaigh le fáil go flúirseach san am úd. Níor mhór na blianta do bhí caite san am gur ghlaoigh báid ón bhFrainc agus scilling ar gach breac i rith na bliana le tabhairt uaidh aige[7]. Sin mar 'bhíodar ag gluaiseacht nó go raibh an cúigiú cuallacht ag séideadh na hadhairce ar chósta an Bhlascaoid ag soláthar ghleamach. Chaitheamair beagán blianta mar sin, agus gan aon cheal scillinge ar na hiascairí, agus an bád ag teacht go bun an tí chúinn, agus an t-ór buí ar bord chuin díol as an seilg, dá throime mar 'bheadh sí.

Do ghluais cúpla bád ó Uíbh Ráthach go hInis Mhic Uibhleáin san am so. Do thógadar isteach fear na Cloiche agus beirt mhac do an uair seo, mar do bhí naomhóg acu féin. Do bhí saol maith age Muiris Mór Ó Dálaigh insa Chloich ón mbliain sin amach nó gur fhág sé í.

Le linn na gcomplacht so do bheith ag cur na mbád tobar uathu, sin é an uair díreach do tháinig an rud go dtugaid siad an 'Rialtas Baile' air go hÉirinn, nó *Home Rule* i dteanga éigin eile. Is minic adúrt féin leis na hiascairí go raibh *Home Rule* tagthaithe i gan fhios do mhuintir na hÉireann, agus gur sa Bhlascaod Mhór do thosnaigh an dlí — rud dob fhíor dom, agus gur minic ó shin adúirt[8] na hoileánaigh liom gur agam do bhí an fhírinne, comh fada agus do bhí ór buí Shasana agus na Fraince ag teacht ag ceannach ár gcuid éisc sliogánach go bun an tí chúinn.

Níl aon fhios cad d'fhág na longaibh seo d'ór agus d'airgead ar chósta Chiarraí insan am úd. Ceannaitheoirí eile insa chuid eile don mbliain ag ceannach mhaircréal, agus longaibh gail acu á dtiomáint úr is gach áit. Do bhuail cúig nó sé do chéadaibh maircréal Bealtaine liom féin oíche insa Mhárta, agus do thugamair go dtí cé an Daingin iad; fuaireamair cheithre puint an céad orthu.

---

[7] *sic; ag an bhFrancach is dócha.*

[8] *Ls. do dubhairt*

An fhaid do bhí na longaibh seo ag gluaiseacht ar an gcósta, ní raibh ceal puint ar aon duine bocht ann. Is minic do casadh long ornáideach thithe an tsolais trasna orm, agus do bhíodh oifigí ard ar bord inti. Do thugadh sí léi lán pota stóir gach bliain uam ar feadh sé mblian, scilling ar gach gleamach beag agus mór.

Bhíodh iasc méirneála le fáil insan oíche tamall do gach bliain, agus do dheinimís ana-lámh orthu, mar do bhí na báid mhóra agus na fearaistí i bhfad againn tar éis an éisc do theip. Bhí bliain acu so gur dheineamair ana-lámh ar iascach na hoíche, agus an uair do bhí sé leasaithe againn, cnocáin mhaithe dho, ní raibh glaoch i nDaingean Uí Chúise air. Do ghaibh tuairisc thríd an dtír go raibh ana-cheannaíocht ar iasc i gCathair Uíbh Ráthaigh, mar go raibh iasc tearc ann. Ansan do bhí criú an bháid againne ag sporaireacht ar a chéile: gurbh olc an dream sinn ná líonfadh isteach ár mbád do, na seolta do thabhairt di, agus í a scaoileadh trasna ó dheas thrí Bhá an Daingin, agus gurb ann ba ghiorra do bheimís ag díol ár gcuid éisc.

Ar maidin Dé Luain do bhí chúinn, do líonamair isteach *An Collach Dubh* do mhaircréil bhuí, iasc ná raibh mór ná garbh. Do bhí cóir ó dheas againn, lán na seolta do ghaoith aduaidh, nó gur shroicheamair tigh an tsolais atá i mbéal Chuain Dhairbhre, agus as san nó gur shroicheamair suas Cathair Saidhbhín, cathair go raibh cuid mhaith do mhianach na sárfhear inti.

Ba bhreá go léir an radharc linne an áit sin. Beiginis i mbéal an chuain; dhá fheirmeoir ina gcónaí ann, iad ina dhá bpíolóit ina theannta san; Oileán Dairbhre seacht míle ar faid, agus cúirt an Rodaire ar an gceann ba ghiorra don chuan do ar bhruach na mara, i lantán go dtugaid siad Gleann Laoim air, agus is é Rodaire Ghleann Laoim an tsíorainm do bhíodh air; agus tigh an tsolais ar an dtaobh amuigh dho ar phointe i radharc na mara[9] móire, ag teaspáint don té atá ar seachrán amuigh go bhfuil cuan sábhálta laistigh do.

Ar shroistint ché na Cathrach dúinn, do bhí a lán ag teacht fé ár ndéin, mar do cheapadar gur bád mór loinge an bád do bhí againn, agus gurb amhlaidh do shuncáil an t-árthach, agus do bhí iontas orthu.

---

[9] *Ls. muire*

Do theastaigh uainn tuairisc do chur an raibh aon cheannaitheoirí éisc insan áit, agus do bhí freagra le fáil go raibh, agus do bhí cuid acu ar an bhfód. Do chrom fear acu ar bheith ag ceannach an éisc, ach ba bheag a thairiscint 'o bhreis ar mar 'cheapamair.

Do ghaibh fear eile an tslip anuas, agus do chuir sé míle fáilte romhainn. Gotha agus imeacht an duine uasail air agus, cé go rabhas féin ar na daoine dob óige do bhí insa bhád, do bhí aithne mhaith aige orm, agus agam air. Do thug sé amach as an mbád sinn, agus do thug sé deoch go flúirseach dúinn, agus do cheannaigh a raibh d'iasc sa bhád ar choróin an céad, agus do thóg leis chuin lóistín go tigh a athar sinn, mar do bhí tigh ósta aige á choimeád i gceartlár na Cathrach.

Do bhí tigh breá ag an athair agus gan ann ach é féin agus a bhean. Do chaitheamair bia ann. Ansan do chuireamair ar láimh an t-iasc go dtí an bhfear do cheannaigh é. An uair do bhíomair réidh le chéile, agus sinn díolta aige, do thug sé deoch agus deoch eile dúinn, agus ní thógfadh faic uainn.

Do bhaineamair tigh an ósta amach aríst, agus do chuireamair i gcead fhear an tí an mbeadh aga againn geá do thabhairt fén sráid, agus dúirt sé linn go raibh, agus breis agus uair a' chloig, agus gurbh in é ár ndóthain. B'eo le triúr againn in aonacht, mar do bhí an chuid eile againn do bhí insa bhád scothaosta, agus níor theastaigh turasóireacht uathu. Níor bhacamair dóibh, agus dob eo linn, agus do chuamair isteach i siopa breá ólacháin, agus d'fhéachamair timpeall ann.

Níor rófhada gur ghaibh fear an tí amach as an gcistin chúinn.

'Dé úr mbeathasa, a bhuachaillí,' ar seisean.

Do bhí iontas orainn fear an tí mhóir do chur fáilte romhainn, ach níor ghá dhúinn sin, mar is aige do bhí togha na haithne orainn ar fad, mar do bhíodh sé ag dul ag ceannach nithe go Daingean Uí Chúise go minic, agus fuair sé aithne orainn ann.

Do thug an taoiseach groí ár ndóthain le n-ól dúinn, agus i gceann tamaill do bhuaileamair amach, agus do bhíomair ag siúl na sráide síos suas dúinn féin. Do chuamair isteach i dtigh ósta eile, agus do bhí fear ón nDaingean ansan romhainn, agus do thug leis chuin dí eile sinn.

An uair do bhí an t-am suas chuin gach nduine do bheith ag dul mar ar cheart dóibh é, do chasamair ar thigh an ósta, agus timpeall leathshlí go dtí é, ar chúinne sráide, do bhuail triúr ban linn, an triúr ban dob acfainní, ba threise agus ba bhreátha deilbh agus déanamh, agus ba mhó gur chuireamair suim iontu dá bhfeacaigh triúr againne riamh.

Do bhí duine againn go raibh a cheann liath, agus níor le haois é, agus dob é do tháinig suas leis na mná chuin tosaigh. Béarla cruaidh do chuireadar air ar dtúis, agus do bhí beagán do Bhéarla briste ag an bhfear liath, ach ní thuigfeadh san Béarla fónta. Me féin an fear deireadh do tháinig orthu, agus do stadas ar mo sháil. An fear eile againn do bhí ann ní thuigfeadh san Béarla briste ná slán. Bhí an bhean fhionnarua do bhí ag caint glan sé troithe go hard, agus scoth gruaige uirthi i gcomhdhath leis an lampa ornáideach atá ar an mbord agam, do chuir an duine uasal do mhuintir Cheallaigh chúm[10].

Níor rófhada gur chuala 'You must come along with me' ag an mnaoi rua á rá leis an bhfear liath.

'I won't not, mám,' an freagra do thug sé uirthi, agus do gheit do chas sé agus, le linn casadh dho, do chuir sí crúca i ndrom a vest, agus do thug léi ó mhullach talamh í, mar d'fhágamair na casóga i dtigh an ósta ar imeacht dúinn. Do lean an triúr ban go béal doiris tí an ósta sinn, agus do bhí luas anáile[11] ar thriúr againn má bhí riamh. Is mó gáire do dhein a raibh istigh fén bhfear liath gan drom ina vest.

Do chodlamair go maith i dtigh Mhic Uí Mhurchú, fear fial fáilteach. Do thug sé gaoth dhúinn go raibh tigh sa Chathair nár mhiste leo beagán do stróinséirí fear do choimeád, ach níor chuaigh sé níosa shia ná san ar an scéal. An uair do bhí solas an lae againn, agus ár gcuid bídh caite againn, do bhuaileamair amach.

Do bhí an fear liath gan aon vest, agus do cheannaigh sé vest nua, ach go raibh tosaí na vest eile aige, vest nua, agus do cheannaigh sé drom nua dhi. Do bhí gach nduine ag ceannach rudaí

---

[10] *Cf. An t-amhrán, 'An lampa óir', An Sguab, Mí na Márta, 1904, lch. 104; Seán Ó Criomhthain a sholáthraigh, ach ní foláir nó is é Tomás a chum.*

[11] *Ls. innáile*

suaithinseacha ar fuaid na Cathrach, insa tslí nár thug aon duine do chriú an bháid leathchoróin go dtí an Blascaod leis d'fhiacha na maircréal mbeag.

An uair do bhíomair ag teacht ar a chéile is ag bailiú go dtí an bád, do tháinig an fear liath agus lán a bhaclann d'earraí aige, ach go raibh rud aige sin le ceannach ná raibh ag aon duine eile do bhí insa bhád, 'sé sin drom nua dá vest stracaithe. Do bhuail sé thairis iad agus, mar do bhí cúpla deoch nó trí thiar aige, dúirt sé go láidir:

'An diabhal!' ar seisean, 'go bhfeacamair an bhean do bhain an drom as mo vest aréir i mbéal doiris an tí is breátha insa Chathair. Tá 'fhios age Muiris é' — le fear eile do bhí ina threo — 'mar is 'ár mbeirt is 'ár mbeirt do bhíomair ar fad ag siúl thríd an gCathair.'

'Nách mór an t-ionadh nár chuir sí aon chrúca eile inniu ionat,' arsa mise leis — is me a dh'fhreagair é.

'Tá 'fhios age Dia dá gcuirfeadh go gcuirfinnse crúca inti comh maith inniu!' ar seisean.

'Sea do sheol an bád abhaile, agus cóir bhreá aici trasna aneas thrí Bhá an Daingin, agus mise á rá leat, a léitheoir, ná raibh puinn sa spagaí againn ar shroistint an chaladh dhúinn, ach do bhí a luach againn d'earraí ná raibh mórán luach iontu ach bréagáin bheaga.

Do bhí táilliúir insan Oileán san am san, agus beirt do tháilliúirí óga in aonacht leis dá múineadh, agus ní mór go raibh táilliúir riamh ná go mbeadh gleáchas agus magadh ag baint leis. An uair do chuardaigh bean an fhir liath an mála do thug sé ó Chathair Uíbh Ráthaigh leis, do fuair sí tosaí na vest nua ann, agus gan aon phioc don drom inti.

'A Mhuire na bhfeart,' ar sise léi féin, 'cad é an óispirt[12] do dh'imigh ar an mball breá nua? Is dócha gur ceangailte i gcrann an bháid do chuaigh sí an uair do bhí sé ag cur an tseoil in airde,' ar sise.

Do theaspáin sí don seanatháilliúir iad, ach do bhí rógaireacht ag baint leis sin, agus do mhachnaigh láithreach air, agus dúirt:

'Tá bloc tí insa Chathair sin le fada, agus ní lonnaíonn ann ach mná, agus mná is ea iad go mbíonn ana-chaitheamh i ndiaidh stróin-

---

[12] = óspairt

séirithe fear acu, agus is dócha gur ina dtreo do bhí an buachaill do dh'fhág drom a vest amuigh,' arsa an táilliúir críonna, agus béal go cluasa air ag gáirí.

Bean bhreá bhog inti féin dob ea í, agus ní mór ná gur dhein sí talamh slán dá chaint, agus is beag ná gur phioc an mheach í, agus do bhuail amach an doras don scríb sin. Agus, pé súil do chas sí, do chonaic sí mise age ceann mo thí féin, agus do tháinig fém bráid chuin a insint di cad do bhain an drom as vest a fir féin do bhí nua glan. Dúrt léi gur i ngreim sa tseol do chuaigh sí, agus gurb é féin do strac amach ar fad é, toisc é a bheith ar sileadh léi agus é in áit stróinséartha.

Do bhí fear eile insan Oileán san am san, agus ní bhíodh aon chúram air ach ag déanamh toirmisc[13], go maithe Dia dho é agus dúinn go léir, agus do bhí sé sa bhád an uair seo, mar fear leis an mbád dob ea é. An uair do chonaic sé sin sa Chathair an drom as vest an fhir liath, do bhí a chuid bídh féin beirithe, mar do bhí substaint fachta aige chuin a ghnótha, agus é go maith aige: triúr do chriú an bháid in áit stróinséartha, agus mná acu féin ina ndiaidh age baile, ná raibh buille ar stuir ná ar stair acu gan a leithéid sin do thigh do bhaint amach. Agus is sin é díreach do chuir sé ar bun tar éis teacht abhaile dhúinn. Do dhein so craobhscaoileadh ar fuaid an bhaile gurb eo mar 'bhí triúr againn faid do bhíomair insa Chathair, agus go raibh ár mná féin tabhartha suas againn, agus an uair do chuireamair chuin an bhloic d'fhágaint gur chuir bean rua do bhí orthu crúca insa bhfear liath, agus mara mbeadh gur ghluais an drom as a vest go mbeadh bean mhór an Oileáin dá ionais[14], agus níor mhaith an cháil í.

Tar éis an allagair chamónta san d'imeacht thríd an mbaile, do bhí bean an fhir eile níosa measa ná bean an fhir liath, agus do chuaigh an scéal comh holc san dóibh go raibh ionadh ar dhaoine ar fuaid an bhaile iad a bheith ag fanúint ages na fearaibh. Ní i bhfeabhas do bhí an scéal ag dul, mar do bhí lucht magaidh ann ag cur na mban so suas. Rud eile, fear an toirmisc ag cur rudaí ar bun ná

---

[13] Ls. tirimisc (et passim)
[14] Ls. iongnais; 'únais' is ceart a rá leis

raibh i gceist riamh. Ní hamhlaidh ná go bhfeacaigh sé an gotha do bhí ar thriúr againn ag teacht ar thigh an ósta ach, ar nós an té do chuireann scéal breá dho ar bheagán boinn, sin mar 'bhí aige seo, leis.

Do bhí breacphéac á thabhairt fúmsa, leis, agus fén mnaoi do bhí agam, ach tá deáramh go raibh sórt fuaimeant ag baint léi, tráth is nár chuir sí suim insa cainteanna mar chách; ansan, an mhuintir do chuir, is iad is mó gur leanadh orthu, agus do chuadar gairid do fuath a thabhairt dá chéile. Rud eile do bhí insa scéal, ní raibh an scéal comh suarach agus do cheapfá dho a bheith agus, an uair do bhíodh seanamhná ag tabhairt céille dos na mná óga so, ní raibh sé ina gcumas an chiall do chur i dtuiscint dóibh, mar do bhí an tsolaoid rómhór: fear mná acu agus drom nua bainte as a vest, é i ngá spionóg fíona ar shroistint tí an ósta dho; an fear do thug an scéala leis istigh roimis; mise agus an fear eile comh hainnis leis, ach nár chailleamair na balcaisí.

Bhí gaol gairid age fear an toirmisc le bean an fhir liath, ach ba chuma leis; b'fhearr leis aon lá amháin grinn do bheadh aige orthu ná iad do dhul soir siar óna chéile. Ní i bhfeabhas do bhí an scéal ag dul chuige, ar feadh i bhfad. Lá go raibh stáisiún na sagart insan Oileán, bhí sé ráite gur thug an bheirt fhear so dualgas maith dhóibh. Bíodh san fíor nó ná bíodh, ba ghearr go raibh sórt staidéir ag dul orthu. Pé rud do bheadh ar earraí in Uíbh Ráthach as súd amach, ní raibh mórfhonn ar mhná an Oileáin go ceann i bhfad na fearaibh do ligeant ag díol aon ní ann.

Is fada ina dhiaidh sin gur tharlaigh oíche gaoithe móire ann, agus ar maidin larnamháireach, an chéad chuid dos na daoine do ghaibh amach, do bhí ceann dos na báid mhóra fágthaithe an caladh. 'Sí bád do bhí imithe ná ár mbádna. B'eo liútar-éatar ar fuaid an bhaile. Cad do chuir as an slí í? Anb í an ghaoth do bhog í, nó ar tháinig an t-uisce chúithi? Ach níorbh aon tseift acu do tharlaigh di, ach an crann do bhí lena cliathán: an uair do bhogadh an ghaoth í do chasadh an crann, nó gur chuir sé as a greim í do bhí age speir a fosta, agus an uair d'fhág san a ghreim ní raibh faic chuin í a choimeád, agus as go brách léi nó gur chuaigh sí amach ar an bhfarraige, agus do scuab an mhuir léi í. Ba mhór an díobháil dúinn é, mar ba bhád breá nua fós í, agus am do gach bliain go mbíodh seilg mhaith againn á dhéanamh léi.

Do bhíodh mórán do bhádaibh móra stróinséartha thar lear ag lorg mhaircréal Bealtaine insan am san. Lá dos na laethanta, do bhí mo thuras féin ar Dhaingean Uí Chúise. Lá Sathairn dob ea é, agus do bhíodh na báid seo ar fad stadtaithe insa cuanta ó mhaidean Dé Sathairn go maidean Dé Luain, agus do bhí cuid mhaith acu ina stad insa Daingean an lá so. Ar dhul isteach i dtigh dom 'sea a chuala buachaill acu á rá le fear an tí go bhfuair ceann dos na báid mhóra ar maidin inniu bád breá raice timpeall na Sceilige[15], agus ná raibh maisle ná máchail uirthi, agus gur thug sé isteach go cé na Coise í i gCuan Dairbhre. 'Do bhronn sé ar an sagart atá insan oileán í chuin í a chur i dtreo an dream gur leo í,' arsa an fear do bhí ag caint.

'B'fhéidir', arsa fear an tsiopa liomsa, agus me as a gcoinne amach, 'gurb í siúd úr mbádsa.'

'B'fhéidir é,' arsa mise leis agus, a d'réir mar 'inseamair do, dúirt sé gurbh í, mar ná raibh aon deáramh le bád árthaigh aici.

'Tá ana-shúil ina diaidh ag an ngarda cósta,' ar seisean.

'Is dócha gurb amhlaidh do thug an sagart suas dóibh í chuin í a fhaire go mbeadh duine le fáil di,' arsa an t-óigfhear.

An uair do héisteadh ar an gcúrsa, do bhíos toilteanach go maith an deoch dob fhearr leis insa tsiopa do thabhairt do, go mórmhór mar ná raibh i dtreo leis ach fear eile, nó dá mbeadh, agus criú an bháid mhóir ar fad, ba chuma liom. Nár shuarach í an deoch sochas tuairisc mo bháid bhreá mhóir nua, agus me deimhnitheach go maith an uair seo gurbh í í?

Dúrt le fear an tsiopa an deoch dob fhearr leis an mbeirt do chur chúthu. Do labhair sé leo agus dúirt go rabhas-sa chuin na dí dob fhearr leo istigh do thabhairt dóibh. Is amhlaidh do chuir an fear do bhí ag caint scartadh gáire as, agus dúirt:

'Ní foláir nách é an té go bhfuil a bháidín imithe leis an muir uaidh do thabharfaidh deoch dúinne,' ar seisean. 'Tá ár mbád féin againne, agus fiacha na dí, leis, againn le seachtain agus, ón uair gur

[15] *Ls. Sgálóige*

mar sin atá an scéal, cuirse amach an deoch agus beidh cion duine aige seo 'ár measc,' ar seisean.

Do bhí deoch agam ina dteannta agus, an uair do bhuaileas amach, do bhuail fear ó Dhún Chaoin liom agus a chapall gafa aige chuin dul abhaile.

'An bhfuileann tú ullamh chuin dul abhaile?' ar seisean.

'Táim,' arsa mise leis, 'dá mbeadh nithe beaga atá i dtigh ansan thoir agam.'

'Tabhair leat iad, agus beidh do mharcaíocht siar agat,' ar seisean.

Do ghabhas baochas leis, agus do ritheas liom [agus do thugas liom] na giúirléidí do bhí piocaithe suas, ceannaithe insa bhaile mhór agam. Do bhí sé mar ar fhágas é.

'Taoi ansan fós,' arsa mise leis.

'Táim; ná dúrt leat go mbeinn?' ar seisean.

'Sea, is dócha go mbeidh deoch an doiris againn sara bhfágfam an baile mór,' arsa mise leis.

'Más maith leat,' ar seisean.

'Is maith, gan amhras,' agus dob eo isteach sinn. Buidéal leanna duibhe do bhí aige sin, agus do bhí gloine uisce beatha agam féin. Do bhí cúpla stollaire ón sráid, leis, istigh, agus do fuaireadar braon beag uainn, mar gnáthbhéas riamh acu dob ea a bheith ag faire ar lucht na tuaithe.

Do phreab beirt againn isteach 'on chairt, agus do thugamair ár gcúl do Dhaingean Uí Chúise. Ní raibh ualach insa chairt agus, dá dheascaibh sin, níor fhás puinn don bhféar fé chosa an chapaill nó gur bhaineamair amach Dún Chaoin.

Is ina theannta d'fhanas go maidean, agus do bhí an Domhnach go breá amáireach agus báid ón Oileán amuigh, ach, mo dhoigh, an uair do chualadar go raibh an bád eile sábhálta ar an nGóilín thall i nDairbhre, do bhí áthas agus iontas orthu. Bhí cuid do chriú bháid na raice amuigh, agus dlí déanta acu bualadh ó dheas ar maidin[16] Dé Luain á hiarraidh.

---

[16] *Ls. maidean*

Ar maidin Dé Luain do bhí sé ana-bhreá, agus do ghlaomair ar a chéile. Do thugamair an bád mór eile linn ó dheas, hochtar againn inti agus ceathrar le beith is gach bád ag teacht: b'in é an tseift do bhí déanta againn an uair do bheimís réidh, 'sé sin má b'í ár mbád í.

Ar shroistint na háite theas dúinn, do bhaineamair amach cé na Coise atá in Oileán Dairbhre, agus do bhí an bád ann, agus dob í ár mbádna í, gan mhaisle, gan mháchail. Níor rófhada do bhíomair 'ár seasamh insan áit seo san am gur tháinig fear an Rí chúinn, agus do chuir sé ceist orainn arbh í ár mbád í, agus dúramair leis gurbh í, ach ní dúirt sé a thuilleadh. D'fhiafraíomair do an raibh sí réidh againn le breith linn; má bhí, go mbuailfimís chúinn í ó bhí an tráthnóna breá againn chuin gabháil ó thuaidh, agus go raibh an chabhair lag againn chuin an dá bháid mhóra do bhreith linn dá mbeadh aon ghairithean[17] ar an bhfarraige 'ár gcoinne. Dúirt an fear fartha linn nách aige féin do bhí an teideal ar an mbád, ach go raibh air í a aodhaireacht; gurb é sagart paróiste an oileáin seo gur caitheadh suas air í chuin í a thabhairt don dream gur leo í.

Toisc gur mar sin do bhí an scéal, dob éigeant dúinn ár lóistín do thógaint i gCathair Uíbh Ráthaigh. Is é an tigh céanna go rabhamair roimis sin ann do bhaineamair amach, agus mara raibh gáirí ag beirt aosta an tí chúinn ní lá go maidean é, maran tapaidh do chuaigh na mná breátha rua ar bun, mar do bhí fear an toirmisc in aonacht linn an babhta so, leis, agus dob in a raibh do cháim eile insa tsaol air. Barra na cluaise do bhaint díomsa, ó lasadh soilse nár mhór an tsráideoireacht do dheineamair insa Chathair bhreá an oíche seo, agus ní roim gharda an Rí do bhí an t-eagla orainn, ach roimis na mná rua, mo bhuachaill maith!

'Sea, an uair do bhí an téarma caite againn féin agus age fear an toirmisc le chéile i dtaobh na mban rua, do chrom fear an tí ar reacaireacht dúinn an méid bád pléisiúir do bhí báite i nGóilín Dhairbhre ar feadh a shaoil féin. Ideir gach aon tsórt báid, d'áirimh sé dosaen. Trí long do cuireadh i dtír insa chuan, duine beo iontu agus beirt mharbh, agus duine gan fáil chuige beo ná marbh, ná riamh ó shin.

---

[17] = ghairfean

An uair do tháinig an t-am chuin na leapa do bhaint amach, do dheineamair é, agus do chodlamair an oíche go súgach nó go raibh bia na maidine ullamh age bean an tí, agus deoch an doiris age fear an tí, tugthaithe isteach aige go moch — galún leanna duibhe.

An uair do bhí na fearaibh fáiscithe suas, is é an deoch an chéad rud do chuaigh ar an gcroí againn ar fad, an bia ina dhiaidh, agus sinn ag tógaint gach ní comh breá comh bog is gur age caladh an Bhlascaoid do bheimís.

'Úr n-anam agus úr gcorp!' arsa an captaein, 'an bhfuil aon imshníomh oraibh ach mar sin? Cathain do bheidh dhá stumpa báid ar chaladh an Oileáin agaibh? Is ná fuil 'fhios agaibh go bhfuil oraibh an sagart d'fháil amach fós, agus b'fhéidir moill mhaith ann?' ar seisean.

Fear an toirmisc d'fhreagair é, gan amhras, agus dúirt:

'Lá dár saol is ea é, agus ár lá deireanach insa Chathair seo, b'fhéidir,' ar seisean.

Do bhí an fhírinne aige, mar nár chuaigh éinne dá raibh ann an lá san 'on Chathair riamh ó shin.

'Sea, do bhí nithe beaga stróinséartha againn ceannaithe insa Chathair, agus do bhuaileamair chúinn iad, agus do buaileadh ar snámh an bád mór, agus do shroicheamair cé na Coise. Agus an uair do cheapamair go mbeadh ana-mhoill orainn timpeall an tsagairt d'fháil amach, is amhlaidh do bhí sé romhainn ar an gcé, agus fear an Rí ina theannta, iad san ag brath linne, agus sinne dar linn go mbeadh ana-mhoill orainn ag brath leo san.

Do bheannaíomair don tsagart, agus do bheannaigh seisean dúinn. D'fhiafraigh ar linn an bád, agus dúramair gur linn. Dúirt sé an mhuintir do thug isteach í gur thugadar suas do féin í, nó go dtiocfadh an dream gur leo í.

'Ach ar chuireadar aon táille ina diaidh as í a shábháilt?' arsa an captaein.

'Ó, mhuise, níor chuireadar,' ar seisean, 'cé gur daoine bochta iad féin comh maith libhse'.

'N'fheadar cad tá againn le déanamh mar sin,' arsa an captaein. 'Déanfam an méid seo,' ar seisean. 'Tá hochtar agaibhse ann, agus

déinig suas a deich fichead eadraibh, agus tairriceodsa dóibh le n-ól
é agus, mara nglacfaidh siad é, cuirfeadsa go dtí pé fear tí insa
Daingean gur maith libh é.'

Sin mar 'bhí. Do chuamair isteach insa tigh tábhairne do bhí in
aice linn, agus gan ann ach é. Do dheineamair suas an bille eadrainn.

'Nách cóir dúinn féin braon do bheith againn?' arsa fear na
gcros, mar ardfhear dob ea é, fén mar 'tá luaite cheana agam, ach
ca'il an duine againn gan a locht féin? Do thairrig sé an deoch go
tapaidh, agus do cromadh ar í a ól. Do thairrig fear eile deoch ina
dhiaidh, agus ó fhear go fear nó gur chaitheamair an lá ann, agus do
tháinig an oíche ina dhiaidh orainn.

Do bhí Bá an Daingin orainn do chur dínn, agus sinn rólag don
dá bhád mhóra fé bhun córach do bheith ann, ach ní raibh sí sin ann.
Fear do bhí ábalta ar a ghnó do dhéanamh agus beirt ná raibh ach,
fé dheireadh, do thoilíomair ar fhuireach go maidean, agus tosach an
lae do bheith againn pé scéal é. Do thug fear an tí slí dhúinn, agus
ba mhaith linn sin, agus do bhí an Domhnach le beith amáireach
ann, agus dob in moill eile le beith orainn, ach go ndúirt fear an tí
linn gur timpeall a deich do bheadh an t-aifreann ann agus go
mbeadh an lá fada ár ndóthain as san amach.

Bhí bia na maidine ullamh agus, an uair do chaitheamair é, do
bhuaileamair siar fén oileán, mar is i lár Oileán Dairbhre do bhí an
séipéal. Do bhíomair ann roim am, agus sinn ag breithniú ar gach ní
mar 'tharlaigh dúinn. Talamh mór age cuid dos na daoine ann, sa
chuid dob fhearr don oileán, dar ndóigh; stróinséirí ab ea iad san.
Cuid eile acu ar bheagán, agus é sin sa drocháit, drochbhun chuin
maireachtaint.

Do shroicheamair an séipéal ar an gcuma so, agus sinn ag
ceistiú buachaill ón gcé do bhí in aonacht linn. Seanashéipéal do bhí
ann, cuid do sheanadhéantús do bhíodh ann, cheithre bhinn air,
agus gan é ard ná mór. Dhá thigh tábhairne as a choinne amach,
agus an dá chlár ag friotháilt do mhuintir Shúilleabháin.

An uair do bhí an pobal cruinnithe, do bhíodar go néata ann
agus, cé gur oileán é, ba dhóigh leat gur i gceartlár na tíre do tógadh
iad. Maidir le héadach, go glan slachtmhar do bhí sé orthu, agus

cuma dheighmhéineach, dheighmhaiseach ar gach nduine acu, óg agus aosta, agus caoi acu air insan am úd.

Ar dhul isteach 'on tséipéal dúinn, do bhí a lár folamh go dtíos na frathacha, agus lochta ar an gcuid eile dho i gcoinne gach binne ón dtaobh istigh. Bhí bruachanna na lochtaí lán do dhaoine in airde, agus n'fheadar an raibh cead age gach nduine dul ar na bruachaibh seo nó ná raibh. Ní raibh crosa ná gleo, istigh ná amuigh, nó go raibh an t-aifreann críochnaithe. 'Sea, b'fhéidir gur thugas scéal liom as thigh an phobail seo nách mór gur thug aon stróinséar riamh as thigh dá shórt, ach is é scéal é, pé beag mór do phaidreacha adúrt[18], níor choimeád sé me gan mo shúil do ligeant ar an bpobal, agus ní raibh croiceann buí ná ceann dubh agam le feiscint insa phobal, istigh ná amuigh.

Níor bhacamair le tithe an tábhairne an uair do bhí an t-aifreann ráite, ach cur dínn aniar trasna an oileáin go mear aríst, mar do bhí súil againn le teacht abhaile, cé go raibh an lá stracaithe láidir go maith insan am so. Do chuamair isteach go tigh feirmeora agus do fuaireamair bainne le n-ól ann. Ní bhíonn aon bhainne géar insa pháirt seo 'o Chiarraí, ach bainne na seachtaine do chaitheamh i dteannta a chéile.

Dúramair féin lena chéile go mb'fhearra dhúinn dul go radharc na farraige ó thuaidh agus súilfhéachaint do thabhairt uirthi, féachaint cad é an cló do bhí uirthi, nó an raibh sí rómhaith dhúinn chuin rith trasna. Chuin an mhachnaimh seo do chur chuin cinn, do bhí orainn dul go barra maolchnoic do bhí ann agus, ar shroichint an chnoic sin dúinn, do bhí iontas maith againn le feiscint, agus is é rud é sin ná an gníomh go léir do bhí déanta ar chliathán an chnoic, an méid do bhí gearrtha amach as age lucht oibre. Mianach slinne do bhí ann, agus mara raibh obair iontach déanta ann n'fheadar cá raibh sé déanta, le sluaisidí móra, déanta síos go grinneall, agus isteach insa chnoc anso agus ansúd.

Ar fháil do bheith cortha don radharc san dúinn, do chasamair ar an dtaobh eile don gcnoc, mar a raibh radharc greanta eile le feiscint againn, radhairc ornáideacha, oibreacha an duine uasail, an

---

[18] *Ls. do dúbhart*

Rodaire Ciarraíoch; Rodaire Ghleann Laoim do bhíodh go minic mar ainm air, mar is i nGleann Laoim seo do bhí a chúirt agus a dheighbhaile. Pé suim do chuirfeadh daoine eile i radharc an ghleanna so, 'sé sin daoine do ghaibh thríos na tíortha móra lasmuigh do chonaic iontais ba mhó ná an áit seo, dar ndóigh, ach ní dhéanfadh san dúinne é, mar dob é seo an áit ba shia ó bhaile do bhíomair riamh ó ár dtithe féin.

Ar fhéachaint fé ár mbun dúinn ar Ghleann Laoim seo, ba néata an radharc é. Do bhí sé cinn do choillte ar aon rian ann, ar nós sé cinn do chapallaibh ráis do bheadh d'réir a chéile ullamh chuin siúil. Do bhí an chúirt i lár na gcoillteacha so, trí cinn ar gach taobh di, agus an spás céanna ideir gach coill acu, gan ionga ná orlach breise acu féin ar a chéile. Do bhí ideir gach aon dá choill acu, ar mhachaire glas féarmhar[19], nithe greanta le clocha ornáideacha Chiarraí. Ceann acu so Hocht Phointe an Rógaire; ceann eile acu dob ea an Caisleán Gearra. Do chuaigh an chuid eile as m'aithne, cé gur bhaill chuin imeartha iad go léir, gan amhras.

Do bhí páirc mhínghlas fhéir ann, agus do bhí dhá cheann agus fiche do Chiarraígh Dhubha ar an bpáirc sin, gan aon bhall breac ná buí in aon cheann acu san, ach cíordhubh. Do bhí gamhain agus fiche insa dath chéanna ar pháirc eile lena dtaoibh, agus páirc mhór ghroí, idir a bheith garbh agus mín, fé chaoire ann nárbh fhéidir linn a gcomhaireamh.

Do bhí i gCuan Dhairbhre insan am so do lá an radharc crannaibh is mó do chonacamair riamh roimis sin, ná go dtí an lá atá inniu ann. Is ar bhádaibh móra agus ar longaibh beaga do bhí na crainn seo go léir, mar dob fhada agus ba ghearra do bhí na báid iascaigh seo tagthaithe fé bhráid Chuain Dhairbhre insan am úd ag marú mhaircréal, airgead go leor dá dhéanamh ann, agus ní raibh an duine bocht féin gan punt.

Ar chasadh na súl ar thaobh eile don gcnoc dúinn, do bhí crann mór groí ina sheasamh agus an oiread san téad ceangailte dho le haon chrann árthaigh dá raibh ar muir riamh, agus do bhí an oiread san

---

[19] *Ls. féarmhair*

ornáidí ceangailte dhon gcrann san, ar amharc air le neart na gréine, go mbainfeadh sé do radharc díot. 'Sé crann é seo ná an crann go bhfuil ceann an chábla mhóir ceangailte dho atá ag tabhairt scéala aniar ó Thalamh an Éisc go hÉirinn agus, mara bhfuil fearaibh léannta ina bhun agus deigheolais, comh fada le dosaen díobh, is iontach é.

'Sé crích agus deireadh an scéil é go raibh an lá nách mór meilte againn san am gur bhaineamair amach an cé, cé na Coise an ceart dom a rá, mar a raibh ár dhá mbád mhóra ag fanúint linn fós, agus gan le beith is gach ceann acu ach ceathrar chuin iad a oibriú go dtí an Blascaod. Cé nách dochar do dhein an méid seo moille dúinn ach maithas, mar go raibh an lá ag teacht anuas; cé gur lánsceabhach do bhí sé ar maidin, ní raibh puth as an spéir san am so ann.

Do phreabamair go dtíos na báid don iarracht san, agus do chuireamair ar snámh iad, agus do bhailíomair a lán dos na giúirléidí do bhain leo isteach iontu. Sin é an uair do labhair fear na gcros do bhíodh 'ár dtreo do shíor, agus dúirt nár mhór do dhaoine bochta gan aon tort do bheith orthu ag tabhairt fén mbá ó thuaidh. D'fhreagair fear eile é, agus dúirt go mb'fhéidir ná raibh puinn sa phócaí ages na fearaibh agus, dá mbeadh, nárbh aon urchar millte leo braon do thógaint i gcomhair na bá fairsinge[20] siar; gur mó buille rámha do bhí trasna Bhá an Daingin, mar ná raibh aon phuth gaoithe ann an uair seo.

'Ní foláir nó is olc an póca go mbeadh faic ann,' arsa fear so an toirmisc aríst, 'ná go dtabharfadh deoch do bheirt nó do thriúr,' ar seisean. 'Tabharfad féin deoch do gach fear agaibh, agus ansan déinig féin bhur rogha rud,' ag preabadh leis rompu amach go tigh an tábhairne.

Ar shroistint an tí mhífhoirtiúnaigh seo dhúinn, ós é is ceart dom do thabhairt air agus ar a leithéid eile, mar is mó duine riamh go raibh a dhóthain insa tsaol aige gur chuir na tithe seo ag agall na déirce iad, do ghlaoigh an fear so ar ghalún leanna duibhe; níor mhór do san chuin piunt do gach fear. Ar amharc timpeall d'fhear na dí do tharrac, do bhí fear don hochtar ná raibh istigh, agus do chuir fear amach

---

[20] *Ls. fharsainne*

féachaint cá raibh sé. Ach i gceann dos na báid le hais an ché do bhí sé; bhí deoch fachta a dó[21] nó a trí cheana aige agus, toisc ná raibh scilling aige, do bhí scáinteacht air do bheith ag ól i gcónaí, is dócha. Dob éigeant do teacht an uair seo, leis, agus cion an chlibirt do bheith aige, agus ní raibh aon tort sa deireadh ar éinne againn ag gluaiseacht.

Do shroicheamair na báid. Ar fhágaint slán agus beannacht age cé na Coise an tráthnóna aoibhinn caithiseach Domhnaigh seo dhúinn, agus agena raibh do dhaoine ina seasamh ann, cé go raibh cuid mhaith ann san am gcéanna, ní raibh cuma na hainnise ná na bochtanacht ar aon duine acu, rud ná beadh im chumas do rá leo anois dá mbeinn ann, comh fada lem thuairim.

Do thugamair deireadh na mbád do thír agus a dtosach do mhuir, fén mar 'dheineadh na laochaibh groí fadó, agus do bhuaileamair an Góilín amach ón dtaobh thuaidh agus, ar bheith ag gabháil trasna bhun Ghleanna Laoim amach dúinn, do bhí bóthar greanta ann agus gach orlach do lán do gach sórt craobh do chuirfeadh aoibhneas ar do chroí. Do bhí ceathrar fear agus barra láimhe acu siar agus aniar an bóthar san, agus rud éigin acu á iompar ar an mbarra san, ach ní raibh 'fhios againn fós cad é an rud do bhí ar an mbarra acu, cé gur chuir sé an-iontas orainn iad do bheith ag turasóireacht mar 'bhíodar.

Ar shroistint béal an chuain amach dúinn, do bhuail bád linn ann. Do chuir fear na gcros do bhí againn ceist orthu cad do bhí ar an mbarra ages na fearaibh úd istigh. Dúradar leis gurbh é an seana-Rodaire do bhí glan céad blian do bhí acu á iompar mar sin, ag tabhairt aeir[22] do, agus go raibh orthu é a dhéanamh dhá uair sa ló, ar siad san.

'Níor ghá dóibh é,' arsa fear na gcros, 'ach é a chaitheamh síos leis an dtráigh an chéad lá!' ar seisean.

Do chuir an dá bhád againn chuin siúil trasna na bá ó thuaidh, agus do bhí an solas lasta i dtigh an tsolais san am so agus sinn ag fágaint an chuain. B'eo leis an dá bhád againn le chéile nó gur

---

[21] *Ls. dhó*

[22] *Ls. aoír*

shroicheamair caladh insan Oileán Tiar. Toisc go raibh an oíche gearra agus í breá, agus gan deabhadh ná deithneas orainn, do bhí gealadh an lae ann san am go raibh na tithe bainte amach againn. B'in é an tarna turas i nDairbhre againn, ná riamh ó shin is dóigh liom.

Do bhí an dá bhád mhóra insa bhaile againn, agus fé dheireadh na bliana do dheineamair seilg mhaith leo, iasc méirneála timpeall na Samhan. D'fhan an scéal mar sin ar feadh cúpla bliain nó trí: gleamaigh ar siúl insa tsaosúr, agus tamall eile don mbliain seilg mhaith á dhéanamh, leis. Bhíodh rud éigin ar siúl i gcónaí insan am san do choimeádadh a dhóthain ag an nduine bocht.

17

Timpeall trí bliana tar éis na mbád do thabhairt ó Chuan Dhairbhre, do thugamair linn go Daingean Uí Chúise iad araon, lán do gach sórt do bhí againn chuin an phuint do dhéanamh: olann, muca, caoire, iasc, 7rl. Do bhí a lán bailithe isteach iontu, sé feara déag dá leanúint, cóir bhinn againn thríd an mbá soir nó gur shroicheamair cé agus caladh an bhaile mhóir. Do cuireadh na báid ar sábháil, agus do díoladh gach ní do bhí acu, agus do bhí an oíche le caitheamh insa bhaile mhór againn.

Má bhí oíche shúgach againn an oíche seo, do bhí eadartha brónach larnamháireach againn mar, ar dhul go dtíos na báid dúinn, do bhí fearaibh dár malairt ceangailte astu ná ligfeadh dúinn baint leo; póilíní an Rí iad so do fuair teideal gan na báid do ligeant linn. Ordú ón lucht cíosa dob ea é agus, ón uair ná raibh an cíos againn dá dhíol ar aon chuma eile, gur beag an baol ná go mbeadh sé díolta ar an láthair, dar ndóigh, toisc ár mbáid agus ár mbóthar do bheith stopaithe orainn, agus ár slí bheatha.

'Sea, ní raibh aon tseó sa Daingean ach fearaibh an Bhlascaoid do bheith teanntaithe insa bhaile mhór. Tháinig mórchuid ón dtuath fé dhéin an iontais, agus breac-chara agus beagán airgid ina phóca aige chuin lámhaíocht do thabhairt le hiad a fhuascailt. Bhí cíos an Oileáin go léir le díol as na báid sara mbeadh aon dul ar iad a fháil, siúd is go raibh cuid mhaith ann ná raibh aon bhaint leis na báid acu. Tháinig beirt ón dtuath chúm féin ag tarrac airgid dom chuin mo

chion dos na báid d'fhuascailt, ach do ghabhas baochas leo agus níor
ghlacas é, mar nár bhraitheas aon intinn acu ar iad a fhuascailt, fós
pé scéal é. Do bhíomair síos suas insa sráideanna, agus breac-
shiopadóir maith ag tarrac airgid dúinn má bhíomair chuin díol astu,
ach níor ghlac aon duine againn é. Dúramair leo má bheadh an
fhuascailt ar siúl go dtiocfaimís féna ndéin aríst, agus do bhí oíche
eile i nDaingean Uí Chúise againn.

Ar maidin Iarnamháireach do bhí sí go dubhach brónach
againn, gan bogadh ná sá ar ár gceasnaithe ach oiread leis an lá
roimis sin. Do chaitheamair go meán lae ann. Ansan do bhí deireadh
na foighne caite againn, agus do ghluais na sé feara déag againn
amach as an mbaile mór le corp feirge, ag fógairt gach a raibh dos
na hathmháistrí agus do thiarnaí insa tír sa diabhlaibh dubha.

Do shroicheamair Dún Chaoin — cuid againn do fuair
marcaíocht ar chapaill agus an chuid ba mhó againn á shiúl — agus
do bhí orainn dul 'on Daingean aríst ag triall ar earraí do bhí
saothraithe thíos uainn. Do bhí beagán airgid caite leis an dtarna
turas againn ach, má bhí féin, dob éigeant dúinn leor do ghabháil
leis, agus a bheith ag leanúint dár dtreoir nó gur bhaineamair amach
an tír d'fhágamair; seanfhocal is ea é gur maith an t-árthach do
dheineann é.

Do bhíomair gan aon bhád mór ansan ná ó shin, go dtí an lá
atá inniu ann, ach go raibh cúpla bád beag tamall ina ndiaidh againn
nó gur chuadar chuin aoise. Ach tá caladh an Bhlascaoid ó shin gan
bád ach naomhóga.

Do chuaigh lucht an chíosa le buile mar, tar éis na mbád do reic
dóibh, ní raibh fear a gceannaithe le fáil do thabharfadh punt orthu
araon, agus dob éigeant dóibh iad do chur isteach i ngort nó gur ith
na míola críonna iad, gan réal ná pingin ó shin dá mbarr. Do bhris
san misneach na mbáillí agus na mbailitheoirí riamh ó shin i dtaobh
na n-oileán, cé gur thóg fear siopa naomhóg ar fhear lánbhocht ina
dhiaidh seo ann, agus í a ghoid ón gcaladh insan oíche uaidh. Ach
d'imigh galar na mbád ar an naomhóig sin, gan réal ná pingin dá
barr, ach i gcúinne goirt ag an bhfear do thug leis í, a béal chúithi agus
a tón in airde, agus gotha na muice mara atá insa mhórmhuir uirthi.

'Sea, do dheascaibh nár shroich aon ní as na báid an uair seo iad, do chuaigh an scéal i bhfad sara raibh aon chíos á éileamh chuige orainn, gurb é crích agus deireadh na mbeart é gurbh fhuirist é a chomhaireamh gach ar dhíolamair do chíos riamh ó shin.

Dob éigeant dúinn cur ar na naomhóga ansan, agus gach a raibh 'ár gcumas do sheilg farraige do bhaint astu, do ló agus d'oíche: gleamaigh sa ló ó Bhealtaine go Lúnasa, agus maircréil insan oíche, gach oíche do bheadh breá, go dtí an t-am céanna. Chaitheamair beagán blianta mar sin, agus stróinséar sa mbreis ag teacht ag lorg an éisc gach bliain, nó go raibh chúig chomplacht insa deireadh ag lorg, agus glaoch ar na maircréil comh maith. Agus, má bhíodh bráca agus mórobair féin ag teacht suas leis an sórt so seilge, ní raibh ganntar ná gorta ag baint leis an méid do bhí ceangailte insa sórt so ceirde. Dá mbeimís comh ceanúil ar an bpunt an uair úd agus atáimíd le blianta anuas, ní bheadh an dealús bertha comh luath orainn, mo thuairim.

Níorbh fhada ina dhiaidh seo gur athraigh an saol, agus ní ar aon chuma amháin é. Dob éigeant don athmháistir an talamh do thabhairt suas agus, tamall ina dhiaidh sin, do ghluais fear go dtí an Blascaod, agus fear ón Iarla féin dob ea é.

Do bhí dhá phunt ar an mboin san am so, 'sé sin le rá cheithre fichid punt ar an Oileán ar fad cíosa, agus do chruinnigh an fear so na hoileánaigh le chéile, chuin a thuiscint eatarthu féin cad ba dhóigh leo do bheadh ina gcumas do dhíol as, agus gurbh é sin bun a ghnótha féin go dtí iad. Tar éis tamall maith[1] do thabhairt ag machnamh dóibh, do labhair réic acu insa deireadh agus dúirt:

'M'anam ón ndiabhal, má b'fhiú liom ramhann do chur i dtalamh ann mara mbeadh punt an bhó á leanúint!' ar seisean, agus mara raibh gáirí ar siúl fé ghlór na réice ní lá fós é, fiú amháin an duine uasal féin an uair do hinseadh do an fáth. Do tuigeadh don réic bhocht go raibh sé i bhFlaithis Dé dá mbeadh a chuid talún ar an bpunt aige, agus go raibh chúig phuint an bhó agena athair roimis á dhíol, agus go minic gurbh éigean dóibh cuid ba mhó ná na

---

[1] Ls. mhaith

chúig phuint do dhíol, mar do thugadh na coirpigh gach lá an stoc
leo, ó pé duine go mbeadh sé le fáil aige, toisc gan aon phioc do dhlí
Dé do bheith ag leanúint an dream mhí-ámharaigh úd, cé gur i dtigh
na mbocht agus na ngealt do chuaigh an chrích dhéanach ar gach
nduine acu, agus ba threise á thuilleamh iad.

Pé rud do lean an talamh ina dhiaidh siúd, bhí compord á
dhíol, mar do bhí deireadh le báillí agus le hanndlithe as san amach:
gach uair do bheadh do chíos díolta ní bheadh aon éileamh thar
n-ais air nó go mbeadh an t-am ceart aríst ann. Do chaitheamair
sealad maith ag cur dínn mar sin, agus na hoileánaigh lántsásta leis
an ndlí do bhí ar siúl, cé go raibh breacphéac á thabhairt fén réic a
cheap an punt an bhó air, mar go mbeadh sé le fáil ar deich scillinge
an bhó comh maith.

Pé scéal é, níor bhraitheadar san am san don tsaol cad do bhí
ar aon rud an fhaid is do bhí deich scillinge ar dhosaen gleamach
agus punt ar chéad maircréal, iad so le fáil go hiomadúil insan am so,
agus glaoch maith ina theannta san. Tháinig bád tobair ó Shasana lá
ag triall ar iasc sliogánach ann, agus do bhí trí chéad punt d'ór bhuí
ar bord aige. Do thug sé scilling ar gach breac an lá san, agus níor
sheasaimh na trí chéad do chuin díol as an iasc. Ní raibh ceal óir ar
an mBreatain Mhóir insan am úd.

Ós rud é go ndeir na daoine go mbíonn an roth ag iompó do
shíor, is dóigh liom gur fíor an port é, mar is mó casadh déanta aici
insa pháirt don tsaol go bhfuilimse féin gafa thríd, agus má bhí
croitheadh beag ar an saol timpeall na mBlascaod an tamall úd don
tsaol, agus gur thug Dia an sórt so rachmais dúinn, is dóigh liom nár
fhéachamair ceart chuige, mar gach ní do shroichimíd bog is go bog
do ligimíd uainn é.

1888

Ar mhachnamh dom sa mbliain áirithe seo[2], do bhí páirc bheag do
thalamh gharbh aistreach ar uachtar na talún agam, agus do

---

[2] *Ls. dhom [i.e. don tarna huair]*

dheineas beartú ar í a bhriseadh amach, mar do bhí sí rósheanda, agus í neamhthairbheach mar 'bhí sí agus, as an bhfuadar so do bhí chúm, do chuireas romham a leath do bhriseadh insa mbliain seo, agus an leath eile an bhliain do bhí chúinn.

Is minic do deineadh machnamh do dhuine ná beadh ar fónamh, cé go mbíonn uaireanta eile nách mar sin do bhíonn. Ach, tar éis an tsaoil, ní raibh an machnamh so do dheineas-sa le moladh, mar ba mhór an bráca do lean me agus ba bheag é mo shaothar. Dob éigeant dom m'aghaidh do thabhairt fén dtráigh chuin leasú do thabhairt liom, sean-asal dubh agam, agus gach ualach ar an bhfear bocht timpeall míle goile[3] do shlí, agus gach coiscéim do shíor i gcoinnibh an chnoic. 'Sea, is minic nách é do thairrig duine gnó air féin, agus nárbh fhada do bheadh sé ideir lámha aige insan am go mbeadh sé dóthanach do, agus go fíor dob in nó agamsa é: ní rófhada go bhfuaireas cortha dom ghnó, go mórmhór mar go raibh an sean-asal dubh ag teip orm.

Fé dheireadh, do chuireas leath an ghoirt bhig fé phrátaí agus, am a gcurtha, do bhí m'athair go feirmeálta insan am so, in aos a dheich mbliana agus trí fichid, ach go raibh sé beagán cromtha. Pé scéal é, do thugadh sé turas go dtí an gort so gach lá, cé gur chuin meatacht agus chuin moille do bhí sé ag dul[4] gach uile lá, fáth agus bun aige leis.

Ní rófhada go raibh sé ag tabhairt suas gan dul 'on pháirc chuige, cé go raibh fonn mór ar dtúis air, agus ceann dos na laethanta, an uair do cheapas gur sa ghort do bhí sé, do bhí dearúd mór orm. Ar chur mo chinn amach dom an mhaidean so, ní raibh pioc do le feiscint inti, agus dob ait liom san. Do chuireas ceist ar gharsún do ghaibh thar bráid ina thaobh, ach dúirt seisean liom go raibh sé i dtigh Cháit — dob in iníon do — agus is ann do bhí sé go cruinn romhamsa.

'A athair,' arsa mise leis, 'nár cheapas gur sa pháirc bhig do bhís ó chaithis bia ar maidin?'

---

[3] = *go leith*

[4] *Ls. cé gur a doll chuin meathtacht agus chuin muile do bhí sé a doll.*

'Níl aon fhonn orm ann,' ar seisean.

'Ach bhí fonn mór ar dtúis ort,' arsa mise leis.

'Do bhí,' ar seisean, 'ach níl anois.'

Is ait go léir mar do dheineamair ár ngnó, tar éis go ndúirt sé linn an lá so ná ficfeadh sé féin aon phráta fásta insa pháirc sin. Ach is mó rud ná cuireann duine suim ann nó go mbíonn sé déanach, agus tar éis dom athair do bheith curtha 'on talamh is ea do bhí an léan orainn nár chuir ceist air anb amhlaidh do chonaic sé nó do chualaigh sé aon rud timpeall uirthi, ar a thurais do inti; gan dabht do thit ní éigin acu amach air, tráth is gur chuir sé dát a shaoil leis féin.

Do bhí m'athair san uaigh sara raibh na prátaí ar barra. D'fhág san a thuilleadh do bhráca an tsaoil ar Thomás bhocht, agus níorbh é deireadh an bhráca agam é ach díreach a thosach, go bhfóire Dia orainn.

Timpeall na Bealtaine do bhí maircréil le fáil sa mbliain seo, agus do deineadh pinginí maithe dóibh. Do bhí chúig phuint spártha agam tar éis aon tseachtain amháin, agus gach ní[5] eile do bhain leis an dtigh do choimeád suas. 'Sea, d'éag m'athair san am so, agus dob éigeant dom breith ar na chúig phuint spártha agus comhra do chur[6] air leis, ach ná raibh comhra comh daor an uair úd agus 'tá sí fé láthair. Timpeall deich puint dob ea an tórramh ar fad an uair úd, agus deich puint fhichead go minic ó shin.

Tar éis an tsaothair seo do bheith tharam, dob éigeant dom breis oibre do bhaint as na cnámha agus, tar éis m'anróidh ar shaothar na páirce bige, ní raibh lán dhá phaca ar fad inti, ach gur bhaineas trí bharra coirce dhi, agus dob é an barra déanach an ceann dob fhearr acu.

Pé scéal é, do thugas fén dtaobh eile don pháirc bhig san aithbhliain, agus ba mhó go mór an toradh do bhí agam as an dtaobh san ná as an chéad leath do dheineas a bhriseadh dhi, mar do bhí breis cur amach agam ar cad é an sórt mianaigh do bhí inti, agus do dheineas riarú ar an leasú don d'réir sin. Do bhí deich paca insa leath

---

[5] *Ls. nighthe = nithe*

[6] *Ls. chuir*

so, agus coirce ar feadh trí mblian, mar d'fhéachas chuige breis, do dheascaibh mo shúile do bheith oscailte ón dtaobh eile. Rud eile do bhí insa scéal, is mó duine don chomharsain do thug a bheannacht dom, mar do shíninn mo lámh go minic chúthu in easnamh síl.

Achar gearra ina dhiaidh seo, do chrom mo mháthair ar bheith ag ceiliúradh chuin an tsaoil seo d'fhágaint, agus í insan am so a dó agus cheithre fichid do bhlianta. Ní raibh crampa i gcois ná i láimh léi insan aos san, agus í comh deighsheasaimh agus do bhí sí i laethanta a hóige. Ní raibh sí i bhfad ar seachrán ar a bheith breoite dhi, agus níorbh fhearr liom é, mar ní raibh cothrom agam ar aire do thabhairt di an uair seo le greithileán an tsaoil.

Ceann dos na hoícheanta do bhí sí an-olc, agus me chuin fanúint suas léi, cé bhuailfeadh chúm isteach ná m'uncail Diarmaid, agus dúirt láithreach le gach nduine dul a chodladh, agus gurbh é féin an fear do thabharfadh aire don mnaoi bhreoite go maidean. Sara raibh an lá breac do bhí glaoite aige go raibh sí seo ar an dtaobh thall do; preabadh agus dlí gach nduine do thabhairt anois di, ó bhí an aimsir bhreá ann. Sin mar 'bhí. Dob éigeant domsa me féin do ghléasadh suas agus m'aghaidh do thabhairt ar Dhaingean Uí Chúise, baile mór do bhí flaithiúil insan am úd, mar do bhí daoine maithe gaolach caradúil ann insa chuid ba mhó dho.

'Sea, d'fhan an aimsir breá nó gur shroich mo mháthair a teampall dúchais i bParóiste Fionntrá, bóthar fada ón mBlascaod Mór, idir fharraige agus thalamh. Agus, cé go raibh sochraid mhaith ann, cartacha agus capaill cuid mhaith, is ar ghuaille daoine do chuaigh sí go dtí an reilig.

Sin crích leis an mbeirt do chuir siolla na teangan so im chluasa an chéad lá. Beannacht Dé lena n-anam.

18

Bhí iontas mór orm an uair do chuala go raibh sé tagthaithe anall an tarna huair, mar do bhí an bheirt mhac do bhí aige mór groí an uair seo, é féin agus iad san seacht mbliana thall an uair seo, agus dar liom go rabhadar ar mhuin na muice agus do bheith ann.

'Sea, ar fhiscint an dearthár dom, tar éis teacht do, ní raibh aon imeacht fé, pé duine do chaithfeadh tuairim leis, ná gur sa coillte do chaith sé a sheacht mbliana. Ní raibh éadach air; ní raibh cló ar a phearsain féin; ní raibh pingin rua ina phóca; agus is beirt deirféar do, do bhí thall, do chuir anall é ar a gcostas féin.

Cé nár thug sé aon lá díomhaoin dos na seacht mbliana, do chaith sé leis an mbeirt mhac gach pingin dá tháille, agus ní ligfeadh sé ag obair iad. Ansan, do bhí nós eile ag baint leis: gach réal eile do bhíodh spártha aige tar éis an bhuird do leanadh an triúr, dul go tigh an tábhairne agus an chuid eile do dh'ól agus, dar ndóigh, is dócha gurbh é an chaolchuid do bhíodh aige le n-ól.

Nílim chuin a bheith ag smearadh Pheaidí agus a bheirt mhac in aon phioc eile dom scríbhín, mar táim chuin gnó glan do dhéanamh dóibh, agus conas mar 'tharlaigh dóibh, agus conas mar do dheineadar don athair do thit na seacht mbliana leo, ag sileadh allais i Stáit Mheirice a d'iarraidh fearaibh do dhéanamh dóibh, agus do dhein. 'Sé crích agus deireadh na mbeart é nár chuir éinne don mbeirt leitir ná pingin ar a thuairisc riamh ó shin. N'fheadair éinne

225

cár ghaibh an fear óg. Do phós an mac críonna mar a raibh sé i gcónaí. Maireann an t-athair fós agus an bunchíos aige; 'sé seo an reacht is fearr do tháinig amach riamh dos na daoine críonna, ideir chlann mhac ná iníon.

'Sea, do bhí Peaidí ag máinneáil leis ó áit go háit, ó fhág sé Daingean Uí Chúise nó gur bhain sé amach an Blascaod thar n-ais, agus níorbh fhonn leis puinn staidéir do dhéanamh in aon áit nó gur bhain sé amach an seanatheaghlach. Do bhí aithne mhaith ar a mheon agus ar a shlí agamsa roim ré ach, má bhí féin, cad do bhí agam le déanamh? Ní hamhlaidh do chuirfinn amach an t-aon deartháir do bhí agam tar éis teacht abhaile ón dTalamh Úr do. Ba dhícheall do do bheith ciallmhar a dhóthain agus, mara mbeadh san do bheith ag baint leis, ní bheadh sé i lúib éinne, mar dob é an fear oibre é dob fhearr do bhí le fáil in aon áit gur ghaibh sé, ach cá bhfuil an saoi gan a locht féin?

'Sea, le linn na haimsire sin, do bhí sealgaireacht dheas le fáil timpeall na mBlascaod, maircréil agus gleamaigh, agus ardghlaoch orthu agus, an uair do chonac féin go raibh Peaidí chun luí liom, do cheapas gurbh fhearra dhom seift éigin do chur ar bun go mbainfinn tairbhe éigin as. 'Sé rud do chuireas ar bun chuige sin ná seananaomhóg do bhí agam, teacht agus smut do bhaint di, agus í a dhéanamh éascaidh do bheirt le cur síos suas, agus mar do bhíodh formhór na naomhóga ar bheirt san am san ag iascach ghleamach i rith an tsaosúir. Do bhíodh fiche pota againn insa naomhóig bhig, agus ba dheas led chroí a bheith ag féachaint orainn ag comhrac na mara léi, agus mise dhá rá leat go raibh seilg againn á dhéanamh, cé ná rabhamair ag dul i bhfad ón dtigh. Timpeall Bheiginis do bhíodh gnáth againn á dhéanamh do shíor, agus do bhíodh bia na maidine agus bia lár an lae agus bia an tráthnóna againn á chaitheamh ar ár gceart, comh maith le bheith istigh ar an dtalamh. (Sid iad thuas an ainm do bhíodh ar gach béile insan am úd.)

Bhíodh naomhóga eile agus aistear fada orthu, ag dul comh fada ó bhaile leis an dTiaracht, go hInis Tuaisceart, go hInis na Bró, go hInis Mhic Uibhleáin — sid iad na Blascaoid Bheaga. Do bhíodh orthu so do théadh in aistear lón do bhreith leo gach lá, agus fanúint amuigh ó dhubh dubh, agus suaite go maith do bhídís i ndeireadh gach lae. Do bhíodh iomadúlacht ar na gleamaigh insa hoileáin seo ná raibh sa chóngar, gan amhras, cé go dtagadh fear an chóngair suas leo, mar do bhíodh breis chor bainte as na potaí aige.

Is mó luach puint do dhíolamair leis na hárthaí do ghabhadh ó thuaidh agus aduaidh thrí Bhealach an Bhlascaoid Mhóir. Do bhíodh a seolta bogóideacha bánchneasacha in airde acu, gan puth gaoithe as an spéir ann. Is minic do chaitheamair ár ndínnéar iontu, mar do bhronnaimís portáin agus éisceanna eile orthu. Do bhíodh tobac agus nithe eile, leis, againn uathu, agus gloine uisce beatha go mion minic, agus go lánmhinic do bhíodh dhá ghloine agamsa, mar nár bhlais an fear eile aon deoir ó fhág sé Meirice, mar do bhí ciall cheannaigh fachta aige.

Lá breá dos na laethanta so, do bhuail chúinn an Bealach aneas long gail ná raibh rómhór, ach í go greanta. Long eile aici á tharrac ina diaidh, agus gan uirthi ach seolta amháin, agus gach dath fén spéir insa seolta san. Bhí cír dhubh le daoine ar long na seolta, agus gach uile dhuine acu ag féachaint níos uaisle ná a chéile, maidir le éadach agus bandaí dho. Ní raibh mórán siúil fés na longaibh beaga ornáideacha so, mar bhí bun leis an moill do bhí acu á dhéanamh: chuin radharc socair do ghlacadh ar na Blascaodaibh seo, daoine nár ghaibh an Siúnda roimis sin riamh.

Do rángaig liomsa do bheith ag tarrac pota in achomairc dóibh insan am gcéanna, agus cad do bheadh ann ná gleamach gorm agus piardóg (*craw fish*) insan am go rabhadar san ag gabháil tharainn ó thuaidh. Do thógas in airde an phiardóg i láimh liom agus an gleamach i láimh eile, agus ní túisce do bhí san déanta agamsa ná a bhí gach lámh insa longaibh in airde, ideir fhear agus mhnaoi, ag sméideadh amach orainn, agus do stopadar suas ar bhruach na mara nó gur shroicheamair iad.

Ní fáiltí go dtí mar do bhí roimis an dá sheaniascaire, ach ná raibh ár naomhóigín folamh: do bhí dosaen gleamach inti, dhá dhosaen portán, agus trí dosaein d'éiscibh eile inti, agus ba chuma leis na huaisle cad é an crot do bhí orainn féin ná ar ár naomhóigín, ach crot do bheith ar na nithe seo do bhí ar bord inti.

Ar shroistint na longaibh greanta so dúinn, do cheapas-sa go mbeadh mo dhóthain achair ar an saol agam dá mbeinn ina dtreo go Luimneach féin. Maidir leis an *Yank* do, is dócha nár chuir seisean puinn suim iontu toisc an méid do radharc an tsaoil do bhí ficithe aige féin, cé go ndúirt sé go minic ina dhiaidh sin go rabhadar ar an radharc dob ornáidí do chonaic sé riamh ar muir ná ar talamh, thall ná abhus. ('Sea, ní dhéanfadh an tsalmaireacht so an gnó dhom, mar is mór an breacadh do bheidh déanta agam sara mbead réidh leo.)

Do scaoil fear acu bocaod anuas chuin na ngleamach do thógaint in airde agus, ar amharc an bhocaoid sin dom, do cheapas ná cuirfeadh sé aon ghleamach isteach ann ar chúig phuint, do bhí an t-áras comh greanta san. Do scaoil sé an t-áras céanna anuas aríst chuin na bportán do bhreith leis, agus aríst eile chuin an éisc eile do bhí salach bréan ar thóin na naomhóige.

'Sea, an uair a bhí a raibh sa naomhóigín bailithe in airde aige, an t-éinne amháin seo i gcónaí, ní raibh mórán moille insan am gur scaoil sé an bocaod céanna anuas aríst, agus ar mo leabhar gur cheapas gur smut aráin do bhí i ndeireadh na naomhóige do bhí uaidh an uair seo, mar ní raibh faic eile agam le feiscint im thimpeall. Ní mar 'cheapas do bhí, mar, an uair do rugas im láimh air agus d'fhéachas ann, is airgead do bhí le feiscint agam. Do labhair an fear do scaoil anuas é ina theanga bhinn Bhéarla:

'You have a shilling there for every throut you send up,' ar seisean.

Do thairrig mo dhuine uasal an bocaod in airde aríst, agus níor mhór an aga do bhí ann an t-am go bhfeaca ag teacht orm anuas aríst é, maol agus cruach air, agus an bhean dob uaisle a bhí ar bord á ligint anuas an uair seo, adéarfainn, agus ba bhreátha méin agus scéimh, ar aon chuma, dá raibh sa longaibh. Do bhí an bocaod an uair seo comh tairbheach, adéarfainn, leis an uair do bhí an t-airgead ann, é lán do gach uile shórt bhídh agus anlainn nách féidir liom ainm do chur ar gach sórt díobh. An uair do bhí sé folamh agam i ndeireadh na naomhóige, do bhaineas mo bháiréad dom cheann agus do chuas ar mo leathghlúin ag fáil baochais léi.

Do bhíomair timpeall míle ó thalamh san am so, mar do bhí an taoide ag tarrac na long léi, agus mar sin féin do bhí an lá go haoibhinn, agus an naomhóigín againn thar n-ais lán do gach uile ollamhaitheas. Má thugamair rudaí uainn féin, níorbh fhiú bireán iad sochas ar tháinig ina n-inead. Níor rófhada gur labhair fear eile aríst agus bocaod eile aige, ach nárbh é an ceann greanta é (ach do bhí a raibh ann greanta, dar ndóigh), mar is lán do bhagún do bhí sé, agus do cheapas an uair seo, ní déarfad bréag, gurb é rud do bhí ar bun ages na huaisle ár ndóthain go deo do thabhairt dúinn insa tslí nár ghá dhúinn dul ar an bhfarraige an chuid eile dár saol.

Tar éis a raibh acu á ligint anuas, ní raibh blaiseadh na teangan fós d'aon tsórt beorach ag teacht ná le feiscint againn. Níorbh fhada gur tháinig fear go dtí vásta na loinge, agus dúirt sé an buidéal folamh do bhí insa naomhóig do shíneadh in airde chuige. Do dheineas san, agus i gceann tamaill do tháinig sé agus é lán d'fhíoruisce aige, agus d'fhiafraigh aríst an raibh aon bhuidéal eile insa naomhóig againn, ach ní raibh. Do dh'imigh uainn arís agus do thug tamall gan teacht, ach do tháinig sé agus buidéal suaithinseach aige, lán do bheoir; rum nó branda do bhí ann, an buidéal lán, agus tuairim sé ghloine dob ea an buidéal. Do shín anuas é, agus dúirt an buidéal mór uisce do dh'úsáid leis an mbuidéal beag mar go raibh an stuif do bhí ann ana-láidir.

B'é crích agus deireadh an scéil é gur fhágamair slán agus beannacht agena chéile, agus insan am san do bhíomair míle goile[1] ó thalamh an uair seo; níorbh fhada an t-achar an méid sin, mar do bhí an lá fabhrach fós gan puth as an spéir.

Ní rófhada do bhíomair casta ó chéile san am gur mhaith liom féin blaiseadh an bhuidéil do bheith agam, féachaint ar uisce beatha do bhí ann, ach dúirt an fear eile liom dridiúint leis an dtalamh ar dtúis sara mblaisfinn é agus go raibh am mo dhóthain agam chuige, rud go raibh an ceart aige, pé uair riamh do bhí sé aige. Dúrt leis ná déanfainn ach é a bhlaiseadh, féachaint cad é mar shórt é. Do cheapas marar nimh ar leithrigh é go mbeinn ar an dtaobh sábhálta dho ach, ar nós gach uile rud eile, ní féidir leis an bpeacach déanamh mar is maith leis.

---

[1] = *go leith*

'Sé an cupán beag adhmaid do bhí ag taoscadh na naomhóige an t-áras baistithe do bhí agam, agus spionóg do ligeas as bhuidéal na beorach, agus tuairim gloine uisce as an mbuidéal eile. Do chuireas ar a chéile iad agus, fé bhun nimhe ar fad, ba dhóigh leat nár bhaol do leanbh bliana go mbeadh sé ina chorp agus, cé go raibh an *Yank* 'om chosc roimis sin gan baint leis go sroichfimís an talamh, dúirt sé an uair seo:

'Ó taoi ag cur chuige, cad é an mhaith dhuit rud gan mhaith?' ar seisean.

'Ach braith an abha sara raghair ina cuilithe,' arsa mise leis, agus dob é sin an focal déanach do fuair sé uam go ceann dhá uair a' chloig ina dhiaidh sin. Do bhí tuairim agus míle don tslí ciorraithe againn an uair seo, agus tuairim leathmhíle eile uainn agus, mar bharr ar an ndanas, scailp ghaoithe séidte, mar 'bheadh saotrún brothaill, geal gléigeal, agus do bhí san ficithe agam sarar ólas an phurgóid seo ach, a dhuine mo chroí istigh, nách amhlaidh do bhíos agus fonn orm á chaitheamh siar chuin go gcuirfeadh sé smoirt ionam chuin gabháil thríd an scailp mhillte seo do bhí ar bun go cruaidh.

Pé scéal é, siar leis an bpurgóid agus nóimit, adúirt Peaidí liom ina dhiaidh sin, do dheineas seasamh tar éis í a ól an t-am gur thiteas ar thóin na naomhóige. Do cheap an fear bocht gur marbh do bhíos, mar do thuig sé gur nimh do bhí insa bhuidéal, agus san imithe mar dhearúd ar na huaisle, agus is go hana-mhinic do thit a leithéid sin, leis, amach, dar ndóigh. Do thug mo dhuine bocht stuif agus smior na gcnámh a d'iarraidh na talún do bhaint amach.

Díreach agus an talamh bainte amach aige, agus gan ann ach deireadh na déithe, é ar linn cuasa go raibh foithin aige, agus ní raibh sé ach sroichte aige san am gur phreabas as mo shuan, gan mhaisle gan mháchail, ach me im ardfhear.

' 'Sea,' arsa an *Yank*, 'tá codladh déanta agat má dhein éinne riamh é,' ar seisean,' ach is cuma liom ón uair nách é codladh an bháis é, an rud do cheapas duit,' ar seisean, 'agus b'fhéidir go mb'fhearra dhuit braon beag eile do thógaint do!' ar seisean. Do thuigeas gur le seanabhlas adúirt sé an méid sin.

'Sea, do bhí an gála fós ann gan aon bhogadh, ach mar sin féin do bhí foithin na talún againn anois agus, dar ndóigh, níor bhád gan bia ná gan deoch do bhí againn. Do bhí ár ndóthain mí inti, agus dá gcuirfinn a thuilleadh leis agus, cé gur timpeall Bheiginis do bhíomair agus gan san i bhfad ón dtigh, cé go raibh míle farraige ideir é agus an Blascaod Mór, níor dheineamair aon mhachnamh ar an gcuas do bhí againn d'fhágaint.

Do thug sé sórt bogadh air féin insa tslí go ndúirt Peaidí:

'B'fhéidir,' ar seisean, 'go mbeadh sé 'ár gcumas na potaí do tharrac; tá sánas ón ngaoith cois na gcloch so.'

Ní raibh fonn orm féin chuin san do dhéanamh, ach fear dob ea é gur mhaith leis toradh d'fháil ar a ghlór, agus má thiocfá trasna air do bheadh sé trí lá ina dhiaidh sin gan aon mhaith. Do chuireamair chuin an ghnótha gur bheartaigh sé air, agus dob air féin ba mhó a bhí an bráca, mar dob é a bhí ag rámhaíocht agus mise ag tarrac na bpotaí.

Ní raibh ach an méid sin gnótha déanta againn an t-am gur shéid sé maol gléigeal ar fad. Do bhí dosaen gleamach againn as na potaí, agus dob in dosaen scilling, mar bhí scilling ar gach ceann acu an uair seo, beag agus mór.

Do bhí an tráthnóna déanach go maith an uair seo, agus gan an naomhóigín bheag ag baint an tí amach, ná an chaladh. Do chonaic báid eile do bhí ag iascach ceangailte dos na longaibh sinn, agus daoine ón gcnoc, leis, agus ní rófhada go raibh daoine á rá gurb amhlaidh do cailleadh timpeall na long sinn agus go rabhamair ar iarraidh.

As an machnamh san dos na daoine do cuireadh naomhóg mhór ar snámh agus ceathrar fear inti, agus dob eo leo fé bhráid Bheiginis, agus ba mhór dár lorg do dheineadar sara bhfuaireadar amach sinn, agus do bheadh a thuilleadh aimsire caite acu mara mbeadh gur ghlaodar, mar is i dtóin cuasa do bhíomair go raibh curtha againn chúinn go maidean ann. Do dheineamair freagairt ar chloisint na gutha dhúinn, agus do dheineadar orainn isteach. Do chuireadar ceisteanna orainn i dtaobh na long. Bhí mórán rudaí le feiscint acu: feoil agus arán agus mar sin.

Níor rófhada gur chuir fear acu a lámh i dtreo an bhuidéil duibh, agus le linn do é a fheiscint do gheit mo chroí, mar do bhí a fhios agam ná raghadh an buidéal gan tástáil uaidh agus nárbh fhios conas mar 'bheadh an cúrsa. Dúrt leis láithreach gur phurgóid do bhí ann, ach dob in é an uair is mó do cheangail sé ann. Do thóg leis ina láimh é, do bhain an corc as, do chuir a shrón ar bhéal an bhuidéil, agus dúirt go hanbhách:

'A Rí na Glóire, an branda!' ar seisean.

Níor fhág san fead ná glao agam féin insan am so, mar is maith do bhí fios mianaigh an té go raibh an buidéal ina láimh agam, agus ná scarfadh sé go bog leis, agus do rith an machnamh so im aigne: pé slí gur rith le beirt againn féin do fuair ar dtúis é, anois ná raibh aon dul uaidh ón ndream go raibh sé ina láimh acu. Ar chur an bhuidéil ar a cheann don leámharaic seo, do dheineas bagairt go cruaidh air gan a dhéanamh ach a theanga d'fhliuchadh ann; d'inseas do mar 'tharlaigh dom féin agus conas do dhein sé liom.

'Dá barb é an diabhal féin é,' ar seisean, 'ní foláir nách é lán mo bhéil do do dhéanfaidh faic liom!'

N'fheadar cad do bhain sé as, chuin na fírinne d'insint, mar do thugas mo dhrom do le gráin air. Do shín sé láithreach chuin an té eile ba ghiorra dho é, agus do bhain san sclogóg eile as; n'fheadar an beag nó mór é ach, pé méid é, níor rófhada go raibh an bheirt acu ar thóin na naomhóige fuar marbh. Do bhí 'fhios age beirt againne nách marbh do bhíodar, mar do bhí triail ar an ngalar cheana againn, ach do cheap an bheirt do bhí ina naomhóig féin go raibh deireadh a laethanta istigh, agus do chromadar ar a bheith á gcaoineadh, ach i gceann tamaill gur chuaigh staonadh orthu an uair d'inseas dóibh.

Is amhlaidh do bhí an naomhóg mhór chuin fear do chur chúinne agus dhá mhaide rámha, chuin go mbeadh triúr is gach ceann chuin dul abhaile, mar do bhí an gála thar meon fós, ach ní mar 'síltar do bítar go minic.

Nárbh ainnis mar rángaig an scéal sa deireadh againn? An greann do bhí againn ag glacadh na n-earraí ós na longaibh uaisle, agus an uair do bhíomair á bhfágaint gan éinne bocht ar ár gcine; anois sinn i dtóin cuasa, agus curtha againn chúinn go maidean ann, dá ghiorracht mar 'bhí na tithe dhúinn, agus fós gan aon iontaoibh as an mbeirt do bhí ar thóin na naomhóige ná gur marbh do bheidís, mar ná raibh 'fhios ag éinne cad do thugadar as an mbuidéal leo.

A Rí na Glóire,
Cad do thug long na seolta
An t-am so 'ló chúinn,
Is 'chuir 'ár dtreo í,
Do thug an bheoir dúinn,
Do dhein an seó dhínn,
Is 'chuir ó threo sinn?

An naomhóg do tháinig,
Chuin go dtabharfadh lámh linn,
Iad féin tnáite,
Nárbh fhios d'éinne láithreach
Ar chodladh nó bás dóibh,
I gcuas nárbh áil linn
Fanúint go lá ann,
Is an oíche láithreach
Ag séideadh láidir.

Tuairim dhá uair a' chloig do mhúscail an chéad fhear do thit, agus an fear eile go hobann ina dhiaidh.

I gceann tamaill tar éis múscailt as a suan dóibh, dúradar as bhéal a chéile tabhairt fés na tithe, agus do bhogamair amach as an gcuas, agus dúirt fear go raibh sórt bogadh ar an ngála, agus do bhí, leis, insan am san.

Do chuir an naomhóg mhór fear go dtí sinne agus dhá mhaide aige; b'in triúr is gach naomhóig. Dob eo linn le chéile ag baint Oileán Mór na dtithe amach, agus níor thóg sé i bhfad ar fad uainn chuin san do dhéanamh, mar do bhí bogadh mór air insan am so. Ar shroistint an chaladh dhúinn, do bhí iontas mór le feiscint ann: scanradh, dul thrí chéile agus gol, agus a raibh insan Oileán ann, aon duine a fhéad é, agus ba bheag nár bhádar sinn, mar tuigeadh dóibh go raibh cuid éigin againn ar iarraidh, is an seachrán do bhain dínn gan teacht níosa luaithe.

Cé go raibh cuma dhobhrónach ar a raibh beo ann an uair seo, is mó gáirí agus greann do tháinig amach as ina dhiaidh sin: na buidéil draíochta, na longaibh ón saol eile, na fearaibh do leag an bheoir, fearaibh d'ólfadh buidéal ó iofrann go mbeadh b'ladh biotáille uaidh.

'Nár mhór an diabhal ná raibh an buidéal ar fad ólta acu,' adeireadh fear eile; 'nár bhreá a bheadh a mná againne ina ndiaidh!'

Níor scar an t-allagar so leis an Oileán ar feadh dosaen blian nó breis, agus nárbh iontach an stuif do bhí insa bhuidéal: lán an phinn do do chur ar chupa uisce dho, bheadh sé láidir a dhóthain d'aon duine, agus is fada do bhí braon ar mo láimh do. N'fheadair éinne ceart cad é mar shórt longaibh iad, ach go raibh sé ráite gurbh í cathair mhór Londain d'fhágadar amach chuin léarscáil na hÉireann mórdtimpeall do thógaint. A thuilleadh acu adúirt gurbh í an Bhreasaíl do bhaineadar amach, mar gurbh é an treo chéanna do bhaineadar amach tuairim na háite go raibh sí. A thuilleadh acu adúirt nárbh ón saol so chuige iad, ná a chló orthu.

Ana-bhliain seilge dob ea í. Níl aon chor do bhainfá as na potaí ná go mbeadh dosaen gleamach agat, agus dob in dosaen scilling; leathphaca plúir ar an ndosaen scilling sin, leathphaca mine ar hocht scillinge, agus gach uile ní dá dh'réir. Níor dheacair don nduine bocht maireachtaint an uair úd.

———

Tar éis scarúint na long so uainn, do tháinig mí ana-bhreá ar fad ná raibh luascadh ar aon linn, agus dob in é an sórt aimsire dob ansa chuin an sórt éisc do bhí ar siúl do shroistint agus, rud eile dob fhearr ná san, sciobadh ar an mbreac do bheadh agat. Do bhíos féin agus an *Yank* ag déanamh go maith leis an naomhóig bhig, mar do bhí líomatáiste ár ndóthain againn agus gan éinne chúinn ná uainn ann, agus is leis an gcantráth déanach is fearr do théid seo insa potaí. Tráthnóna do bhíomair ana-dhéanach, agus do bhí gleamaigh ag dul sa potaí go tiubh.

'Nách mór an náire d'éinne bheith ag dul abhaile oíche chiúin chalma ná fuil fada ná fuar,' arsa Peaidí liom féin, 'agus ór le fáil i bpotaí?' ar seisean. 'Ach, dá mbeadh na daoine atá insan áit seo tamall mar a rabhas-sa, do bheadh eolas a thuilleadh acu,' arsa Peaidí. 'Sara mbeam sa bhaile anois beidh an lá ann,' ar seisean, 'agus tugaimís moill dos na potaí tamall, agus beidh an oiread iontu agus 'tá anois, bíodh geall agus, má bhíonn, nách mór an scrupall a bheith á bhfágaint ansan?' arsa Peaidí.

Mar fear dob ea é mara dtabharfá cead a shrón do ná beadh sé it fhochair chuige amáireach, agus call maith do bheith agat leis, agus ó nár thaitn an scéal liom féin rómhaith, dob éigeant dom cur suas leis nó an naomhóigín bheag do bheith i dtiontaoibh liom féin amáireach. 'Sea ní raibh éinne eile chuin an bhille do chur siar ach mise amháin, agus do ghlacas ciall leis, go mórmhór an dlí do bhí ar bun ag dul chuin mo sheirbhíse féin, mar is agamsa do bhíodh an tuilleamh ar fad; do bhí seisean sásta lena bhord, éadach agus tobac.

'Téanam,' ar seisean i gceann tamaill; 'tá aga a ndóthain acu, 'sé sin má tá aon fhuadar cóir chúthu; beimíd á mbrath,' arsa Peaidí. Sin mar 'bhí, agus ar tharrac an chéad phota dhom ní cleataráil go dtí mar 'bhí istigh ann.

'Is dócha gurb eascú atá ann,' ar seisean.

'Ní dóigh liom gurb ea,' arsa mise leis.

Do chuireas mo lámh síos 'on phota agus do thugas stumpa gleamaigh aníos, agus ceann eile ina dhiaidh.

'An bhfuil dhá ghleamach ann?' arsa an fear tosaigh.

'Tá, agus dhá cheann bhreátha féin,' arsa mise leis.

'Sin dhá scilling,' ar seisean. 'A Rí na bhFeart, is mó deoir allais is éigean do shileadh i Meirice ar dhá scilling, sochas an pota so do thabhairt 'on bhád dhá fhea uisce!' ar seisean.

San am go raibh deireadh na bpotaí tairrigthe againn, do bhí dosaen do ghleamaigh bhreátha iontu.

'Bíodh geall go bhfuil do dhosaen agat astu!' arsa Peaidí.

'Tá, agus ní dosaen mar mhagadh, leis, é,' arsa mise leis.

'Is mór gur fearr do dhosaen é ná an ceann do bhí lár an lae inniu againn, agus gur simplí,' ar seisean. 'A Mhuire nách mó scilling sa bhfarraige,' ar seisean, 'go bog, sochas áiteanna eile go bhfuil allas fola a d'iarraidh na scillinge do shroistint. Mo chorp agus m'anam go bhfuil daoine i Meirice do gheobhadh airgead comh bog so ná déanfadh codladh ná suan, ach á síortharrac so aníos, agus is bia fada fánach do dhéanfadh an gnó, leis, dóibh,' arsa Peaidí.

Cé go mbíodh a lán scaothaireachta ag baint leis, gur mall do chreidinn go minic é, do chreideas go feillemhaith an méid seo uaidh, mar ní rabhas féin comh glas san ná go raibh 'fhios agam cad do bhain le tíortha teo thar lear: obair throm agus saoiste ag faire, nó beirt go minic.

Timpeall uair a' chloig moille do bhí déanta againn san am gur bhraitheas ag cur a mhaidí amach arís é.

'Ní foláir nách chuin suain ar fad do ragham,' ar seisean. 'Ó tá an oíche againn á chaitheamh, bíodh rud éigin dá bharr againn,' ag caitheamh téad phota do bhí ceangailte chuin tosaigh ag coimeád na naomhóige faid do bhíomair 'ár stad amach i bhfarraige uaidh.

Fén mar 'dúrt cheana, do bhí orm a bheith im buachaill aige in inead do bheith im mháistir, nó ní bheadh crích orainn. Do chuamair i dtosach ár ngnótha aríst, agus insan am go raibh deireadh na bpotaí againn do bhí dosaen eile againn. Do chuamair ar leaba ancaire aríst, agus do chromas-sa ar na gleamaigh do chomhaireamh, agus dosaen lom do bhí agam díreach.

'An bhfuil a lán anois agat astu?' arsa an fear tosaigh.

'Dosaen díreach,' arsa mise leis.

'Ó, is beag an t-ionadh bochtáin do bheith ar chósta na hÉireann,' ar seisean, 'agus tá, leis, agus go raibh a thuilleadh acu ann, mar is maith an scéal iad, aon diabhal dream fear atá ag sranntarnaigh insan am so d'oíche bhreá chalma, agus ór agus airgead le fáil ar bheagán duaidh ná allais,' ar seisean.

Ba dhóigh le duine go raibh smut don gceart aige, ach n'fhéadfadh an peacach bocht seasamh do ló agus d'oíche, dá raghadh na cait 'on phóna. Do stadamair tamall. N'fheadar ná gur thit tionnúr codlata orm féin; dúirt seisean gur thit, agus gur bhaineas greas maith as.

'Is dóigh liom go bhfuil finneoga an lae ag teacht, agus dob fhearra dhúinn tarrac eile do bhaint as na potaí agus beam age baile, agus ní bheidh 'fhios ag éinne conas mar 'chaitheamair an oíche,' ar seisean, ag caitheamh na téide uaidh agus ag cur a mhaidí amach.

Geallaimse dhíbh na rabhas-sa ró-éascaidh san am so: gliocú na maidine fuar, bolg folamh, cnámha túirseach, súile troma, agus mairbhití mo dhóthain 'om leanúint, pé cuma go raibh an réic tosaigh. Ach do chroitheas suas me fhéin, ós rud é go raibh orm é a dhéanamh[2], agus san am go rabhadar críochnaithe agam do bhí dosaen eile agus dhá cheann iontu.

Ar thabhairt ár n-aghaidh chuin an tí dhúinn, cad do bheadh ná árthach ar múráil insan áit gur cheart di é, agus dob fhollas dúinn gur stróinséar árthaigh í. Do bhí sí romhainn ar an Siúnda, agus níorbh aistear linn dul chuin cainte léi. Ar dhul lena cliathán dúinn, do bhí ainm stróinséartha uirthi; 'sí an ainm í ná *An tSeamróg*. Tobar inti agus í amuigh ón gcúigiú complacht. Lorg ar ghleamaigh aige má bhí ag éinne riamh. Do cheistigh sinn an mó[3] gleamach do bhí againn, agus an mór do bheadh uam orthu. D'inseamair do ná raibh puinn ar bord againn, agus go raibh oiread eile i bpota stóir do bhí ansan thall againn; rud eile, ná beadh níos mó le n-éileamh againn air sin ach oiread le haon árthach eile.

'Glan leat, agus tabhair leat a bhfuil insa phota,' ar seisean.

B'eo linn, agus ní raibh an pota rófhada uainn agus do chasamair thar n-ais, agus sé dosaein do bhí againn ag teacht go dtí í. Do chomhairimh ceann ar cheann iad, agus do shín chúinn isteach trí shabhrain óir. Seilg lae agus oíche dob ea é. D'inseas san don gcaptaein, agus go raibh an oíche suas againn, agus go rabhamair suaite go maith ach, má bhíomair féin, go raibh pá na hoíche againn. Ar chlos an méid sin do, do thug sé ordú láithreach teacht ar bord. Bhíomair ag fáil pardúin leis: nárbh fhada uainn an baile anois. Ní bheadh sé sásta leis, agus dob éigeant dúinn dul ar bord. Do líon gloine chúmsa 'on chéad iarracht, ach do chuir Peaidí stop lena cheann féin an uair do chonaic sé á líonadh aríst é. Dúirt láithreach:

'Tá bia anso ullamh, agus caithig úr ndóthain do,' ar seisean.

---

[2] *Ls. do crotheas súas me féin [i.e. don tarna huair]*

[3] *Ls. mór*

Do ghabhamair pardún leis: ná rabhamair i bhfad ó láimh; nár dheacair dúinn ár dtithe féin do shroistint anois. Ach bheadh fear ocrach caillte an fhaid is 'bheadh an bia á ullmhú. B'éigeant dúinn dul in aonacht leis agus, ar a shon gurbh ar an bhfarraige do bhí a thigh san am so, ina charachán greanta, n'fheaca riamh, ar muir ná ar talamh, aon radharc ornáideach go dtí í agus, maidir le beirt againne dho, ba mhar a chéile leis an mbord sinn nó dhá photachán coinín. Dúirt ceann dos na fearaibh linn dul comh fada le hár ndícheall, mar gur amach i bhfarraige leis an bhfuílleach.

Do chaitheamair ár ndóthain. Bhí sórt náire ormsa a bheith salach brocach ina leithéid d'áit, ach níor chuir an fear eile aon tsuim ann ach a bholg a líonadh. An méid scáinteacht agus náire do bhí ag baint leis i dtúis a shaoil d'fhág sé ina dhiaidh insa tíortha iasachta iad, agus dúirt sé liomsa, leis, dá mbeadh tamall agam féin as baile, gur chuma liom cá mbuailfeadh bia liom chuin é a chaitheamh.

Ar theacht ar uachtar na loinge dúinn, do bhí an captaein ag stádar do féin, agus do chrom sé ar a bheith ár gceistiú i dtaobh na ngleamach: an raibh a thuilleadh timpeall na háite acu. D'inseamair do mar 'bhí i dtaobh gach ceist do chuir sé chúinn, is i gceann tamaill do bhogamair uaidh agus d'fhágamair slán aige, agus ar shroistint go dtí an caladh dhúinn is ea a bhí cuid eile acu ag fágaint an chaladh, agus a thuilleadh acu ina gcodladh fós.

An uair do bhí an naomhóg tirim as an uisce againn féin, dúirt an *Yank*:

'Is fearra dhúinn buidéal bainne agus dosaen obh do bhreith amach go dtí an t-árthach,' ar seisean. 'Ní bheam i bhfad; rud éigin do theaspáint dos na daoine uaisle, comh huasal agus do casadh liom riamh iad,' ar seisean.

Ba mhaith liom an chaint fhearúil sin do theacht uaidh, cé gur minic do tháinig caint uaidh nár thaitn liom, agus do bhuaileas an chloch amach, agus d'fhan san mar a raibh sé nó gur chasas thar n-ais, agus dhá dhosaen obh agam agus buidéal bainne.

B'eo linn amach aríst nó gur shroicheamair an long bheag. D'aithin an maor sinn go maith, agus do shíneas in airde an buidéal agus an bosca go raibh na huibhe ann. Do rug fear acu orthu go tapaidh, agus do thóg leis in airde iad, agus ba rudaí stróinséartha leo san iad, mar ní bhíonn dul ar uibhe ná ar bhainne acu an uair do bhíd siad ag treabhadh na mara. Do chuir an captaein caint air seo do thóg in airde iad, agus i gceann tamaill do tháinig sé agus an bosca lán go béal aige. Do bhí smut do gach rud do bhí insan árthach aige ann: brioscaí, tobac, canta deas feola, gach rud eile agus, mar bharr ar na nithe go léir, ar chuardach an bhosca dhom, cad do bheadh ann ná leathphiunt biotáille. Do bhuaileamair isteach, agus do bhaineamair an tigh amach, agus is a chodladh do chuamair go haimsir dínnéir. Dlí nua í seo do bhí ar bun againn san am so.

Tar éis dínnéir dúinn do bhuaileamair amach, agus do chromamair ar na potaí do tharrac agus do chur i bhfearas i gcomhair an chantráth, mar is in é an uair is mó do bhíonn na gleamaigh seo ag dul insa potaí; ní maith leo bolg an lae, mar bíonn sé rógheal. Is an[4] ghrian ag dul i bhfarraige is ea do chromamair ar iad do tharrac arís agus do bhí rud maith iontu, agus do chaitheamair an oíche go maidean amuigh, agus do bhí dorn breá gleamach ar maidin againn. Ansan do dheineamair amach gur san oíche do bhí an marú orthu. Aon oíche do bhíodh breá as san amach do chaithimís amuigh í, insa tslí go raibh ana-sheilg ag titeam linn i gan fhios.

Isteach insa bhfómhar, oíche ana-bhreá, agus sinn ceangailte do théid phota, do chualamair an t-amhrán dá rá go fada bog binn i meán na hoíche siar, tharainn ó thuaidh, ar chlocha eile do bhí tuairim is leathmhíle uainn. Do gheit mo chroí féin, agus do chuas thrína chéile go mór.

'An gcloiseann tú?' arsa mise leis an bhfear eile.

'Cloisim go maith,' ar seisean.

'Téanam abhaile', arsa mise leis.

'Dhera, mo thrua thu, nách róinte iad san!' ar seisean.

'Ní foláir nách róinte go bhfuil glór na ndaoine acu.'

'Is ea go díreach, mhuise,' ar seisean, 'agus is fuirist a aithint nár chualaís riamh roimis seo aon cheann acu. Deinid siad san gotha

---

[4] *Ls. Sa*

an duine do chur orthu féin an uair do bhíonn breis acu tirim i dteannta a chéile, agus tá scata acu tirim ar na clocha thiar anois. Agus, rud eile, is cuma linn cad é an sórt iad,' ar seisean.

Thugas sórt géilleadh dho, agus do bhí 'fhios agam iad so do théann insa tíortha thar lear ná cuirid suim in aon rud, beo ná marbh. Leis an machnamh san dob éigeant dom é a chaitheamh in airde liom féinig, agus do dheineas, agus do thugamair an chuid eile don oíche isteach mar gach oíche eile acu, cé ná rabhas-sa istigh liom féinig.

Níorbh fhada dhom gur chuala go fada bog binn aríst, agus dar liom gurb é *Éamann Mhágáine* é, díreach mar 'fhágfadh sé béal an duine, ach ní raibh agamsa ach é a bhrú ar m'aigne. I dtaobh an fhir eile, is amhlaidh do shéid sé féinig amhrán suas, iad san thiar agus eisean thoir — ag cur misnigh ormsa, is dócha.

'Sea, do bhaineamair cor as na potaí, agus do bhí dosaen breá gleamach iontu.

'An bhfuil dosaen agat?' ar seisean.

'Tá, gan ceann fé ná tharais,' arsa mise leis.

'An diabhal, gur mairg duit nár chuaigh abhaile ó chrónán[5] na róinte! Do bheadh fuar agatsa dá mbeifá insa tíortha lasmuigh,' ar seisean.

Gan amhras do bhí an ceart insa méid sin aige, cé go mbíodh sé uaireanta eile lán mícheart. Níor stad sé nó gur chuaigh sé chuin ancaire ar an dtéid chéanna aríst — mar bharr ar an scéal, insan áit ba shoiléire do bhí timpeall chuin iad do chlos! Le linn cur chúinn dúinn ann, ní raibh fead ná glao as aon rud, ach níorbh fhada do bhí san i gceist san am gur chuireadar go léir a nglam suas in aonacht, gur chomhchlos gach áit insa timpeall iad.

'N'fheadar cad do chuireann le buile mar seo iad anois agus arís,' arsa mise leis an bhfear eile, 'agus iad ina sánas tamall eile?'

'Gach uair do thagann ceann ón bhfarraige 'sea do bhíd siad mar sin. Tá ceann eile tirim anois ar na clocha, agus do bhíodar ina gcodladh go dtí san,' ar seisean.

---

[5] *Ls. chrannán*

Ach an uair seo níor chualaigh éinne riamh, ar margadh ná ar aonach, oiread amhrán in aonacht, agus fuaim a lán amhrán ag teacht thrína chéile. 'Sea, do dheineas talamh slán dona raibh aige á rá ina dtaobh, mar ba mhór an cur amach do bhí ar an saol aige 'o bhreis ormsa. Is mó áit gur ghaibh sé thríd sochas mise nár fhág cúinne na luaithe riamh: bhí sé i bhfad insa Talamh Úr; bhíodh sé do ghnáth ag spailpínteacht tamall maith ó bhaile; agus do bhí dosaen blian nó níos mó d'aois aige orm ina theannta san.

'Fan go mbeidh solas an lae ann, agus is dócha nách fada uainn anois é, agus ficfirse radharc ar róinte, tirim ar na clocha san thiar,' ar seisean.

'Ach is minic do chonac ceann aonair tirim ar chloich,' arsa mise leis.

'Ach ní bheifá mar sin dá bar ghnáthbhéas agat do bheith amuigh insan oíche,' ar seisean. 'Ní chuirfir aon tsuim an chéad oíche eile iontu an uair do chloisfir iad,' arsa mo bhuachaill.

Do chuas amach go maith air an uair do chríochnaigh sé an abairt dhéanach so: mar dhia ná beadh aon teip ormsa gan a bheith go fonnmhar ag teacht an chéad oíche eile. Ní rófhada go ndúirt sé go raibh breacarnach an lae ag teacht thoir, agus nár chás a bheith ag bogadh na bpotaí arís.

'Fan go ngealfaidh sé níos fearr; is ea is lú do bheam á lorg ó pholl go poll,' arsa mise leis.

'Sea, b'é crích agus deireadh na mbeart é go raibh sé geal a dhóthain san am gur bhogamair, agus dob in é an uair díreach do tháinig an conach ar lucht na n-amhrán, gach a raibh ar an saol acu á shéideadh suas in aonacht.

'Ní rófhada go mbeidh na leaideanna thiar ag fágaint,' arsa an fear tosaigh.

Níorbh fhada go raibh an lá geal go maith agus go raibh róinte le feiscint go tiubh i ndrom na cloiche: cuid acu agus a gceann in airde acu; ceann eile agus é ag tabhairt snap thall agus abhus orthu; ceann mór groí tamall maith as a gcionn in airde agus gan cor fós as. Dúirt an fear eile liom gur ina chnap codlata do bhí san fós, agus an uair do dhúiseodh san gurb ea a bheadh an dul thrí chéile ar an gcloich. Ba dhóigh leat air gur ina dteannta riamh do bhí sé féin, do bhí a oiread san cur amach aige orthu sochas mise.

D'fhanamair ceangailte do phota nó go raibh gach ceann acu thíos insa pholl i ndiaidh a chéile; do chuireadar an méid sin do ghnó na maidine amú orainn. Insa deireadh do mhúscail an ceann mór as a shuan agus, an uair do thóg sé in airde a cheann, ba chomhchlos ar fuaid na háite go léir an scread mhillte do lig sé as. Ní i gan fhios do tháinig an scread san ar a raibh eile ar an gcloich, mar dob é seo an maor do bhí orthu beag agus mór, agus ní rófhada gur thug sé a aghaidh le fánaidh. Tarbh dob ea é, comh mór le haon tarbh riamh do bhí ar an dtalamh tirim. An rón ba ghiorra dho do bhuail a shrón fé, agus do thóg in airde é aoirde crainn báid, agus níor stad sé don iarracht san nó gur buaileadh amuigh ar an bhfarraige é.

B'in é an uair do bhí an cogadh ar an aonach. An uair do chonaic an chuid eile an radharc san, do bhí gach ceann acu ag baint an uisce amach ar a gcroí díc.ill, agus an ceann acu do bhíodh mall, an uair do thagadh so air, do bhuaileadh a choincín fé agus do thógadh in airde insa spéir é, riamh agus choíche gur chuir sé amach ar an bhfarraige gach ceann dá raibh tirim, agus ba mhór é.

D'fhan an fear mór so tamall ina ndiaidh ar an gcloich ag tarrac a anáile[6] agus ag féachaint an rabhadar ar fad lena chéile aige. Ansan do thug sé féin fén bhfarraige síos, agus an tonn do dh'éirigh mar ar thit sé, dúirt an bheirt againn lena chéile go mbáfadh sé beaglong, agus an fhaid do bhí an dul thrí chéile seo ar siúl acu ní raibh fead ná glao acu, creid me leis.

Do bheadh ár bpotaí go rábach socair suas againn an fhaid do bhí an t-oireachtas so ar siúl, agus do cheapas ná staonfadh an fear eile comh fada, ach do dhein; is dóigh liom gur chuir na clis do bhí ar siúl an uair seo acu greannúireacht air comh maith liomsa.

'Sea, ní rabhamair i bhfad ag tarrac na bpotaí ina dhiaidh seo, mar do bhíodar soiléir le feiscint, agus gan puinn uisce orthu. Do bhí seilg mhaith againn ar maidin: glan trí dosaein go hard. Deirimse leat, má ba naomhóg bheag féin do bhí againn go raibh an tseilg mór.

---

[6] *Ls. innáile*

Do chaitheamair an saosúr mar seo gach oíche do bhíodh breá agus, rud eile, ní mór do théann insa potaí acu, do ló ná d'oíche, má bhíonn an fharraige suaite: is maith leis an ngleamach an sáile agus an fharraige do bheith socair ciúin le linn gliúmála dho féin.

Maidean áirithe acu so, do bhíomair ullamh chuin teacht abhaile. Do bhí míobháinín do ghaoith aneas ann, agus ar bhogadh amach dúinn is ea do bhí scoilb raice againn le feiscint. Do phriocamair suas iad. In áit eile do bhí a thuilleadh le fáil di. Lán na naomhóige do bhí againn láithreach, agus a thuilleadh ag gluaiseacht leis an dtaoide.

B'éigeant dúinn casadh ar Bheiginis agus an naomhóg d'fholmhú agus sá amach aríst, agus do bhí an raic ag gluaiseacht go tiubh do dhroim pointe go raibh an taoide ag teacht dá dhroim. Bhí cláracha bána nua glan ag gluaiseacht, agus glaoch maith orthu. B'éigeant dúinn téad do bhaint do phota, agus dosaen clár do chur inti, agus iad do tharrac 'ár ndiaidh, agus casadh isteach mar a raibh an chuid eile againn, agus iad do shábháil. Do bhí sé cinn déag insa tróig seo againn, agus amhras faid do bheadh an taoide chéanna ar siúl.

Ní raibh aon rud le teacht linn anois ach an t-ocras. Obair throm tar éis na hoíche, suaitheadh maith, dob ea na cláir seo do chur le chéile, ach do chuireamair romhainn an bheart do dhéanamh comh fada agus do bheadh an ailp ag gluaiseacht. Maidir leis an bponcán do, ní bheadh ocras ná tort ná codladh go deo air.

Do chuireas in úil do go raibh ocras ag teacht orainn, agus é in am againn; féachaint cad adéarfadh sé is ea a bhíos, agus á bhrath mar dhia.

'Dhera, a dhuine, ná fuil an seanfhocal id cheann agat, ní foláir: "mairbh an t-iasc an uair a gheobhair é",' ar seisean. 'Anb amhlaidh do cheapann tú go mbeidh raic le fáil agat gach am is maith leat é?' arsa Peaidí.

Do bhí amhras agam gurb eo mar 'gheobhainn an freagra, agus 'fhios agam féin, leis, go raibh an ceart ann, mar nách i gcónaí do bhíonn rudaí mar seo ag gluaiseacht, agus gur minic do thug duine suas rudaí 'á shórt agus ná beadh dul orthu le linn casadh thar n-ais.

'Sea, níor dheineamair staonadh an fhaid do sheasaimh an taoide do bhí á mbailiú chúinn, agus do bhí an t-ocras ag imeacht dínn an uair do chuaigh sé thar am againn an bia d'fháil; is ag dul chun laige do bhíonn duine as san amach, agus is in mar 'bhí againne, leis.

Isteach insa lá do chonacamair bád agus bád eile thall agus abhus ag bailiú na raice ar ár gcuma féin, cuid acu age Pointe an Ghoba ag an Oileán Mór, agus cuid eile acu ar thaobh Dhún Chaoin, agus insan am so do bhí tuairim trí fichid clár bán sábhálta i mBeiginis leis an naomhóigín bhig age beirt againn.

Do dhein an stracaire bocht *Yank* ardobair an lá úd, pé rud do dhein sé i Meirice an fhaid do bhí sé ina measc thall. Is minic do bhíodh bealach maith 'deir sinn agus an talamh san am go mbíodh dosaen clár curtha agamsa 'on téid, agus ba mhinic gurb é féin do thugadh i dtír iad, gan aon chúnamh uamsa.

Bhí an scéal san go maith againne, ach cad mar gheall ar an muintir do bhí age baile gur bhaineamair leo? Sinn fágthaithe an tigh tar éis dínnéir an lá roimis sin, agus aimsir dínnéir Iarnamháireach ann agus gan sinn tagthaithe — cad do bhí le rá ach nár mhaireamair? Pé naomhóg do bhí timpeall na dtithe insan am so, ó b'é an chaolchuid acu do bhí, mar do bhíodar insa hoileáin bheaga leis na potaí, agus an méid acu ná raibh do bhíodar ag lorg na raice insan am so, toisc í a bheith braite acu. Leis sin, ní raibh maide rámha ná naomhóg ar an gcaladh chuin dul ar ár dtuairisc.

An uair do bhíomair féin tnáite cortha go maith, agus an taoide athraithe, agus an t-adhmad ag dul chuin gannachúise, do thugamair ár n-aghaidh ar an dtigh, agus mise dhá rá leat, a léitheoir, dá mbeadh aon phuth gaoithe 'ár gcoinne ná sroichfimís é.

Ní raibh aon tseó ach a raibh do raic piocaithe suas timpeall Bheiginis age naomhóg bheag na beirte, agus is mó lá ina dhiaidh seo do fuaireamair cláir, smuit agus ailpeanna adhmaid. Do dhíolamair timpeall is a leath i mBeiginis, agus dob éigeant dúinn an leath eile do thabhairt abhaile linn as, mar nár fágadh aon smut riamh do bheadh ar sábháilt ann gan goid.

An uair do bhí an bhiaiste suas do bhí bád éigin ba lú seilg, ideir ghleamaigh agus adhmad, ná an bád beag. Níor dheacair do dhuine bhocht bróg agus smut tobac do sholáthar an uair úd, m'ionann san agus an t-am go bhfuilim ag breacadh an pháipéir seo. Níl an raic féin ag gluaiseacht ó bhliain an *Quabra* agus an Chogaidh Mhóir[7].

---

[7] *Ls. Chogadh Mhór*

I.M. Flower.
1911.

Bun an Bhaile. Tá Tomás Ó Criomhthain agus Robin Flower le feiscint ar dheis agus iad ag comhrá le chéile. Tá an Trá Bhán taobh thall de ne tithe ar chlé agus tá Beiginis agus Clocha an Róid le feiscint i dtreo bhun na spéire.

19

An bhliain tar éis na raice do shábháil — agus is dócha gur dheineamair dosaen punt di, gan trácht thar aon ghleamach — do chuireamair romhainn déanamh san imeacht chéanna. Bhíomair ag déanamh go maith i dtosach na bliana, ach ní bhíonn rith maith ag an each i gcónaí.

Aimsir na ngearrcach óga do bheith ann, agus iad suas le bheith aibidh, ba ghnáth le garsúin a bheith ar a dtóir. Ach an garsún ba shine do bhí agam agus mac an Rí do dheineadar comhairle dul i dtreo éigin go mbeadh faoileán óg acu, mar ba mhinic do mhaireadh ceann acu i dtigh i measc na gcearc go ceann bliana, agus níosa shia.

Do chuaigh an bheirt in aonacht i dtreo na neadacha chuin cúpla ceann acu so do thabhairt abhaile leo. Is i ndrochcháit do bhíodar ach, le linn dom gharsúnsa breith ar an bhfaoilinn óig, do léim sí agus do bhain sí an garsún, agus do thit sé síos amach ar an bhfarraige, slán beo mar 'hinstear é. Bhí sé i bhfad gan suncáil, agus d'fhan ar bharra[1] an uisce nó gur ghaibh naomhóg photaí timpeall. Do bhí a athair críonna, athair a mháthar, insa naomhóig do thóg é, ach do bhí an t-aon tsásamh amháin orainn: ná raibh maisle ná máchail ar aon phioc dá chabhail, cé go raibh titeam na faille ard. B'éigeant dom cur suas leis agus a bheith sásta. Ba mhór an ní liom é a bheith le cur 'on talamh, agus gan a bheith ag féachaint i

---

[1] *Ls. barra*

ndiaidh na farraige. B'in é an chéad tosnú, agus níor mhaith é, go bhfóire Dia orainn.

Tuairim 1890 do thit so amach, agus díreach an garsún chuin coinlíochta, é ag tosnú le postaireacht do dhéanamh dom. 'Sea, ní chothaíonn an té a imíonn an té a fhanann, mar 'dúirt an fear fadó, agus dob éigeant dúinne, leis, ár maidí do chur amach arís agus do bheith ag treabhadh linn.

Níor chaith an bhliain seo comh calma ná comh breá leis an mbliain roimpi, agus níor thit oiread dos na gleamaigh oíche linn, leis, 'á dheascaibh sin, mar ná raibh an aimsir seasaitheach, agus do bhíodh tarrac do shíor cois na gcloch, rud nách maith leis an sórt so seilge. Do rángaig an bhliain seo gur thit iasc glas leis an dtalamh, agus do bhí an fharraige lán díobh. Pollóga dob ainm don sórt so éisc, iasc mór garbh go mbeadh do dhóthain cúirim ort cuid acu do thabhairt isteach thar ghunail na naomhóige, agus dairithe an gléas maraithe do bhíonn orthu, slais do mhaircréal agus dubhán mór. Do chuamair ina dtreo lá agus an sórt so fearais le chéile againn, agus nách mór an conach do bhí chuin bertha orthu go mb'éigeant dúinn an banc d'fhágaint go luath, mar do bhí an naomhóigín lán againn agus an fharraige suaite gliobach, agus le linn teacht ar an gcaladh dhúinn is mó duine do dhein iontas don ar thug an naomhóg bheag chúinn.

Do chaitheamair tamall don mbliain ceangailte insan iasc glas nó go raibh gach saitheach do bhí insa tigh lán againn acu, agus do bhí trí chéad pollóg sábhálta againn. Agus timpeall na Nollag do shíor do bhíodh ardghlaoch orthu so: iasc garbh chuin na saoire, dar ndóigh, ó lucht tuaithe. Do thugas chúig phuint déag ó Dhaingean Uí Chúise liom ar mo chuid pollóg, i dteannta gur mó duine muinteartha do fuair feidhre acu, agus iad go flúirseach insa tigh againn féin.

––––––

Tamall tar éis na haimsire seo, do tháinig iníon an Dálaigh Mhóir, aodhaire Inis Mhic Uibhleáin, abhaile ó Mheirice. 'Sí seo an cailín do bhíodh ag an réic Diarmaid, m'uncail, á luachtaint liomsa i dtúis ár n-óige. Do thug sí beagán blianta thall, ach do theip an tsláinte uirthi ar nós chéad duine nách í. Ní i bhfeabhas do chuaigh sí tar éis teacht anall, ach ag dul chuin deireadh, ar a shon í a theacht go dtí an oileán ba shláintiúla do bhí in Éirinn.

Fuair sí bás fé dheireadh thiar insa Chloich, agus do bhí saosúr na bliana ann. Do bhí iascairí ó Uíbh Ráthach insa Chloich ina dteannta insan am gcéanna agus, ar chlos í a bheith caillte, do bhí aon duine d'fhéad é a d'iarraidh na Cloiche dho bhaint amach chuin a bheith ar an dtórramh. Dob iad so an dream dob fhearr do sheasaimh in aon chloich riamh dá sórt agus dob fhlaithiúla agus, dá dheascaibh sin, do bhí gach nduine a d'iarraidh iad do shroistint insa chruachás, agus do bhí daoine bailithe ann cuid mhaith an oíche seo. Do bhí naomhóga ag sroistint an oileáin go dtína deich a chlog insan oíche.

'Sea, do bhí mórchuid cruinnithe insan oíche ann, agus mórchuid eile do bhí ag cur na bá siar dóibh ar maidin, mar do bhí an lá an-aoibhinn agus an fharraige breá ciúin. Do bhí veidhleadóir ó Pharóiste Mórdhach ann, mar do rángaig sé insa Bhlascaod insan am céanna agus do chuaigh sé le hár gcois siar an chéad oíche. Níor stad béal an veidhleadóra ó bheith ag ramscéalaíocht go maidean. Níor stad sé ar maidin féin; do chaith ar fhleasc[2] a dhroma é féin insa bhféar ag scéaltóireacht nó go raibh an corp á thógaint amach. Is minic ó shin do dheinim machnamh ar an bhfear úd: dá mbeadh sé beo insa tsaol so go mb'fhuirist do scríobhnóir Gaelach abhar leabhair d'fháil uaidh.

Do bhí an lá so na sochraide ar na laethanta ba bhreátha do chonac riamh agus ba theo agus, an uair do bhí gach nduine cruinn ar bharra an chaladh, do chuirfeadh sé iontas ar dhuine gach a raibh ann. Is go naomhóig Uíbh Ráthaigh do chuaigh an chomhra, agus do bhí triúr d'fhearaibh maithe inti, mar ní féidir le ceathrar oibriú i naomhóig dá sórt. An uair do bhíodar réidh, do thugadar a gcúl don gCloich, agus do chromadar ar a bheith ag cirriú na bá aniar.

Do bhí fear mór dearg chuin tosaigh i naomhóig Uíbh Ráthaigh, agus do bhí sé ana-bhuailte i bhfeoil. Do bhí an teas ag luí go maith air, agus allas aige á shéideadh do mhullach a chinn. Tar éis a bheith ar an ngotha san do, níor theip a acfainn nó gur shroich sé

---

[2] *Ls. fleasc*

an tOileán Mór agus as san go Dún Chaoin. Do cheap gach nduine go mbeadh air tabhairt suas ó am go ham, ach níor thug. Do bhí so ar na gnímh dob acfainní do chonac ag aon fhear riamh á dhéanamh, is dóigh liom, mar bhí an bhá rófhada.

Ar shroistint chaladh an Oileáin don sochraid, do bhí a thuilleadh naomhóga ansan romhainn, agus do bhí orainn dul fós trí mhíle eile d'fharraige nó breis. Súilfhéachaint dár thugas, n'fheaca oiread naomhóga riamh i dteannta a chéile, dar liom. Do chuireas romham iad do chomhaireamh, agus do fuaireas amach go raibh hocht cinn déag ann acu. N'fheaca a oiread san riamh do bháid i sochraid ar an bhfarraige, ná go dtí an lá inniu. Sé cinn déag agus cheithre cinn déag an chuid is mó do chonac ó shin.

Go seirbhí[3] Dia dhá n-anam so go léir gur éigean dom iad do mhúscailt, agus nár thuga Sé aon drocháit d'aon chuid don chine daonna ach oiread. Cé go raibh lán tí do chlainn age fear na Cloiche an uair úd, triúr acu atá insa timpeall orm anois; sa Talamh Úr cuid acu, san uaigh a thuilleadh, agus soir siar ar nós a lán nách iad.

———

Bhí an saol á chaitheamh ó bhliain bliain ar an gcuma so, agus do bhíos insa tseanamhúchán tí fós. Do tháinig machnamh ionam é a fhágaint agus crot éigin do chur ar bhráca beag éigin nua, agus gan na cearca do bheith ag glágarnaigh as mo chionn in airde níosa shia, cé gur minic do fuaireathas cuasnóg obh in airde ann lá an ghátair; mar sin féin do bhíodh an braon anuas ann ina ndiaidh go minic.

Do bhí sórt tithe á chur ar bun an uair sin gur ceann adhmaid do bhíodh á chur orthu; feilt agus tarra lasmuigh fés na bileoga. Bhídís comh sleamhain le buidéal agus, an uair dob ansa leis an gcirc dul in airde agus obh do bhreith ann, ní raibh sé ina cumas fanúint in airde; thiteadh sí anuas 'on bhuaile, agus ní bhacadh sí aríst é.

Mar an rud do ritheann in aigne an duine uair is dóigh liom gur ag dul i gceangal do bhíonn sé, agus dob in nó agamsa é i dtaobh an tí. Do bhí 'fhios agam ná faighinn mórán cúnaimh chuige, ach go

---

[3] = soirbhí

raibh sórt coithrim le beith agam chuige, mar go raibh an seanathigh agam chuin mo dhóthain aimsire do thógaint chuige.

'Sea, ní mó ná leithead sráide d'aistriú do dheineas, mar do bhí na clocha im thimpeall ann agus, mar 'dúirt an Firín Buí fadó, do thuigeas gurbh fhuiriste fuineadh i dteannta na mine, agus gur mhór an ní dhom an stuif do bheith im thimpeall. Do phreabas chuin an tí do tharrac amach agus, an uair do bhí a fhaid agus a leithead agam, do tuigeadh dom go mbeadh cúirt agam dá mbeadh sé curtha suas agam, agus é díonmhar leis an sórt atá luaite cheana agam, 'sé sin adhmad, feilt agus tarra, agus é insa tslí go gcuirfeadh sé na cearca anuas 'on bhuaile. Do bhíos ag cur píosa ann i gcónaí an uair do bhíodh an chaoi agam air, agus ó smut go smut do bhí aithint an tí ag teacht go luath air, agus níor mhór an aga go raibh sé in aoirde cabhlach agus ná raibh orm ach an dá bhinn do chur le chéile, agus do bhíodar san ag caolú in aghaidh gach péirse.

'Sea, ní raibh aon díomhaointeas agam ar feadh ráithe, agus do bhí an chloch phréacháin agam air san am san, 'sí sin an chloch dhéanach a cuirtar ar bharra na binne. Do bhí an gníomh san déanta agam gan cloch ná mairtéal do shíneadh chúm, cé gur minic do tháinig an réic Diarmaid chúm, ach ní choimeádainn é.

Is i ndúluachair na bliana do thairrigíos orm an gnó so, mar ní bheadh aon dul agam ar é a dhéanamh aimsir ghnótha agus seilge. San am go raibh an chloch phréacháin agam air, mar 'dúrt cheana, do bhí gach obair ag oscailt, timpeall lár an Mhárta: talamh á dheargadh, leasú le báid agus i gclodaí, agus ba ghnáthach le daoine siúl ar phollaibh na róinte.

Maidean acu so do bhí breá bog aoibhinn, do cnagadh an doras roim lá agus, mar ná raibh tromshuan orm, do phreabas do gheit agus do dheineas é a oscailt, agus cé bheadh amuigh ná Diarmaid.

'Fáisc suas thu féin,' ar seisean; 'tá an lá go calma. Buailfeam siar chuin na n-oileán. Ca bhfios cad do bheadh caite i bpoll róin nó i gcuas,' ar seisean. 'An bhfuil aon ghreim aráin beirithe agat?'

'Tá arán mo dhóthain agam,' arsa mise leis, 'ach níl aon fhonn siar orm insa hoileáin, mar is dócha gur turas in aistear turas comh luath so insa mbliain.'

'Éist do bhéal!' ar seisean. 'Beidh rud éigin againn, stropa coiníní nó rud dob fhearr ná iad, b'fhéidir. Ca bhfios duit nách gillín róin do bhuailfeadh linn?' arsa an réic. 'Níl aon phíosa aráin beirithe agamsa; tabhair leat canta maith do dhéanfaidh sinn araon,' ar seisean.

'Dhera, nách sámh an dúirneog mhná atá agat!' arsa mise leis. 'Is dócha gur ag spáráil na mine do bhíonn sí.'

'Ná an diabhal é!' ar seisean, 'ach an iomarca don diabhal agus don sámh do bheith ag cur uirthi. Gach uair do bhíonn a bolg féin lán, is dóigh léi go mbíonn gach bolg sa dúthaigh lán. Diabhal óinsí is ea í,' ar seisean, 'ná raibh tuisceanach riamh.'

Do bhuaileas chúm triantán maith aráin, agus do bhuaileamair an doras amach, agus do bhí an chuid eile do chriú an bháid tagthaithe le chéile romhainn. Do chuireamair ar an uisce í, agus dob eo chuin siúil sinn. Níor stadamair don scríb sin nó gur bhaineamair amach Inis na Bró, mar a raibh poll nótálta róin gurbh annamh riamh ná go mbeadh rón le fáil ann, agus do bhí tráigh bhreá rabhartha ann. Dúramair féin le chéile go mb'fhearra dhúinn é a chuardach.

Gan rómhoill do bhí ceathrar istigh ann agus scóp orainn an bád d'fhágaint. Bhíomair ag drideam suas fén bpoll, agus do chrom fear ar a bheith ag gliúcaíocht síos i loig mhóir do bhí ann.

'Dhera, n'fheadar cad é an sórt rudaí atá thíos ar thóin na loige seo?' ar seisean.

D'fhéach fear agus fear eile síos, ach do bhí an cumar lán díobh, pé sórt iad, ach bhí gach nduine againn dall fós.

Do bhí fear sa bhád go raibh ana-shnámh aige agus gur ghnáthbhéas aige dul fé loch. Do cuireadh fios go dtí an bád air, agus do tháinig go tapaidh agus d'fhéach síos.

'Dhera, a diabhla,' ar seisean, 'boltaí capair agus práis iad san. Ná fuil 'fhios agaibh gur briseadh conablach[4] loinge ansan tamall maith ó shin do bhí lán don sórt san boltaí? Nár thug bád ó Dhún Chaoin cuid mhaith acu san léi tamall ó shin, agus airgead maith d'fháil orthu, leis?' ar seisean.

---

[4] *Ls cnublach*

Níor thúisce do bhí deireadh leis an gcaint aige ná a chaith sé dho anuas a raibh d'éadach 'on tsaol air, agus do thug a aghaidh le fánaidh thríd an gcumar síos. Níor mhór fara aoirde fir d'uisce do bhí insa chumar, agus níorbh fhada do bhí sé thíos san am gur tháinig sé ar barra agus bolta capair aige do bhí glan cheithre troithe ar faid.

'Dar úr n-anam gléigeal!' ar seisean, 'an ag brath liomsa atánn sibh chuin a bhfuil ansúd do thabhairt aníos? Cuirtar téad ar dhuine eile agus ar bheirt, leis, agus ní cás deabhadh maith do dhéanamh an fhaid do bheidh an taoide gan teacht, mar is deacair iad a fheiscint an uair do bheadh an suaitheadh insa pholl,' ar seisean.

B'éigeant san do dhéanamh, ach cá raibh an bheirt do raghadh síos? Dob in í an cheist. Do bhí cuid acu nár chuaigh 'on tsáile riamh, agus cuid eile againn go raibh snámh maith againn, ach nár ghnáthbhéas againn dul fé loch. Do bhí seisear againn insa pholl an uair seo, criú an bháid ach an bheirt do bhí ina bun mar, an uair do chualadar an t-ór do bheith insa pholl, ba mhaith le gach nduine dul ag féachaint air, ach ní raibh fonn mór orthu dul mar a raibh sé.

Do thug Diarmaid seáp trasna an chlodaigh ag triall orm féin, agus dúirt:

'Nách éachtach an snámhaí thusa uair eile, agus go minic gan puinn dá bharra agat? Drid anso i leith chúm, agus cuir ort lúb don dtéid seo,' arsa an réic, 'agus tabhair chúm aníos cuid dos na camáin óir sin, agus ná bítar ag brath ar éinne amháin, ná ar bheirt, leis,' ar seisean.

'Sea, marar thaitn an scéal féin rómhaith liom, ní raibh gnó agam an fear gan chiall so do chur im mhullach agus, leis sin, do dheineas rud air, agus do chaitheas mo bhalcaisí dhíom, agus b'eo síos ar thóin an chumair me. Ní raibh an réic istigh leis féin an uair do chonaic sé nár chuireas an téad orm féin mar 'dúirt sé. Do thuig sé gur sórt paiseoin do ghlacas, ach níorbh ea, mar ná raibh call agam léi, ach ropadh aníos an uair ba mhaith liom é, mar do bhí snámh maith agam.

Le linn dul síos dom, do bhuail bolta lem chois, agus do bhíos ag cuardach féachaint an mbuailfeadh ceann eile liom chuin go mbeadh ionadh ar an réic an uair do bheadh an dá cheann ag teacht agam, mar ná bíodh ag an bhfear ag teacht ach ceann sa turas, agus laochas maith air do bharr san féin do bheith aige, agus ba cheart do san, sochas gambairní eile do bhí ag féachaint air, gan dul ar cheann féin acu.

'Sea, do bhíos ag lorg go tiubh, agus níor rófhada gur bhraitheas an tarna ceann, agus do bhogas é go héascaidh. Do bhí ceann fém oscaill agus ceann i láimh liom, agus an lámh eile ag tabhairt cabhartha dhom. Do chuireas mo dhá chois i bhfeac, agus do chuas ar barra go héascaidh ach, má chuas, do bhí meáchtaint na mboltaí 'om breith síos aríst, mar is i lár an chumair do rángaig liom teacht ar barra. Ach ba mhaith an mhaise sin don réic: do bhí an téad caite aige, agus í gafa insa láimh dhíomhaoin agam.

An uair do chonaic Diarmaid réic an dá bholta ag teacht agam 'sea a chrom sé ar phortaireacht. Ní raibh aon trua aige dhom, ón uair gur mhaireas agus rud agam, mar duine dian chun seilge dob ea é.

'Mo ghraidhin go deo thu; más mall is tromualaigh!' ar seisean. 'Bí thíos aríst,' ar seisean. 'Inniu an lá, mar an uair do braithfar an t-ór is é an chaolchuid do bheidh againne dho, mar ná fágfaidh daoine an cuas so do ló nó d'oíche,' arsa an réic.

Do bhí fear eile ina sheasamh ar bhruach an phoill; Muiris Bán do bhíodh mar ainm air. Fear leathan láidir dob ea é, ach níor thug sé buille snámha riamh. Dob ait leis sinne do bheith ag dul 'on chumar, agus é féin ag féachaint orainn. Dúirt sé le Diarmaid:

'Cuir ceann na téide sin agat ar mo chorp go raghad síos, agus go dtabharfad bacla acu so aníos liom, ó táid siad comh flúirseach,' ar seisean.

'Dhera, dar do chroí don diabhal bhuí!' arsa Diarmaid, 'ní foláir nó is ag cailliúint do chéille ataoi-se, pé scéal é. Nách mar a chéile thusa do ligeant síos ansan nó máilín solainn, agus ná ficeann tú lucht an tsnámha ar fad ná bíonn iontu ach an dé san am go dtagaid aníos?' arsa an réic.

D'iompaigh Muiris ar fhear eile chuin na téide do chur air, an uair do chonaic sé an scaimh do chuir Diarmaid air chuige, agus dob é fear é ná dearthár na réice, gurbh ainm do Liam. 'Sé seo Liam do lig a chuid feamnaí leis an uisce ag féachaint ar an dá choileach ag comhrac, atá luaite cheana agam insa scríbhín seo, fear ná cuirfeadh puinn suim [i] Muiris do thabhairt aníos marbh as an gcumar comh maith le hé a bheith beo. Do chuir Liam an téad ar Muiris, agus b'eo le fánaidh é, agus insan am gur bhuail sé thíos níor dhein faic ach tarrac in airde ar a théid arís nó gur chuaigh ar barra, gan é ag brath ar Liam chuin é a tharrac. Ba mhaith mar 'dhein, mar do thabharfadh Liam a dhóthain aimsire dho, mar 'thug don dá choileach!

An fhaid do bhí an t-uisce as an gcumar, do bhí bolta agus fiche age beirt againn, cnocán breá ideir chapar agus phrás, agus is fada go mbeadh an réic cortha á dtarrac go dtí an bád. San am go raibh gach ní socair againn, do chromamair ar ár ngreim aráin do shlogadh siar, gan puinn cainte nó go raibh san déanta, gan anlann gan faic ar an saol leis, ach anois agus arís go gcuireadh fear a lámh amach agus thugadh leis lán a bhaise don tsáile agus do shloigeadh siar é chuin an ghóilín do ghlanadh agus do choimeád réidh.

Le linn na gíotála so do bheith ar siúl againn, agus sinn chuin tabhairt fé abhaile an uair do bheimís réidh leis, súilfhéachaint dár thug Liam do chonaic sé trálaeir ag déanamh ar Inis Mhic Uibhleáin. Do labhair sé, agus do chonaic gach nduine againn í.

'Tá rud éigin dá dtabhairt go dtí an áit inniu,' arsa an réic.

An uair do shroich sí tráigh na hInise, do chuir síos ancaire chuin staidéir do dhéanamh ann.

' 'Sea,' arsa Diarmaid, 'cuirig amach úr maidí, agus bíodh 'fhios againn cad do thug í, agus ansan beam ag dul abhaile in ainm Dé,' ar seisean.

Do bhuaileamair trasna anonn, mar nách fada ó chéile an dá chloich. Ní rófhada go rabhamair ina dteannta. Do bhí an trálaeir lán do dhaoine. Do bhí taoisigh mhóra ná raibh aon aithne againn orthu inti, agus is chuin lá grinn do bheith insa clocha acu an gnó is mó do thug iad.

Do bhí folachadh ar na boltaí insa bhád againn, gan aon fheiscint ag éinne orthu, ach insa deireadh dúramair féin le chéile gur mhaith an rud ceann do theaspáint dóibh féachaint cad adéarfaidís leis. Ar fheiscint an sparra práis do dhuine uasal do bhí ar bord, do tháinig an-ionadh air cad é an áit gur shroicheamair é, agus do chuir ceist go tapaidh an mór do bheadh uainn air. Ach is fada Éireann go bhfuair sé aon fhreagra, mar ná raibh fios ceart ag éinne insa bhád mórán mar gheall air. Fé dheireadh do labhair captaein an árthaigh agus dúirt:

'Is fear é seo do bhíonn ag ceannach an sórt so, agus ba mhaith leis sibh á dhíol leis'.

Ansan do dheineamair amach go gceannódh sé gach a raibh againn acu. Sa deireadh, chuin scéil ghearra do dhéanamh do, do díoladh leis iad ar fad ar sé púint déag. Is dócha dá mbeidís in aon áit eile go mbeadh punt an ceann againn ar a raibh againn acu, ach b'fhada ó mhargadh an áit úd agus do bheadh trioblóid ar iad do thabhairt ann.

Dob éigeant dúinn dul ar bhord an trálaera agus bia agus deoch do chaitheamh inti, agus é le fáil go flúirseach. Agus, dar ndóigh, cad é an áit eile go mbíonn an raidhrse ar siúl ach mar a mbíonn na huaisle? Agus, láithreach bonn, is airgead do bhí insa bhád againne in inead na mianach.

Bhí an lá maol go maith san am go rabhamair réidh leis na huaisle, ach fé dheireadh d'fhágamair slán acu. Agus sinn ag déanamh ar an gcloich eile, 'sí sin Inis na Bró, do bhí coiníní le feiscint ag damhas ar gach ribe féir inti. Do bhí brothall, grian agus aoibhneas acu inti chuige sin insan am so. Go hobann, agus sinn age bun na cloiche seo, do labhair an réic, agus cé go bhfuil an ainm seo agam á chur síos do go minic in inead 'Dhiarmaid', níorbh aon réic é ach a mhalairt: dob é captaein an bháid mhóir seo an uair sin é, agus ba lánmhaith an captaein é chun seilge do bhaint aisti. Do phreab sé ina sheasamh an uair seo leis, agus dúirt:

'Tráthnóna mín álainn is ea é, agus níl faic le déanamh againn ach dul abhaile. Tá dhá mhadra mhaithe insa bhád agus cúpla ramhann mhaith, agus tugaimís[5] ruaill fén gcloich, agus beidh leathdosaen coinín ag an bhfear,' ar seisean.

Fear gur thaitn a ghlór leis agus beirt nár thaitn, agus mar sin féin ba chómhaith do gach nduine an tseilg. Do stad an bád ag an gcaladh, agus b'eo amach linn, beirt soir agus beirt siar. Do bhí an tráthnóna déanach go maith insan am gur bhuaileamair le chéile ar bhruach an chaladh. Níorbh é an réic ba lú fén seilg: do bhí oiread

---

[5] *Ls. tugamaoí*

aige le beirt eile, ach go raibh madra maith aige ba leis féin; rud eile, ní raibh aon drochfhéith ann féin ná insa mhadra.

Tar éis teacht go dtí an bád do gach nduine agus do chuireadar an tseilg i dteannta a chéile, do bhí hocht ndosaein coiníní againn, dosaen an fear. Dúirt na fearaibh ba shine do bhí insa bhád gurbh í seilg ba mhó agus ba chuimhin leo do deineadh riamh insa hoileánaibh í ar a ghiorracht aimsire. Bhí b'ladh na gaoithe ann agus í ina cóir abhaile.

Mar ná bíonn rún age mórán daoine, do scéigh sé ó dhuine éigin againne, leis, cár chaitheamair an lá agus cad do bhuail linn, agus na daoine uaisle do cheannaigh an prás agus an copar agus, do dheascaibh gan an rún do choimeád, do chonacamair ár gcuid dos na mianaigh, mar, sara rabhamair lena chéile larnamháireach, do bhí báid an bhaile imithe. 'Sea, chuin crích do chur ar an gcumar, níor mhór na puint eile do baineadh as riamh ó shin. Tá deáramh go raibh a raibh ann soiléir le feiscint an chéad lá, mar ceann fada fánach d'fhág riamh ó shin é.

'Siad an dá phunt do bhí á bharra agam an dá chéad phunt[6] do dhíolas as cheann an tí. Do bhí earraí saor insan am úd, agus níor mhór ar fad do chosain sé. Rud eile, do bhí mórán do dh'oir do agam féin agus, ní eile, leis, tigh beag dob ea é, cé, an uair do bhíos á tharrac amach, gur cheapas gur chúirt é, agus ba gheall leis do, sochas an múchán do bhí agam. Do bhí aon mhaith amháin ar an múchán: gur thug sé mo dhóthain aimsire dhom chuin é a chur chuin cinn, gan aon phioc eile dom chúram d'fhágaint siar agus, rud eile do bhí insa scéal, ní raibh aon mháille ann do bhí le cur insa tigh nua.

Do bhíos ó lá go lá, agus ó uair go huair, nó gur chríochnaíos glan amach é agus, le linn san do bheith déanta, cé gheobhadh timpeall ná an réic. Do stad sé ag féachaint tamall, agus fé dheireadh do labhair agus dúirt:

'Mhuise, mo ghrá do ghéaga! Nó, a Mhuire mháthair, conas do chuiris le chéile comh tapaidh é, gan cabhair ó éinne beo?' ar seisean. 'Go raibh m'anamsa ón ndiabhal!' ar seisean aríst, 'ná

---

[6] *Ls. phuint.*

béarfaidh an chearc ina dhrom, ach má théann sí in airde gur le haill
do raghaidh sí,' ar seisean.

D'fhan sé mar sin déanta suas tamall sarar chuamair ann. Níor
mhór na tithe feilte do bhí insan Oileán san am san, ach níl aon tigh
amháin ann le fada ná gur feilt an díon atá orthu, ach an méid go
bhfuil slinn orthu.

Do chuamair chuin lonnaithe 'on tigh nua tuairim sa mbliain
1893, i dtosach an earraigh. An réasún ba mhó do bhí againn dul
comh luath ann mar do bhí leasú ana-ghann an bhliain chéanna, agus
do bhí oiread leasaithe ar an seanathigh agus do dhéanfadh leath a
raibh do phrátaí insan Oileán. Ní raibh aon faic ann ach sú agus leasú.
Rud eile, do bhíodh an réic Diarmaid ag bagairt gach lá orm, mar ná
raibh crích ná aird ar an méid do bhí curtha aige féin, mar fear bocht
aonair dob ea é, agus do bhíodh a thuras is gach áit, agus fágann an
turasóireacht breall go minic ar ghnóthaí eile, agus go minic gan
mórán do bharr a lán acu. Rud eile, do bhíodh ana-thrua agam do
mar do cailleadh an chéad bhean do bhí aige, agus í go maith aige,
agus an bhean do bhuail thar n-ais leis dob í breallóg na dúthaí í, gan
chrích, gan aird. Leagadh eile do bhí agam leis: ní cheilfeadh sé smior
na gcnámh orm má bheadh a chabhair ag teastabháil.

Comh luath agus do chonaic an réic an tine agus an gal insa
tigh nua, dob eo chúinn isteach é, agus do cháisimh an sú go tapaidh.

'I gcuntas gheal Dé, ná lig uam le héinne é!' ar seisean.

Do bhí sé go dianmhaith chuin dul i gcomhair a choda,
ach níorbh fhearr chuige sin é ná chuin a thabhartha uaidh dá
mbeadh aige.

'Ní ligfead do chuid le héinne dho, ná bíodh eagla ort,' arsa
mise leis. 'An bhfuil aon ghnó mór inniu ideir lámha agat?' arsa mise
leis, agus é ina sheasamh ideir dhá lín an doiris.

'Dar Muire, mhuise, níl aon ócáid mhór agam; canathaobh
san?' ar seisean; 'anb aon ghnó atá agatsa dhíom?'

'Is ea; tair in airde i mullach an tseanathí agus bí ag réiteach an
leasaithe dhuit féin.'

Do bhíomair tamall insa tigh nua agus sinn ag déanamh go maith agus sástacht orainn ann; an tigh deas glan, gan deatach[7], gan gal. Ní rófhada ar fad do bhíomair lonnaithe ann san am gur ghaibh an galar triuch timpeall, agus an bhruitíneach ina teannta. Trí mhí do thugas suas leis an gcuid ba mheasa dos na páistí, gan faic do bharr m'aimsire agam ach an bheirt dob fhearr acu do bhreith chuin siúil.

Dob in briseadh eile ar ár misneach, go bhfóire Dia orainn, agus dob fhada Éireann do bhí an cúrsa san ag teacht linn, dar ndóigh. Is dóigh liom, pé scéal agamsa é, ná raibh an dobhrón ag scarúint leis an máthair olc ná maith, agus ón am san amach go raibh sí féin ag ceiliúradh, mar ná raibh sí buan agus nár mhair sí le bheith críonna.

'Sea, tar éis m'anróidh domsa, do bhíos a d'iarraidh me féin do chroitheadh suas. Do buaileadh im aigne ná raibh aon leigheas ar na bearta so ach an méid foighne do caithfaí leo, agus do bhíos a d'iarraidh tamall eile don tsaol do bhaint amach, bliain mhaith ag teacht agus dhá bhliain ná bíodh ar fónamh.

Níorbh fhada na blianta ina dhiaidh seo gur ghluais óigbhean uasal ó phríomhchathair Éireann go dtí an tOileán so ar a laethanta saoire, agus níorbh fhada do bhí sí ann san am gur ghlac sí páirtí cailín, agus dob iníon dom do thóg sí do rogha; cuireann duine suim i nduine sochas an chuid eile go léir do bhíonn timpeall. Bhí an bheirt acu le chéile ansan tamall gach lá. Do bhíodh lá insa chnoc acu agus lá eile timpeall na trá agus na farraige, agus an uair do bhí an aimsir bog brothallach do thugaidís fé dhul ar snámh.

Lá dá rabhadar mar seo, do bhí taoide róláidir rabharta ann, agus an uair dob am dóibh drideam leis an dtalamh is ag imeacht uaidh do bhíodar nó go rabhadar tnáite. Do rángaig mac dom ag baint na bprátaí insa gharraí atá in aice an tí — i dtosach an fhómhair dob ea é — mac go raibh ceol ann agus snámh dá réir. Hocht mbliana déag d'aois do bhí sé, agus do chonaic sé an bheirt bhan insa tsnámh, agus d'aithin láithreach gurbh iad do bhí ann agus go raghadh dóibh teacht.

---

[7] *Ls. dotach*

Do chaith sé uaidh an ramhann agus do ghaibh gach cóngar, thrí fhaill agus chlodach, nó gur chuaigh ar an dtráigh. Níor bhain sé aon luid de, bróg ná faic, mar ná rabhadar rófhada amach agus, le linn dul go dtí an t-uisce do, do chonaic sé an bhean uasal ag dul síos.

B'eo amach é, agus do labhair leis an ndeirfiúr. Dúirt léi a bheith á coimeád féin ar barra go fóill; go raibh an bhean uasal suncálta agus go raghadh sé ag fóirithint uirthi ar dtúis. Ach, má chuaigh, do thit sé féin agus an bhean uasal le chéile. Fear eile[8] do thug isteach an deirfiúr agus gan inti ach an phuth. Thóg na báid an bheirt eile agus, le linn domsa agus do Pheaidí teacht mar ba ghnáthach linn, 'sé seo an radharc do bhí romhainn.

'Sea, dob éigeant dom seasamh leis an gcruachás so, leis, agus gabháil thríd, agus lá na sochraide — dob í an tsochraid ba mhó í dá raibh i nDún Chaoin riamh — iad in aon tsochraid amháin tamall maith, nó gur dheighleadar[9] ó chéile ag tarrac ar an dteampall dúchais.

Do dhein muintir na hóigmhná go maith dhom blianta ina dhiaidh sin, agus n'fheadar ná go bhfuilid sa chré fadó. Agus cé go bhfuair an bheirt acu amach me i nDún Chaoin, a hathair agus a máthair — b'éigeant me do theaspáint dóibh — is dócha gur cheapadar go rabhas ar deargbhuile chúthu, toisc gur lena n-inín féin do thit an mac, ach ní rabhas-sa riamh comh neamhthuisceanach san. Má ba léi féin, níorbh iad san ba chiontach leis, mar dob fhada uathu do bhíodar, thíos ag an gCarraig Dhubh in aice le príomhchathair Éireann.

Is dóigh liom mara mbeadh an t-uncail Diarmaid ná tiocfainn chúm féin chuige insa scríb seo, i dteannta cabhair Dé, mar do bhí an iníon do bhí insa bhfarraige gan mórshúil léi féin go ndéanfadh sí aon téarnamh ach oiread, mar ná raibh inti ach an phuth fós agus, dá mbeadh siúráil agam go gcasfadh sí sin féin, tuigeadh dom ná raghadh an scéal chomh holc dom.

Do thagadh an réic gach lá chúm agus oíche ag déanamh spior spear don nglór gránna do chloiseadh sé againne, ag tarrac rudaí eile chúinn ba sheacht measa ná an cás do bhí orainn féin — an long ar

---

[8] *Peats Tom Ó Cearnaigh: féach Mícheál Ó Dubhshláine*, Óigbhean uasal ó phríomhchathair Éireann (*Conradh na Gaeilge, 1992*), 34–7

[9] *Ls. dheileadar*

muir go mbíodh na céadta inti, an banc ag titeam ar na daoine go léir, na mianaigh ag titeam ar na táinte — chuin misnigh do chur orainn.

Ní rófhada do rith leis an réic féin, mo dhuine bocht. Do bhí balcairí maithe garsún an uair seo aige, agus ba lánghairid go mbeadh sé ar a thoil féin, dá rithfeadh leo, agus ná beadh aon chúram air ach ag cur orduithe orthu.

Beagán achair ina dhiaidh seo, do bhuail sé chúm isteach agus gan fios faic agam.

'Do sheol rud éigin anois thu,' arsa mise leis.

'Do sheol an ainnise,' ar seisean.

'Cad san?' arsa mise leis, mar dob fhada liom gur labhair sé.

'Tá,' ar seisean, 'tráthnóna aréir go déanach, bhí an fear dob fhearr do bhí agam, Peaidí, do bheith ag rith i ndiaidh caorach, agus do baineadh insa tsiúl é, agus do leagadh, leis, agus do bhuail stocán cloiche lena éadan, agus do shil fuil mhairt. Ní hé méid an ghearradh ar fad, ach tá poll mór isteach ann, agus is dócha gurb amhlaidh atá smut don gcnámh istigh,' ar seisean.

'Agus cad tá le déanamh anois agat?' arsa mise leis.

'Tá an sagart is an dochtúir uam,' ar seisean, 'ó tá an lá breá; faigh thu fhéin ullamh'.

'Beadsa ort gan mhoill, agus soláthair an chuid eile don gcriú,' arsa mise leis, agus do bhailimh uam.

Ar dhul go Dún Chaoin dúinn, dob éigeant beirt do dhul fé bhráid an tsagairt, agus do bhog beirt eile an bóthar chuin Daingean Uí Chúise. Is ó thuaidh mar a raibh na sagairt do thugas féin m'aghaidh agus fear eile, Peaid Shéamais. Dob é an réic féin agus a dheartháir Liam do thriall fé bhráid an dochtúra; bóthar fada do bhí rompu amach, geallaimse dhuit, dul agus teacht do chois[10], gan capall ná searrach.

Ar shroistint tí na sagart dúinn, do bhíodar as baile, agus dob éigeant dúinn ár suaimhneas do ghlacadh nó go raibh a n-am féin tagthaithe suas chuin teacht. Do chuir an sagart paróiste ceist orainn cad do thug comh déanach sinn, agus d'inseamair do mar 'tharlaigh don mbuachaill, agus go rabhamair anso le fada dhon lá. D'fhiafraigh

_____

[10] *Ls. chuis*

sé dhínn an raibh sé dainséarach. Dúramair leis go raibh, agus go raibh beirt eile ag triall ar an ndochtúir. Do chaintigh an dá shagart lena chéile, agus do thoiligh an fear óg le teacht in aonacht linn go tapaidh, agus dúirt linn a bheith ag cur dínn roimis siar.

Do ghabhamair baochas leis, agus do bhogamair an bóthar, agus do bhaineamair as na cosa a raibh iontu, mar do bhí 'fhios againn go mbeadh an sagart romhainn dá fheabhas é ár ndícheall, cé go raibh cóngar againn. Ach is luaithe an siúl ná san: ar shroistint chaladh Dhún Chaoin dúinn, ní raibh an dochtúir tagthaithe ach oiread leis an sagart. Bhí an lá meilte an uair seo, agus orainn iad do chur amach thar n-ais, agus níor mhór ná oiread don lá do bhí an uair seo ann is go mbainfimís an tOileán Mór amach. Níor mhór an mhoill do bhí ar an sagart san am go raibh sé chúinn, agus dob éigeant an bád do chur ar snámh, dar ndóigh.

Ní raibh againn ach seisear, ár ndóthain ó bhí an tráthnóna breá, mar do bhí an bheirt eile i dtreo leis an ndochtúir agus nárbh fhios cathain do shroichfidís sinn, bíodh dochtúir acu nó uathu, agus do bhí ár súil dóibh an uair seo. Sinn béal na haille amach is ea a bhí an bheirt ar barra agus an dochtúir in aonacht leo. Dob éigeant dúinn casadh isteach agus iad do thógaint ar bord. Do bhí an oíche dhubh ann san am gur bhaineamair amach an tOileán agus, dar ndóigh, dob éigeant dúinn dul amach thar n-ais agus teacht isteach.

Do bhraitheadar dainséarach an buachaill ideir shagart agus dhochtúir, ach dúirt an dochtúir má bhí aon bhlúire don gcnámh briste istigh insa pholl go mbeadh san ag teacht leis do shíor. 'Ach,' ar seisean, 'ní bheidh faic air mara bhfuil san i gceist.'

'Sea, ní raibh an lá ródhíomhaoin age lán an hochtair againn, agus is in mar 'bhíonn ag oileán dá shórt go deo: an t-anró do shíor am an ghátair. Níor dhein an slataire lá maoin' ná maitheasa as san amach nó gur chuaigh sé 'on chill.

20

Bliain ghorta insan Oileán agus a lán áiteanna nárbh é dob ea í, agus do ghluais duine uasal ó phríomhchathair Éireann ag cur tuairisc cá raibh an ganntar, agus do bhain amach an Blascaod. Do thug ordú chuin mine agus plúir go dtí an Daingean.

Do bhí seanathrálaeir insa chuan, agus níor dhein sí faic le suim mhór aimsire. Do bhí faid duine d'fheamnaigh ag fás uirthi, miogáin agus bairnigh, iascáin ₇rl. An seanachaptaein go raibh máistreacht aige uirthi, do bhí sé féin cosúil le bheith i ndeáramh na loinge. Níor dhóigh leat gur bhuail aon deoir uisce leis, ideir sháile ná fhíoruisce, ó bhí bliain an Drochshaoil ann. An ribe d'fhás thríd amach agus é óg, do bhí an ribe sin ó shin i le gan aon chor do chur do, ag dul síos ar a bhrollach agus, an méid salachair ba mhaith leis an meigeall san do choimeád an tseachtain do bhíodh fliuch, ligeant di é a chur di an lá tirim. Ní raibh aon lá ag teastabháil do cheithre fichid blian uaidh. Do labhair fear maith éigin i nDaingean Uí Chúise dho chuin na bpinginí do thabhairt le tuilleamh do féin agus dá sheanacharachán nár bogadh as slab an chuain le chúig bhliana déag roimis sin.

Insan am go raibh an mhin agus an plúr réidh ar an gcé, do bhí an seanachonablach[1] árthaigh sínte suas leis an gcé, leis, agus gan aon duine mar mharc léi ach an duine seo d'fhág an lios ba dhóigh leat, agus ordú aige á thabhairt do ghiolla gach cairte an t-ualach do chur

---

[1] *Ls. seana chnubalach*

'on loing. Ní rófhada go raibh deireadh inti, agus ní rófhada gur ghaibh gardóir cósta an cé amach, agus níor stad sé sin nó gur chuaigh chuin cainte leis an seanachaptaein agus, insa chaint dóibh, d'fhiafraigh sé don bhfear féasógach cá raibh an chuid eile d'fhoireann na loinge uaidh go hathúlta. Dúirt an seanabhuachaill leis gur shuarach an chriú ba ghá dho; go ndéanfadh sé féin an bheart, nách mór, dá mbeadh fear eile aige do chuirfeadh na seolta in airde ina theannta; go raibh eolas maith aige féin go dtí an tOileán san.

Fear fuinniúil láidir dob ea fear an Rí, agus do tháinig sórt feirge air chuige, agus dúirt:

'Ní thusa is cóir, ach na daoine bochta go bhfuil a gcuid inti, agus san féin é fachta mar dhéirc acu, agus is é is dóigh liom go mbeidh ganntar le déirc eile acu, mara bhfuil do mharc acu ach tusa agus do sheanachonablach diabhail árthaigh,' ar seisean. 'Agus ní thabharfainn leathchoróin ar sheans an tseanaphota trálaera san,' ar seisean arís.

'Sé an fáth go raibh fear an Rí ag labhairt comh míchéatach leis an seanachaptaein liath mar do bhí beartaithe air féin chuin a bheith in aonacht leis agus féachaint i ndiaidh a raibh inti agus, an uair do chonaic sé a laighead suim do bhí ag an bhfear liath á[2] chur inti, do bhí sé ar buile chuige.

'Bíodh criú fachta agat le linn casadh aríst dom,' arsa fear an Rí, 'nó, mara mbeidh, tógfad amach a bhfuil inti agus cuirfead in árthach eile é,' ar seisean, ag bualadh an cé amach.

Le linn na cainte sin do rá leis an bhfear liath dho, is beag nár shéid sé fuil shrón, agus do tháinig dath gorm air in inead a bheith liath agus, mar do bhí an teist mhallaithe riamh air, do thug sé seáp reatha an cé amach ina dhiaidh, agus do leanfadh a thuilleadh é mara mbeadh muintir an Oileáin do chur[3] cosc leis. An uair do deineadh é a stop, do labhair sé i nguth ard mar tharbh buile, agus dúirt:

'Go dtéir in ainm phuilíní an diabhail, maran agat atá an teideal chuin mo bháidse! — nó cé thug duit é?' ar seisean. 'An bhfuil

---

[2] *Ls. a*

[3] *Ls. chuir*

aon fhear agaibhse ansan ón Oileán do raghadh lem chois,' ar seisean, 'do chuirfeadh na seolta go barr an chrainn dom?' arsa an fear liath, agus scéan buile ina radharc an uair seo, agus ba chuma leis cé do bheadh inti ná aisti, ach ná beadh éinne inti do bheadh ag déanamh aon mháistreacht, agus d'aithin sé go maith nách gan teideal do bhí fear an Rí ag labhairt chomh dána leis.

Cé go raibh an mhin agus an plúr ag teastabháil go maith ós na hoileánaigh, ní ró-éascaidh do dheineadar é a fhreagairt, agus dúirt duine acu ná raibh eolas ar an ngnó san acu agus nárbh aon mhaith dho iad.

'Ach ná fuil eolas agam féin?' ar seisean. 'Cabhair atá ag teastabháil uamsa chuin na hanairte do chur in airde; ansan í a fhágaint fúm féin,' arsa an captaein liath.

Ní raibh ach an méid sin cainte ráite aige san am gur ghaibh fear an Rí anuas an cé agus struip siúil fé, ceangaltán ina láimh aige fén mar 'bheadh beatha an lae déanta suas aige dho féin, agus cosúlacht ar an imeacht do bhí fé gurbh í seanasmeaic na mbairneach do bhí uaidh do bhaint amach gan mhoill. Ní raibh aon amharc ag an bhfear liath air nó gur bhuail sé isteach ar bord na loinge chuige.

'An bhfuil aon chabhair soláthrtha ó shin agat?' ar seisean leis an gcaptaein.

'Nách cuma dhuitse insa diabhal agam nó uam iad?' ar seisean leis. 'Beidh siad agam an uair is maith liom é, agus cad fá go [?] mbaineann[4] an scéal leatsa ar aon chor, mara mbeadh go bhfuil an diabhal d'údarás agat?' ar seisean.

Insan am so, do bhí beirt phóilíní ina seasamh ar an gcé mar a raibh an seanaphota loinge. Do fuair an bheirt acu ordú ón ngardóir cósta teacht isteach, agus an seanabhuachaill liath seo do thógaint leo agus do chur 'on phríosún; go raibh déirc na ndaoine bochta so imithe gan mhaith aige agus go mbeadh, mar go raibh uisce ag teacht cheana go dtí an min, agus gan éinne i mbun na seanaloinge do phumpáil ná do thriomú.

---

[4] *Ls. cad á m'bainnean*

Do tháinig an bheirt phóilíní ar bord, agus do rug beirt acu greim air, duine acu ar gach taobh do, agus do thugadar leo amach ar an gcé é.

'Coimeádaig ansan go fóill é,' arsa an fear istigh, 'féachaint an mbeadh beirt d'fhearaibh maithe eile agam le fáil,' ar seisean.

Ba mhaith le fear an Rí seo fear rí eile do bheith ina threo, nó rí féin, agus do bhí aithne mhaith aige ar Rí an Bhlascaoid, agus ní raibh seisean rófhada uaidh insan am so. Do chuir sé ceist air an mbeadh leisce air dul 'on tseanasmeaic seo lena chois, 'agus fear maith eile in aonacht leat, más é úr dtoil é,' ar seisean.

Ní nách iontach, ba chreidiúint mhór leis an Rí an tairiscint d'fháil, é ina rí agus coróin ar a bhaitheas, agus gur mhairneálach é ina theannta san an uair ba ghá é, agus é comh hoilte ar phrátaí do chur agus chuin aoiligh do tharrac orthu má bheadh deabhadh mór aige leis. Is minic do ghaibh sé féin sean-asal liathghlas gearra-eireaballach do bhí aige, agus gach a mbíodh timpeall na cúirte ina gcodladh.

'Raghadsa led chois agus fáilte, agus beidh fear eile, leis, agam duit,' arsa Rí an Bhlascaoid leis.

'Go raibh maith agat,' ar seisean.

Do tháinig an Rí chúm féin sarar chuir sé chuin na farraige agus, dar ndóigh, ní raibh caoi ag an seachrán imeacht i gan fhios dom, mar nár imigh riamh ach go mbeinn ina threo. Do ghlaoigh sé leis me; do thug gloine bhiotáille dhom, agus sórt éigin eile aige féin. Do theaspáin bosca dhom do bhí déanta suas lán do bheoir, agus do chuir mar chúram orm é. Dúirt sé liom go mbeadh ardbhaochas aige orm dá rithfeadh liom é a bhreith slán abhaile liom, 'mar,' ar seisean, 'do bheadh b'ladh na biotáille uaidh an uair do raghadh sé ar bord, agus do bheadh náire orm gan é a shíneadh leo. Agus rud eile,' ar seisean, 'is dóigh liom nách aon deighmhianaigh a mbeidh ar bord chuige inti.' Do cheannaigh buidéal eile biotáille le tabhairt dos na fearaibh do bheadh in aonacht leis.

'Déanfadsa mo dhícheall ar an mbosca,' arsa mise leis. 'Beidh an bóthar tirim agam, agus beidh eagla orm 'úr dtaobhsa má bhíonn an fear liath in aon bhóthar libh, ó bheidh, is dócha.'

'Beamna maith ár ndóthain do,' arsa an Rí.

'Sea, do bhuaileamair an doras amach, agus do bhaineamair amach an chuid eile. Do ghlaoigh an Rí ar fhear[5] eile dob ansa leis féin, agus dúirt do ghuth ard go raibh beirt acu féin ullamh chuin dul in aonacht leis má dhéanfadh san an gnó.

'Déanfaidh cheana,' arsa an fear do bhí ar bord; 'isteach libh.'

Do chuaigh mo bheirt isteach go tapaidh agus do thug an fear istigh gnó dhóibh le déanamh — téad á tharrac, téad á scaoileadh, téad á tharrac thríos na puilíní — agus ba róghearr go raibh an seanaphota 'rúnach le bogadh ón gcé.

Do bhí an seanachaptaein ar an gcé fós ar feadh an méid seo achair aimsire, gan fead ná glao as, agus aon duine do bheadh i mbun rudaí do thuiscint ba bh'iontuisceana[6] dho as an bhfear liath ná bíonn an rath ach mar a mbíonn an smacht mar, mara mbeadh fear an Rí do theacht ina threo, do bheadh an seanaphota, an mhin, é fhéin, agus muintir an Oileáin báite aige.

An uair do bhí an pota ullamh chuin tabhairt fén bhfarraige, do chuir fear an Rí guth go dtíos na póilíní an raibh an seanachaptaein toilteanach chuin teacht in aonacht leo anois, ach ná faigheadh sé aon ordú ar an seanaloing nó go dtabharfadh sé féin go dtí an áit seo arís í. Cé ná raibh an fear liath baoch do, bhí 'fhios aige mara mbeadh sé féin ar bord an characháin ná beadh pá aige, agus a fhaid roimis sin ó fuair sé féin ná an long an chaoi air. Leis sin, an uair do chuir na póilíní an cheist chuige, d'fhreagair í gan mhoill, agus do chuaigh. Do ghlaoigh fear so an Rí ar shlataire eile ón nDaingean do bheadh in aonacht leis abhaile, mar do bhí beirt an Bhlascaoid le fanúint age baile an uair do raghadh an trálaeir chuin cinn. Do phreab an slataire in aonacht leo. Do thug an carachán a deireadh do thír agus a tosach do mhuir, agus dob eo leo insa tsiúl.

B'eo leis an gcuid eile againn ansan ag treabhadh chuin an bhóthair, agus do bhí a lán mionrudaí acu, agus ní raibh sé 'ár gcumas iad do thabhairt linn ar ár ndrom. Leis sin, níor mhór dúinn capall do bheith againn, agus do bhí 'fhios go maith go raibh bosca

---

[5] Ls. fear

[6] Ls. ba bhun tuisgeanna

an Rí ann agus gur fhág sé sin cúram an bhosca ar dhuine éigin. Ní rófhada do bhíodar dall air, agus is orm féin do bhíodar beartaithe chuin dul ag soláthar an chapaill. Ó ba rud é gur gheallas don Rí go ndéanfainn treoir don mbosca, níor chuireas aon chos i dteannta gan san do dhéanamh, agus do thugas liom duine go raibh capall aige go dtí iad.

Ní raibh ach seisear againn go raibh nithe beaga le breith siar againn, agus do bhí an chuid eile go léir gan faic acu, ach a gceithre géaga acu, ná agamsa, leis, mara mbeadh bosca an Rí. Ní raibh aon ghnó do chapall acu so ná raibh faic le breith leo acu, agus níor bhacadar díol as, dar ndóigh. Scilling an fear an tairiscint do fuair fear an chapaill, 'sé sin sé scillinge, agus ba bheag leis an méid sin, dar ndóigh, chuin dul go Dún Chaoin, bóthar maith fada gan amhras, agus do chuir sé suas do dhul ann gan scilling eile, 'sé sin seacht scillinge. Ní raibh fear ann do thabharfadh pingin eile dho. Do bhí an dlí briste ansan, agus é ag dul abhaile dho féin. Ba scorn liom féin go deo bosca an Rí d'fhágaint im dhiaidh, agus dúrt leis go dtabharfainn féin an seachtú scilling do, ach go gcaithfeadh sé marcaíocht do thabhairt dom féin.

'Táim sásta leis,' ar seisean; 'ní bheidh ualach mór agam.'

'Preab agus tabhair leat an capall, mar sin, go mbeam ag baint do siar mar sin in ainm Dé,' arsa mise leis.

B'eo insa tsiúl an slatare, agus níor fhás puinn don bhféar féna chosa insan am go raibh sé orainn arís agus gearrán capaill aige do thairriceodh leath a raibh insa Daingean, do bhí sé comh cumasach san. Do raideadh isteach chuige gach a raibh ann agus, dar ndóigh, níor mhór an t-ualach go léir iad.

'Tairse, leis, isteach,' ar seisean liomsa, 'ón uair go rabhais comh spiridiúil,' ar seisean.

Do chuas, agus barra na cluaise do bhaint díom nár mhór an aimsir go bhfeacamair Dún Chaoin. Do bhí bosca an Rí Ceann Sléibhe siar agus gan é féin ach i mbéal Chuain an Daingin, mar do bhí radharc maith againne orthu insa bhóthar coitianta nó gur ghlanamair Ceann Sléibhe. Ní raibh puinn gaoithe fós ann chuin aon loinge do bhogadh, dá fheabhas mar 'bheadh sí, ach ní rabhamair ach ar bharra chaladh Dhún Chaoin san am go raibh briota maith ann di. Ansan dúramair féin le chéile go mbeadh an seanachaptaein insan Oileán romhainn ón uair gur tháinig an ghaoth air. Do bhuaileamair síos na báid do bhí amuigh againn, ideir bhád agus naomhóig, agus do ghluais a raibh amuigh againn isteach iontu, agus do bhí deabhadh maith orainn chuin go mbeadh an chraobh againn ón seanaphota loinge.

Níor ghá dhúinn an deabhadh go léir, mar ná raibh an long 'ár solas fós tar éis dúinn féin dul 'on Oileán agus bia do bheith caite againn ann, agus ní rófhada ar fad go raibh muintir na beirte do bhí inti ag teacht ag lorg a dtuairisce cár fhanadar agus, an uair do hinseadh dóibh, is amhlaidh adúradar gurb amhlaidh do thit an tón as *Nóra Chríonna* agus go raibh a mbeirt féin ar iarraidh age min na déirce, pé gá do bhí léi.

Do chuaidh daoine 'on chnoc féachaint an raibh sí le feiscint insa bhá, agus do bhí alpachán mar í as choinne bhéal Chuan Fionntrá amach, anonn agus anall di féin. 'Sea, ba mhór an ní í a bheith mar sin féin, agus do chuaigh breis suaimhnis ar na daoine go raibh a muintir inti. Do cheapamair ó uair go huair go mbeadh an seanaphota loinge Ceann Sléibhe aneas chúinn, ach ní raibh a táisc ná a tuairisc le fáil ná le feiscint an fhaid do bhí solas an lae ann, agus do bhí ardionadh orainn.

D'fhan fear nó duine as gach tigh insa bhaile suas go maidean, mar do bhí seilbh gach tí ar bord inti, toisc gur dhéirc í agus nár cuireadh éinne siar aisti. Do tháinig solas na maidine, agus ní raibh sí le feiscint ach, fé dheireadh, isteach chuin béal eadartha, do bhí an seanachonablach loinge le hamharc ar Cheann Sléibhe, gan luid anairte in airde uirthi ach tuairim leithead seáil mná ar gach crann léi.

'Sea, ba chuma cad é an gotha do bhí uirthi ón uair gur mhaireadar — ligeant di féin a bheith ag treabhadh léi. Do bhí an chaduaic imithe an uair seo, agus do chuaigh duine ag caitheamh a chuid bídh, fear thall agus fear abhus, nó go sroichfeadh sí an caladh, agus ansan cruinneáilt uirthi chuin í a fholmhaithe. Is orainn ná raibh an leisce chuin san do dhéanamh, mar do bhí a raibh inti fachta in aisce againn agus, pé galar do scar linn, níor scar an galar san fós linn, 'sé sin, dá mbeadh aon ailp chóir le fáil in aisce againn, ní bhuailfeadh puinn daoine leat ba thúisce go mbeadh sé saothraithe acu ná againn.

Do bhí an lá i margadh na holla, agus ní raibh an captaein féasógach ná a sheanacharachán ag sroistint an chaladh, agus ní rófhada gur ghaibh cuid dos na fearaibh anuas ó bharra an bhaile, agus do shroicheadar bruach an chaladh, agus do chuireadar ar bun dul ag triall uirthi le cúpla bád. Do cuireadh naomhóg agus bád beag ar snámh don iarracht san, mar bhí na báid mhóra i leataoibh an uair seo, agus i bhfad roimis.

An uair do shroicheamair an t-árthach, ní raibh éinne ar bord go raibh a chló féin air tar éis na hoíche, dá barb é an Rí féin é, ach gur dócha gur do san ba mheasa do chuaigh an t-anró agus an t-airneán. Do bheannaigh an Rí dhúinn, agus do bheannaíomair do, ar nós na seanalaoch do bhí fadó ann. Bhí fear gan staonadh ach á pumpáil i rith na hoíche, fear ar a cheart i gcónaí, mar obair chruaidh is ea do bheith ag pumpáil loinge.

'Sé an tarna focal do chuir an Rí uaidh é a fhiafraí díom fhéin ar thugas an bosca chuin cinn. Dúrt leis gur thugas, go raibh sé thuas age baile aige, saor sábhálta. Do bhí sé Márta a trí ar a chlos san do agus, cé go raibh cuma an tormais go maith roimis sin air, do dhein fear glanbhearrtha óg do.

Do ceangladh dhá théid as an léasán lice trálaera agus, mar do bhí an taoide linn, ní rófhada gur chuireamair ar a leaba ancaire í, agus gach fear againn á ghuí dhi dul ar thóin an phoill dá mbeadh an ládáil aisti. Do bhí hocht tonna ideir mhin agus phlúr inti, fóirithint mhaith don mBlascaod san am úd. An uair do chromamair ar é a tharrac abhaile, ba dhóigh leat gur pruais seangán an caladh, gach nduine agus a mhála féin thiar air.

An uair d'fhág beirt an Oileáin an seanaphota loinge, ní raibh do chriú ansan inti ach triúr: fear an Rí, an seanachaptaein, agus an buachaill eile do thugadar mar chabhair leo. Tugadh an t-ancaire ar bord dóibh.

Dúirt daoine gur fágadh an seanachaptaein seo istigh ar an bport agus é ina fhear óg láidir, mar ná déanfadh éinne an gnó ina theannta, do bhí sé comh mallaithe sin. Is fada roimis seo ná raibh sé ar aon fharraige, agus dob in é an fáth go raibh sé le fáil an uair seo agus a sheanaphota loinge, agus níor thug aon turas ar muir riamh ó shin.

'Sea, níor chuireas crích ar bhosca an Rí fós. Hocht mbuidéil pint agus cnagaire do bhí ann agus, cé gurbh iad caraid an Rí go léir do bhí i mbaile mór an Daingin an lá so, féach nár chuir sé cúram na beorach ar aon duine acu ach ormsa amháin, má b'í a dheirfiúr féin do bhí agam. B'fhéidir go raibh cuid acu so an uair do bheadh an b'ladh breá fachta ón mbosca acu gur mhaith leo a bhlas ina theannta san agus, rud eile, go raibh triail aige orthu babhtaí roimis sin i dtaobh nithe dá sórt, agus go raibh rian na bhfrancach orthu ar a sroistint don Rí.

Is mairg ná féachann roimis fhéin chuin an bhóthair dhírigh do choimeád, agus ní ar aon tslí amháin é ach ar gach slí. Is mó duine go bhfuil tuairisc curtha aige chúm go dtí an tOileán so le fada, agus is mó duine uasal agus ná raibh uasal gur chaitheadar a dtéarma im theannta anso, agus tá gach nduine acu ag cur mo thuairisc fós, agus go lánmhinic rud éigin acu á chur go dtí me, cé go bhfuil sé bliana déag ó tháinig an chéad duine acu go dtí me. Ná bac éinne ná géilleann don dteideal atá age cách as a chionn féin; ná bac éinne ná bíonn umhal don uachtarán do bheidh as a chionn, pé sórt é. Má tá aon rud ag an mbochtán le sroistint is le síbhialtacht é.

Ba mhó duine muinteartha do bhí ag an Rí, ach do bhíodar ar bheagán beorach uaidh mo thuairim. Níl aon bhuidéal dár oscail sé ná gur fhág sé mo cheart féin agamsa dho. An uair do bhínn ag dul ag triall ar ualach móna nó ag gabháil anuas leis, bheadh sé insa doras —

'Ó, tair isteach go fóill; is ort atá an deabhadh.'

Níor mhaith liom riamh an t-eiteach do thabhairt don Rí, pé rud do chuirfeadh sé mar chúram orm, go mórmhór ó ghlac sé an teideal 'Rí', agus roimis, leis: bhíodh an scáinteacht chéanna orm gach uair do bhíodh sé ag tabhairt aon ní dhom gan é a ghlacadh; ach níor chomharthaí amadántúil é sin orm, dar ndóigh.

Ní chuireann muintir an Oileáin seo puinn suim i rí ná i rodaire, 'cheal eolais, gan dabht. Is mar a chéile leo an Rí do ghabháil thársu insa bhóthar nó bacach an mhála, ach níor ligeas-sa tharam riamh é gan mo bháiréad do bhogadh dhom cheann. Canathaobh ná déanfainn? Ná fuil teideal a dhúthaí aige comh maith le Rí na Spáinne, agus nách rí Caitleacaí, leis, é mar aon leis?

'Sea, má bhí tithe an Bhlascaoid ar bheagán lóin roimis seo insa mbliain, ní raibh san le rá an lá so acu, ón uair gur rith leis an bpota árthaigh é[7] a thabhairt chuin cinn. Seanfhocal is ea é gur giorra cabhair Dé ná an doras; ní bréag san, leis, moladh mór go hard Leis. Agus taoisigh an chroí oscailte do chuireann cuid dá gcuid féin ar láimh chuin fóirithint na mbocht go mion minic, go dtuga Sé deighstáitse dhóibh féin i ndeireadh na dáile. 'Sé mo dhóchas as an Té do chuir ar an saol sinn ná cuirfidh Sé aon ghreim cruaidh thall ar an gcine daonna, agus Amen.

Anois do bhí an méid seo raidhrse tagthaithe gan mórchoinne leis orainn, agus dob é an chéad mhachnamh eile do dheineamair ná go mbeadh fuarbhlas tagthaithe ar an earra sara mbeadh a leath úsáidte agus gurbh fhearr seift do chur ar bun chuin tairbhe do bhaint aisti an fhaid do bheadh sí folláin, agus dob é seift do dheineamair ná dul agus banbhaí do cheannach, agus an uair do bheadh deireadh na mine caite a bheith ag cáiseamh aríst.

Uair a' chloig níor thóg an dlí sin san am go raibh gach fear bearrtha agus a bhalcaisí glana fáiscithe suas air, gach a raibh do naomhóga insan Oileán ar snámh agus a n-aghaidh chuin Dún Chaoin. An chéad chuid do mhuintir na háite sin do bhreithnigh na naomhóga go léir ón Oileán ag dul go dtí an áit amuigh ar mhochóirí na maidine, d'inseadar féin an scéal dá chéile, agus is é réiteach do dheineadar san ar an gcúrsa ná gur sochraid do bhí acu, pérbh é féin.

Ar shroistint na faille amuigh dhúinn mar a raibh an caladh, do bhí a raibh insa pharóiste ann, agus is beag ná gur bhádar na naomhóga orainn féachaint ciocu ceann go raibh an corp marbh inti.

---

[7] *Ls. í*

Do dhrid duine muinteartha trasna an chlodaigh anall nó gur tháinig sé suas liom féin do bhí ar an dtaobh eile 'chlodach.

'Dhera, a chroí,' ar seisean, 'do thug cúram trom éigin amach sibh agus na naomhóga go léir do bheith in aonacht.'

'Ach nách mór an t-iontas nár rith leat an cheist sin do chur ar éinne dos na fir eile go léir do chuiris díot,' arsa mise leis.

'Dhera, a chroí, tá cuid acu san mionbhréagach agus sórt rógaireacht ag baint leo agus magaidh, agus is olc do chreidfinn cad déarfadh a lán acu,' arsa mo chara.

'N'fheadarsa cad tá i mbolg chuid acu ach oiread leatsa, ach tá fios maith agam cad é bonn mo ghnótha féin, agus 'neosad duitse é,' arsa mise leis. 'Ag ceannach bhanbh atáimse ag dul, agus is mór mo thuairim gurb iad atá ón gcuid eile, leis'.

'A Mhuire, nár cheapas go raibh formhór na háite sin agus gan greim acu le cur ina mbéal féin,' ar seisean; 'agus nách mór an obair más ag ceannach abhar muc atáid siad, ná airgead acu chuige!' ar seisean arís.

Do spion a chuid cainte me, cé gur ghairid mo ghaol leis, ach strútach gorta dob ea riamh é nár thaitn a shlí liom, agus do chuireas romham sara mbeadh na cosa aige uam thar n-ais go mbeadh ceann dá chosa ag magadh fén gceann eile.

'Más scéal é sin do dheinis-se do chlos, ní maith an té do chualaigh é, cé gur mór dod ghaolta ann agus, a d'réir deáraimh, níor ghoilleadar ana-mhór ort, ar chlos an scéil duit, agus greim agus fiche agat féin, agus nár chuais ar a dtuairisc agus ceann dos na greamaibh do thabhairt go dtí iad.'

'Tá sórt feirge ort, agus dob annamh leat é,' ar seisean.

'Ba mhaith an bhail ort nár scaoilis do chuid allagair thuathalach uait san áit go mbeadh blas na fola ar na fiacla agat,' arsa mise leis.

'Sea, do buaileadh suas na naomhóga ar sábháilt, agus do cuireadh feiste lae agus lánbhliana orthu mar do chuireadh Fionn ar a charachán, agus do thugamair ár n-aghaidh chuin Daingin Uí Chúise, agus do bhí smut maith don mhargadh rite romhainn, ach an sórt do bhí uainn gur ghnáthach leo do bheith deireanach sa lá —

273

banbhaí. Ar shroistint an bhaile mhóir dúinn, do dhrideamair isteach le lucht na mbanbh do dhíol. Ní rabhadar daor san am úd: ó dheich scillinge go dtína cúig déag. 'Sé an t-airgead is mó do chuala riamh ar bhanbh naoi bpuint; thug fear ó Dhún Chaoin an méid sin air bliain an Chogaidh Mhóir. 'Sea, ní dho so do leanann mo scéal, fén mar 'deireadh an scéalaí fadó. Do bhí iontas an domhain ar lucht na tuaithe an uair do chonacadar feidhre agus trí cinn do bhanbhaí age gach nduine againn á cheannach.

'Dhera, a chroí,' arsa seanabhean mhuinteartha dhom gur cheannaíos na banbhaí uaithi, 'dar ndóigh, is fada ós na prátaí nua fós sibh chuin a bheith ag ceannach bhanbh, agus nách éachtach a bhfuil do bhanbhaí ceannaithe inniu acu,' ar sise, 'trí cinn agena bhformhór! Agus, rud eile,' ar sise, 'do chuala ná raibh greim le n-ithe age cuid do mhuintir an Oileáin féin, ní a bheith ag ceannach abhar muc, nó cad as gur tháinig an fhóirithint oraibh?' ar sise.

'Ach nách dall an bhean ar an saol thusa ná fuil 'fhios agat an Té do chuireann ar an gcaolchuid tamall sinn gurb É an Té céanna do thugann an raidhrsiúlacht tamall eile dhúinn, ó taoi comh dall agus tánn tú. Agus nár chualaís mar gheall orainn? Seo mar 'tá an scéal againn,' arsa mise léi: 'do ghluais fear ón Rialtas an lá fé dheireadh chúinn ag tabhairt fógra dhúinn gan bia do spáráil nó go mbeadh ár gcuid féin beatha againn, ach do cheap daoine oilte atá ansúd scuan muc do dhéanamh suas, ó bhí an fógra láidir acu.'

'A Mhuire, is fada go bhfaigheadh daoine eile an fógra san!' ar sise.

'Ach ná raibh sé fachta agat sara bhfuaireamairna é?' arsa mise.

'Conas san?' ar sise.

'Nár thug Dia úr ndóthain d'úr gcuid féin díbhse an uair do chuir Sé sinne ar an gcaolchuid? Ansan, an uair do chas an roth, do scaoil Sé chúinne an raidhrse am an ghátair. Ach tá gach deáramh go nglacfadh sibhse ár gcuidna dá ba ar a fháil díbh,' arsa mise.

Do tháinig dhá bhanbh agus daichead 'on Bhlascaod don scríb seo, ach ní raibh agamsa ach dhá cheann, agus geallaimse dhuit go raibh mo dhóthain iontu, agus an té go raibh na trí cinn aige go mb'fhearr leis go mbeadh an tríú ceann báite i ndeireadh na dáile mar, ó lá na mbanbh do cheannach, do theip an déirc orainn. Do bhí sé ráite gur drochthuairisc do chuaigh amach orainn; dúirt beirt, triúr liom fhéin gurbh ea, lá do casadh go Dún Chaoin me. Pé scéal é, do rith lem dhá bhanbh féin go hálainn, agus ní rabhadar rófhada ar mo láimh san am go bhfuaireas naoi bpuint orthu; níor chuaigh aon dá mhuic eile do tháinig lena linn thar hocht puint.

Níl aon uair do bhíodh muca againn chuin margaidh ná go mbíodh orainn dhá lá agus trí lá do thabhairt i nDaingean Uí Chúise leo, agus go minic seachtain insa dúluachair. Do bhíos féin agus mo dhá mhuic trí lá an babhta so insa Daingean, agus trí oíche, go raibh leathfhiacha cheann dos na muca caite agam. Is in é an fáth gur chaitheamair uainn ar fad iad, le breis agus fiche blian.

21

Bhíodh margadh gach Satharn insa bhaile mhór insan am so, agus ní rabhas ach réidh leis na muca, agus me díolta, agus ag machnamh ar a bheith ag tarrac ar an dtigh gan puinn moille san am go bhfeaca fear ó Dhún Chaoin ag teacht orm sa tsráid go rabhas im sheasamh, capall agus cairt aige, agus cúrán bán agus allas a dhóthain ar an gcapall.

Do dhrideas féin ina choinne mar ar stad sé chuin an chapaill do scor, mar do bhí tuairim agam go raibh deithneas éigin ag baint leis; is as chló an chapaill do ghlacas an tuairim sin, mar fear d'éifeacht dob ea é. Comh luath agus do bhí an capall scortha aige do chuas féna thuairim féachaint cad scéal do bhí aige. D'ins dom gur a d'iarraidh tóirrimh dá mháthair do bhí sé; go raibh sí ar an dtaobh thall ó mheán lae inné. Do bhí bean don bhaile in aonacht leis; ceann dos na nósaibh atá le sinsearacht ann é sin[1].

Gloine thuistiúin bhiotáille[2] do thugas do, agus leathghloine don sórt céanna do thugas don mnaoi do bhí in aonacht leis. Bean ana-ghairid i ngaol dom dob ea an té a bhí marbh agus, leis sin, do chaitheas in airde liom féin gan aon éileamh do bheith ar an Oileán Tiar ná ar mo thigh féin agam, dar ndóigh.

---

[1] *Ls. ceann do's na nósaibh é-sin a tá le sínnsearacht ann, é-sin.*

[2] *Ls. biotáile*

Dúirt fear an tóirrimh liom go raibh capall eile tagthaithe in aonacht leis féin, agus má ba mhaith liom fanúint ina gcosa go mbeadh marcaíocht agam ar an gcapall san; ná beadh air ach bairille leanna duibhe. Dúirt sé le fear an tsiopa deoch do chur amach chúinn. Toisc gan m'aghaidh do bheith ar an dtigh, d'fhanas ina dtreo, ó ná raibh sé do chroiceann orm gan a bheith i dtigh an choirp, go mórmhór ó casadh ina dtreo me.

Níor rófhada do bhíomair ag siúl san am gur tharlaigh fear an chapaill eile linn. Do labhradar féin le chéile agus, insa chaint dóibh, dúirt sé leis go mbeinnse in aonacht leis agus marcaíocht do thabhairt dom, agus dúirt seisean go fearúil nár ghá dho san do rá leis, más rud é go mbeinn ina threo. Do bhí deoch eile insa tigh sin againn, agus dob é an fear déanach so do bhuail linn do thairrig ar dtúis, agus do bhí braon age gach nduine againn sarar fhágamair an tigh sin.

'Is cóir dom turas do thabhairt féachaint an fada ón gcomhrainn do bheith ullamh,' [ar seisean]; go raibh gach ní le chéile acu anois, agus gurbh í moill ba mhó í.

D'imigh seisean leis, agus an páirtí mná in aonacht leis, agus is in é an uair do chuireas ceist ar an bhfear eile i dtaobh na leanna duibhe do bhí aige le breith leis: anb amhlaidh do bhí pósadh agus tórramh le beith in aonacht acu?

'Dhera, a dhuine, ní hea. Nách ar an dtórramh do bheidh an bairille sin!'

'Ach níor chuala riamh agus n'fheaca a leithéid ar aon tórramh go dtí so,' arsa mise leis.

'Ó, tá so ag teacht amach mar nós le tamall,' ar seisean, 'agus, ón uair go bhfuil, beidh ceann aige siúd acu air, gan amhras,' ar seisean.

Do tháinig an bheirt orainn gan mórmhoill, agus do bhí an chomhra ullamh. Do bhuail gach fear acu chuin a chapaill féin, agus do gléasadh suas iad.

'Téanamsa lem chois-se,' arsa fear an bhairille do bhreith leis, 'go gcaitheam isteach 'on chairt é,' ar seisean.

Dob eo liom in aonacht leis Bóthar an Ghraoin amach nó gur bhaineamair amach an tSráid Mheánach, agus do chuireamair an saitheach isteach, agus do chasamair ar ár sáil gan mhoill[3], agus do bhí an treibh eile réidh romhainn.

Siar do bhí aghaidh na gcapall ansan, mar is thiar do bhí Dún Chaoin ar Dhaingean Uí Chúise. Ní raibh mórán siúil chúinn mar do bhí nithe ainnise insa cartacha agus, leis sin, is ag crónán[4] do chuireamair an bóthar dínn nó gur shroicheamair Baile an Bhiocáire mar a raibh an corpán marbh.

Do bhí a lán daoine bailithe ann insan am so agus crónán[5] na hoíche ann. Do tógadh isteach gach ní. Do scoireadh na capaill. Do bhí lampa ar lasadh an uair seo, agus cúpla coinneal ar lasadh ina theannta. Do phreab beirt bhan ina seasamh agus do láimhsíodar na coinnle, agus do chuireadar i dtreo cheart iad ar cheann an bhuird.

Is in aice an doiris do shuíos féin ar dhul isteach dom, ach níor rófhada do fágadh insa lantán san me san am go bhfuair fear an tí amach me, agus do dhírigh sé suas a lámh chun cathaoir folamh do bhí insa chúinne, agus dúirt liom í a choimeád nó go mbainfeadh duine éigin díom é. Ní míbhaoch do bhíos d'fhear an tí mar gheall ar an méid sin críche do chur orm, mar do bhíos ré-shuaite toisc me do bheith laethanta óm thigh féin agus óm baile dúchais. Níorbh é an cúinne dorcha, leis, gur rángaig an chathaoir ann, agus dob fhearr liom ná san an scéal, mar do bhí radharc ar fuaid an tí agam agus me ag tabhairt gach ní fé ndeara. Cosa an choirp do bhí chuin na tine agus a ceann síos chuin an doiris, agus as choinne an doiris sin ar an dtaobh eile do bhí an socrú go léir déanta.

Ní rófhada do bhíos insa chúinne san am go raibh gotha thí an phósta ag teacht air, ach do chaitheas tuairim leis an scéal san san am go bhfeaca radharc ar an mbairille i nDaingean Uí Chúise. Do bhí gríosach mhór thine ann; citeal ar crochadh uirthi; dhá chiteal le hais léi; agus do bhí an t-aonach ag tosnú ideir bhean agus fhear, síos suas go mear.

Insan am so do bhí ceathrar ag cur éadaigh stróinséartha ar an gcorp, 'éadach i gcomhair an bhóthair anonn,' mar 'dúirt ceann dos

---

[3] Ls. maoíll

[4] Ls. crannán.

[5] Ls. crannán. Crónú an bhrí atá anso leis.

na mná, tar éis an méid sin do bheith críochnaithe acu. Níor rófhada tar éis suí dóibh seo gur phreab ceathrar do mhnáibh óga ina seasamh, agus do chuireadar comhla ina luí ideir dhá stól, agus níor rófhada go bhfeaca gach a raibh d'áraistí insa tigh dá chur lena chéile agus dá shocrú ar an gcomhlaidh. Ní rófhada go bhfeaca trí chorcán té ag teacht go hiomall na luaithe, dhá cheann age bean acu agus ceann age bean eile. Cuireadh té orthu agus uisce beirithe iontu, nó go raibh na trí corcáin lán go smeig. Do bhí an bheirt eile bhan ag tarrac aráin bháin nó go raibh an chomhla lán.

Súil dár thugas go géar i ndiaidh na ngnóthaí seo is ea do chonac fear ag teacht orm aníos ó thóin an tí agus bocaod mór bán i láimh leis, agus é lán go béal don lionn dubh, agus tuairim muga pint ina láimh eile folamh. An chéad fhear do bhuail leis tar éis an doiris aníos do chur do, do sháigh an muga síos 'on bhocaod, do líon é agus do thug do é, agus ní dúirt 'tóg uam é' — dob ait an rud adéarfadh[6] sé! Is maith do bhí 'fhios agamsa insa chúinne ná beadh mórán moille ar a raibh sa phiunt ag cur an ghóilín siar do, mar do bhí aithne mhaith agam ar an té seo do fuair ina láimh é, duine do dh'ólfadh an sop as an srathair, agus rian a cheirde le feiscint air.

Ar amharc mo shúl do bheith agam á choimeád uaim síos ón gcúinne do shíor orthu so do bhí ag riaradh, níor thug éinne droim láimhe leis an mbocaod ná leis an earra do bhí ann nó gur shroich sé me féin mar a rabhas, ach do thugas cúl mo láimhe leis. Do bhí iontas mór ar fhear a riartha. Ní hamhlaidh gur mhaith liom acht do bhriseadh, mar nár dheineas riamh, ach nár chuireas suim insa deoch do bhí ar siúl, mar nár mhór gur bhlaiseas riamh é. Agus, leis sin, an té go raibh fios ceart mo mheoin aige, 'sé sin fear an tí, do bhí seisean lena shála, agus a bhuidéal uisce beatha aige agus gloine, agus dúirt leis an bhfear eile: 'Ná fuil 'fhios agat nách fear leanna duibhe a ól é sin?' ar seisean, agus do líon chúm lán na gloine as an mbuidéal, agus d'ólas í, agus sórt gá agam léi, mar ná rabhas tagthaithe chúm fhéin fós toisc na laethanta do bhí caite agam ón dtigh agus, cé ná raibh aon drochshaol agam an fhaid do

---

[6] Ls. do díarfheadh

bhíos ó fhágas é, féach go raibh an t-údar ceart adúirt[7] ná raibh aon áit mar an baile.

Súil dár thugas mar a raibh na coinnle ar lasadh ar cheann an bhuird mar a raibh cosa an choirp, do bhí beirt fhear ann agus dhá chathaoir chúthu, agus iad go saothrach ag gabháil do thobac agus do phípeanna, agus níor ghnó róthaitneamhach an gnó céanna: fear acu á ghearradh agus dá bhrú, agus an fear eile dá mhínmheilt agus dá chur insa pípeanna. Agus maran mó 'o thrua do bhí agam don mbeirt seo go mór ná a bhí d'fhormad agam leo [níor lú], mar go lánmhinic roimis sin do chonac fear maith ag ceiliúradh ón ngnó céanna.

Ní rófhada do bhí an machnamh san déanta agam san am gur tógadh le fear acu anuas don chathaoir, agus do buaileadh d'fhiar fhleascáin a dhroma é ar bheirt sheibineach bhan go raibh a thuilleadh agus an iomarca le déanamh acu féin san am gcéanna, agus dob é an gnó do bhí ar siúl ag an mbeirt bhan so insan am so ná dhá ghunnaire pípe acu do bhí dingthe do thobac fhriseáilte, agus iad a d'iarraidh tútair gail do bhaint as na pípeanna san, agus gan do sheift acu chuin san do dhéanamh ach cipíní solais, gur ghnó lae d'inneall a raibh do chipíní caite i vásta acu, agus fós gan iad dearg.

'Sea, níl críoch curtha ar thiteam an fhir fós agam. Le linn do titeam ar na mnáibh seo atá luaite agam, ní rómhaith an beannachadh do fuair sé ó lán na beirte acu, mar do chnag agus do bhris an dá phíp ina mbéal araon istigh ag an gcois, agus iad díreach 'rúnach acu agus bráca maith fachta acu uathu, ach le cipín solais eile do chaitheamh leo is ea do bheadh barr a sclábhaíochta acu.

Le linn an fhir seo do thit do thógaint ar a bhoinn — cé nách fear do thuilleann sé do thabhairt air ach raispín, mar dá mbeadh an fear fónta insa phost go raibh so d'fhágfadh sé an post i bhfad níosa thúisce, ach do bhí so a d'iarraidh fir mhaith do dhéanamh do féin, rud ná raibh ina chumas an lá do ghoill tobac air — do bhí sé mar 'bheadh fanntais air le linn é a thógaint. Dúirt duine braon uisce do chur air; dúirt fear eile blaiseadh biotáille do thabhairt do; ach dúrt

[7] Ls. do dúbhairt

féin leo a dhóthain tobac do thabhairt do, go mb'fhéidir gurbh é do
bhí ag teastabháil uaidh!

Ní rabhas féin róbhaoch do ó thugas fé ndeara timpeall an
tobac é, agus do bhí 'fhios agam nách aon duine do chuir ina bhun é
ach a dhailtínteacht féin, agus dúrt le fear an tí é a chaitheamh síos
fén dtigh, nárbh aon ghalar báis do bhí air. Do tógadh mo réic as an
áit go raibh sé, agus ní raibh sé ach glan as san am gur chuala ceann
dos na mná ag rá na cainte seo: 'Gurab ort féin do bheidh an chéad
phípeanna agus tobac eile!' ar sise. Agus, le linn an méid sin do rá
dhi, do thug sí súilfhéachaint ar an mnaoi eile do bhí in aice léi agus
do phioc sí í, ach níor mhúscail sise agus níor chorraigh. 'Do bheirim
'on diabhal thu, maran luath do dhein meig díot!' ar sise, á
croitheadh níosa threise, ach dob é an scéal céanna aici-se é. Do
tháinig bean agus bean eile mar a raibh sí; tháinig cupa don
fhíoruisce; do cuireadh braon uirthi dho le spionóig, agus do
bhraitheadar ag teacht go mall í.

Do bhí radharc breá agam orthu, fén mar 'tá ráite cheana
agam, as an gcúinne gur cuireadh me. Rud eile, ba mhaith liom an
radharc san ó rángaíos ann, mar dob é seo an chéad tórramh riamh
go rabhas air lasmuigh don Oileán so.

Bhí fear in aice liom do shíor, fear breá deighchainteach, agus
smoirt aige á bhaint as a ghunna breá bán pípe.

'N'fheadar cad do tháinig le fear an tobac do chur sa pípeanna,'
arsa mise leis, 'gur baineadh an truist as, ná ficim ó shin é?'

'Do tháinig a shuaraíocht féin leis ar dtúis, mar ná raibh sé i
gcumas an ghnótha san do dhéanamh. Rud eile,' ar seisean, 'do bhí
buidéal pint do bhiotáille ólta aige fhéin agus ag an mbeirt bhan thall
gur thit sé anuas orthu, agus gur thit duine acu féin ina dhiaidh.'

'Agus nách mór an seasamh ag an mnaoi thall é, má chaith sí
cion duine don bhuidéal?' arsa mise leis.

'Sin í do fuair an buidéal ina láimh ó fhear an tí chuin é a
riaradh ar an dtriúr acu, agus is dócha go raibh a leath ina corp féin,'
ar seisean.

'Agus nách mór an díthumhaltacht do dheineadar ortsa, agus tu
féin ar an bhfód?' arsa mise arís leis.

'Tá chúig bhliana déag ó chuaigh an braon déanach im chorp do, an diabhal á bhreith uam!' ar seisean. 'Agus, pé scéal ag an dtincéar fir é, do shloigfeadh an bheirt bhan san a bhfuil do bhiotáille i gCorcaigh, agus do thobac,' ar seisean. 'Agus na pípeanna do bhí ina mbéal an uair úd, dob é sin an tríú huair lán iad ó tháinig an tórramh,' ar seisean.

Do chonac an chomhla i lár na cistean ar an bhfeadh so, ach san am go raibh na daoine créachta so, pé poll gur cuireadh chun suaimhnis iad, socair suas acu, dob eo an té ar siúl. Do bhí gach ní ann go rábach agus go flúirseach, agus cead tarrac air: arán bán, subh agus té; ní raibh im ann, agus ní gnáthach a bheith i dtigh dá shórt. Ní rabhas féin ar an bhfear deireadh ag dul go dtí an bord, mar do ghaibh fear an tí chúm go luath, agus do thóg leis me fhéin agus mo chathaoir, agus do chuir i mbun mo bhirt me, agus dúirt sé liom:

'Ní mar a chéile thusa agus éinne; táid sin agena dtithe féin, ach tánn tusa tamall uaidh,' ar seisean.

Do chaitheas scrabha dho, ach níor chuas thar mo riocht, mar nár mhaith liom ceann do dhéanamh díom fhéin in áit dá shórt, go raibh an fear anoir agus an bhean aniar ann. Agus más in oileán i lár na mara móire féin do cuireadh 'on chliabhán me, níor chas éinne riamh mo bhreallaí ná mo dhrochmhúinteacht liom, pé áit gur thug mo chosa me. Agus ní ag tabhairt aon chreidiúna dhom féin is ansa liom a bheith, ach a d'réir mar is dóigh liom do thuilleas é; agus ós duine me gur mhaith liom a cheart féin do thabhairt do chách, nách éagóir dom gan é a thabhairt dom féin comh maith? Ní orm féin atá baochas na ngníomhartha so agam, ach ar an Máistir Beannaithe do thugann dúinn iad.

Do thagadh dream friseáilte go dtí an bord an uair do bhíodh an chuid eile réidh, nó go raibh a raibh istigh sásta, agus cuid bheag chainte do bhíodh ar siúl nó go dtagadh bocaod na leanna timpeall anois agus arís. Do chaitheamair mar sin cuid mhaith dhon oíche. Tobac ar siúl go tiubh: cuid acu do chuir a bpíp trí huaire go dtí pláta an tobac chun iad d'fháil lán thar n-ais, agus san déanta acu sara raibh an lá breac.

Timpeall a dó a chlog do shín an fear so do bhí in aice liom a mhéar anonn go dtí an taobh eile 'thigh, mar a raibh tuí agus brus, agus cad do bheadh le feiscint ann ná formhór dona raibh do mhná insa tigh ag sranntarnaigh, tar éis gach gíotála do bheith i leataoibh acu an uair seo, agus gan a mbolg folamh ina theannta san. Do chuir an fear a cheann arís in aice liom, agus dúirt liom as íseal:

'Is fearr mar sin féin iad ná iad do chromadh ar amhrán,' arsa mo dhuine liom.

'Dhera, a dhuine,' arsa mise leis, 'tá 'fhios agat nár cuireadh croiceann ar aon bhean ná fear do thabharfadh fé amhrán do rá i dtigh dá shórt.'

'Mo thrua mhór thu!' ar seisean. 'Do bhíos-sa i dtigh dá shórt ní fadó ó shin, i bParóiste Fionntrá, ní fadó 'bhlianta, leis, é,' ar seisean, 'agus dob éigeant iad do chur amach. Agus do bhí amhrán beag ráite acu, tuairim trí ranna, agus níor chuir éinne aon tsuim iontu nó gur chromadar ar cheann eile do rá, agus níorbh iad muintir an tí do chuir amach iad,' arsa an fear so liom.

'Ach an rabhadar i mblianta na tuisceana?' arsa mise leis.

'Beirt bhan phósta dob ea iad, a dhuine,' ar seisean.

'An raibh aon bhraon beorach ann?' arsa mise leis.

'Do bhí, agus do theann fear maith éigin leo súd a ndóthain do,' ar seisean.

Ar amharc na maidine do bhí bia eile ar siúl, ach níor bhac an mhuintir do bhí in aice a dtithe féin leis, ach do bhí braon éigin don lionn dubh á thabhairt amach ann. Uim[8] meán lae nó a haon a chlog do bhí na daoine ar fad bailithe chuin na sochraide, agus an uair do tháinig an sagart b'eo leo agus a n-aghaidh chuin na cille, ach ní raibh an t-aistear fada: is i nDún Chaoin do bhí an teampall dúchais.

Dob é seo an tórramh ba mhó gur chuireas suim ann. An fáth: toisc deoch do bheith ann. Agus ní mór do thórraimh ó shin ná go mbeadh saitheach agus dhá cheann orthu, agus ní mholaim an dlí sin, mar is gnáthach aon áit go mbíonn an deoch go leanann beagán don rangás í, agus níl san 'rúnach do thigh don tsórt so.

---

[8] *Ls. a; ?leg. uim/i*

Lá Domhnaigh do bhí an tsochraid ann, agus an méid ón Oileán do bhí insa bhaile mhór do bhíodar inti, agus uim ard an tráthnóna 'sea do bhaineamair amach ár dtithe féin. Agus ba mhinic do chloisinn na seandaoine á rá gur mheasa do théadh turas 'on bhaile mhór dóibh ná seachtain oibre age baile, agus do bhí san fíor, ach do bhí seachtain ón dtigh againne an turas so toisc na muc do bheith againn, ar a shon go ndeireadh fear againn go mairfeadh sé féin go deo ann.

—————

'Sea, do bhí crích curtha ar mhuca mhin na déirce agus ar na banbhaí go léir do deineadh do cheannach aon lá amháin ar mhargadh Dhaingin Uí Chúise, ach marar fhan aon tsiollóir muice gan díol nár rith léi rómhaith.

'Ba bh'iontuisceana[9] d'aon duine ná leanfadh an sonas ná an rath iad,' arsa an file liom lá.

'Ach is beag an baol ná go dtabharfairse bun led chaint, dar ndóigh,' arsa mise leis.

'Ó, is me atá deas air,' ar seisean. 'Le linn na mine seo a theacht — árthach ón mbaile mór á cur go dtí bun na dtithe chúinn, ina dhiaidh sin gach a raibh do bhanbhaí ar mhargadh Dhaingin Uí Chúise do cheannach chuin í a ithe — ba mhór an scéal é,' arsa an file.

'Ach níl réiteach na cainte thuas tugthaithe amach fós agat,' arsa mise leis arís.

'Níl ach taobh do,' ar seisean. 'Nár chualaís riamh go mbíonn dhá insint ar gach scéal, agus bíonn, leis,' ar seisean. 'Le linn na mine seo agus na mbanbh do theacht go dtí an tOileán so, ní raibh do cheol i gCiarraí ach é. Ní raibh fear ar chnoc ná fear i dtráigh, bean ar shráid ná age pobal, ná gurbh é a n-allagar min agus banbhaí an Oileáin. Agus níor lean rath ná sonas riamh an rud do théann i mbéal na ndaoine,' arsa an file liom.

'Is baolach ná beidh muc ná banbh go deo aríst ann,' arsa mise leis.

—————

[9] *Ls. Ba bhun tuisgeanna*

'Is é sin an tuairim atá agam,' ar seisean.

Do bhí a thuairim fíor, mar ní raibh muc ná banbh insa Bhlascaod ó shin. Dá bhficfeadh aosóg muc ná banbh insan áit seo, do raghadh sé ar gealtaí. Dob éigeant dos na hoileánaigh do bheith ag cur dóibh gan muc ná banbh ó shin i le. Agus deir an chuid is éifeachtúla acu nách mór an cur chuin cinn do bhíonn iontu tar éis gach costais.

——————

Níor rófhada tar éis teacht abhaile dhúinn insan am gur bhuail m'uncail Diarmaid liom, agus ní rómhaith an cuntas do bhí aige dhom. Seo mar d'ins sé dhom: go raibh an tarna mac leis ceiliúrtha air; nár chuaigh sé i bhfeighil aon néal codlata aréir.

'Cad fé ndeár duit sin?' arsa mise leis.

'Ó, a chroí, é a bheith leath as a mheabhair,' ar seisean.

'Ach b'fhéidir gur taom galair atá ag tosnú leis,' arsa mise leis.

'N'fheadar,' ar seisean, 'ach tá eagla orm go bhfuil a ghnó déanta'.

'Dhera, a dhuine, tóg bog é; nách mó rud do thagann ar na daoine agus go gcroithid díobh é?'

'Sea, do chuir sé cúpla lá eile dho, agus ní raibh sé le feiscint chuige agam.

'Ní foláir,' arsa mise liom féin, 'nách mór an t-aistear dom dul mar a bhfuil siad agus 'fhios do bheith agam conas mar 'tá acu thrína chéile, mar ba lánmhaith an sás é féin lá an ghátair.'

Do phreabas as an machnamh san, agus níor stadas d'aon ráib amháin nó gur shroicheas an tigh agus, má dheineas, ní raibh an duine bocht ar a shástacht romham, rud nár mhaith liom dá mbeadh leigheas agam ar a cheasnaithe; dob oth liom ná raibh.

Do bhí an mac agus faireachán maith acu á dhéanamh air, agus é ag teastabháil uaidh. D'ins an t-uncail dom conas mar do bhí an téarma caite aige ó chonac cheana é, gan chodladh, gan suan[10], gan sult. Do chuireas ceist air an i bhfeabhas nó in olcas do bhí sé ag dul.

'Is ag gríosú air atá,' ar seisean.

---

[10] *Ls. shúann*

Do tháinig taise agus trua agam dom sheanuncail bocht, mar ba mhinic chúm é ag cur suaimhnis agus staidéir orm insa chruachás dom fhéin. Agus dob fhearr liom gurb é an galar báis do bheadh tagthaithe ar an mac leis, agus dob fhearr leis féin é, mar rud breá is ea an bás sochas nithe eile do bhíonn as cionn an pheacaigh bhoicht[11].

Do bhuaileas an doras amach ón réic agus, cé gur minic an ainm seo agam air insa scríbhín seo, dob ainm bréige air é, mar nárbh ea ach a mhalairt; ach réic críochnaithe dob ea an mhaidean so é, agus a chúrsaí aige.

Larnamháireach an lae seo, is túisce do bhí an t-uncail faramsa ná a bhíos-sa ina theannta san agus, an uair do chonac chúm é, is maith do bhí 'fhios agam nárbh aon tuairisc cóir do thug é.

'Tánn tú ansan,' arsa mise leis, is é ag cur an doiris isteach do. 'Is dócha,' adúrtsa, 'nách aon scéal grinn atá agat inniu chúm.'

'Ní hea, a chroí, ach scéal na hainnise,' ar seisean. 'Deir na daoine liom dá mbeadh sé insan óispidéal gurbh é áit dob fhearr é,' ar seisean, 'agus go mbeadh an dochtúir ina threo. Ach is dócha,' ar seisean aríst, 'nách féidir aon chothrom do bhaint do insa naomhóig.'

Chuin na fírinne do rá, níor thaitn an gnó rómhaith liom; dob fhearr liom a bheith ag dul ceangailte in aon ghnó eile, ag eachtradh an scéil i bhfad uam, ach cad do bhí le déanamh? Nách é lá an ghátair an lá go bhfuil ort seasamh?

Do chuamair i ndáil a chéile, ceathrar againn, féachaint[12] conas ba chóir dúinn a dhéanamh, agus gan aon tóirtéis ar éinne againn, go mórmhór ar an bhfarraige i gcúrsa dhá shórt — contúirt ann, dar ndóigh.

'Sea, an rud do bheidh agat le déanamh tá sé comh maith agat croiceann do chur ort féin chuin a dhéanta, nó tabhair suas é agus, leis sin, do phreabamair chuin na naomhóige dob fhearr do bhí againn, agus do ghléasamair suas í ar gach slí a bhí ag oiriúint di. Ansan do chuamair fé bhráid an tí go raibh an fear dana[13].

---

[11] *Ls. bhocht*

[12] *Ls. féachain*

[13] =*dona*

Ní mar 'síltar a bítar go minic, agus dob in nó aige seo an uair seo é. Níor dhóigh leat go raibh aon smáilc insa tsaol air an fhaid do bhíomair ag cur a chuid éadaigh agus eile i bhfeiste air, agus do chuaigh linn go dtí an caladh comh maith agus do chuaigh sé riamh ann.

B'eo linn chuin cinn, agus do bhí a athair ina theannta i ndeireadh na naomhóige, agus ceathrar againne ar dúthiomáint ag ciorrú an Bhealaigh amach nó gur shroicheamair caladh Dhún Chaoin. Do bhogamair an bóthar abhaile, agus do bhogadar san an bóthar chuin Daingean Uí Chúise. Níor dhein an t-ógánach aon chrosa ar an athair i rith na slí, agus do cheap fear an chapaill do thug chuin cinn síos iad ná beadh a lá ina shaoire aige féin, ach níor chuir sé cor dá bhuaraigh do bhí go daingean ar na lámha aige. Do ghluais an t-athair abhaile Iarnamháireach an uair do bhí sé socair suas insan áit a ceapadh do. Do bhogas féin sa tsiúl comh luath agus do chuala é a theacht abhaile, féachaint conas mar 'bhí aige, ach níor chuir sé cor do fhéin i rith na slí.

—————

Níor mhór an t-achar go raibh orm a thuilleadh dhon ainnise do sheasamh, mar tar éis na mbeart so do chur díom 'sea d'éag bean mo thí féin, agus dob éigeant dom seasamh le gach cúrsa nó gur síneadh 'on chré í. D'fhág san bréagach breallach me, cé go raibh beirt do chailíní beaga i gcoinlíocht ina diaidh agam, ach ná bíonn an éifeacht lena leithéidí. Agus dá mbeadh féin, an lá do scarann páirtí leis an bpáirtí eile, go lánmhinic bíonn breall ar an nduine acu d'fhanann, agus dob in nó agamsa, leis, é: do bhíodh orm cluas do thabhairt do gach ní agus, lasmuigh dom dhícheall, do bhíodh breall ar mo ghnó go minic. Níor scar an dobhrón go hobann liom an babhta so, cé go mbínn a d'iarraidh é a chroitheadh díom in aghaidh gach lae agus, dar ndóigh, do bhí fuar agam; do thagadh rud éigin trasna i gcónaí do bhíodh ag gríosú an chathaithe orm.

—————

Aimsir maircréal do mharú dob ea an bhiaiste do bhí chúinn, sinn amuigh insan oíche, agus sinn a d'iarraidh a bheith ag obair sa ló.

Aon oíche amháin do bhíomair amuigh, oíche thar oícheanta dob ea
í. Do bhí drochdheáramh ina theannta san ag teacht uirthi, agus dob
éigeant dúinn dul i scáth talún. Níorbh fhada do bhíomair mar seo
san am gur tháinig naomhóg eile orainn agus foiscealach éisc sa
líonta aici, comharthaí go raibh iasc le fáil ach olcas na hoíche chuin
a mharaithe. I gceann tamaill do tháinig sánas ar an sín, agus dob eo
chuin siúil cheithre naomhóga againn.

Ar shroistint na háite dhúinn gur bhraith an fear eile é, do
chaitheamair amach na líonta, agus ní raibh ach an mogall
deireanach as an naomhóig do san am gur thit an chlagarnach,
splancacha agus toirneacha, ná ficfá soir sochas siar.

Dúrt féin leo gurbh fhearr iad do tharrac arís, agus ní dúirt
éinne im choinnibh. Is me do rángaig i ndeireadh na naomhóige,
agus do phreabas agus do rugas ar an dtéid. Do thairrigíos liom nó
go raibh an líon agam, agus dob eo le beirt againn ansan ag tarrac
an lín, fear againn ar an gcorc agus an fear eile ar an mbonn. Is
fánach riamh do rug bráca ba mhó ná an líon do thabhairt ar bord
ar aon bheirt, le gála gaoithe agus farraige ag gabháil lastuas
dínn agus, tar éis dúinn an chuid dheireadh do bheith istigh do, ní
raibh aon amharc ar aon pháirt don domhan againn le fearthainn
agus gaoth.

Do chuireamair ár maidí i bhfearas agus dob eo le chéile sinn,
agus gan faic againne le déanamh, toisc go raibh ár gceann chúinn
agus sinn ag tarrac an lín, ach rud againn á dhéanamh ar an bhfear
tosaigh i gcónaí, mar do bhí a cheann san in airde a d'iarraidh
radharc do choimeád ar an dtalamh, cé go raibh sé féin comh dall
linne insa deireadh, ach ag dul ar amhras.

Fé dheireadh do bhaineamair amach an áit d'fhágamair, agus
do bhí ceann dos na naomhóga romhainn ann; 'sí seo an naomhóg
do thug as sinn go raibh an t-iasc braite aici, agus do ghearraigh sí
na líonta, agus ní raibh ar bord inti ach a leath san am so, agus gan
puinn dá dtinneas air[14] san am so. Ansan ní raibh aon tuairisc ar an
dá naomhóig eile againn, ach ní rófhada gur bhaineadar amach sinn.

---

[14] *i.e. fear na líonta a ghearradh?*

Is é seo an chéad scanradh do rug orm riamh ar an bhfarraige, ach níorbh é an ceann deireadh fós é. Is cuma, leis, mar gheall ar dhuine nó beirt, mar do bheadh eagla go minic ar a leithéidí, agus gan é a bheith ar an méid do bheadh ina dtreo, ach do thug gach nduine dá raibh insa cheithre naomhóga suas don oíche seo é thar ar chuireadar riamh dóibh le holcas.

'Sea, tar éis teacht go dtí an caladh dhúinn, do bhí bogadh mór ar an scríb, agus do dheineamair comhairle go mb'fhéidir go mbeadh deireadh na hoíche breá agus, ó bhí gnáth ag an iasc do bheith ar bharra[15] an uisce, go mb'fhéidir go mbuailfeadh foiscealach linn do thabharfadh díolaíocht inár mór-anró dhúinn.

Sin mar 'bhí. Do chuireamair an rún so i bhfeidhm, agus d'fhágamair na naomhóga gan ach saor ón uisce, agus dob eo abhaile le gach nduine, agus do chaitheamair bia i lár na hoíche. Do bhí an oíche ag teacht anuas go hálainn, ach an uair do bhíos féin réidh leis an mbia do bhuaileas amach fé dhéin an chaladh, ach do bhí fear agus fear ag teacht amach as na tithe agus ag gluaiseacht chuin na naomhóg. Do bhí iascairí eile an Oileáin ina gcnap shuain ó thosach na hoíche.

Dob eo leis na cheithre naomhóga againn, agus níor stadamair nó gur bhaineamair amach an lantán don bhfarraige go raibh an t-iasc braite againn roimis sin insa scríb. Do chuireamair amach na líonta, agus ní rófhada do bhíodar amuigh an uair do chloisfá clagairt ag iasc ag dul sa líonta, chuin cinn siar.

An naomhóg ná raibh a lán ina líonta féin do bhí oiread le fáil ó naomhóig eile aici agus ná tabharfadh sí léi agus, tar éis gach beart, dob éigeant cuid don iasc do scaoileadh leis an muir, agus cuid dos na líonta. Do bhí an mhaidean in aice linn, agus do tháinig na cheithre cinn do naomhóga isteach go dtí an caladh lán go bruach, faid do bhí sé ina gcumas aon mhaircréal amháin do bhreith leo.

Do bhí an mhaidean go hálainn ciúin, agus do thug na cheithre cinn do naomhóga againn fé Dhaingean Uí Chúise d'fharraige,

---

[15] *Ls. barra*

mar do bhíodh scilling breise le fáil insa chéad air agus, toisc na breise do bheith againn do, dúramair féin le chéile go dtiocfadh sé chuin suimiúlacht dúinn sochas é a thabhairt go Dún Chaoin agus díol le capaill.

Do bhuaileamair in airde na seolta, agus do bhí b'ladh maith na gaoithe 'ár ndiaidh, rud do dh'oir go mór dúinn, mar do bhí na naomhóga síos go slait. Do shroicheamair an cé fé dheireadh, gan mórán ar fad aimsire do thógaint, agus do cheannaigh aon cheannaitheoir amháin gach a raibh sa cheithre naomhóga ar a chúig déag an céad.

Seanfhocal is ea é nách gnáthach iasc age liairní díomhaoin. Do bhí iasc againne mar nár liairní sinn, agus an mhuintir do bhí amhlaidh, agus ina gcodladh, ní raibh iasc acu.

Do bhí sparáin airgid againn insan am so; do bhí as chionn trí mhíle is gach naomhóig againn. Do chuamair 'on phroinnteach[16] ar dtúis agus ina dhiaidh sin 'on phob. Do bhí leathdhosaen amhrán, leis, againn. Níorbh ionadh san: má bhí bochtáin féin ar ár gcine, ní sinne iad insan am so; do bhí ár ndóthain bídh agus ár ndóthain dí caite againn, agus fós glór an airgid fhlaithiúil 'ár bpóca.

Sarar fhágamair an baile mór, do bhí tuairisc tagthaithe chúinn go raibh buachaill an Oileáin go maith, agus a rá lena athair teacht á iarraidh agus, cé go raibh sé siar go maith insa oíche an uair do shroicheamair an baile, ní a chodladh do chuas-sa gan dul lem dheighthuairisc go dtím sheanuncail, dar ndóigh.

Do bhí an Domhnach amáireach ann, agus do cheapas go mbeadh orm féin do bheith insa tsiúl arís, toisc gan an oíche do bheith chuin iascaigh, ach do bhí tuiscint aige dhom agus níor bhac sé liom.

'Sea, do shroich an buachaill an áit a fhág sé go déanach Dé Domhnaigh, agus do chuaigh a raibh insa bhaile ar a thuairisc, dar ndóigh. Ní raibh faic sa tsaol le braistint ná le feiscint air ach

---

[16] Ls. fróinn-teach

oiread le haon lá riamh, agus dúirt gach nduine go raibh deireadh lena ghalair aige.

Ní raibh insa chaint seo ach amhras, agus bíonn an t-amhras siar go lánmhinic, fé bhun guth ó neamh. Timpeall ráithe ina dhiaidh seo do bhí daoine á bhrath air ná raibh sé ag fanúint staidéartha, agus do bhí súil amuigh agena mhuintir ina dhiaidh. Aon oíche amháin, agus gach a raibh insa tigh ina gcodladh, d'éalaigh sé amach, agus ní raibh sé le fáil ar maidin.

Is moch do bhí an réic bhocht chúm Iarnamháireach, agus níorbh é cuma fhir an ghrinn do bhí air. Do chuaigh gach nduine insa bhaile á lorg, ach ní raibh sé le fáil beo ná marbh, slán beo sinn, agus dob éigeant an cluiche do thabhairt suas.

Trí mhíle insa tseanáireamh atá ar faid insan Oileán so, agus is é an Ceann Dubh is ainm don gceann is sia siar ós na tithe dho. Pé gnó do thug beirt fhear lá siar insan áit seo — ag fiach, is dóigh liom, do bhíodar — do bhí madraí acu. Do chuaigh na madraí isteach fé chloich mhóir do bhí ann. Do ligeadar fead agus trí fhead, ach ní rabhadar ag teacht.

Do phreab an bheirt le fánaidh agus, ar fhéachaint isteach fén lic, cad do bheadh ann ná éadach agus bróga an té ná raibh le fáil. Do tháinig greannúireacht orthu, agus do bhogadar an bóthar abhaile gan a thuilleadh fiaigh.

Ar shroistint na dtithe dhóibh, níor mhaith leo an tuairisc cruinn do thabhairt dá athair, ach do bhí cara dhomsa ar na buachaillí, agus is é comhairle do dheineadar ná teacht agus é a insint chuin tosaigh dom, agus ligeant domsa é do chur in úil dá mhuintir. Níor mhór ná gur chuaigh sé comh holc domsa leo san. Pé scéal é, an uair do bhuail sé liom go hobann, do thugas cogar do, agus dúrt leis:

'Tá san imithe, agus é caointe go maith cheana agat, agus tá sé comh maith agat an méid seo dá thuairisc do thógaint bog,' arsa mise leis.

'Déanfad,' ar seisean.

Is cóir dom críochnú do chur ar an méid seo. Trí seachtaine ina dhiaidh seo, do ghaibh sé timpeall leis an bhfarraige mhóir, agus do bhuail naomhóg ón Oileán leis, agus do thugadar chuin cinn é, agus tá sé curtha i Rinn an Chaisleáin insa Bhlascaod Mhór. Insan áit gur bhain sé an t-éadach do, is ann do chuaigh sé 'on tsnámh — sin mar 'dúrathas — beannacht na ngrást lena anam.

Laethanta i ndiaidh an chatha so do cur dínn, do chuireas mo cheann amach lá go moch ar maidin. Do bhí an mhaidean go haoibhinn ciúin. Do stadas tamall agus mo bhrollach ar chlaí agam, agus me ag machnamh ar conas ba chóir dom earraíocht do bhaint as an lá, ó rángaig sé comh hálainn. 'Sé machnamh do rith chúm ná dul ag tógaint phortán agus dul siar sa chnoc leo agus m'ualach ballach do mharú leo, mar bíd siad so comh maith le feoil ar iad do shábháil ceart. Do phreabas agus do fuaireas mo dhóthain portán; 'siad so an baoite ceart chuin iad do mharú.

Do dheineas suas mo mhála bóthair; bhí portáin ann, puinteanna, ailp aráin i gcomhair an lae, dubháin 7rl. Do bhuaileas an cnoc amach, agus do chuas don ráib reatha san dhá dtrian an Oileáin siar sarar stadas. Ansan do thugas m'aghaidh le fánaidh an chnoic síos nó gur bhaineas amach an fharraige. Do bhíos ag marú bhallach maith go leor ann, agus dorn maith marbh agam acu, agus an uain go breá agam chuige.

Súil dár thugas do dhroim pointe siar, do chonac ag teacht orm deireadh naomhóige, agus siúl maith aici á dhéanamh. Agus aon fhear amháin do bhí inti, é ag rámhaíocht i leith a deiridh, agus ba lánait liom mar scéal é. Ar dhrideam liom, do dh'aithníos go maith é. Dob é duine é ná Muiris Mór Ó Dálaigh, aodhaire na Cloiche thiar. Is amhlaidh do thit an fhaill uirthi, agus é ag teacht chuin a deisithe. 'Sé a tosach do bhí briste, agus an fáth dho do bheith ag teacht in aghaidh an deiridh.

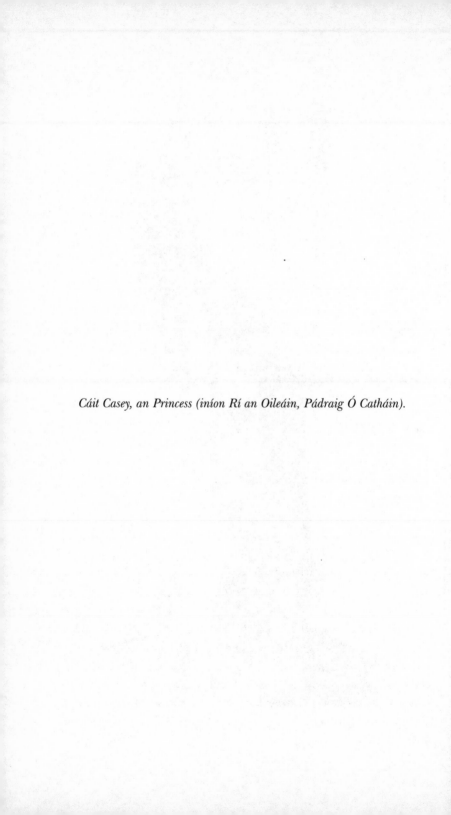

Cáit Casey, an Princess (iníon Rí an Oileáin, Pádraig Ó Catháin).

22

S uim bhlianta roimis seo, do bheireadh amuigh ar an dtír
mhóir orainn go lánmhinic i gcónaí sa dúluachair. Insa tigh
gur ghnáth liom stad, do bhíodh a gclann ar scoil do shíor. Do
bhí an teanga Ghaelach á mhúineadh ar scoil Dhún Chaoin san am
so, comh luath le aon scoil in Éirinn, mo thuairim.

Do bhíodh clann an tí seo ag léamh scéalta gan staonadh dhom,
gach uair do bheireadh orm ina dteannta, nó gur rángaig dúil agam
féin insa ghnó, agus gurbh éigeant dóibh leabhar do thabhairt dom
féin, agus duine acu ar a cheart do bheith ag meabhrú an achrainn
dom do bhí á leanúint: leitir buailte, leitir sínte, leitir cabhartha —
mar seo, 'tsráid'.

Níor mhór an aga do thóg sé uam sa chaoi ná rabhas ag brath
orthu chuin mo scéil do léamh dom an uair do bhí eolas ar an
ndeifríocht agam, toisc go raibh mo cheann lán di agus má
bheadh abairt bhacach ag teacht trasna orm ní raibh agam ach é
a lorg im inchinn féin: bhí an réiteach le fáil agam ann gan bacúint
le cách.

Ní rófhada go raibh leabhar agus leabhartha agam, agus na
daoine insan Oileán so ag teacht ag éisteacht liom ag léamh na
seannscéalta dhóibh agus, cé go raibh lánchuid díobh acu féin, níor
fhan aon bhlas acu orthu chuin iad féin a bheith dhá rá dhá chéile
sochas an slacht do chuireadh an leabhar orthu. Ba lánfhada go
ngeobhainn cortha ó bheith á léamh dóibh san am so, mar do bhí an

gumh dearg orm féin chuin dul chuin cinn. Ón am so amach, do
bhíodh corradhuine ag teacht fé dhéin an Oileáin seo.

CARL MARSTRANDER

I dtosach mí Iúil, lá Domhnaigh, do thug naomhóg ó Dhún Chaoin
duine uasal go dtí an Blascaod. Fear lom ard gealchroicinn glass-
shúlach dob ea é. Ní raibh aige ach blaiseadh na Gaelainne, ar a
theangain pé scéal é.

Do ghaibh sé thríos na daoine agus do bhraith sé iad, agus
tráthnóna do cheistig sé cuid acu an mbeadh inead ósta le fáil aige,
agus dúrathas leis go raibh, agus do réitig é i dtigh an Rí, agus do
chuaigh thar n-ais gan a thuilleadh do rá ná a dhéanamh.

Ní rófhada dhon Luan go raibh a chip agus a mheanaithí
bailithe isteach aige, agus do chuir fé insa phálás. Cuireadh ceist air
cad é an réasún nár fhan sé i bParóiste an Fheirtéartaigh, mar do
thug sé coicíos ann, ach dúirt sé go raibh an iomarca Béarla thríd an
nGaelainn acu, agus ná raibh san ag oiriúint do féin: go raibh mar
dhualgas air scoth cheart na teangan d'fháil amach, agus gur anso do
bhraith sé an Ghaelainn dob fhearr.

D'fhiafraigh sé don Rí cén duine anso dob fhearr chuin na
teangan do mhúineadh dho. Do bheartaigh an Rí dho gur mise an
té dob fhearr, mar go rabhas ábalta ar í a léamh, agus go raibh
Gaelainn mhaith bhlasta agam sarar léas riamh í.

Do ghaibh sé chúm gan rómhoill agus do cheistig me. Do
chuir leabhar chúm, *Séadna* — ní hé, mo dhearúd, ach *Niamh*.

'Táir go maith, ach an bhfuil Béarla agat?'

'Níl Béarla mór agam, a dhuine uasail,' arsa mise leis.

'Déanfaidh san,' ar seisean. 'Ach n'fhéadfá an bheart do
dhéanamh gan beagán Béarla.'

An chéad lá do chuamair le chéile, do thug sé an teideal
'máistir' dom.

Fear breá dob ea é, uasal íseal agus, dar ndóigh, is in mar
'bhíonn a lán dá shórt go mbíonn an fhoghlaim go léir orthu. Chúig
mhí do chaith sé insa Bhlascaod. Téarma insa ló do bhímís le chéile

ar feadh leath na haimsire, a dó nó a trí huaire an chloig gach lá, ach do tháinig tuairisc chuige ná beadh an aga aige do ceapadh ar dtúis do, go raibh an iomarca le déanamh mar ar fhág sé, agus ansan b'éigeant do bheirt againn athrú dlí do chur ar bun. Do chuir an duine uasal ceist eile orm: arbh fhéidir liom dhá théarma insa ló do chaitheamh ina theannta? 'Agus,' ar seisean, 'do gheobhair oiread uam as an dtarna téarma leis an chéad cheann.'

Tar éis ghnó an lae do bheith déanta agam is ea do théinn go dtí é, mar do bhíodh na hoícheanta fada insan am don mbliain do bhí ann, agus do bhíodh seilg ar siúl, agus naomhóg agam féin agus fear eile im theannta, agus ní lamhálfadh sé dhom aon aimsir do chuirfeadh siar óm sheilg me do chaitheamh leis féin.

'Sea, níorbh fhéidir liom an tarna téarma do chaitheamh ina theannta ach insa ló am na seilge ach, mar sin féin, conas do bheadh eiteach an duine uasail agam? Dúrt leis go ndéanfainn mo dhícheall do, ach má bheinn babhta in easnamh go mbeadh air é a lamháilt dom. Dob eo le chéile sinn, agus an uair do thagainnse isteach chuin dínnéir do théinn go dtí é, agus níor mhór ar fad do chuireadh an turas san chuin deireadh insa tseilg me.

Oíche Nollag, díreach, do shroich sé a bhaile dúchais tar éis sinn a fhágaint. Do chuireadh sé an t-ór buí chúm tar éis dul abhaile dho. N'fheadar nách ag tabhairt an fhéir atá sé le tamall; níor mhaith liom san.

Tuairim 1909 is ea a bhí an duine uasal so, Marstrander, 'ár measc.

———

Ní rófhada ina dhiaidh seo gur ghluais fear eile dárbh ainm do Tadhg Ó Ceallaigh. Ar a laethanta saoire do bhí san. Gaeilgeoir maith dob ea é. Do bhíodh scoil Ghaelach gach tráthnóna i dtigh na scoile aige, timpeall cúpla uair a' chloig gach oíche. Níor ligeas aon tráthnóna tharam gan a bheith ina theannta.

'Sé seo an t-am díreach do tháinig an leitir chúm ón Lochlannach lán do pháipéir chuin ainmhí gach ainmhí ar an dtalamh, ainm gach éin sa spéir, ainm gach éisc sa bhfarraige, agus ainm gach luibh ag fás do chur chuige anonn go Lochlainn, agus ordú agam gan baint le cabhair as aon leabhar, ach iad do leitriú insa bhlas do bhí agam féin.

'Sea, ní rabhas ró-oilte ar an dteangain do bhreacadh insan am so agus, mo bhuachaill maith, níor mhór dom a bheith go sármhaith chuin na n-ainmneacha so go léir do leitriú ceart! Do thagras an scéal le Tadhg. 'Ó,' arsa Tadhg, 'déanfam le cabhair a chéile iad go rábach, a mhic ó!' ar seisean.

Ní raibh Tadhg ró-leisciúil chuin an ghnótha so, mar do bhí smut don ngnó ag dul chuin a mhaitheasa féin, mar ba mhó ainm do bhí agamsa ar na nithe seo nár chualaigh sé féin riamh. Do bhíodh tamall gach lá againn orthu, nó go rabhadar críochnaithe againn agus gur seoladh chuige anonn iad.

Ní rófhada ina dhiaidh seo gur tháinig teoirínteacht ar Thadhg chuin a bheith ag fágaint é féin. Do cheap sé go mbeadh trí mhí aige 'ár measc, ach ní raibh ach mí.

An bhliain seo tar éis Thaidhg ár bhfágaint, do bhí iasc go flúirseach le fáil gach oíche gurbh fhéidir leo dul ag triall air. Do bhíodh leathdosaen naomhóg ó Dhún Chaoin ag teacht, leis, agus ní bhídís sin comh hoilte[1] ar an bhfarraige insan am san agus mar 'táid ó shin.

'Sea, do bhí an oíche seo bog ciúin fliuch, agus dob eo le gach naomhóig againn chuin na farraige. Do chaith an oíche go maith nó go raibh a leath caite, agus do bhuaileamair isteach chuin an chaladh, gan aon iasc marbh insan am san. Dúrt féin leis an mbeirt eile do bhí im theannta go mb'fhéidir go mbeadh deireadh na hoíche breá, agus go mbeadh an t-iasc i mbarra an uisce, leis, b'fhéidir, agus go mb'fhearra dhúinn greim bídh do chaitheamh agus sinn féin d'fháil ullamh chuin an bhirt sin do chur chuin cinn.

Sin mar 'bhí. Do bhain gach nduine againn a thigh féin amach; mar do bhí an naomhóg tirim suas againn, do bhí am ár ndóthain againn chuin san do dhéanamh.

'Sea, do bhogamair amach arís, agus do bhí a thuilleadh dos na naomhóga gur chuaigh na fearaibh a chodladh nár chuaigh amach

---

[1] *Ls. ró oilte*

thar n-ais chuige. Do bhí naomhóga Dhún Chaoin nár chuaigh amach chuige; d'fhanadar ar snámh timpeall chaladh an Oileáin seo fean na hoíche.

An uair do fuaireas féin me féin ullamh do bhuaileas amach, agus do bhí na hiascairí go léir cruinnithe agus dá bhfáil féin ullamh chuin tabhairt fén mbanc amach aríst, agus an uain go breá fós, ach ná raibh aon staonadh ag dul ar an bhfearthainn. B'eo le gach naomhóig againn insa tsoláthar, cuid againn tamall maith ón gcaladh agus a thuilleadh againn ná raibh; pé scéal é, ní rabhamair féin rófhada ó thalamh.

Do scaoileamair amach na líonta, gach a raibh insa naomhóig díobh. Ní rabhadar ach sínte insa bhfarraige againn san am gur chualamair an fothram ag déanamh orainn, agus cad do bheadh ann ach feothan gaoithe. Do bhí an feothan comh fuinniúil gur chuir sé gach nduine againn anuas don dtochta ar thóin na naomhóige, agus do bhain croitheadh maith as an naomhóig féin.

Do phreabas go dtí an dtéid do bhí ag coimeád na líonta as dheireadh na naomhóige, agus do chromas ar í a tharrac nó go raibh na líonta ag teacht orm, agus dúirt an bheirt eile liom féachaint an raibh aon bhreac éisc iontu, agus do bhí breac fada fánach. 'Scaoil siar aríst iad,' ar siad san. Do dheineas, mar nár tháinig aon tsiolla eile ar feadh an méid seo aimsire.

Ní raibh ach an téad sínte siar insan am gur ghluais an fothram ba sheacht mhó ná an chéad cheann nár fhág aon bhraon sáile insa bhfarraige gan tógaint in airde insa spéir, agus do bhain croitheadh as an naomhóig, agus do raid soir siar í.

'Preab do gheit,' arsa an bheirt eile liom, 'agus tairrig aniar an téad. Beidh sé séidte gan mhoill,' ar siad san.

'Nách breá do bheadh sé ar bord anois againn dá leanfaimís dár láimh an uair úd,' arsa mise leo, agus preabaim go dtí an dtéid gan mhoill. Ní raibh im chumas ionga ná orlach do thabhairt liom don saighne. Dob éigeant dom m'aghaidh do thabhairt ar dheireadh na naomhóige, agus is righin mall do bhí sé ag teacht mar sin féin.

'Sea, do thugamair an saighne isteach go slán folláin, ach níor shín go dtí mar do bhí ann insan am so — sáile ag imeacht sa spéir insan am so le gaoth agus fearthainn. Do bhíomair lom díreach chuin scaoileadh fén gcaladh, agus is amhlaidh do bhí fear againn ag rámhaíocht agus an bheirt eile againn á stiúradh agus, cé go raibh dhá dhola iarainn agamsa i ndeireadh, do lúbadar le strus na stiúrtha.

Is ar a tharrac do bhí a shábháilt againn, mar ba dhóbair go gcuirfaí tharais an gcaladh sinn, dá fheabhas mar 'dheineamair ár ndícheall. Ar shroistint an chaladh dhúinn, do bhí sé ina bharra taoide, agus taoide ard rabhartha do bhí ann, agus do bhí an clodach lán do naomhóga romhainn, mar do bhí naomhóga Dhún Chaoin i dteannta naomhóga an Oileáin ann, agus an áit ana-chúng.

Ar chur na téide i dtalamh dúinn, do bhí mar scéal le clos gur ghaibh naomhóg soir thríd an ngóilín agus gan inti ach aon fhear amháin, agus gur ó Dhún Chaoin í; go raibh beirt eile dá criú i dtír uaidh, agus gur ghlan an naomhóg agus an fear aonair thríd an ngóilín soir, agus as go brách leis. Dob olc an scéal é dá mbeadh leigheas air, ach ní raibh, mar do bhí an iomarca ar an gcaladh in aonacht.

Do lean an gála do shéideadh thar fóir i rith na hoíche, agus do bhí an naomhóigín agus an fear aonair á shéideadh ag an ngaoith roimpi trasna thrí Bhá an Daingin nó go raibh eadartha bó amáireach ann. Insan am san do ló 'sea a bhí an fear aonair istigh i gCuan Uíbh Ráthaigh, gan maisle ná máchail air féin ná ar a naomhóigín. Do glacadh go mór ann é — an scríob curtha aige dho, é ina chaonaí aonair — agus do bhí ionadh an domhain orthu conas nár chuir an scanradh féin chuin báis é i rith na hoíche móire fada.

Tar éis teacht abhaile dhom féin, dob éigeant dom an doras amach do chur díom arís. Is é an fáth do bhí agam leis sin féachaint an raibh na daoine muinteartha ar fad saor age baile, agus dob iad an chlann do chuir an méid sin cúirim orm, mar do bhí a n-uncailí féin ar an bhfarraige, agus ca bhfios dóibh ná go raibh an scríob bertha orthu? Do bhí an bháisteach ag titeam go tiubh fós gan aon tsánas, agus is ar mo dhearnacha dob éigeant dom dul ó thigh go tigh acu. An uair do bhaineas mo thigh féin amach thar n-ais, dob in é an uair díreach do bhí sé ag breacadh agus é ag trimiú. Do chaitheas díom anuas agus do bhaineas an leabaidh amach, agus níor mhór an aga go rabhas im chnap inti.

Larnamhanathar an lae seo, do chuaigh daoine ón mBlascaod amach ag caoineadh an fhir bháite, ach do bhí sé age baile rompu. Iontas mór dob ea é. Do thug long gail trasna go Daingean é, a naomhóg agus a líonta.

Do leath an scéal amach ar fuaid na ríochta gur thit so amach ar an bhfear insan Oileán Tiar, agus ní rófhada gur tháinig sornaire ón Rialtas ar thuairisc an ghóilín gur ghaibh sé thríd agus é istigh ar an gcaladh. Dúirt an fear do tháinig gur mhór an scrupall duine do bhí istigh ar chaladh comh ciúin leis a sheoladh as amach aríst. 'Agus,' ar seisean, 'is le mísheans nó is é an duine deireanach gafa thríd an ngóilín é'.

An uair do chuaigh an fear so thar n-ais, ní rófhada go raibh bun curtha aige ar an ní seo do bhí ag teastabháil agus go raibh obair ar siúl gan staonadh nó go raibh an góilín níos aoirde ná aon áit eile mórdtimpeall air, agus tá an áit ó shin go neamheaglach: má taoi istigh, níl aon dul ar ghabháil amach, beo ná marbh. Bhí obair agus gnó ar siúl ar feadh tamaill mhaith an uair seo. Do thugas féin chúig phuint déag di agus gan agam ach pá fhir, agus breaclá maith ná bínn chuige ann. Bhíodh beirt as thithe eile go minic ann an uair do bhíodh gá leo.

Ní rófhada ina dhiaidh seo, tar éis na hoibre do bheith críochnaithe, san am gur chuas féin agus beirt eile ag iascach oíche bhreá, agus ní raibh orainn dul i bhfad ó bhaile. Pé scéal é, ní raibh mórán éisc ag bualadh linn, agus do bhaineamair amach an Tráigh Bháin agus do thugamair cor ann. Ní rófhada do bhí na líonta curtha againn san am gur bhraitheamair iomlasc á dhéanamh tamall siar insa tsaighne. Dúrt féin leis an mbeirt eile go raibh rón sa líon, agus má bhí aon mhaircréal ann go mbeadh sé ite aige gan rómhoill. Ach níor mhór an tsuim do chuir an bheirt im ghlór, agus do scaoileadar an scéal thrína gcluasa.

Ní rófhada ina dheabhaidh seo go ndúirt an fear tosaigh go raibh diabhal éigin sa líon, mar go raibh sé ag tarrac an lín agus na naomhóige leis go mear. 'Agus,' ar seisean liomsa do bhí ina deireadh, 'tairrig aniar an téad, agus ná bí i bhfad!' ar seisean. 'Ach is fadó do bheadh sí tairrigthe agamsa mara mbeadh sibhse!' arsa mise leis.

Ní raibh ach an focal as mo bhéal san am gur tháinig conach ar an rud do bhí insa líon, agus do thairrig leis an naomhóg agus na líonta tuairim míle 'shlí. Agus ba bheag nár bháigh sé sinn don iarracht san, ach go raibh fiche fea do théid as cheann an lín, agus dob éigeant í a ligeant leis go dtí an méid do bhí im láimh di. Ní raibh faic le déanamh ansan ach na líonta do ligeant leis, agus ba mhór an cur chuin deireadh ar iascaire bhocht é sin, agus dúirt an fear tosaigh liom tarrac ar an dtéid aríst, agus do dheineas, agus do thugamair smut don tsaighne ar bord, agus dob in é an uair do bhí an béarla againn lena chéile!

Oíche ghealaí dob ea í agus, an uair do chonacamair an allait ghroí, tamall siar ó dheireadh na naomhóige, do tháinig an liathbhuí ar thriúr againn, gan aon phioc feasa againn cad ba chóir ná cad ba cheart dúinn a dhéanamh. Dúirt an fear tosaigh liomsa gan na líonta do ligeant uam: gurbh fhearr leis a bheith báite féin ná a bheith gan líonta. Do dheineas rud air, agus dob éigeant dom a bheith á scaoileadh siar agus aniar, agus do bhí an phiast mhór go hiontach agus na sé cinn do líonta casta uirthi ach aon líon amháin; agus an uair do thugadh sí a haghaidh le fánaidh dob éigeant ligeant leis an dtéid gach uair nó go mbuaileadh sí thíos ar an ngainimh.

'Sea, do bhíomair ag comhrac léi nó gur dhrideamair leis an gcaladh. Do bhí scian mhaith ar oscailt agam i gcónaí chuin tarrac ar an dtéid, ach do bheadh san faillítheach agam dá raghadh an phiast chuin buile. Fé dheireadh do shroicheamair an caladh, mar do fuaireamair cabhair ó dhá naomhóig eile. Do bhí lán na linne inti. Ní rófhada go ndúirt an fear tosaigh é féin do chur amach ar an bpéist chuin go mbainfeadh sé a líonta dhi faid do bheadh sí ar snámh. Ní raibh mórfhonn orainn é a chur amach, mar do bhí amhras againn ná raibh sé ceart ina chéill. Ní rófhada gur dhein sí iomlasc ar an linn, gur bháigh sí a raibh ar an linn. Do bhuail sí clabhta don oróig droma do bhí uirthi i gcoinnibh na cloiche; do scoilt sí an chloch, agus do bhain leathtonna meáchtaint aisti.

Is beag nár chuir sí chuin báis a raibh ar an gcaladh le scanradh an uair do thriomaigh sí. Do bhí ae inti do choimeád solas don Oileán go ceann bliana. Do bhí obair ar na líonta do bhaint di; do bhíomair gan líonta ach na téada, iad stollta stracaithe. Ní raibh triúr againn insa mhaith chéanna ó shin: do bhí an iomarca don anró bertha orainn, agus do bhíomair báite mara mbeadh a ghiorracht don gcaladh do bhíomair.

Do bhíomair lá eile agus cloch róid ag coimeád na naomhóige, agus dairithe againn agus sinn ag marú éisc. Ní rófhada gur ghaibh an searc fé bhun na naomhóige, agus é anonn agus anall gan é ag fágaint, ná níorbh fhéidir é a chur ón áit.

Do bhí fear againn sínte trasna ar an dtochta agus, gan dabht, do bhí a dhá chois amach thar gunail. Do bhíos féin i ndeireadh na naomhóige agus, súil dár thugas, cad do chífinn ná an searc agus a chraos ar leathadh aige, agus díreach é ag tabhairt fé dhéin na gcos. Do ligeas scread ar an bhfear láir na cosa do tharrac isteach. Do dhein do gheit, ach do chuaigh a leath glan in airde as an uisce, agus is beag nár bháigh sé sinn sa scríb sin.

Dob éigeant dúinn tarrac suas agus an talamh do bhaint amach, agus do lean sinn an fhaid do bhí dhá fhea uisce aige. Ní raibh aon mhaith insa lá san ionainn, ná ní raibh an misneach céanna go ceann seachtaine ina dhiaidh againn.

N'fheaca aon phiast riamh ó shin i mbarra an uisce ná go dtiocfadh creithniú im chroí. Is minic do bhí bád agus naomhóg báite tar éis na hoíche, agus go minic sa lá, agus do théadh dos na daoine do dhéanamh amach cad do thagadh trasna orthu. Is é mo mhórthuairim gurb ollaphiast mar seo do thugann fogha chúthu, agus an taobh síos do thabhairt suas dóibh. Is mó rud do bhíonn ag faire ar lucht na farraige.

23

Bhí daoine go moch ar maidin lasmuigh insan áit seo, agus cad do bheadh le feiscint ná an seantán mór bán ar bhruach an chaladh amuigh i nDún Chaoin. Dob ait linn an scéal, cé go raibh an tiarna talún ag bagairt orainn go minic roimis sin. Dúirt cuid againn gur báillí do bhí ann, a thuilleadh againn á rá nárbh ea. Pé bun do bhí leis an dtigh bán amuigh, ní raibh aon fhonn amach ar éinne againn; is beag ná go raibh cuid againn ag siollagar 'o cheal rudaí do bhí ag teastabháil uainn.

Do tháinig lá ana-bhreá, agus do bhí fear meánaosta agus naomhóg aige féin ná raibh rómhór, agus dúirt sé go raghadh sé féin amach, dá mbeadh beirt shlatairí in aonacht leis. Dúrt leis, mar do bhí gaol agam leis, go mb'fhearra dho fanúint age baile; ná raibh aon rud cóir amuigh.

'Sea, níorbh aon mhaith do bheith leis, ó chuaigh sé ina cheann. Do fuair sé na slatairí agus do bhuail trasna an Bhealaigh amach. Duine beag tóstalach dob ea é, tor féna smeigín, fén mar 'bheadh ar chollaphoc gabhair. Níor stad sé agus níor fhuar sé nó gur bhain sé amach caladh Dhún Chaoin. Ba dhóigh leat gur ar bord maraitheora loinge cogaidh do chaith sé a shaol. Níor stad mo dhuine nó gur chuaigh sé i radharc an tseantáin, agus do fuair tuairisc láithreach gur fórsa chun an Bhlascaoid do bhí ann. Ní raibh sé sásta nó go bhficfeadh sé cló an sórt fear do bhí insa tigh bhán; do chuaigh sé i radharc bhéil an doiris agus do chonaic sé cúpla gunna.

Do bhí fear mar é féin insa tseantán go raibh meigeall eile air, agus d'aithin sé go raibh an fear amuigh cabanta ar an sórt gliúcaíocht do bhí air ag féachaint isteach thríd an ndoras ag tabhairt gach ní fé ndeara. Níor dhein sé faic 'o bharra ach breith ar an ngunna agus é a dhíriú amach air.

Ar fheiscint an fhuadair sin don bhfear amuigh, do chuir sé insa cosa ón dtigh bán agus do thug a aghaidh ar an gcaladh go raibh a naomhóigín aige. Do lean fear liath an ghunna é chuin go mbeadh greann aige air, agus do lig sé piléar chuin critheagla do chur air.

Do ghlaoigh fear an Oileáin leis an dá shlataire go dtí an naomhóig. Do thairrigeadar ina ndiaidh ó bharra taoide go lag trá í. Ar dhul ar snámh dóibh, ní rófhada gur bhraith na slatairí an sáile ag teacht go glúine orthu, agus do bhéiceadar go rabhadar báite. Cé nách fada ón dtalamh do bhíodar, ní ligfeadh an fear aosta dhóibh casadh le heagla roimis an bhfear liath go raibh an gunna aige. Do chuir sé a vest sa scoilt go raibh an t-uisce ag teacht, garsún á taoscadh nó gur shroicheadar a gcaladh féin.

Do rángaig liom féin do bheith rompu. Do chuireas cuntas ar an bhfear aosta cad do bhí amuigh, nó cé hiad go raibh an tóir as a gcionn, ach dob é an freagra ciotrúnta do fuaireas uaidh gurbh in iad amuigh agam iad agus dul ar a thuairisc.

'Ach, ná dúrtsa leat sarar fhágais', arsa mise leis, 'gan dul ann, mar nár dhuine amuigh ná istigh thu!'

Do thógas an dearna agus do thugas cniog i bpoll na cluaise dho.

Tar éis dom deighchomhairle do thabhairt dom dhailtín seanduine agus é ag imeacht ar maidin, féach gurb é an focal ba mheasa do bhí ina phus do thug sé dhom tar éis teacht do. Níorbh é seo an chéad uair do thit an sórt so, leis, amach, agus féach gur chuir sé an t-olc comh mór san orm nár thógas an dorn chuin éinne eile an fhaid atáim ar an saol ach chuige. Agus do chuir fear liath an ghunna amuigh an oiread san eagla air ná raibh sé insa mhaith chéanna riamh ó shin.

Ar chloisint an scéil seo dos na hoileánaigh, do chuir sé thrína chéile go mór sinn. Go lánbhocht do bhí formhór a raibh ann insan am so. Ní raibh faic do raghadh amach ná go mbeadh tógtha orainn:

an chasóg, an leathphaca plúir agus gach luach leathphinge[1] dá mbeadh le feiscint.

Ar chlos an scéil sin don sagart paróiste, níor thaitn sé leis, agus ní raibh sé sásta nó go mbeadh 'fhios aige an raibh aon tseift le fáil do thabharfadh fuascailt ar na hoileánaigh, agus do bhí Bord na gCeantar gCúng ar siúl le tamall roimis sin, agus do chuir tuairisc amach féachaint arbh fhéidir leis an Blascaod do chur fén mBord. Ba róghearr gur tháinig tuairisc chuige go mbeidís toilteanach le gabháil fé.

Do chuir an sagart tuairisc chúinn gan rómhoill do bheith amuigh féna bhráid, mar go mbeadh feidhmeannach ón mBord ina theannta insa lá do cheap sé. Do bhí an lá spriocálta róláidir agus dob éigeant dúinn dul ar Chuas an Reithe[2]. Do bhí fear an Bhuird agus an sagart romhainn, agus drom na beirte le stocán go dtugtar Stocán an tSagairt air. Is minic gur éigean dos na hoileánaigh caladh do dhéanamh insa chuas so, mar gach uair do bhíonn gaoth láidir aduaidh ann níorbh fhéidir caladh do dhéanamh in aon áit lasmuigh chuin Dún Chaoin, agus bíonn an cuas so ina loch san am gcéanna.

Ar shroistint barra dhúinn, do bhí an bheirt uasal ann romhainn. Ba bhreá leat iad, mar do bhí an chuma fhónta ar gach nduine acu. Níl ach seachtain ó fhág an tAthair Ó Gríffín sinn, tar éis é bheith fiche blian mar shagart paróiste againn. Ba mhaith an taca insa bhearnain an lá úd é. Maran fearr nára measa aige, pé áit eile go bhfuil sé suite síos.

Do bhíomair tamall ag caint leo, agus iad linn, nó gur chuireadar ceangailte ionainn ná beadh an tigh bán aon lá eile le feiscint againn. D'fhágadar slán agus beannacht againn, agus sinn féin agena chéile. Níor rómhaith an lá ar muir againne é, agus ní lú ná a bhí sé le moladh acu san ach oiread, ar a shon gurbh é an talamh tirim do bhí acu, le ceathanna sneachtaidh aniar 'duaidh ag baint na súl astu féin agus as an gcapall.

Ar shroistint ár gcaladh féin dúinn, do bhí a raibh san Oileán i bhfiainise an uisce, féachaint cad é an tuairisc do bhí againn chúthu.

---

[1] *Ls. leath-phingin*

[2] *Ls. ratha — mar sin adeirtear é, dar ndóigh*

Ach do bhí tuairisc mhaith, mar is giorra cabhair Dé ná an doras, agus do thugamair dóibh é go sultmhar, m'ionann san agus fear an mheigill do bhí amuigh seachtain roimis sin ná raibh i mbun aon tuairisc fónta do thabhairt uaidh.

Larnamháireach an lae seo do bhí an tigh bán ar lár, agus ní rófhada go raibh fear agus fear ag teacht ar ár dtuairisc ón mBord. Seanará is ea é gur giorra cabhair Dé ná an doras agus an rud is measa le duine ar domhan ná feadair sé ná gurb é lár a leasa é, agus dob in nó againne i dtaobh an tí bháin é. Ach dá mhéid é an fuadar do bhíonn fés na huachtaráin go minic, cuireann comhacht an Ardmháistir anois agus arís i ndiaidh a gcúil iad.

Níor mhór na laethanta gur ghluais an t-ardfheidhmeannach do bhí ag an mBord. Do chuir suas a sheantán, agus do thug tamall 'ár dteannta ag tomhas agus ag roinnt na talún. Is me féin do bhí ar cheann an tslabhra aige. Do thugadh dom mo ghloine bhreá bhiotáille gach maidean agus tráthnóna, agus geallaimse dhuit gurbh é an fear breá ar gach cuma é, gurbh fhuiriste an saol do réiteach leis.

Do thóg sé ár n-ainm síos, a bheith mar threontaithe acu agus a bheith sásta leis seo agus leis siúd. Do bhí saoiste in aonacht leis agus a lán fearaistí, mar is trálaeir ón nDaingean do thugadar leo, agus do bhí sí lán do gach ní ag teacht acu. Dob í sin an trálaeir do thuill an t-airgead ar ghnóthaí an Bhlascaoid.

An uair do bhí gach ní tairrigthe amach ag an maor don saoiste, d'fhág sé i mbun gach gnótha é, ach do thagadh ar cuaird anois agus arís, agus do thagadh fear airgid do dhíol uair sa choicíos. Ach 'sé crích agus deireadh an scéil é, an uair do cheapamair go mbeadh ár dtriopall in airde an chéad lá do bhí an tigh bán amuigh ag faire orainn, ach má bhí san curtha romhainn do bhí teachtaire ó neamh laistiar dínn, glóire dho Dhia.

Do thug an Bord bliain ghoile[3] ag obair insa Bhlascaod an uair sin, agus formhór an bhaile agus obair againn gach seachtain agus lá. Dhá scilling sa ló an pá do bhíodh dúinn, rud maith ag déanamh ár

---

[3] = go leith

ngnótha féin. A seacht déag do scillingí insa mbliain do bhí ar an ngabháltas do bhí agamsa ag an mBord so — agus tá fós — go raibh deich puint á dhíol insa tseanaimsir as agem athair críonna. Is mór an t-athrú ar an saol é sin.

Do bhí lóistín agam á thabhairt don saoiste seacht mí don aga do chaith sé insan Oileán so. Do bhí sé ana-mhór liom do shíor, mar do bhíos oilte chuin gnóthaí nárbh fhéidir le puinn daoine eile do dhéanamh do agus, leis sin, do bhíodh orm a bheith ina threo féin do shíor.

Bhí gleannta ann go mbíodh uisce trom ag gabháil iontu go minic gach uair do thagadh báisteach, agus dob éigeant domsa agus d'fhear eile droichid do chur i bhfeiste orthu ar fad, agus an-obair ar chuid mhaith acu. Níor mhar a chéile an tógáilt do bhí orthu so agus do bhíonn ar fhalla tí.

Chúig cinn do thithe nua do deineadh ann. Is mise agus an saoiste do chuir lena chéile gach blúire dhíobh, agus do bhíodh ardobair age lán na beirte againn go mion minic, mar do chaitheadh garda adhmaid do bheith leo i gcónaí, mar is le grean atáid siad tógtha agus táthán thríd, agus do bhí orainn iad do choimeád comh díreach le bairille an ghunna.

Sara raibh na tithe tógtha do tháinig glaoch ar an saoiste, agus do tháinig fear nua ina inead. An fear do tháinig ní raibh aon chur amach aige ar obair na dtithe do thógaint, go mórmhór tithe an ghrin. Do bhí an scéal go dana age beirt acu: fear tagthaithe chuin fir eile do ligeant chuin siúil, agus an obair le beith ina stop toisc gan eolas an ghnótha do bheith ag an té a tháinig agus, dá dheascaibh sin, do bhí an bheirt acu chuin bogadh an bóthar.

Dob ait leis an chéad shaoiste an scéal san agus do dhéin sé machnamh an mbeadh aon tseift gurbh fhéidir an obair do chríochnú. Seo mar 'mhachnaigh sé. Do phrioc sé leis mise do bhíodh ina theannta féin do shíor timpeall na dtithe go dtí an saoiste eile. Do chuir mar cheist orm ar dhóigh liom an raibh sé im chumas a raibh ós na tithe do chríochnú; mara raibh, ní raibh aon chur amach ag an bhfear maith seo orthu, ná ar a leithéid do ghnó.

Seo mar 'fhreagras é:

'Dá bar fhear óg me agus go gcuirfinn suim sa cheird, níor bhe' liom aon mhí amháin id theannta chuin gach gnó do chonac agat á dhéanamh do bheith ar eolas agam comh maith leat féin, ach ó rángaíos meánaosta níor chuireas suim in aon cheird ach mo lá a chur amach.'

'Creidim thu go dianmhaith,' arsa an saoiste; 'ach cad déarfá leis na tithe do chríochnú ina theannta so?' ar seisean aríst.

'Déanfad mo dhícheall ar do shonsa,' arsa mise leis.

'Go raibh maith agat,' ar seisean; 'tá baochas agam ort ó thána 'on Oileán,' ar seisean liom.

'Ach ó tharlaigh ná fuil aon fhear eile insan obair ná insan Oileán so i ndán na hoibre seo do dhéanamh, cad é an dualgas fé leith atá agamsa le fáil dá bharr?' arsa mise leis an seanashaoiste.

'Ach cad tá agat le héileamh,' ar seisean, 'ach do phá a fháil gach lá do bheidh obair ann?' ar seisean.

'Ach, b'fhéidir an uair do bheadh na tithe críochnaithe age beirt againne ná beadh an fear maith seo i mbun aon bhreis oibre do thabhairt domsa ach oiread leis an gcuid eile do bharr mo shíbhialtachta.'

Do chas sé ar an saoiste eile, agus dúirt leis:

'An lá ná beidh ag teastabháil uait ach aon fhear amháin, tabhair do so é, agus gach uile lá nó go mbeidh deireadh léi.'

Do bhain croitheadh lámh asam, mar do bhí an bád ag brath leis chuin seoladh. Dúirt na hoileánaigh gurbh é an fear dob fhearr do bhí riamh as chionn fear é.

'Sea, an Luan do bhí chúinn do bhí an obair ar siúl, mar ba ghnáth le breis agus bliain roimis sin. Do bhíos féin agus an saoiste nua le chéile. Mo dhóthain oibre do bhí romham amach, mar do bhíos im fhear oibre agus im mhaor in aonacht, gnó an tsaoiste agus gnó an fhir oibre insa mullaigh orm.

Chúig cinn do thithe do bhí ann, gan aon tigh acu críochnaithe fós, mar dob amhlaidh do bhíodh tamall ar gach tigh acu againn. Do bhíodh simné ó cheann, agus dhá shimné ó cheann eile; dhá bhinn in airde ós na fallaí ó thigh, binn ó cheann eile. Ach ní raibh gnó againn a bheith ag féachaint orthu ach smut díobh a dhéanamh. D'fhéachas romham féin go maith chuin an ghnótha do fágadh ar mo láimh do dhéanamh insa tslí ná beadh éinne ag magadh fé shaothar fhir an Bhlascaoid Mhóir do bhí anois mar shaoiste ar na tithe nua, agus an chuid ba mheasa dhíobh gan déanamh fós.

'Sea, do bhí an bheirt againn ag déanamh go maith agus ag cur dínn go hálainn. Fén mar 'bhíos-sa ag an chéad shaoiste is ea do bhí an tarna saoiste agamsa; ní raibh faic aige le déanamh ach d'réir mar 'déarfainnse leis, agus níorbh fhearr leis bó do bhronnadh air ná an chéad tigh a fheiscint críochnaithe.

Ní raibh aon bhreis pháidh domsa ach oiread le héinne i dtaobh na hoibre seo do bheith caite suas orm, ach gur thána suas ina dhiaidh sin le breis do bheith agam, mar an uair ná bíodh ann ach obair d'aon duine amháin ba mhise an duine go raibh san le fáil aige — sin mar 'ghearraigh an seanashaoiste dhom. Fé dheireadh do tháinig an lá ar bheirt againn go raibh na chúig cinn do thithe críochnaithe amach againn agus, cé gur chuaigh san go maith dhomhsa, ba bh'fhearr ná san do chuaigh sé dhon saoiste, agus do bhain seacht croitheadh as mo láimh agus dúirt ná feacaigh sé mo mháistir riamh.

'An dóigh leat,' arsa mise leis, 'an bhfuil aon aithint ar a bhfuil déanta againn araon 'o bhreis ar an gcuid eile don obair?'

'Má tá aon phioc is ar a fheabhas é,' ar seisean.

Do bhí lán na beirte againn ag seinm Dhónaill na Gréine ansan: an gnó ba dheacra déanta againn agus é i leataoibh.

Bhí feistí eile mórchuid gan déanamh fós, ach ní raibh oiread deacracht iontu san leis na tithe do chur suas. Bhí urláir ós na chúig tithe fós. Do bhí siúinéirí agus lucht slinne do chur suas ann. Ba lánmhinic ná bíodh obair ann ach do chuid bheag — beirt lá, b'fhéidir; thagadh lá ná bíodh ann ach duine aonair agus, gan dabht, ba mhise an duine sin.

Tháinig lá go raibh urlár le cur isteach, agus do bhí ceathrar ar an mbord ag suaitheadh an mhairtéil. Do theastaigh ón saoiste ordú do chur orthu: an oiread san táth"áin do chur thríd an oiread san grin. Ní raibh Béarla ag lucht a dhéanta, agus ní lú a bhí ná Gaelainn ag an saoiste. Ba dheacair dóibh a bheith umhal dá chéile, agus do bhí a cheart don drochmhianach insa tsaoiste comh maith le duine.

Do bhíos féin in airde fé bhun na slinne ag plástráil. Ní rófhada go bhfeaca chúm é agus gan aon deighimeacht fé.

'Tair anso anuas,' ar seisean; 'tá na daoine atá ar an gclár comh dall le cheithre cinn d'asail!' ar seisean.

Do bhuaileas anuas dréimire mór fada, agus níor stadas gur thána ar an gclár. Do labhair sé ar an rud do theastaigh uaidh a dhéanamh. D'inseas don gcuid eile an oiread so do gach sórt do chur ar a chéile.

'Sin iad an ceathrar is daille do chonac riamh,' ar seisean, 'agus caithfead iad do chur uam.'

'Ach deir an ceathrar más maith leo na tithe do chríochnú go gcaithfar tusa do chur as, agus duine go mbeidh tuiscint acu féin air do chur ann. Ach is ana-thábhacht leatsa ná tuigid seo thu, ach is an-ait leo so ná tuigeann tusa iad.'

Ní raibh oiread píopaireachta ag an saoiste as san amach agus do bhíodh, mar ba mhaith do bhí 'fhios aige go raibh dhá smut don locht air féin agus ar an muintir do chuir ann é, agus gan tuiscint ar theanga an Oileáin seo aige.

Do bhíomair féin agus é féin ag broic le chéile nó go raibh an obair déanta, ach do bhíos-sa ag cur díom go saoráideach ina measc, ó rith liom meabhair do choimeád ar na tithe, mar do bhíos ag imeacht im theanga labhartha as san amach, agus do fuaireas obair gach lá nó go raibh sí críochnaithe. Ach níorbh ar an saoiste seo do bhí a bhaochas agam, ach ar an bhfear a fhág sinn.

Ba mhó rud do gealladh dúinn nár deineadh ó shin dona lán, mar do bhí na daoine ar ghnóthaí an Bhuird san am úd, cuma ná raibh daoine ó shin. Pé scéal é, d'fhuascail an tseift sinn. Do chuir sé an fórsa ó bheith ag faire orainn do bhí ar intinn ár gcuid éadaigh do bhaint dínn insan am gcéanna.

Do dhein an Bord maisiúlacht do chur orainn, insa tslí gur féidir linn smut do chur i gcónaí gach uair is maith linn, ach ní raibh an scéal mar sin againn roimis: mara mbeadh an chomharsa chuin cur le hais leat do bheadh ort stad, mar ná féadfá aon chosaint do dhéanamh, mar do bhíodh fáltas gach nduine róbheag.

Níor tháinig aon tóir orainn riamh ó shin, ach is baolach ná beidh san mar sin i gcónaí. Táthar i bhfad anois gan cíos ná cáin do lorg orainn, toisc an tsaoil do bheith thrí chéile, is dócha.

Bhíos lá a d'iarraidh ualach móna ar an gcnoc, agus cad do chífinn ná trálaeir mór ó Dhaingean Uí Chúise ag tarrac aniar laisteas don Oileán. Bhí gach seol do bhain léi in airde aici, gaoth láidir aduaidh ann. Do ghaibh cóch láidir anuas cliathán an chnoic, agus do chuala an fhuaim ag teacht orm ach níor chuireas suim ann, mar ba mhinic roimis sin do chuala a leithéid.

Ar shroistint an asail do, do bhí romham amach, do bhain sé an úim do; do leag sé an t-asal; do leag sé me fhéin, agus do bhain sé an mheabhair as mo cheann. Ar phreabadh im sheasamh dom agus ar fhéachaint timpeall dom, ní raibh m'úim le fáil, ach do bhí an t-asal. Súil dár thugas i ndiaidh na húmach, do luigh mo shúil ar an dtrálaeir, agus is orm do bhí an t-iontas an uair ná feaca aon ghiobal anairte in airde uirthi ach na crainn, í ansan ina hóinsigh gan cor aisti, mar ní raibh gluaisteán ar aon bhád insan am úd.

Ar fhéachaint géar dom, cad do chífinn ná m'úim amuigh ar an bhfarraige mhóir, i ngiorracht fiche slat don árthach maol gan seolta. Cad do bhí agam le déanamh ansan? Ní raibh fód móna age baile ná aon rud do bheireodh aon ní. Do stadas ar feadh tamaill ag machnamh ar cad do dhéanfainn. Is é seift do rith chúm ná an dá mhála do bhí i srathar an asail do thógaint aisti agus an mhóin do chur iontu, ceann acu ar gach taobh don asal.

Uncailí

Bhí triúr uncailí agam. Triúr dearthár dob ea iad ó thaobh mo mháthar. Bhí an triúr acu pósta in aon tigh amháin ar feadh i bhfad. Do bhí bean ón dtír mhóir amuigh pósta age duine acu, agus bean mhaith dob ea í. 'Sea, dá fhaid do bhíodar i bhfochair a chéile, ní raibh sé ina gcumas fanúint go deo, agus do chromadar ar roinnt le chéile.

Moch go maith do bhí sé agamsa san am gur phrapálas me féin chuin an chnoic suas do chur díom féinig. Corrán agus téadán agam, agus greim caite agam. B'é mo ghnó beartán luachra do bhaint don bhothán do bhí agam, go raibh an braon anuas ann, agus me chuin dorn prátaí do chur ann.

Níorbh fhada óm thigh féin do bhíos san am gur chuala an gleo go léir lastoir díom agus, insan am gur shroicheas an lantán go raibh sé, cad do bheadh ann ná mo thriúr uncailí agus iad ag tuargaint a chéile, corcán eatarthu agus iad á bhaint dá chéile, agus blas na fola go maith ar na fiacla acu; lámh le gach nduine acu ceangailte insa chorcán, agus an lámh eile a d'iarraidh na coda eile do chur glan as.

Mar ana-ghnáth liom i gcónaí an lá do chuirfinn romham saothar mór do dhéanamh gurb amhlaidh do théadh an lá san im choinne ar fad, gan faic do dhéanamh, agus dob in nó ag an lá so é, mar cad deire liom ná gur phrioc an mheach me agus nár stadas nó gur chuas ina measc ag tabhairt comhairle dhóibh staonadh, agus gan a meas do chailliúint le pota corcáin.

Dob í sin an chomhairle nár ghlacadar uamsa. Triúr acu fada láidir an uair sin, lámh le gach nduine acu insa chorcán, agus breacdhorn anois agus arís acu á tharrac ar a chéile, ach ná bíodh na buillí maraitheach. A dtriúr ban amuigh ar an mbuaile agus gach aon scartadh gáire acu, ag magadh chúthu, agus lom an chirt acu, dar ndóigh. Do labhradh bean acu anois agus arís agus deireadh 'mo ghraidhin croí thu, a Liam, ná lig leo é!' díreach mar 'bheadh daoine ag gríosadh madraí do bheadh ag comhrac.

Do chuir fuadar na mban an gumh orm féin, agus do phreabas im shuí ó mhaolchlaí go rabhas suite air, agus do chuireas crúca insa chorcán agus dúrt leo an bhfágfaidís fém riarú é agus, mar do bhíodar cloíte ó bheith ceangailte ann ó chaitheadar bia na maidine go dtí an t-am so, agus é ag drideam isteach le am bídh lár an lae gan mhoill, comh luath agus do chuireas lámh ann do bhog gach nduine don dtriúr as, agus do bhuail gach nduine acu a dhrom le teannta, agus gá lena n-anál[4] do tharrac acu. Do bhí an corcán agamsa ansan, agus gan éinne dhá bhaint díom.

---

[4] Ls. n'inneáll (= n-ineál)

Dúrt leo an mbeidís sásta le trí crainn do chur siar, agus pé crann go dtitfeadh sé chuige a bheith sásta é a bheith aige.

'Déanfaidh san an gnó,' ar siad san.

'Ach nár chirte dhíbh san do dhéanamh ar dtúis?' arsa mise leo.

'Ach ní ligfeadh an diabhal dúinn é!' arsa Diarmaid.

B'in é gnó an lae thairbhigh, agus an saothar mór do chuireas romham do dhéanfainn, dar liom! Ach féach cad do dhéanfair an uair do bheidh an ghaoth id choinne. Bhí an lá so meilte orm, agus insan am go raibh an seanaphota corcáin réidh do bhuaileas abhaile.

Do bhí dianghá le díon an bhotháin agam, agus an aimsir breá tirim, agus do chuireas romham go mbeinn im beathaidh sa mhaidin do bhí chúm agus ná beadh faic chuin me a stop gan dul ar aghaidh chuin an ghnótha do bhí ar siúl agam.

Sin mar 'bhí. Do bhí greim caite agam go moch, agus dob eo liom insa tsiúl, agus insan am go rabhas glan as radharc na dtithe do bhíos ar mo thoil féin. Dúrt liom féin ná beadh aon rud chuin me a stop, ó bhí an cnoc chúm féin agus ó bhíos friseáilte go dtitfeadh gnó maith liom i bhfaid an lae.

Díreach agus me insa lantán go dtugtar Buailteán mar ainm air, do tuigeadh dom gur chuala guth bheo nó mharbh, ach níor bhain san dom shiúl. Do choimeádas ag cur díom go géar chuin na háite do bhí uam do shroistint, ach níor rángaig liom a bheith i bhfad chuin tosaigh san am gur chuala guth ba shoiléire ná roimis sin, m'ainm agus mo shloinne dá ghlaoch orm.

D'fhéachas go cruinn insa treo dar liom go raibh an chaint ag teacht orm, agus do chonac beirt fhear tamall maith le fánaidh uam, agus duine acu ag sméideadh a hata orm. Do thugas m'aghaidh le fánaidh an tsléibhe, agus níor stadas nó gur bhaineas amach iad. Is amhlaidh do bhí bó ar míchothrom acu, agus gan é ina gcumas í a thógaint. Do bhí an bhó ar fhleasc a droma, agus í in áit ná raibh ann ach a slí, agus ní bhogfadh dháréag anonn ná anall í; bó throm dob ea í, agus gan aon chothrom chuin hoba ná hé do bhaint aisti.

An téadán do bhí agam féin chuin an bhirt do thabhairt abhaile liom, an uair do bheadh sé bainte agam, dob éigeant dom é a scaoileadh agus é a chur i gceangal sa bhó. Ach do dheineamair mionrabh do, agus níor dhein san aon fhuascailt uirthi, agus dob éigeant dúinn tabhairt suas, tar éis gach seift do thriail léi, agus sinn féin tnáite.

B'éigeant machnamh ar rud éigin eile, agus dob é machnamh é ná fear do chur abhaile, cabhair do thabhairt leis, agus téad mhaith; ná raibh aon deáramh le í a fhágaint sa pholl gan í a thabhairt as beo nó marbh.

D'imigh an fear abhaile, agus dúirt an fear eile liomsa:

'Tá an lá inniu amú ort, agus ceidim[5] go raibh an lá inné,' ar seisean.

'Do bhí an lá inné, go cruinn,' arsa mise leis, 'pé cuma go mbeidh an lá inniu.'

'Preab leat agus bain do bheart,' ar seisean. 'Ní foláir nó coimeádfadsa a ceann so saor nó go dtiocfaidh an chabhair orm.'

Do dheineas rud air, agus do phreabas amach i gcoinnibh an tsléibhe aríst, agus do chuas mar a raibh ceapaithe agam, agus do chromas ar bhaint ar mo dhícheall. D'fháisceas mo bheart, agus do bhuaileas fé isteach, agus is ar an dtigh do thugas m'aghaidh. Ní raibh ach an bhó as an bpoll acu san am gur thána ina radharc.

BLÁITHÍN

Ar theacht do Bhláithín go hÉirinn do bhuail cara liom leis insa phríomhchathair, agus do bheartaigh an cara ormsa dho: go raibh mo leithéid ann. Do bhí faisnéis fachta aige ó Charl Marstrander roimis sin gur im theannta do bhí sé féin.

Ar shroistint na hÉireann don bhfear maith seo, níor staon sé nó gur bhain sé amach an Blascaod Mór. As san dúinn nó gur chuaigh beirt againn le chéile cúpla téarma insa ló, ach ná bídís fada. Mí do chaith sé an chéad bhliain, agus do bhíodh chúig seachtaine[6] gach bliain eile ar feadh chúig mblian, agus do bhí suas le cúpla mí an bhliain dhéanach aige. Agus insa mbliain seo 1925 do tháinig sé arís chuin gach focail dá raibh scríte againn do chur le chéile as bhéal a chéile, nó go bhfuaireamair lena chéile go réidh socair iad.

---

[5] = *creidim*

[6] *Ls. sheachtmhaine*

Beidh an leabhar so[7] ag cur síos ar gach ainnise dár thit amach timpeall na mBlascaod, beag agus mór, an cruachás do bheir ar chuid dos na daoine, ar an gcuma gur mhair cuid acu insa hoileáin bheaga ar feadh tamaill, an crot agus an cló do bhíodh orthu iontu, an long bháite, an glór sí, agus samhlaithe eile do bhíodh le feiscint acu go mion minic, má b'fhíor iad.

An uair do bhí an talamh socair suas ag an mBord, agus a ghort féin age gach nduine thall agus abhus, feiste agus fáscadh orthu, ní raibh a bhac orainn ár ndóthain do chur. Agus do chuirimís iad, ár ndóthain agus fuílleach. Má bhíodh cara linn ar an míntír amuigh go mbeadh ceal síl air, ní bhíodh a bhac orainn lámhaíocht do thabhairt leis go mion minic.

Roimis an mBord, an píosa beag do bhíodh curtha féin againn, agus go minic prátaí maithe iontu, do bhíodh muca againn, asail gan ceangal amuigh insan oíche agus, toisc gan an fáscadh ceart do bheith ar na goirt bheaga, ba mhinic go mbíodh an lá luaithrigh tugtha orthu tar éis an bhráca go léir.

Is mó bliain do chuireas díom gurbh éigeant dom a bheith im fhear mhaith insa ló tar éis a bheith suas insan oíche timpeall na Samhan ag marú maircréal. Is lánmhinic do thugas seachtain as a chéile gan aon néal do chodladh nó go mbíodh mo chuid prátaí i dtaisce agam. Ansan, an uair do fuaireamair na garraithe i bhfearas insa tslí ná raghadh fia ná fiolar iontu, ní chuirfeadh[8] Éire sinn ó bheith ag cur agus ag baint.

Insan am so, d'éirigh scolardach suas 'ár measc, agus do chuir seisean roimis go mbeadh bia gan allas aige féin. Do bhuail sé a lámha féna oscalla agus, ar nós gach aon uile dhroch-cheirde, ní rófhada go raibh slataire agus beirt ag déanamh rud air, agus a lán daoine ag dul chuin sáimhríocht, mar deireadh mac na míghrást so leo gurbh é an bia céanna é agus ná raibh ag obair insa tsaol so ach capaill agus amadáin.

Do chuaigh gort ar lár agus bán gan faic do chur ann, agus dhá ghort agus trí cinn. Do chuaigh an té do chuir an drochdhlí ar bun,

---

do chuaigh sé go dtí Meirice, agus ní bhfuair sé an t-arán ar an gclaí ann. Do chaill pollaí an Bhuird agus an fearas do chuireadar suas, agus do bhí sé sclábhúil orainn a bheith á gcoimeád suas, insa tslí ná fuil faic á chur anois ann ach na *flukes*.

Is mó duine do tháinig fé dhéin an Oileáin ó fhág Bláithín, mí agena bhformhór, agus dob éigeant dom cluas do thabhairt do gach nduine acu. Do bhínn ag obair dom féin, i dteannta téarma nó dhá théarma insa ló do thabhairt dóibh.

SAOISTE AN BHUIRD

Do thug saoiste an Bhuird seo seacht mí ar óstaíocht im theannta. Do bhí cailín d'inín agam an uair seo, í seo do mhair tar éis chath na Trá Báine. Do bhí bean mhuinteartha dhá máthair insa Dún Mhór, agus Mac Uí Chártha a fear. Ba mhaith leo í seo do bheith i mbéal an doiris acu, mar do bhí leath na talún ag an gCárthach dá thabhairt dá dhearthár. Níor staon lucht an Dúna Mhóir don machnamh san nó gur thógadar uam amach as an dtigh í, rud do dhein easnamh go lánmhór dom, dar ndóigh. Bhíos ansan gan aon duine chuin aon chrích do chur orm, ach sinn go breallach ag tarrac an tsaoil 'ár ndiaidh.

B'éigeant don saoiste scarúint uam agus, nách ait mar scéal é, do loirg sé trí huaire orm é a fhágaint mar a raibh sé, agus go mbeadh sé lántsásta lem riarú féin, ach dob in rud ná raibh im chumas-sa do dhéanamh: níor bheag an ainnise do bheith ar an té ná raibh leigheas aige air, agus gan a leithéid sin do bheith ag fulag léi.

Do bhíos-sa im dhuirc dhubh dhobhrónach ar scarúint na hiníne liom, agus do bhí Seán Ó Corcoráin ó Chontae Mhaigh Eo, feidhmeannach an Bhuird, gach aon bhlúire comh holc liom. Dúirt sé liom go minic ina dhiaidh sin gurbh iad na seacht mhí do chaith sé 'ár dteannta na seacht mhí dá shaol ba ghiorra do bhraith sé riamh.

Dosaen blian do mhair sí insa Dún Mhór ina dhiaidh seo. D'fhan seisear do pháistí óga ina diaidh, agus bráca bertha ar an athair bocht atá ag broic leo. Dá olcas do bhí gach scéal agam, do bhuaigh scéal na huaighe orthu ar fad.

COGADH MÓR NA FRAINCE

Ní rófhada do bhí so buailte insan am go raibh loingeasa dá shíneadh agus dá thrascairt ar an mórmhuir, daoine stróinséartha ag teacht i mbáid béaloscailte ós gach páirt don domhan nách mór. Ní raibh im theannta insa tigh an uair seo ach deartháir dom do bhí dhá bhliain déag níosa shine ná me fhéin; bhí an bunchíos an uair seo aige.

Níl aon chur síos ar an méid earraí do bhí insa loing do bhuail ag an mBlascaod insan am so. Timpeall cúpla míle ón gcaladh do chuaigh sí síos in aice na cloiche.

AN QUABRA

An Quabra dob ainm don loing seo, agus dúirt an captaein do bhí uirthi go raibh cuid do gach earra do bhain le beatha an duine inti, ach deoch amháin.

Do bhí an maor fíor insa méid sin. Do líon an fharraige do gach sórt do chonaic súil agus ná feacaigh súil riamh insan Oileán so. Do sábháladh luach na gcéadta don raic, agus do dhein na hoileánaigh mórán airgid di, cé nách é a gceart do fuaireadar.

Ní raibh agamsa ach a bheith ag féachaint orthu dar ndóigh, mar nách i mbád ná i mbárc do chuas, ná puinn ag glaoch orm. Do líon gach clodach isteach do leathar do bhí inti do spáráil mórán airgid dos na hoileánaigh, agus éadach comh maith. Tá an leathar á fháil inniu gach uair do thagann stoirm mhór do bhogann é.

BRIAN Ó CEALLAIGH

Dob é an Cogadh Mór do chuir Brian ón bhFrainc, agus do bhí an Blascaod Mór sroichte aige insan am so. Ní raibh na hoileánaigh míbhaoch do ach go lánbhaoch. Do ghlac sé do láimh me go tapaidh, cúpla téarma insa ló ná bíodh rófhada. Mara raibh aon stanlainn leis an *Quabra* féin agam, féach mar 'sheol Dia an duine uasal chúm insa tslí ná rabhas dall ar fad; is giorra cabhair Dé go minic ná an doras.

Is air is treise me go raibh sé bliain 'ár measc, agus is insa Bhlascaod do chaith sé an Nollaig an bhliain do bhí sé againn.

Tar éis fágaint do Bhrian, do bhíos ag cur cuntais chinn lae chuige ar feadh chúig bhliana. Ansan ní raibh sé sásta nó go mbreacfainn mo bheatha féin agus conas mar do chuireas an saol díom. Mar nár ghnáth liom aon duine riamh d'eiteach, do chromas ar an ngnó do chur ar bun, agus do bhíos go dtíos na chúig bhliana déag dheireanach insan am gur stop sé ar fhios do chur ar an scríbhín. Bhí iontas mór orm agus aiteas ina theannta, an saothar go léir i vásta orm ach, ó tharlaigh gur chuir fear maith teoirínteacht ar an gcuid dhéanach do, déanfad é agus fáilte.

Do bhíos ag cur an tsaoil díom ar an gcuma so ar feadh tamaill eile dom shaol, fear ag teacht, beirt agus triúr, agus do bhíodh a théarma féin age gach nduine acu, agus an duine acu ná cuirfá aon tsuim ann bheadh a shíntiús comh maith leo. Bhínn ag iascach ar na clocha, agus bhíodh prátaí mo dhóthain gach bliain agam.

Chúig bhliana do bhí Conradh na Gaeilge ar bun insan am gur chuireas mo cheann inti, agus dá mhéid bráca do bhíos a chur díom, is i ndéineacht do bhíos ag dul[9] ó bhliain bliain, agus táim inniu níos déine ná riamh ar shon teanga na tíre agus na sinsear. Má tá oiread liom breac agus scríte ag aon duine atá beo insa teangain seo, ní beag san, ach tá cúnamh chuin maireachtaint ag an gConradh uasal á thabhairt dom le déanaí, go bhfága Dia suas iad.

C.W. v[on] Sydow, ó Shorcha (Sweden)

Do ghaibh an duine uasal so cúpla uair chúinn. Bhí sé lá Domhnaigh istigh im theannta, agus do léigh sé an scéal *Fionn agus Lorcán* níosa bhfearr blas agus fuaim ná mórán eile i dtír na hÉireann do ghaibh timpeall. Ní raibh sé gan é féin do chur in úil dom chuin na saoire, leis, dá fhaid anonn é. Dúirt sé liom an turas déanach go mbeadh sé á mhúineadh ar dhul abhaile dho.

---

[9] *Ls. is a doll a n'déinneacht do bhíos a doll*

Seoirse Mac Tomáis

Ó Choláiste an Rí i gCambridge Shasana. Tá trí théarma 'ár measc aige, trí bliana i ndiaidh a chéile, agus níl sé sásta fós.

Bhí Tomás Ó Raithilí go mion minic 'ár measc gach bliain ar a laethanta saoire. Is é do chuir an chuid is mó dona bhfuil do leabhartha agam chúm. Is maith liom go maith i bhfad uam é.

Seán Ó Coileáin[10] i nDún Chormaic trí bliana i ndiaidh a chéile im theannta, gan post ná oifig uaidh, ach 'fheabhas leis teanga a shinsear do bheith aige. Ní rófhuirist an fear so do shárú insa teangain anois, mo thuairim.

Tadhg Ó Ceallaigh, Pádraig Ó Braonáin — ní féidir liom machnamh do dhéanamh ar a leath — Seán Ó Ciosáin, 7rl.

Ní raibh bráca mór orm ag aon chuid acu so agus, ó dhuine go duine acu, níor rug aon ghanntar orm ón chéad lá do chonac Marstrander go dtí inniu, baochas mór le Dia. Nár bhuaile bascadh ná bearna iad.

An tAthair Mac Clúin

Thug an sagart so trí seachtaine an chéad bhliain im theannta. Do bhíodh aifreann againn gach aon lá uaidh. Do tháinig sé thar n-ais agus do thugas mí ina theannta, sinn i gcabhair a chéile ag ceartú gach a bhfuil insa *Réilthíní Óir*. Do bhíodh hocht n-uaire a' chloig suite síos gach aon lá againn, dhá théarma insa ló, cheithre huaire ar maidin agus cheithre huaire tráthnóna, ar feadh an mhí.

'Sé seo an mí ba mhó do ghoill riamh orm ar muir ná ar talamh agus, farais sin, is mó do chuir paiseon agus fearg orm, an uair do chonac an té gur thugas an aimsir chruaidh ina theannta nár luaigh sé go raibh mo leithéid riamh ina chabhair. Is dócha ná raghadh an scéal comh holc dom dá bar mac léinn eile thall nó abhus do dhéanfadh é, lasmuigh do phollaibh na cléire, agus mara bhfuil aon chamabhóthar againn chuin dul ar neamh ach an bóthar díreach, tá go breá againn —

---

[10] *Ls. Ó Cuileamhain*

is fada fós go mbeidh na Flaithis lán, agus ní bheidh deireadh an tsaoil ann comh luath agus is dóigh le daoine é. Nár lige Dia go mbeadh aon stop ar an gcine daonna, pé cam nó díreach iad na bóithre.

————

Do bhí mac dom i Meirice ar feadh dhá bhliain déag. Do tháinig sé abhaile, é féin agus a bhean agus beirt leanbh. Bhí sé ar bhord aon loinge leis an Ardeaspag Mannóg an uair a tógadh ina bhrá i mBá Chorcaí é. Níor fhan sé im theannta ach leathbhliain san am gur thug sé fé anonn arís agus d'fhág ansan me. Ní raibh seilg ná faic á dhéanamh le linn dóibh teacht, ach [pé] puintín dár thugadar leo anall á chaitheamh acu. Agus is é rud adúirt sé, má leanfadh an saol mar 'bhí sé aon achar fada, go mbeadh pé pingin do thug sé leis agus do bhí ina bhóthar ag teacht caite aige, agus gurb amhlaidh ná beadh sé thall ná abhus aige. Níor thána trasna air, ach dúrt leis go mb'fhéidir go raibh an ceart aige.

D'fhág an seanaphinsinéir do dhearthráir me an uair do thánadar san abhaile. Do glacadh isteach i dtigh i nDún Chaoin é, agus tá sé fós ann agus é cheithre fichid blian. Tá buachaill eile do mhac dom im theannta, agus is éigean do fanúint timpeall an tí, mar níl mórmhaith ionamsa ach a bhfuil im theangain. Níl bó ná capall, caora ná uan, naomhóg ná bád againn; bíonn dorn prataí agus an tine againn.

Táim seacht mbliana fichead ceangailte insa teangain seo, tuairim fiche blian á breacadh leis an bpeann, is dócha agus, fén mar 'tá luaite cheana agam, ó casadh an Lochlannach chúm tá seacht mbliana déag ó shin. Bíonn rud éigin ag teacht trasna anois agus arís, i mbéal a chéile, ná fágann aon mhórghanntar orainn. Is mó spreallaire do chloisim á rá ná fuil aon mhaith insa teanga dhúchais, ach ní mise adeir san, mar is é rud adeirim go mbeinn ag agall na déirce mara mbeadh í.

Cailín uasal ó thír na Fraince an duine is déanaí do bhí im theannta, agus do ghabhamair tríos na *Réilthíní Óir*[11].

11 'Feabhra 1926' mar dháta aige leis an méid sin a scríobh.

Deireadh an scéalaí fadó, tar éis scéil a rá dho, 'sin é mo scéalsa, agus má tá bréag ann bíodh'. 'Sé seo mo scéalsa, agus níl bréag ina chorp ach lom na fírinne. Ba bhreá liom an leabhar do bheith ina ndóid age macaibh léinn na hÉireann agus thar lear, agus me beo, agus an leabhar eile liom atá i gcathair mhór Londain atá i mbéal a thugtha amach sara fada[12]. Níl aon bhaint ag an dá leabhar lena chéile, cé gur mó focal iontu ó éinne amháin. Is liom féin amháin do bhaineann so, ach tá tagairt do gach ní do thit amach timpeall na mBlascaod ar fad, beag agus mór, gur chuala trácht riamh thársu insa leabhar eile.

Aon duine do ghlacfaidh na leabhartha so do láimh, pé beag nó mór é an táille, go dtuga Dia a luach fé sheacht dóibh i maoin agus i sláinte.

Agus go dtuga Sé slí insa Ríocht Bheannaithe dúinn go léir.

A chríoch, Márta a 3, 1926
Tomás Ó Criomhthain
Blascaod Mór.

---

[12] Seanchas ón Oileán Tiar; cf. thuas, lch. 317.

24

In ainm Dé

'Sea, táim sleamhnaithe liom go deireadh mo scéil go dtí so. Níl ann ach an fhírinne; níor ghá dhom aon cheapadóireacht, mar bhí an aimsir fada, agus is mór fós im cheann, mar is mór do bhíonn bailithe i gceann duine aosta, dá mbeadh duine eile ag cur cuntais air agus á cheistiú. Mar sin fhéin, dob é an rud ba mhó gur chuireas suim ann do dheineas a bhreacadh. Bhíos ag breithniú romham ar gach ní ba mhó gur chuireas suim ann ó tháinig an chéad rud chuin mo chuimhnte ar dtúis.

Do thugas isteach daoine eile ann sochas me féin. Ní bheadh slacht air gan san do dhéanamh ná iomláin[e]. Ní raibh fuath agam dóibh, mar do chaitheas go dtí so mo shaol leo, gan sinn fhéin do chur aon bhárthainn ar a chéile. N'fheadar cad é an dath atá ón dtaobh istigh do thigh na cúirte i nDaingean Uí Chúise an fhaid atáim ar an saol. Ní lú ná is cuimhin liom dlí do bheith ag aon bheirt ann ach aon bheirt amháin; deirfiúr dom féin duine acu san, agus dearthráir céile dhi.

Do bhí sí pósta ar an mbaile seo, agus cúpla bliain do mhair a fear. Insa tseanathigh do bhíodar, agus dearthráir na céile[1] pósta i

---

[1] Ls. chéile

dtigh leis féin amuigh. D'fhág an té a fuair bás gach ní do bhain leis féin ag an ndílleachtaí agus agena mháthair. D'fhág an bhaintreach mhná ansan iad, agus do thug sí an gearrcach chúinne. Do thóg mo mháthair suas go slachtmhar é.

D'imigh a mháthair féin go Meirice, agus thug cheithre bliana ann. Do bhí deartháir na céile insa tseanathigh go grod tar éis ise á fhágaint.

Ar theacht abhaile ó Mheirice dhi do chuaigh sí ag lorg cirt an gharsúna, ach ba bheag an mhaith dhi. Do bhí sé sladaithe chuige féin aige, agus ní chuirfeadh sé an caipín féin ar a cheann. Do rop sise go dtí an dlí é, agus do chuir uaidh gach ní d'éilimh sí go mear, an t-aon dlí amháin insan Oileán so is cuimhin liom ó aimsir na caorach odhaire i dTrá Lí. Ach ní cuimhin liom í sin, cé gur cuimhin liom ar shlí áirithe í, mar tá sí i mbéal na ndaoine fós, agus beidh go deo, mar is fada go dtéann cuimhne drochghnímh in éag.

Daoine bochta saonta sinn, ag cur an tsaoil dínn ó lá go lá; b'fhéidir nárbh fhearra dhúinn a bheith 'ár scanróirí. Bhíomair oilte toilteanach leis an slí bheatha do cheap an Máistir Beannaithe dhúinn do dhéanamh gan leisce, ag treabhadh na mara go mion minic gan súil le dul chuin cinn, ach ár ndóchas i nDia. Malairt meoin againn nár dheárthach le chéile. Suáilcí linn féin againn, agus ár lochtaí beaga féin ag baint linn comh maith. Níor cheileas na tréithe fónta ná na lochtaí beaga do bhí ag baint linn ach comh beag agus do cheileas an cruatan agus an t-anró do bheireadh orainn, agus gan an tarna dul suas againn gan gabháil thríd.

Carraig í seo i lár na mara móire, agus go lánmhinic tagann an fharraige cháiteach lastuas di le forneart gaoithe, ná beadh sé ar do chumas do cheann do chur amach ach oiread le potachán coinín a choimeádann an poll do bhíonn aige do shíor an fhaid do bheidh fearthainn agus sáile lasmuigh. Ba mhinic sinn ag dul chuin farraige ar mhochóirí na maidne, agus an lá 'rúnach a dhóthain — rud do bhíodh orainn a dhéanamh dob ea é — an chuid ba mhó dár slí mhaireachtaint dob é é — agus fé dheireadh an lae go minic do bhíodh na daoine istigh ár gcaoineadh le droch-chló do thagadh ar an dtráthnóna.

Níl aon chur síos ar an anró do leanann an sórt so seilge.
Tugaim díg ar na gnóthaí eile go léir di go raibh cos ná lámh liom
riamh ceangailte ann. Ba lánmhinic an fharraige ag gabháil lastuas
dínn, gan radharc againn ar thír ná ar thalamh. Oíche mhór fhada
fhuar mar seo ag comhrac na mara, go lánmhinic ar bheagán fáltais,
ach ó uair go huair ag tnúth le cabhair Dé. Do thagadh ár ndóthain
don tseilg orainn go fada fánach, insa tslí go mbíodh orainn na líonta
do ghearradh agus iad do scaoileadh leis an muir, ideir iasc agus
líon, tar éis iad do cheannach go daor. Oícheanta eile tar éis bráca a
mharaithe, agus na naomhóga boglán do, iad ar snámh amuigh ar
an muir agus ná féadfaí bualadh ar chaladh ná ar thír; tarrac ag dul
in airde go dtí an féar glas, stoirm aniar 'duaidh, na bainc ag
briseadh is gach lantán don bhfarraige. Caitaí na seolta do thabhairt
dóibh agus rith roimis an aimsir, cuid againn go Cuas Cromtha, cuid
againn go Cuan Fionntrá, agus a thuilleadh go Daingean Uí Chúise.
Teacht abhaile arís i gcoinne na scríbe, agus a bheith ar bhanc an
fháltais go maidean arís.

Fágann san nách comórtas sinn le daoine i mbailte móra agus
lantáin mhíne réidhe. Má bhí lochtaí beaga le cur 'ár leith uaireanta,
dob é an uair do bhíodh aon bhraon dí eadrainn é. Do ghoilleadh an
deoch orainn sochas cách toisc sinn do bheith suaite tnáite do shíor
ar an gcuma so, ar nós an chapaill, gan aon phioc don sánas ná don
suaimhneas do shíor.

Bhíodh an saol go maith an uair sin. Bhíodh scilling i láimh a
chéile againn, bia flúirseach agus nithe saor. Bhíodh an deoch saor.
Ní le dúil sa digh go mbíodh saint orainn dul ina treo, ach oíche
shúgach do bhaint amach in inead an anróidh go minic roimis sin.
Do dheineadh braon do tógaint croí do chur orainn, agus do bhíodh
lá agus oíche anois agus arís againn i bhfochair a chéile, gach uair do
bhíodh caoi againn air. Tá san imithe, agus tá an mórchroí agus an
scléip ag dul as an saol. Do thugaimís ár mbóthar abhaile mar seo,
go mín macánta, tar éis gach ragairne, mar 'bheadh clann aon
mháthar, gan díth ná díobháil a dhéanamh dá chéile.

Do scríobhas go mionchruinn ar a lán dár gcúrsaí a d'fhonn go
mbeadh cuimhne i mball éigin orthu, agus do thugas iarracht ar

mheon na ndaoine do bhí im thimpeall do chur síos chuin go mbeadh a dtuairisc 'ár ndiaidh, mar ná beidh ár leithéidí arís ann.

Táim críonna anois. Is dócha gur mó rud eile do tháinig trasna orm i rith mo mharthain go dtí so, dá mbeadh slí insa cheann dóibh. Tháinig daoine ar an saol lem linn im thimpeall agus d'imíodar. Níl ach cúigear is sine ná me beo insan Oileán so. Táid sin ar an mbunchíos, agus níl uamsa ach cúpla mí, leis, chuin an dáit chéanna, dát nách rogha liom. Is ag bagairt chuin báis do bhíonn sé, dar liom, cé go bhfuil mórchuid daoine gurbh fhearr leo do bheith críonna agus an bunchíos acu ná do bheith óg á éamais, lucht na sainte agus an scanraidh.

Is cuimhin liom a bheith ar bhrollach mo mháthar. Do thugadh sí suas ar an gcnoc me i gcléibh do bhíodh ag tarrac mhóna aici. An uair do bhíodh an chliabh lán don móin, is féna hoscaill do bhínn ag teacht aici. Is cuimhin liom, leis, a bheith im gharsún, im fhear óg i mbláth mo mhaitheasa agus mo nirt. Tháinig gorta is flúirse, agus rath agus mírath, lem mharthain go dtí so. Is mór an fhoghlaim a thugaid ar an nduine do thugann fé ndeara iad.

Beidh an Blascaod lá gan éinne don dream atá luaite agam sa leabhar so, ná éinne go mbeidh cuimhne aige orainn. Tugaim baochas le Dia do thug caoi dhom gan an méid don tsaol do chonac féin, go rabhas ag broic leis, a dhul amú, agus go mbeidh 'fhios im dhiaidh conas mar 'bhí an saol lem linn, agus na comharsain do bhí suas lem linn, agus an méid atá fós beo acu, gan focal searbh ideir me agus iad riamh.

Rud eile, níl tír ná dúthaigh ná náisiún ná go dtugann duine an chraobh leis tar chách eile. Ó lasadh an chéad tine insan Oileán so, níor scríbh éinne a bheatha ná a shaol ann. Fágann san an chraobh ag an té a dhein é. 'Neosaidh an scríbhín seo conas mar 'bhí na hoileánaigh ag déanamh sa tseanaimsir. Bhí mo mháthair ag tarrac na móna agus mise hocht mbliana déag d'aois ar scoil aici. Tá súil le Dia agam go bhfaighidh sí fhéin agus m'athair a luach insa Ríocht Bheannaithe agus go mbuailfeadsa agus gach n-aon do léifidh an leabhar so im dhiaidh leo ann in Oileán Parthais.

CRÍOCH

B'fhéidir ná fuil eireaball gearra anois air! Má tá abairt ann nách ansa leat féin, fág amuigh é.

> Tomás Ó Criomhthain,
> Blascaod Mór.

Aguisín

I

[Ón gcéad eagrán, 34–40]

Níor mhiste, b'fhéidir, a chur síos anso beagán cuntais ar an bhfeiste a bhí orainn san Oileán so le linn m'óigese, go mórmhór ó tá an saol a bhí ann an uair sin imithe agus gan a chuimhne ag éinne atá suas anois ach age beagán seandaoine. Maidir leis na tithe a bhíodh againn le linn m'óige, agus go ceann tamaill mhaith ina dhiaidh sin, níor mhar a chéile a bhídís, dála gach aon áit eile. Do bhíodh cuid acu maisiúil sochas a chéile, agus a thuilleadh acu ana-shuarach. Bhí roinnt orthu, agus gan iontu ach deich troithe ar faid agus hocht troithe ar leithead, agus ó shin amach go mbíodh go dtí a cúig déag nó fiche troigh iontu. D'fhonn roinnt a dhéanamh sa tigh, bhíodh drosar trasna lár an tí ón bhfalla ar thaobh, agus síonáil ag freagairt do ón dtaobh eile. Do bhíodh dhá leabaidh laistíos díobh san; daoine iontu. Bhíodh dhá mhuic ag dul fé leabaidh acu, agus bhíodh prátaí fén gceann eile. Cóthra mhór idir an dá leabaidh i gcoinnibh na binne. Insa taobh eile don síonáil, taobh na cisteanach, bhíodh na daoine i rith an lae, nó cuid don ló, deichniúr acu b'fhéidir. Do bhíodh cúib leis an síonáil; cearca inti. Cearc ar gor in aice léi i seanachorcán. Istoíche bhíodh bó agus dhá bhó, gamhain nó dhá ghamhain, asal, dhá mhadra ceangailte do thaobh an fhalla nó ar fuaid an tí.

Tigh go mbeadh muirear mór ann, do bheadh leabaidh chnaiste insa chúinne ansan, nó b'fhéidir leabaidh ar an urlár.

Bheadh an dream aosta inti sin, in aice na tine; dúdóg do phíp chré i bhfearas acu, nó dhá cheann má bheadh beirt acu beo, agus iad á ól. Sop siúirlín déanta do thuí acu; tine mhaith stuaicín ré-dhearg acu go maidean. Ar gach múscailt an sop a chur 'on tine agus plobóg a bhaint as an bpíp; má bheadh an tseanabhean aige an sop a shíneadh thairis isteach; ansan gal an dá dhúdóige ag baint an tsimné amach, gur chosúil le loing gail leabaidh na beirte nuair a bhídís ar lánséideadh.

Bhíodh an cúpla madra nó trí luite isteach age cosa na leapan; an bhó nó na ba síos uathu san agus a gceann le falla; an gamhain nó dhó agus rith na cistean acu, agus a bpus leis an dtine. Bhíodh an t-asal ceangailte ar an dtaobh eile don dtigh as choinne na mba, agus cat go mbeadh cúpla piscín aici, b'fhéidir, i bpoll an adharta. Gach a mbíodh eile do ghliogairnéis insa tigh is fé thóin an leabaidh chnaiste a bhíodh sé istoíche. Bhíodh an leabaidh seo breis agus cúpla troigh ar aoirde ón dtalamh, agus í déanta d'adhmad nó d'iarann.

Bhíodh cuid dos na tithe gan aon roinnt orthu chuin seomra a dhéanamh, ach leabaidh chnaiste i gcúinne don dtigh agus leabaidh urláir sa chúinne eile; drosar leis an bhfalla nó leis an mbinn; na muca, nuair a bhídís acu, fén leabaidh aird; cúpla saitheach éisc nó trí is gach sórt tí acu; agus, i dteannta na n-ainmhithe go léir eile, b'fhéidir go bhfaighfá peata uain nó dhó ar fuaid an tí.

Do chlocha agus do mhairtéal chré a bhíodh na tithe sin déanta, agus gan mórshlacht ar a lán acu, mar do bhíodh deabhadh leo agus lámh gach éinne iontu. Luachair nó geitirí an díon, agus scraithín righin ramhar fé sin. Ní bheadh an díon go holc dá ligfeadh na cearca dho; ach ní mar sin a bhíodh, ach chomh luath agus a bheadh an luachair ag tréigean agus piastaí ag teacht ann, ní choimeádfadh fear gunna na cearca as, ach iad á scríobadh agus ag déanamh nead ann. Bhíodh an braon istigh ansan, agus b'é sin an braon ná beadh róghlan, mar do bhíodh an iomarca do mhianach an tsúigh ann. Bhíodh poill comh fada isteach déanta acu go mbíodh na cearca ar iarraidh ó mhná na dtithe, mar ní thugadh an chearc cluas do ghlao an bhídh an uair a bhuaileadh an gor í. Thagadh taoscán hata nó caipín d'uibhe ages na giairseacha anuas dos na tithe go mion minic. Do loiteadh na hóga an díon, leis, mar bhídís ag síorlorg na nead. Níorbh fhearr leat a bheith ar Aonach an Phoic lá ná a bheith ag éisteacht le beirt bhan tí go mbíodh a dhá dtigh ceangailte dá chéile ag troid na n-obh le chéile.

Na tithe maithe a bhí againn, bhíodh óna dó dhéag de throithe ar leithead iontu, agus óna fiche go cúig fichead ar fad. Bhíodh curpad agus drosar trasna d'fhonn seomra a dhéanamh taobh thíos díobh do chuid don dtigh, agus dhá leabaidh chnaiste laistíos díobh san — dhá leabaidh arda chnaiste. B'fhéidir go mbeadh na muca insa chistin insna tithe seo, ach ní raibh cró riamh amuigh dhóibh. Bhíodh an díon céanna orthu san agus ar na tithe beaga, cé gur mó an lámh a dheineadh na cearca ar na tithe beaga ná orthu, toisc na tithe beaga a bheith íseal.

Is cuimhin liom, áfach, scéal grinn a thit amach ar cheann dos na tithe móra so, nár thit a leithéid amach ar aon tigh beag acu, i dtaobh na gcearc céanna. Do bhí muintir an tí seo lá cruinn baileach ag caitheamh bídh an tráthnóna; an bord lán do phrátaí acu, iasc agus bainne; faobhar ar chairb gach nduine á meilt agus á scaoileadh siar; ciota do mhuga adhmaid lán do bhainne age fear an tí ar cheann an bhuird. An fhaid a bhí a lámh sa phláta ag tabhairt ailp éisc leis, do bhraith sé rud éigin ag titeam 'on chiota. An uair d'fhéach sé síos ann, do bhí an ailp múchta thíos sa bhainne. B'éigean an tlú d'fháil. Tógadh aníos é, ach do chuaigh se ó aithint óna raibh ag an mbord.

'Gearrcach sicín is ea é,' arsa bean an tí, 'pé riach rud a thug ann é,' ar sise.

'Is cuma dhuitse insa fial cad é an sórt é,' arsa fear an tí, 'taoi féin as do réasún go luath aige!' ar seisean; 'nó cad as go gceapann tú go dtiocfadh[1] a leithéid sin ort?' arsa fear an chiota.

Is ag dul ar buile do bhí a raibh ag an mbord, agus níorbh fhios conas mar 'bheadh an tráthnóna acu mara mbeadh gur thit sicín eile anuas ar na prátaí ina bheathaidh.

---

[1] 'dtucfadh' na cainte sa chéad eagrán

'I gcuntais Dé cad as go bhfuil siad ag teacht?' arsa bean an tí.

'Ná ficeann tú nách as iofrann atáid siad ag teacht,' arsa fear an tí; 'nách mór an ní gur anuas atáid siad ag gluaiseacht!'

Súil dár thug teallaire do bhí ar íochtar an bhuird in airde ar fhrathacha an tí, do chonaic sé an ghaoth agus an ghrian thríd isteach.

'Th'anam 'on fial, tá poll sa tigh!' ar seisean leis an athair; 'tair anso agus cífir é.'

Nuair a chonaic fear an tí an poll —

'Ó, mhuise, go mbeire an Fear Mór gach a bhfuil do chearca agus d'uibhe agus do ghearrcaigh leis amach ar an bhfarraige!' ar seisean.

'Nár éiste Dia leat!' arsa an bhean.

Ar dhul go dtí an poll dóibh chuin é a dhúnadh, do bhí deich cinn eile do shicíní ann, agus an mháthair.

Is i gceann dos na tithe meánacha a bhí mo chliabhánsa. Tigh beag cúng go maith dob ea é, ach é a bheith slachtmhar, an méid a bhí ann do, mar do bhí m'athair ana-chliste, is níor bhuail aon leisce riamh mo mháthair. Turn olla aici, turn lín, cardaí; do bhíodh uirthi snáithín do shníomh don dtáilliúir anuas don choigíl lena turn féin. Ba mhinic a shnímh sí do bhodóga ban eile, leis, é ná bíodh aon chló orthu féin chuin a dhéanta, agus dá mbeadh féin ná ligfeadh an leisce dhóibh é.

Timpeall deich mbliana tar éis phósta dhom, do thógas tigh nua. Níor shín fear cloch chúm, ná mairtéal, faid a bhíos á dhéanamh, agus do chuireas féin ceann air. Ní tigh mór é; mar sin féin, dá mbeadh Rí Seoirse ar a laethanta saoire ar feadh mí ann, níorbh é gráinneacht an tí ba ghalar báis do. Ceann feilte air, an saghas céanna atá ar gach tigh agus seomra ar an mbaile ó shin, go dtí gur chuir an Bord sé cinn do thithe slinne suas. Le linn don dtigh nua a bheith críochnaithe, do léim cearc in airde air. Do bhí m'uncail Diarmaid ag gabháil thar bráid. Do stad sé ag féachaint ar an gcirc, agus an t-anró a bhí ag breith uirthi a d'iarraidh fanúint in airde air, ach do chuir an feilt sleamhain anuas í.

'Tuilleadh mór don tubaiste chút, an lá san do theacht ort gur chuir sé le faill tu!' arsa Diarmaid.

Le linn mise a bheith beag, dob iad Pádraig Ó Catháin agus, roimis sin go maith, Pádraig Ó Guithín an dá thaoiseach ba mhó a bhí insan Oileán. Pádraig Ó Catháin seo, athair críonna an Rí atá anois againn, do chonac féin ceathair nó cúig do bha bainne aige sin. Ní fheacasa an fear eile, an Guithíneach; clann a chlainne a bhí lem linnse ann. Is minic a chuala go raibh ó hocht go deich do bha bainne aige siúd, láir chapaill agus céachta adhmaid. Láir dhearg dob ea í. Do bhí an láir chéanna ag tarrac grin go dtí an seana-Thúr atá anso, pé am a deineadh é sin, agus b'é féin an giolla in aois sé bliana déag. Do bhí Seán Ó Duinnshléibhe, file, ina bhunóic sa chliabhán an uair sin. D'fhág san sé bliana déag d'aois ag athair críonna an Rí ar an bhfile. Bhí leathdosaen tigh agena leithéidí sin ann ná raibh ródhona.

Saghas losaide an clár a bhíodh mar bhord isna tithe beaga, comhla go mbíodh garda mórdtimpeall uirthi ná ligfeadh amach na prátaí ná aon rud do bheadh uirthi, agus fráma go mbíodh trí cosa fé, neart é a dhúnadh isteach ina chéile, agus é féin agus an losad do chrochadh leis an bhfalla nó go mbeadh gnó arís dóibh.

Lá tháinig m'uncail Liam abhaile ón dtráigh, ocras agus faobhar chuin bídh air. Do bhí fráma na dtrí gcos curtha ina sheasamh, agus an losad anuas air; í lán do phrátaí agus pé anlann eile do bhí leo. Do thit cnap don losaid. B'eo leis an madra ina dhiaidh. D'ardaigh leis an fráma agus an losad, agus d'imigh a raibh uirthi ar fuaid an tí. B'eo an bhean ag bailiú na bprátaí.

'Dar Muire, a bhean bheag, tá sé ina lá aonaigh agat!' arsa Liam.

Do bhíodh babhlaí againn agus plátaí is gach tigh, mugaí adhmaid, cúpla cathaoir agus cúpla stól. Bhíodh na cathaoireacha fite le súgán féir nó tuí.

Croch iarainn a bhíodh an uair sin agus atá fós is gach tigh as chionn na tine chuin rudaí a chrochadh orthu, agus bhíodh tlú do shaghas éigin ar an dtinteán.

Tá cupaí agus sásair is gach tigh acu anois, agus na drosair lán suas go gléasta. Ní bhíonn ach na daoine amháin insna tithe cónaithe anois; tá cróite amuigh do gach ní eile.

Sligí agus úsc, fáileoga nó geitirí ar an slige, agus do réir mar 'bheadh sé ag caitheamh bheith ag cur air, b'in é an gléas solais ba thúisce a chonacsa. As ghabhair éisc a thagadh an t-úsc agus as phollóga. Tumadh an ainm a thugaimís ar an mblonaig a bhíodh insna gabhair; aenna an smearadh a bhíodh insna pollóga. Iad san a leaghadh. Bhíodh íle róin, leis, mar sholas acu, ach ba bheag a cuirtaí ar an slige dhi, mar d'alpaidís féin suas í — a gcuid aráin bhuí a thumadh inti — agus go mbíodh gá acu leis sin. Dar liom go rabhas suas isna déagaibh go maith agus an gléas solais seo ar siúl.

Árthach beag miotail dob ea an slige; déanamh báid nó naomhóige air, agus gob nó dhá ghob air; trí nó ceathair do chosa fé, agus lámh bheag nó cluas ar a chliathán; hocht nó deich orlacha d'fhaid ann. Bhíodh an t-úsc nó an íle róin istigh ann. Do deintaí an geitire nó an buaiceas a thumadh san úsc, agus síntaí amach thar ghob an tslige é, agus lastaí ansan é. Do réir mar 'bhíodh sé á chaitheamh, bítaí á shá amach. An rud bán a bhíonn istigh i ngeitire is ea a bhíodh mar bhuaiceas, agus is minic a deintaí do chorda bhog cadáis nó lín é. Is minic a bheadh sliogán mór in inead slige mar ghléas solais. Níl dát agam leis an bpairifín a theacht. Caorán móna nó scolb giúise, a chloisinn eatarthu, do bhíodh fadó riamh ann.

Do chaitheas féin tamall as m'óige ar dhá bhia insa ló. Bhíodh obair mhór déanta gach maidean, i dtráigh nó i gcnoc nó i ngort, agus na ba ag teacht á gcrú, san am go mbíodh bia na maidine le fáil agam. Bhíodh an ghrian ag titim siar síos go maith an uair a bhíodh bia an tráthnóna agam. Ní bricfeast ná suipéar a bhíodh mar ainm againn ar na béilí sin ach mar sin.

Prátaí agus iasc, agus má bheadh braon bainne ann, an bia insan am san. Ar dhul as na prátaí, bhíodh min bhuí ann ná bíodh ach scilligthe, ná beadh aon dul ages na daoine atá anois ann cóir ná cothrom do bhaint don arán a dheineadh sí, 'o cheal cairbe. 'Sé is trua liom nách é an bia céanna inniu agam é, agus cairb chuin a mheilte agam, agus sláinte.

Insan am san agus me óg, dhá chloich phlúir a thagadh chuin na Nollag. Bhíos im fhear sara dtáinig aon té, agus an uair a tharlódh punt té ann chuin na Nollag bheadh sí spártha, agus cuirfaí i dtaisce í go dtí an Nollaig arís.

Ach tá atharrach poirt anois le fada againn i gcúrsaí bídh: arán plúir againn, té, siúicre. Bíonn cuid acu ag blaistínteacht cheithre huaire sa ló le bia. Bhíodh oiread bídh caite gach béile an uair úd agam leis na cheithre bhéile seo. Do mhaireadh daoine an uair úd dhá lá ar an mbéile sin má ba ghá é. Ní raghadh fear faid píce anois an uair do bheadh sé titithe ar a thóin, mar ná bíonn an béile caite aige ach an suarachas ar fad.

Tomás Ó Criomhthain

(Seán O'Sullivan, RHA, a dhein an phortráid, Meitheamh 1931).

2

D o bhínnse ag cleachtadh na scoile gach tráth go mbíodh a leithéid le fáil againn nó go rabhas hocht mbliana déag. Ní raibh mórghnó sa bhaile díom ar feadh an achair sin, mar do bhí deartháir liom sa tigh agus é pósta. Cailleadh a bhean san, agus d'fhan beirt gharsún ina diaidh. Do ghaibh mo mháthair leo nó go rabhadar chuin reatha. Do chuaigh an deartháir go Meirice.

B'éigean domhsa ansan an scoil a thréigeant, mar ní raibh éinne eile insa tigh ach m'athair. Trí bliana, mar sin, do bhíos ó scoil an uair a phósas. Bliain is fiche d'aois do bhíos. Ní mór do chúram an tsaoil do bhí orm go dtí san, ach rug sé orm ón lá san amach. Tháinig athrú an uair sin ar gach ní a bhain liom. Is mór an rud pósadh i saol duine. Athraíonn a mheon agus a thuiscint i dtaobh a lán rudaí agus, tar éis gach ní eile, cuireann sé faobhar chuin an tsaoil air. A ndúirt siúd, do cheapainnse gur ó neamh do bhíodh an bheatha ag teacht chúm roimis sin.

Do luíos isteach go dian chuin gnótha. B'eo go dtí an tráigh me chuin leasaithe a dhéanamh chuin breis phrátaí a chur do mhuca. Bhíodh cúpla bó againn. Ar ghealadh an lae, caitheamh díom anuas, gan luid ach drárs; raca chuin feamnaí a bhailiú agam; me amach go mineál sa bhfarraige; í a chur ar bharra na haille ansan; í a tharrac; í a leathadh. Gan té ná siúicre, ach bainne, arán is iasc. Ba chomhluath insa tráigh me nó insa chnoc; seal eile chuin farraige; seal ag marú róinte; seal i mbád mór saighne. A am féin ar gach gnó acu so.

Do bhí na róinte contúrthach go maith. Bhíodh na daoine ag rith le chéile go dtí iad am áirithe don bhliain. Lá an tarraic mhóir i bPoll na Baise; gan sa pholl san ach slí duine ar faobhar a d'iarraidh snáimh do dhéanamh ann; i scoilteán mara a d'iarraidh róinte móra do mharú istigh agus iad a thabhairt amach thríd an scoilt sin. Ba dhóbair, lá, gurb ann do bheadh deireadh mo shaoil, fén mar 'inseas cheana, nuair a bhí m'uncail á bhá, agus an téad briste air.

Ó phósas do bhínn ar mo dhícheall mar sin a d'iarraidh soláthar chuin an tí, agus a d'iarraidh mo chuid do gach ní a bhíodh ag imeacht a bheith agam. Bhí m'athair i bhfad ina chúnamh maith dom amuigh is istigh.

Do saolaíodh deichniúr clainne dhúinn, ach níor lean an rath iad san, go bhfóire Dia orainn! An chéad duine riamh a baisteadh dom, bhí sé a seacht nó a hocht do bhlianaibh nuair a thit sé le faill agus maraíodh é. As san amach, níor thapúla duine orainn ná dínn. D'imigh beirt leis an mbruitínigh, agus ní raibh galar dá dtagadh ná beireadh duine éigin uaim. Bádh Dónall a d'iarraidh an bhean uasal a thabhairt slán leis ar an dTráigh Bháin. Do bhí buachaill breá eile agam, ag tarrac chúm. Ní rófhada a bhí an t-am gur tógadh uaim é.

Do ghoill buairt na nithe sin go léir ar an máthair bhoicht, agus tógadh uaim í. Ní rabhas dall ar fad go dtí san. Nár dhalla Dia sinn! Bhí naíonán beag ina diaidh, ach go raibh cailín beag fásta suas a thug aire dhi. Ní raibh sí ach fásta suas san am gur glaodh uirthi comh maith leo. An cailín a thóg í sin, do phós sí sa Dún Mór. Cailleadh í sin, leis, agus d'fhág seisear leanbh ina diaidh. Buachaill amháin atá fanta faram anso sa bhaile; buachaill eile i Meirice. Sin é crích d'imigh ar mo chlainnse. Beannacht Dé leo, a bhfuil san uaigh acu, agus leis an mnaoi bhoicht gur bhris a misneach dá ndeascaibh.

AGUISÍN

3

Ós ag trácht ar an bhfile dhom é, tá sé chomh maith agam scéal a chur anso air.

Tá tuairim trí bliana déag ar fhichid ó cailleadh Seán Ó Duinnshléibhe. San Oileán a fuair sé bás tar éis a bheith tamall breoite. Níor bhe' leis an fhaid a bhí sé ar an saol so. Mar 'dúirt sé féin:

Níl aon rud is measa ná maireachtaint críonna
Ní fhanann aon bhinn ag éinne ort

Do bhí ardmheon ag an bhfile agus é óg. Ba lánmhinic a chloisinn mo mháthair ag trácht thairis; do bhí sí sin suas lena linn. Do bhí ardsmoirt agus fuinneamh ann; é ag léimeadh gach claí ag dul go dtí aifreann gach Domhnach, agus é le haithint i measc na bhfear a bhíodh ina threo do shíor ar a ghluaiseacht agus ar a mheon. Do bhí aithne agam féin ar a mheon thar cách eile, cé go raibh sé críonna lem linn.

Dar liom gur i mBaile na Rátha i nDún Chaoin do bhí an chéad nead aige, 'sé sin an cliabhán. Ina chliamhain isteach a tháinig sé 'on Oileán so, go dtí bean do mhuintir Mhainnín, bean iontach. B'í do chuir deireadh le báillí agus leis na tiománaithe do bhíodh ag teacht go dtí an áit seo in aghaidh an lae, ag scrios na mbochtán ná raibh acu féin ach an ghorta.

Tháinig an báille i mullach an tí aici, agus do bhí á leagadh, agus do scaoil planc do anuas uirthi agus anuas ar a scata leanbh a bhí go lag. Rug sí ar an ndeimheas nua. D'oscail í — beann do amach agus beann do siar — bean láidir, bean bhuile. Níor bhraith an báille nó gur bhraith sé beann an deimhis ceangailte in ard a thóna aici. Níorbh é díon an tí do ghaibh isteach thríd an bpoll an uair seo, ach streall dá chuid fola. B'é siúd an báille deireadh ó shin.

Do bhí Ó Duinnshléibhe míbhaoch don dream do shlad a chaora air, agus ba threise á thuilleamh iad, gurbh éigean do an t-amhrán millte do cheapadh dhóibh. Do chuir sé tamall dá shaol do go lom dealamh, ar nós a thuilleadh nárbh é. Níor cuireadh luach pingine riamh ina leith, ach ina fhear grinn do shíor. Beannacht Dé leo go léir.

4

I gcúrsaí a bhaineas le creideamh, riamh lem chuimhne do bhíodh dua an domhain ag gabháil leo. Chuin aifrinn caitar dul trasna an Bhealaigh isteach trí mhíle móra go Dún Chaoin. Is annamh ar fad sa gheimhreadh a bhíonn an Bealach oiriúnach chuige agus caitaí, agus caitar fós, fanúint sa bhaile. Is minic a bhímís ráithe gan aon aifreann. Aon Domhnach ná féadfaimís dul amach bhíodh an choróin ar siúl againn féin le linn an aifrinn amuigh.

I dtaobh faoistine, is duine fánach a théadh amach go Dún Chaoin an fhaid is cuimhin liom, ach uair sa mbliain na sagairt a theacht isteach. Do bhíodh bád mór ó Dhún Chaoin ceapaithe ag an sagart paróiste chuin iad a chur isteach, agus do thugadh mar dhíol dóibh an méid airgid a bailítaí ag an stáisiún do féin. Sin mar 'bhíodh acu nó gur chuaigh na báid mhóra so ar lár agus nár fhan ceann istigh ná amuigh acu. Is iad naomhóga an Oileáin a bheireann isteach ó shin iad.

Níl leath na suime á chur sa sagairt anois agus do bhíodh le linn m'óige. Insan am san, agus me im gharsún, is cuimhin liom go maith ná beadh fáiltiú ceart curtha roimis an sagart ag éinne ná buailfeadh leathghlúin leis ar thalamh tar éis an báiréad a bheith scuabtha glan den chloigeann. Insa tsaol fé láthair, má bhíonn cruinniú roim shagart, bogfaidh an chuid tosaigh an báiréad ach b'fhéidir ná bogfaí an báiréad féin as san siar. An bád go mbeadh sagart inti ní bheadh

343

cead ag an bhean dul inti, pé broid nó gátar do bheadh uirthi, agus ní thagadh éinne acu i ngoire an chaladh. Ach le tamall níl aon chosc leo má tá lán an bháid ann acu.

Tá feiscint an easpaig insa Bhlascaod ar an gcuimhne is sia agam. Dar liom gur ceann a thógas do sochas éinne eile toisc an bhrait fé leith a bhí air, is dócha, mar níorbh fhéidir liom bheith mórán blian. Aon duine go bhfuil cuntas cruinn uaidh cá bhfuil Cathaoir an Easpaig sa Bhlascaod Mór, níorbh fhada an mhoill orm mo lámh a bhualadh uirthi. Bhí sé ag siúl leis ó fhág sé an caladh nó gur bhuail lantán féarghlais leis. Do bhí carraig cloiche i lár an lantáin seo. Do stad an t-easpag agus d'fhéach sé timpeall agus do shuigh ar an gcloich agus do bhailimh a chlóca ina thimpeall.

'Tá an áit seo 'rúnach go maith, ó tá an lá breá,' ar seisean.

Ní cuimhin liom aon easpag a theacht ó shin ann. Uair sa tríú bliain a thagann glaoch ar na hóga anso le fada dul amach go dtí áit chónaithe an tsagairt paróiste i mBaile an Fheirtéaraigh chuin dul fé láimh easpaig.

Bhíodh tigh ullamh insan Oileán so chuin na stáisiún gach bliain nuair a thagaidís; ach an fhaid atá tigh na scoile ann is ann a bhíd.

5

(féach lch. 82 thuas)

C U N T A S   L A E ;   A N   B H E A N   M H O C H

———

Deir siad ná téann an bhean so go bhfuilim chuin tagairt di ar aon leabaidh, agus ní deacair liom san do chreidiúint. Ar maidin inné do bhí sí amuigh ar ghliocú an ghealúin, a bó curtha ar an ngort aici agus, le linn casadh abhaile dhi, cad do chífeadh sí insa Tráigh Bháin ná cheithre cinn déag do bháid gluaisteáin, agus iad anonn agus anall gan staonadh inti ag baint barra dhá chéile.

Do bhain sí as na cosa an méid do bhí iontu, cé go rabhadar ag lúbadh leis an scanradh do bhí uirthi, mar do cheap sí go mbeadh gach fear do bhí iontu i dtír i gan fhios don bhaile sara mbeadh sroichte go dtí an dtigh aici féin.

Ní le óinsiúlacht do tháinig an t-anbhá ar an mnaoi seo ach le barr fuaimeant, mar do bhí fógra cíosa agus cánach agus madraí tagthaithe ón Rialtas, agus ní raibh aon cheann acu á fhreagairt. Dá dheascaibh sin do cheap sí gur tóir ón Rialtas iad so do bhí tagthaithe i gan fhios chuin a raibh d'fhearaibh ann do bhreith leo, nó a raibh do mhnáibh ann, piocu ba rogha leo.

'Mo lá go dealamh nár thugadar leo a raibh do mhnáibh ann!' arsa fear go raibh sí ag insint an scéil do.

'Ó, léan ort!' ar sise.

Fáth an chlibirt ar na báid go léir: bhí bád aonair dhá lá roimis sin ann; do thug sí luach deich puint fhichead d'iasc léi an chéad lá, agus luach chúig phuint déag an tarna lá, agus do bhí an méid sin déanta i gan fhios don gcuid eile aici. Ba dhóbair go gcuirfidís chuin báis an bhean mhoch, agus na pacairí eile ag sranntarnaigh.